Malraux

une vie dans le siècle

Du même auteur

Jean Lacouture

Malraux

une vie dans le siècle
1901-1976

Éditions du Seuil

La présente édition reproduit l'essentiel
de l'ouvrage publié en 1973 sous le titre
André Malraux, une vie dans le siècle
mis à jour à la fin de 1976.

En couverture : photo Gisèle Freund

ISBN 2-02-004354-8

© *Éditions du Seuil, 1973.*

Peut-être me direz-vous : « Es-tu sûr que cette légende soit la vraie ? » Qu'importe ce que peut être la réalité placée hors de moi, si elle m'a aidé à vivre, à sentir que je suis et ce que je suis.

CHARLES BAUDELAIRE, *Petits poèmes en prose*. Les Fenêtres.

1

La différence

1

La dérision

1. Le furieux génie du temps

« Ce qui nous distinguait de nos maîtres, à vingt ans, c'était la présence de l'histoire. Pour eux, il ne s'était rien passé. Nous, nous commençons par des tués. Nous, nous sommes des gens dont l'histoire a traversé le champ, comme un char... » Ainsi nous parlait André Malraux, à Verrières-le-Buisson, un jour de l'été 1972, alors que la mort allait une première fois tenter de l'abattre.

Il n'est pas indifférent qu'il y ait des Flamands dans sa généalogie immédiate, dans son esprit quelque chose de la démesure agressive des géants de kermesses, dans son regard le reflet du grand large, des rêves de Bosch, de Breughel, d'Ensor, ni qu'il aime tant les embarquements au long cours, les traversées lentes occupées à écrire sur le pont ou à la lueur d'un hublot. Et le fait d'être né rue Damrémont au temps où Utrillo peignait, où Bruant chantait, où Reverdy naissait à la poésie, donne à la voix, aux gestes, à la démarche, un ton et un accent.

Mais ce qui compte pour lui, tout de même, ce n'est pas *où*, c'est *quand* il est né à la conscience, au moment où s'achevait la plus absurde et — jusqu'alors — la plus sanglante des guerres, où la société européenne se retrouvait face à ses charniers, à ses millions d'aveugles, d'amputés, de gazés, face à ses victimes abasourdies, au bouleversement de ses valeurs, à la ruine de ses finances, aux lézardes de ses monuments.

Malraux a seize ans quand les bolcheviks prennent le pouvoir à Petrograd. Il n'a pas dix-sept ans quand les rues et les places de Paris, de Londres et de New York s'embrasent pour l'armistice. Il n'a pas dix-huit ans quand est créée, en mars 1919, la IIIe Internationale. Il n'a pas dix-neuf ans quand Tristan Tzara lance son premier manifeste *dada*, pas vingt ans quand est fondé le parti communiste français, quand Mussolini transforme ses *fascii* en un parti politique pour la prise du pouvoir, alors que là-bas, du côté d'Odessa, l'Armée rouge brise les derniers sursauts des gardes blancs de Wrangel.

Mais un jeune Français de dix-huit ans n'a pas besoin de regarder si loin, en 1920, pour qu'une fièvre de révolte, de refus ou d'action le saisisse. La France que lèguent à sa génération les vainqueurs du 11 novembre est un grand corps déchiqueté, décervelé, ivre d'orgueil.

Un million et demi de morts — dont près du tiers des hommes de dix-huit à vingt-cinq ans —, près de trois millions de blessés dont six cent cinquante mille resteront infirmes définitifs, le septième du territoire ravagé. Alors Poincaré et Clemenceau vont s'embrasser sur la place d'armes de Metz, un politicien débile s'écrie: « Le Boche paiera... » et l'empereur Guillaume est prié d'aller cultiver ses roses dans les jardins de Doorn. C'est l'heure aussi où le gouvernement, démobilisant un million deux cent mille combattants, leur fait savoir que « chacun pourra garder son casque, à titre de souvenir ».

Cette France convulsée de 1919 où, dans la galerie de Versailles, les vainqueurs tentent de toucher les dividendes de l'holocauste et où les chefs militaires responsables des boucheries imbéciles de Verdun et de la Somme sont comblés de titres, honorés comme des demi-dieux et écoutés comme des oracles, un jeune homme sans illusions ni entraves y découvre les rapports entre l'art et la vie, les charmes de la liberté, l'ambition, l'amitié et les griseries de la première lucidité.

Depuis des générations, les Malraux étaient établis à Dunkerque. Petite bourgeoisie d'artisans, marins mâtinés de menuisiers. On rapporte que l'arrière-grand-père d'André et même le grand-père Alphonse, mort en 1909, parlaient non le français mais le dialecte flamand. Dans *la Voie royale* puis dans *les Noyers de l'Altenburg*, enfin dans les *Antimémoires*, André Malraux, si avare de confidences personnelles et familiales, évoque ce personnage plein de verve et de sève, mi-armateur, mi-tonnelier, en révolte contre l'Église pour quelque affaire de jeûne abrogé et suivant les offices hors de l'église paroissiale, vieillard retranché et intrépide. Il faut citer quelques lignes de ce portrait dans son troisième et dernier « état » — en sup-

posant que passant de la fiction avouée à la mémoire procla-
mée, André Malraux se rapproche de la vérité — ce qui est
en quelque sorte le sujet de ce livre :

« Ce grand-père est le mien... C'était un armateur dont j'ai
pris des traits plus ressemblants pour le grand-père du héros
de *la Voie royale* — et d'abord sa mort de vieux Viking. Bien
qu'il fût plus fier de son brevet de maître-tonnelier que de sa
flotte, déjà presque toute perdue en mer, il tenait à maintenir
les rites de sa jeunesse et s'était ouvert le crâne d'un coup de
hache à deux tranchants en achevant symboliquement, selon la
tradition, la figure de proue de son dernier bateau [1]. »

Alphonse Malraux, mort en 1909 à soixante-huit ans, laissait cinq enfants : deux filles et trois garçons. Le dernier de
ceux-ci, Fernand, avait alors trente ans et vivait déjà séparé
de sa première femme, Berthe Lamy, fille d'un agriculteur du
Jura. C'était un bel homme, heureux de vivre, vigoureux, la
moustache flatteuse et le jarret cambré. Un héros de Maupas-
sant, peu maltraité par les femmes — au point, semble-t-il,
d'avoir lassé la sienne. Mariés en 1900, Berthe et Fernand Malraux devaient divorcer quinze ans plus tard. Ils s'étaient séparés
quatre ans après la naissance de leur fils unique, Georges-
André, le 3 novembre 1901 à Paris, 73, rue Damrémont, au
pied de la colline de Montmartre. Deux autres garçons, Roland
et Claude, naîtront d'un second mariage de Fernand Malraux
avec une demoiselle Godard.

Sur la position sociale du père d'André, les chercheurs et
enquêteurs restent courts et vagues. On le décrit parfois comme
un cocasse inventeur de concours Lépine (son fils aîné assure
à l'occasion qu'il avait inventé le pneu antidérapant) et, dans
la Voie royale, sont évoquées les « découvertes » du père de
Grabot qui « invente des porte-cravates, des démarreurs, des
brise-jet... ». On a dit aussi de Fernand Malraux qu'il avait été le
représentant en France « d'une banque américaine ». Laquelle ?
Les précisions ne vont pas au-delà. Nul doute qu'il fût mêlé
au monde de la Bourse. Ce que l'on peut savoir en tout cas
par Clara Malraux, c'est que l'homme était débordant de vitalité, de gaieté, d'entrain, avec trois idées par jour, peu de prin-

---

1. *Antimémoires*, p. 19, coll. « Folio ».
Nos références seront empruntées à cette édition, plus accessible,
complétée en 1971 et soigneusement révisée.

cipes et beaucoup de cœur. Un « raté » jovial qui semble s'être
accompli dans son rôle d'officier de chars en 1917-1918 et
n'avoir plus connu depuis lors qu'une vie dont la fadeur le
mena, en 1930, au suicide.

Berthe Lamy, sa première femme et la mère d'André, était
grande et mince, assez belle. Après son divorce, elle s'était
retirée chez sa mère, une Italienne qui, pour tenir une petite
épicerie, n'en vivait pas moins dans un noble style. Clara
Malraux parle avec admiration de la grand-mère Adrienne qui
disait, évoquant l'injustice sociale : « De mon temps, on descen-
dait dans la rue ! » C'est entre sa grand-mère Adrienne, sa mère
et sa tante Marie qu'André Malraux devait passer sa jeunesse,
dans la plus lointaine et grise des banlieues, à Bondy où, non
loin du canal de l'Ourcq, ces dames géraient une boutique sise
au 16, rue de la Gare.

« Presque tous les écrivains que je connais aiment leur enfance,
je déteste la mienne [1] » : c'est une des premières phrases des
Antimémoires, et des plus scandaleuses : il est peu de dire que
les écrivains aiment leur premier âge, la plupart l'idolâtrent.
Répudier son enfance, c'est presque insulter sa mère, et peu le
font aussi précisément que lui dans une interview avec Emmanuel d'Astier : « Je n'aime pas ma jeunesse. La jeunesse est
un sentiment qui vous tire en arrière. Je n'ai pas eu d'enfance... »

Il allait avoir cinq ans, en octobre 1906, quand il fut inscrit à l'école de Bondy, rue Saint-Denis, une institution privée
où le niveau de l'enseignement était plutôt modeste. Le directeur et un adjoint, nommé Malaval, y donnaient des cours
aux quelque dix-huit enfants qui leur étaient confiés. Dès la
rentrée suivante, André Malraux vit arriver un petit voisin à
l'œil rond et noir qui s'appelait Louis Chevasson et qui devait
rester, soixante-huit ans plus tard, son ami le plus constant.

Pour l'avoir un peu partagée, Louis Chevasson dément
aujourd'hui que l'enfance d'André fut à proprement parler
malheureuse. « D'être choyé par trois femmes ne lui pesait
pas du tout. Sa mère était une personne délicieuse, et il voyait
son père presque toutes les semaines à Paris et souvent en
compagnie de sa mère. On a suggéré que ses tics ont pour origine de mauvais traitements à l'école. C'est absurde. André a
toujours été affligé de tics. Quant à la pauvreté où il aurait

1. *Antimémoires*, p. 10.

vécu, c'est une invention. L'épicerie de la rue de la Gare marchait fort bien et notre ami n'a jamais manqué de rien. » Mais Clara Malraux observe que la mère d'André avait coutume de lui dire que ses oreilles écartées le défiguraient et qu'il était très laid. Ce qui peut marquer une sensibilité d'enfant.

Cet André pâle et mince à la mèche rebelle et aux grandes oreilles réussit ses études primaires. Bon en histoire, bon en français, bon même en sciences, le jeune Malraux impose déjà une personnalité dominatrice. Malaval, le prof, était un précurseur : il invitait ses élèves à prendre part aux notations. On étalait les copies sur un bureau et c'est souvent l'auteur futur des *Conquérants* qui tranchait. A la bibliothèque municipale où il furète constamment, il aide le préposé à classer et à distribuer les livres, et hasarde bientôt quelques conseils pour les achats et pour les prêts.

Guère de sport : un peu de tir, où André prétendra exceller. Mais le jeudi, les garçons vont se promener dans les bois de Villemomble, alors très denses, frémissants de mystère et propices aux aventuriers imaginaires : la forêt de Bondy des contes médiévaux. Ils lisent Dumas et Walter Scott, se grisent de chevauchées de rêve. Et puis un jour survient l'événement : la guerre. André, Louis et leurs camarades vont la vivre à treize ans comme un spectacle fabuleux qui est là, tout proche.

Fernand Malraux est au front. Mais ni son fils ni ses camarades les plus proches ne semblent avoir été pris d'exaltation guerrière. L'absence des pères, les échos des combats, la fièvre des va-et-vient autour de la gare voisine, la mobilisation d'un professeur : un climat de grandes vacances est créé, une rumeur d'histoire sur fond de libertés. Et les quelques privations qu'entraîne le rationnement ne font qu'aviver le climat d'aventure où l'on vit.

Les premières lectures qui ont marqué, après *les Trois Mousquetaires*, les livres qui signalent le passage de l'enfance à l'adolescence, c'est Flaubert, d'abord — *Bouvard et Pécuchet* et *Salammbô* — puis les romans de Hugo et bientôt Balzac. La bibliothèque de Bondy n'a que deux Shakespeare, *Macbeth* et *Jules César* : André Malraux les lit.

Le théâtre d'ailleurs, il ne faut pas le lire, il faut y aller. Chevasson et Malraux ont treize et quatorze ans quand ils voient leurs premières pièces, *Andromaque* à la Comédie-Française, *le Médecin malgré lui* à l'Odéon. Un temps, André rêvera d'être acteur. Le cinéma les a déjà envoûtés. Pour les fêtes, sur la place de Bondy, une tente est dressée et, dès 1912, on donne *les Misérables*, puis *la Porteuse de pain*. On y va en famille. Après, ce seront des westerns et, en 1916, Charlot.

Mais ce sont les livres qui passionnent par-dessus tout le jeune Malraux. Les livres à lire, mais aussi à dénicher, à échanger, à vendre. Le jeudi et le dimanche, pour s'offrir des places de théâtre et de cinéma ou par simple passion, André et Louis font les bouquinistes sur les quais de la Seine, ou dans les ruelles du quartier Saint-Michel. L'un prend le trottoir de droite, l'autre celui de gauche. Deux heures plus tard, on se retrouve pour rassembler les achats et gagner la librairie Crès, au carrefour Saint-Germain/Danton, où l'on fait ses offres. C'est d'abord un jeu, un petit gagne-pain : ce sera bientôt, pour Malraux, une sorte de métier, le seul qu'il ait exercé jusqu'à vingt ans.

A la veille de son quatorzième anniversaire, en octobre 1915, André Malraux quitte ses camarades de Bondy, mais non le cadre familial où il reviendra tous les soirs, pour entrer à l'école primaire supérieure de la rue de Turbigo qui deviendra le lycée Turgot à la fin de la guerre. C'est là qu'il se lie à son deuxième « copain », Marcel Brandin.

Ces jeunes gens aux allures très libres et dont la vie aiguise l'appétit ne vont pas négliger très longtemps les préoccupations politiques. Les péripéties de la dernière année de la guerre, à partir de l'automne 1917, sont autant d'occasions d'échanges et de débats dans la cour de récréation. Les communiqués tragiques de l'hiver, les échos de la révolution de Petrograd, l'entrée en scène des Américains, la paix de Brest-Litovsk, les effroyables pertes anglaises sur la Somme, l'accession au pouvoir de Clemenceau, comment recevoir ces nouvelles sans réagir, quand on a seize ans ? Les adolescents du début du siècle n'étaient pas ceux de 1968, mais ils avaient parfois du tempérament.

Le ton, dans l'entourage du jeune Malraux, était plutôt au pacifisme. Brandin lisait *le Canard enchaîné*, lancé en 1916 par Maurice Maréchal. Il lui arriva même d'y collaborer. Dans la cour de Turgot, on se passait *le Feu*, de Barbusse. On était plutôt « de gauche » mais dans le ton jacobin. On jugeait inadmissible la « trahison » des bolcheviks, on brocardait le Kaiser, on tenait Foch, nommé généralissime interallié, pour un grand

homme. Dès ses premières incursions dans le domaine politique, André Malraux est ainsi marqué du signe de l'ambiguïté
jacobine, en vertu de cette combinaison qu'il découvre alors
chez Michelet entre la haine de la guerre et la passion de la
gloire des armes. Une passion qui ne va pas d'ailleurs jusqu'à
pousser cet adolescent de dix-sept ans à prendre du service
comme on le vit faire à d'autres. Marcel Brandin, par exemple, tenta de s'engager. En fait, il aurait fallu au jeune Malraux
l'autorisation de son père qui, de l'avis de ses amis de l'époque,
la lui aurait sûrement refusée.

Dégoûté des couloirs venteux et des cours verbeux qu'on
dispense rue de Turbigo, André Malraux tente en 1918 de
s'inscrire au lycée Condorcet. Il n'y a pas d'amis et du coup
renonce au bachot et à ces diplômes qui ménagent les carrières
sûres. Aux grandes vacances de la guerre vont succéder celles
qu'il s'octroie définitivement.

Le jeune homme de dix-sept ans qui entre dans la paix en
sortant de ses études est grave et contenu, plein d'ambition
et d'une ardeur inquiète, à la recherche du monde et de lui-
même. Il a la belle pâleur de Julien Sorel, et il est libre.

Julien Green rapporte dans son *Journal* (27 mars 1930) ce
propos de Malraux : « Entre dix-huit et vingt ans, la vie est
comme un marché où l'on achète des valeurs, non avec de
l'argent, mais avec des actes. La plupart des hommes n'achètent
rien... » Lui se jette sur ce « marché » avec une sorte de voracité.

De 1919 à 1921, ce garçon presque solitaire, sans appuis familiaux, sans relations, à demi déraciné, dépourvu de foi, de
vraies convictions, d'alliances, de diplômes, de culture solide,
riche seulement de son ardente intelligence, d'un extraordinaire
foisonnement de connaissances en vrac, d'un bel appétit de
beauté et de gloire, de sa force de séduction enfin, va s'insérer
dans ce petit univers qui, de la place du Tertre à la rue Campagne-Première, produit à peu près tout ce qui s'écrit, se peint et
se compose dans Paris, et bien au-delà.

« Bien avant seize ans, je voulais devenir un grand écrivain.
Mais nous étions persuadés, mes amis et moi, qu'un grand
écrivain, comme un grand peintre, devait être maudit. Il fallait
qu'il crève de faim, dans les traditions du symbolisme et de

Baudelaire... Dans mes espoirs, le sentiment de la révolte l'emportait de loin sur une aspiration à la notoriété [1]. »

Puisqu'il faut exister et briller dans ce monde absurde et vain, pourquoi ne pas d'abord faire ce que l'on sait? Il connaît une chose au moins, le jeune André : les bouquins. Depuis dix ans qu'il les feuillette fiévreusement à longueur de semaine, de la bibliothèque municipale de Bondy aux boutiques du quai Voltaire, il en sait long sur eux. Sa prodigieuse mémoire aidant, avec son art de humer la page, de grappiller le paragraphe savoureux, de saisir au vol une formule, avec son goût du baroque, du marginal et du surprenant, il s'est fait une culture à lui, d'encyclopédiste fureteur et de comparatiste impénitent.

A la fin de 1917, un curieux personnage, René-Louis Doyon, avait ouvert dans la galerie de la Madeleine, à l'angle de la rue Boissy-d'Anglas, une librairie spécialisée dans les livres rares, à l'enseigne de « la Connaissance ». Après des débuts difficiles, Doyon avait fini par trouver une clientèle : la dépréciation de la monnaie avivait l'appétit des bourgeois du quartier pour les petits placements sûrs. Une édition rare de Mallarmé ou de Huysmans valait plus qu'un paquet de titres russes. Encore fallait-il dénicher ces pièces.

Dix-huit mois après l'ouverture de la boutique de Doyon, le jeune Malraux qui avait déjà fait deux ou trois incursions dans cette grotte aux merveilles et savouré l'odeur raffinée qu'y faisait régner le maître de maison — il s'intitulait lui-même « le mandarin » et finit par signer ainsi ses textes — vint lui proposer ses services. « Chineur » de grand talent, il saurait approvisionner Doyon en raretés. Voulait-il une édition originale de *la Vie de Rancé* ou des *Infortunes de la vertu?*

Pendant près d'un an, André Malraux se fit ainsi la tête chercheuse de Doyon, y gagnant à la fin de quoi quitter le triste appartement de Bondy pour s'installer d'abord à l'hôtel Lutetia, boulevard Raspail, puis dans une garçonnière, rue Brunel, près de l'Étoile. Son père, que la guerre n'avait pas guéri d'une instabilité toujours joviale, lui versait bien quelques mensualités, mais il ne voulait rien demander à sa mère et avait horreur de compter, sa générosité naturelle se doublant de quelque ostentation.

1. *L'Événement*, août 1967.

A force d'échanger avec lui des livres, puis des idées, puis des opinions, l'ingénieux Doyon découvrit en Malraux l'homme qu'il attendait pour accomplir de plus grands desseins : il songeait depuis longtemps à lancer une revue. Avec l'aide du jeune homme, il s'y résolut : ce fut *la Connaissance* dont le premier numéro parut en janvier 1920, précédé d'un avertissement de René-Louis Doyon, étrangement grandiloquent pour un mandarin : « L'heure des constructeurs a sonné! » André Malraux donna à Doyon le premier article qu'il ait publié : « Les origines de la poésie cubiste » (*la Connaissance*, n° 1), avant de passer à la concurrence et de prendre chez le libraire Kra la direction des « Éditions du Sagittaire ».

C'était une curieuse maison. Lucien Kra était un ancien jongleur qui, sous le nom de Jack Ark, avait montré ses tours à l'Olympia aux temps heureux de l'avant-guerre. Dans le commerce du livre, ses dons d'illusionniste faisaient merveille, non sans l'appoint des qualités plus épicières de son père Simon. Le jeune Malraux fut, dans cette sérieuse boutique de farces et attrapes, comme un poisson dans l'eau. Il y publie des textes de Baudelaire, de Max Jacob et deux fragments de Sade alors peu connus, *les Amis du crime* et *le Bordel de Venise*, et en assura une édition amplement illustrée qui, de ce fait, se vendit fort bien. L'illustration, d'ailleurs, intéresse de plus en plus Malraux : il vient de se lier avec Galanis — dont l'amitié va l'arracher au milieu des petits éditeurs semi-clandestins et l'orienter vers des horizons plus salubres.

Mais après Doyon, après Kra, le jeune André va croiser la route d'un troisième boucanier des lettres, Florent Fels, qui fonde alors la revue *Action*. Florent Fels ne se conduisit pas toujours très bien avec Malraux. Mais on ne saurait contester la qualité de sa revue, la vitalité, l'ingéniosité, la diversité de ces petits cahiers où l'on trouva régulièrement des articles et des textes de Max Jacob, Cendrars, Aragon, Cocteau, Radiguet, Éluard, Tzara, Artaud et aussi d'Erik Satie et de Derain, et encore de Gorki et d'Ehrenbourg, de Blok et de Karleja.

Revue « de gauche » à coup sûr — si l'on met au compte de la gauche (c'est en tout cas ainsi qu'elle se voyait alors) la mise en cause des valeurs bourgeoises et de l'ordre établi. Anarchisme? Mais on a relevé, parmi les collaborateurs d'*Action*, des hommes comme Gorki, Blok et Ehrenbourg, alors tenus pour des « écrivains bolcheviks ». Et Victor Serge, alors passé de l'anarchisme au soutien de l'Union soviétique, y collabora. Dans le climat de « cordon sanitaire » autour de l'URSS qui régnait en 1920-1921, publier Gorki, c'était répandre le virus et brandir le drapeau rouge.

Malraux voyait-il les choses ainsi ? Peut-être pas. Sa collaboration à la revue est l'une des plus apolitiques. Mais il savait regarder et humer l'air autour de lui : *Action* répandait, socialement, une odeur de soufre. On le lui fera bien voir en Indochine, trois ans plus tard.

Dès le premier numéro, Fels affichait la couleur : il publiait (au moment même où se déroulait le procès) un « Éloge de Landru » de Georges Gabory qui était alors l'ami le plus voyant d'André Malraux. Gabory n'y allait pas de main morte et, saluant en Landru un « précurseur » dont il ne critiquait que le recours « à des méthodes surannées », il proclamait le droit au meurtre pour les individus supérieurs, pour « tous ceux dont la tête dépasse le niveau de la mer humaine ».

La signature d'André Malraux n'apparaît que dans le numéro 3, en avril 1920. Deux mois après la publication de son premier texte, dans *la Connaissance* (il collabore toujours avec Doyon) il s'attache cette fois à révéler « La genèse des *Chants de Maldoror* ». Ce qui surprend dans ce petit texte, ce n'est pas tant la désinvolture dans la manipulation des documents — André Malraux n'est pas chartiste et ne le deviendra pas — c'est l'acidité du ton vis-à-vis de Lautréamont, alors canonisé par la littérature nouvelle. Ironisant sur ce « baudelairisme d'employé des chemins de fer » et choisissant de conclure par une question abrupte : « Quelle est la valeur littéraire d'un procédé ? », Malraux semble surtout retenir du précurseur des surréalistes, un style de vie. L'article s'ouvre par trois mots significatifs : « Haïssant sa famille... » N'est-ce pas là ce qui le lui rend tout de même fraternel ? Il ne hait pas la sienne, mais comprend fort bien qu'on le fasse...

Dans les numéros suivants, on trouve d'autres textes du jeune Malraux, intitulés « Mobilités », « Prologue », « Le pompier du jeu de massacre », premier fragment d'un recueil dont on retrouvera ailleurs des retombées. Le tout imité non sans grâce et ingéniosité de Max Jacob et de Laforgue.

Et son étude intitulée « Aspect d'André Gide », entamée dans le n° 12 (et dernier) d'*Action*, et malheureusement interrompue là (elle devait compter au moins deux volets), lui valut bientôt une lettre de l'auteur de *Paludes*, qui y décelait « une pénétration et une perspicacité singulière [1] ».

Action aura joué un rôle important dans la vie du jeune Malraux. S'il n'y a rencontré ni Max Jacob, ni Galanis, ni Fernand Fleuret — ses premiers maîtres — il y connut un certain climat, celui de la vraie, bonne, naissante littérature et non plus celle des résidus de bibliothèque et des déchets de grands hommes ravaudés à bon compte; il y connut aussi Clara, et les premiers de ses compagnons qui ne furent pas d'abord des auditeurs : Pascal Pia, érudit qu'il retrouvera souvent sur sa route, et Georges Gabory.

L'auteur de l'« Éloge de Landru » avait acquis une notoriété qui en imposa quelque temps à Malraux. Pendant plus d'une année (1920-1921), qui correspond à la période de « dandysme » aigu du jeune André, à la veille de son mariage, ils furent inséparables.

Malraux payait partout, raconte Gabory qui, pauvre, s'étonnait que son ami fût déjà riche ou du moins qu'il eût toujours de l'argent « qu'il dépensait, contrairement à l'usage des possédants, littérateurs ou non ». Malraux l'invitait à déjeuner chez Larue ou chez Marguery, ou chez Noël Peters, un restaurant alors coté, passage de l'Opéra, agrémenté d'un décor à la Loti : « ... Sole normande et chateaubriand aux pommes... pouilly, pommard ou corton... fine, havane, euphorie... » Et Gabory d'évoquer une boîte de la place Ravignan où la police mondaine tolérait que se réunissent les « tantes » les plus réputées, à l'enseigne de « la Petite Chaumière ». « Nous étions jeunes, Malraux et moi, séduits par l'étalage de la dépravation réelle ou feinte. En regardant onduler le barman qui dansait nu, vision d'art! devant le client libéral, on entendait glousser Zigouigoui, Passe-Lacet, Manon, la tête du troupeau. Le Marquis n'était pas notre cousin! » Malraux avait prêté *Juliette ou les prospérités du vice* à Gabory, qui avait sur l'érotisme des idées plus audacieuses que les siennes : Clara raconte qu'il se définissait drôlement comme « lesbien [2] ».

De Sade à Landru, en passant par Baudelaire et Zigouigoui, les mauvais sentiments ne suffisent pas à faire de la bonne littérature : celle de Gabory n'est pas sans charme. Avec ses capes

---

1. A. Vandegans, *La Jeunesse littéraire d'André Malraux, Essai sur l'inspiration farfelue*, p. 35.
2. Clara Malraux, *Nos vingt ans*, p. 55.

doublées de soie et sa rose à la boutonnière, Malraux en est encore à un dandysme vaguement subversif, mystérieusement fastueux. Ce snobisme décoratif aurait dû le conduire chez un éditeur conformiste et lui valoir un mariage à l'américaine, dans les pétroles ou les mines de cuivre. Mais il a un autre registre, et d'autres amis : René Latouche, par exemple, un employé de bureau de Clichy-la-Garenne que lui a d'ailleurs présenté Georges Gabory. C'est un petit boiteux qui rêve de littérature. Pourquoi décida-t-il un jour de se laisser mourir, submergé par la marée bretonne ? Malraux l'aimait beaucoup : c'est à lui que sept ans plus tard, après avoir connu quelques péripéties et bien d'autres amis, il dédia *les Conqué-rants*. Ou encore Marcel Arland, qui allait devenir un des augu-res de la *Nouvelle Revue française*, et Daniel-Henry Kahnweiler.

L'animateur du cubisme, de nationalité allemande, et pour cela passé en Suisse de 1914 à 1920, avait retrouvé en rentrant à Paris ses collections mises sous séquestre. En septembre 1920, il ouvrit une nouvelle galerie et c'est là que Max Jacob lui pré-senta le jeune Malraux qui, plus ou moins brouillé avec Lucien Kra, accepta aussitôt de s'occuper des éditions de luxe que Kahnweiler avait en tête. Ainsi furent publiés en quelques mois des livres de Max Jacob, Radiguet, Satie et Reverdy — et le premier livre d'André Malraux, en quelle compagnie ce débutant de dix-neuf ans ! — illustrés par Juan Gris, Georges Braque, Fernand Léger...

Le grand marchand de tableaux n'aura pas été seulement le premier éditeur de Malraux (en association avec André Simon). Il fut aussi, pour Malraux, un admirable initiateur et guide esthétique. Le jeune homme ne l'avait pas attendu pour aimer la peinture, celle surtout qui parle à l'intelligence. Mais sans Kahnweiler, aurait-il goûté si bien Derain et Picasso, Braque et Léger ?

Aucun de ceux qui modèlent alors sa personnalité ne le fait autant et si bien que Max Jacob — Max l'enchanteur, Max le fourbe et le délicieux, Max le libre et l'indigne et le facétieux, le pathétique, l'inventeur, Max...

Sur ces années de l'immédiate après-guerre marquées par l'exposition de *Dada*, l'épanouissement du jazz, l'apparition de Radiguet, le règne de Cocteau, les combats de Georges Carpentier et les leçons du Dr Freud, ce personnage menu exerçait un magistère indéfinissable et sans limite. Bien plus que du talent — et le sien était grand — le petit homme aux yeux immenses sous l'arcature romane des sourcils de charbon avait ce quelque chose de rare qui s'appelle peut-être l'imagination — un mélange d'inquiétude et de flair, d'angoisse et d'optimisme vital, de déséquilibre et de sens de l'harmonie qui fit de lui un incomparable maître en démolitions — et en architecture.

Clown virulent, prieur sarcastique d'un ordre très mendiant, n'ayant qu'une haine, celle du symbolisme, de ses vapeurs amorphes et sentencieuses, mais plus exigeant en matière de forme que Mallarmé ou Valéry lui-même, il fut, en France, entre la disparition d'Apollinaire et l'apparition de Breton, le maître du champ poétique. Tel le vit Malraux, tel il l'admira, le suivit, et se fit parfois son écho docile.

« La première fois que Malraux vint offrir à Max Jacob les prémices de son esprit, selon le rite observé par les nouveaux, à le voir si bien habillé — gants de peau, canne à dragonne et perle à la cravate — on l'aurait pris pour un visiteur du dimanche... » Cela se passait en novembre 1919.

Georges Gabory, qui le raconte [1], ne dit pas si Max se moqua de tant d'apprêts, et probablement ne le fit-il pas, lui qui se vêtait d'un sac mais ne dédaignait pas que l'on fît toilette pour l'honorer. Au surplus, il avait de l'inclination pour la beauté des jeunes gens et, s'il dut vite constater que le jeune homme à la perle n'était pas de ceux qu'aimait le vieux Buonarotti, il trouva sûrement à son goût le regard précocement baudelairien du visiteur de dix-huit ans.

Dès lors on se revit souvent. Malraux montait sur la butte, jusqu'à la petite maison de la rue Gabrielle où vivait pauvrement le poète. Bras dessus, bras dessous, on redescendait chez « La mère Anceau », une gargotte où, sur le zinc épais, on buvait la « mominette » avant de savourer le navarin aux pommes qu'adorait Max. André Malraux préférait la nappe de Larue et le service de Noël Peters aux verres épais et à la toile cirée de la « mère Anceau », et ne savait pas toujours

1. Georges Gabory, « Souvenirs sur André Malraux », *Mélanges Malraux Miscellany*.

le cacher, ce qui lui valait les sarcasmes de ses compagnons.

Tout ce qu'écrit Malraux, à cette époque, et jusqu'à son départ pour l'Indochine, est placé sous le signe de Max. De son premier article consacré à la « poésie cubiste » dont l'auteur du *Cornet à dés* est évidemment l'inspirateur en même temps que le sujet principal, à son premier livre, *Lunes en papier*, dédié à Max Jacob, tout Malraux provient alors, directement ou non, du petit homme de la rue Gabrielle. Il aurait pu plus mal choisir; s'il avait pu choisir. Mais quel autre guide un jeune homme avide de littérature, de nouveauté esthétique, de libération de l'esprit et du comportement, aurait-il été chercher en 1919?

Cette question, André Malraux y répondait ainsi au mois de juin 1972 :

> « *A vingt ans, nous subissions à la fois des influences esthétiques — la plus importante était celle d'Apollinaire, dont Max Jacob assurait en quelque sorte le relais — et des influences toutes différentes, essentiellement celle de Nietzsche qui était pour nous un géant...*
>
> *Laforgue, Lautréamont comptaient beaucoup aussi pour nous. Et surtout un type énorme : Corbière. Mais il était alors presque introuvable. Quand j'ai rencontré Breton, il n'avait pas lu* les Amours jaunes. *Moi, si...*
>
> *Les surréalistes? Mon éloignement d'eux fut essentiellement topographique. Mes premiers bouquins farfelus, comme* Lunes en papier, *sont antérieurs au mouvement. Quand celui-ci grandit, je suis en Indochine, m'occupant de tout autre chose. Je ne suis pas dans ce jeu. Et à mon retour, les surréalistes ont gagné la partie. Pourquoi m'associer à un combat déjà livré et victorieux? En fait, pour nous, au lendemain de la guerre, les trois grands écrivains français, c'étaient Claudel, Gide et Suarès* [1]*... »*

Ainsi se dessine à vingt ans (et se redessine cinquante ans plus tard, en fonction de choix difficiles à dater) André Malraux, à la veille d'un mariage qui n'ira pas sans modifier son univers culturel et d'aventures qui changeront sa vie.

Dandy prudemment subversif, poète attentivement lunaire, critique ingénieux, érudit multiple, amateur de sensations rares, esthète d'une inlassable curiosité, il se rue dans le mou-

1. Entretien d'André Malraux avec l'auteur, 30 juin 1972.

vement du temps du « Bœuf sur le toit » au point d'en paraître parfois caricatural — mais place au-dessus de tout les peintres de la rigueur, Braque et Derain.

Au moment où, avec sa vingtième année, s'achève cette période de deux ans dont il prétend qu'elle est celle de « l'acquisition des valeurs », qu'a fait, qu'est devenu André Malraux, jeune homme semi-autodidacte au père intermittent, dépourvu de diplôme, semi-éditeur de livres introuvables, semi-auteur confidentiel de petites pièces éparpillées, semi-pauvre aux gestes fastueux ?

C'est un dandy resté rat de bibliothèque, un ambitieux plus stendhalien que balzacien en ce qu'il veut moins parvenir peut-être que s'affirmer contre la modestie de ses origines, son manque d'enracinement, la dispersion familiale et l'absurdité du temps. Qu'a-t-il « affirmé », depuis qu'il a renoncé à ses études sinon à ses « copains », et a entamé, de bouquiniste en bar et de bibliothèque en musée, cette molle errance, cette vacance agitée de fièvres studieuses et de cette nonchalante boulimie qui lui servira d'université, lui permettant d'en apprendre plus long sur Sophocle, Michelet et le Caravage qu'il n'en aurait entendu rue des Écoles.

Il a, sans jamais s'y inscrire, fait des apparitions à l'École des langues orientales de la rue de Lille — un cours de chinois par-ci, un cours de persan par-là. Il a même tâté de l'École du Louvre, se détournant assez vite de leçons pour dames seules qu'il aurait pu donner déjà. Il lit surtout, il lit comme un fou, il flâne dans les galeries et les musées.

Il s'est fait des relations. Avant d'avoir écrit quoi que ce soit de notable, le voilà situé au centre de la petite planète des livres, des écrivains, des critiques, rempailleur de réputations agonisantes, découvreur d'oubliés, souffleur d'un théâtre d'ombres auquel il croit moins que d'autres, mais où il modèle petit à petit son personnage mieux que sa personnalité.

Trois textes révèlent, semble-t-il, ce qu'on peut appeler sa période rose et noire, celle où l'intelligence critique et le goût frénétique de la synthèse percent sous les fantaisies appliquées d'un jeune littérateur d'époque : son premier article, celui de *la Connaissance* de janvier 1920 sur « Les origines de la poésie cubiste »; son premier livre, *Lunes en papier*, achevé d'imprimer au printemps 1921 et son premier essai, sur « La peinture de Galanis », présenté à une exposition de mars 1922 : textes-témoins.

« Lorsque le symbolisme, devenu un mouvement littéraire sénile, barbota dans le clapotement précurseur de sa définitive dissolution, les jeunes gens peu désireux de publier des poèmes flasques (mais couronnables), fanfreluches de gloses miro- bolantes, partirent à la recherche d'un artiste capable de pro- duire une œuvre dont une esthétique nouvelle pût s'extirper sans plagiat. »

Telles sont les premières lignes de l'article de *la Connais- sance* sur la poésie cubiste — les premières lignes publiées par André Malraux.
C'est un ton d'époque, un peu démodé. Comme la plupart de ce que publient les très jeunes gens — celui-là a dix-huit ans — c'est trop écrit et trop chargé. Mais la suite du texte ne manque ni de verve, ni de pénétration.
Marquant que l'influence de Rimbaud sur les symbolistes avait été « grêle », saluant celle d'Apollinaire dont les « fumis- teries verdâtres » instauraient une poésie « fantaisiste et moder- niste dans laquelle l'objet (au lieu d'exister en fonction du poète) devenait parfois autonome », il mettait enfin l'accent sur les trois écrivains qui, après cet « instigateur », s'affirment les inventeurs de la poésie cubiste : Max Jacob, Pierre Reverdy et Blaise Cendrars.

« Max Jacob apportait au cubisme une ironie fluette, un mysticisme un peu charentonesque, le sens de tout ce qu'il y a de bizarre dans les choses quotidiennes et la destruction de la possibilité de l'ordre logique des faits.
Pierre Reverdy devint le cubiste le plus certain de ce qu'il voulait et le plus obscur pour les non-initiés... Le poème régu- lier est un *développement ;* celui qu'instaura Reverdy était une synthèse... (il) infligea à ses œuvres un dépouillement chirurgical...
Cendrars, après avoir publié un poème, *Pâques,* d'une beauté douloureuse et grave, parfois rimbaldienne... avait fait paraître trois plaquettes (où l') on dénichait des trouvailles de vision et surtout une expression paroxysmique de la vie moderne obte-

nue sans verbalisme. Depuis, Cendrars a publié *Neuf poèmes élastiques* où cette expression s'accentue, mêlée à une compréhension bizarre de l'humour... »

Lunes en papier, que le jeune homme a commencé d'écrire au début de 1920 et qu'il publie en avril 1921, alors qu'il n'a pas vingt ans, dans une série d'ouvrages où voisinent Max Jacob, Reverdy, Satie et Radiguet, est une manière de conte à l'envers, de déambulation lunatique, de ballet-mécanique, d'allégorie-mascarade : une affiche pour 1921 où l'on retrouve tout le monde et personne, un petit objet d'époque, le type de la curiosité littéraire de nature à intéresser les érudits et spécialistes du « décadent » en marge de *Dada*. Sur une musique de Satie, avec un décor de Derain, dit et dansé par les jeunes amis de Max, ça ne manquerait pas de charme. Faute de quoi...

C'est Daniel-Henry Kahnweiler qui (sur les conseils d'un directeur littéraire nommé André Malraux) publia *Lunes en papier*. L'ouvrage paraît à l'enseigne de la « Galerie Simon » (l'associé de Kahnweiler). C'est une manière de cahier format 34 × 22, sur fort riche papier, dont la couverture est frappée d'un beau bois cubiste, très noir, de Fernand Léger, d'une tout autre gravité que le texte qu'il annonce. Sur la page de garde, une dédicace : à Max Jacob. Et cet avertissement :

« Petit livre où l'on trouve la relation de quelques luttes peu connues des hommes, ainsi que celle d'un voyage parmi les objets familiers mais étranges. Le tout selon la vérité et orné de gravures sur bois également très véridiques par Fernand Léger. »

On a dit le goût de notre jeune homme pour certaines soirées montmartroises de la place Ravignan. Plus souvent que « la Petite Chaumière », il fréquentait Tabarin avec son ami Chevasson. C'est là — où il avait, disait Gabory, « levé la petite poule » avec laquelle il vivait — que lui vint dans le foisonnement et le miroitement des lampes colorées, des cotillons, des lanternes et des confetti, dans la dérision multicolore et fripée des petites revues à cancan et illusionnistes, l'idée de représenter le monde sous ce masque, ces grimaces et ces faux-semblants — ce qui ne donne pas une fière idée de l'idée que s'en faisait, vers 1920, André Malraux. Cette mort en smoking et ces petits êtres ricanants et folâtres relèvent du nihilisme le plus lugubre et le plus radical.

De ce texte presque inconnu et quasi introuvable, il faut citer quelques traits; peut-être trouvera-t-il aujourd'hui des amateurs :

« Chaque fois qu'un cœur était arraché, sa queue saignait un peu : mais elle se cicatrisait et, fine et légère autant qu'une flèche, une longue tige en sortait comme une bulle de savon d'un chalumeau, pour aller se planter dans la terre... Tant d'oiseaux tombèrent et tant de laques glacèrent le fleuve qu'il fut bientôt une chevelure blonde dont les reflets glissaient et variaient continuellement...

Un parfum animal, exaltant comme celui de l'éther, passait avec les touffes; lorsqu'un des péchés le respirait, il lui semblait que des fruits de chair lui venaient aux lèvres, qu'il y mordait et que ces fruits, éclatant, lui éclaboussaient la figure de sang sucré... »

Mais aussi, au détour d'une page, cette notation tragique qui annonce le vrai Malraux : « Le monde ne nous est supportable que grâce à l'habitude que nous avons de le supporter. On nous l'impose quand nous sommes trop jeunes pour nous défendre. »

Malraux parle maintenant de ce premier livre avec une majestueuse désinvolture : « J'ai écrit *Lunes en papier* à vingt ans : une gloire de café [1]. »

De tous ces exercices d'adolescent, de tous ces relevés d'apprenti, de tout ce Malraux avant Malraux, ce qu'on retient le plus volontiers c'est le premier essai que le jeune homme consacra aux arts plastiques. Chargé par son ami Galanis, au mois de mars 1922, de présenter l'exposition de ses œuvres à la galerie « la Licorne », rue La Boétie, le jeune Malraux trouve d'un coup son ton, son style et ses idées. Il y a ici, en quelques lignes, presque tout ce que développera trente ans plus tard le somptueux auteur des *Voix du Silence*.

« ... De ce qu'une culture particulière peut donner à un artiste certains moyens de s'exprimer, guider même son choix dans l'expression de ses moyens, on ne saurait logiquement déduire

1. *L'Événement*, août 1967.

que l'expression soit subordonnée à la naissance. C'est du rapprochement du génie grec au génie français et au génie italien qu'est né cet art (de Galanis)... Il n'y a pas d'artiste créé par la tradition française seule; il n'y a pas d'artiste grec créé par la tradition grecque seule. Nous ne pouvons sentir que par comparaison. Quiconque connaît *Andromaque* ou *Phèdre* sentira mieux ce qu'est le génie français en lisant le *Songe d'une nuit d'été* qu'en lisant toutes les autres tragédies de Racine. Le génie grec sera mieux compris par l'opposition d'une statue grecque à une statue égyptienne ou asiatique, que par la connaissance de cent statues grecques. »

André Malraux a-t-il écrit autre chose depuis un demi-siècle, en matière d'art, que ces deux dernières phrases, qui se dégagent avec une force étrange et péremptoire d'un discours jusqu'alors assez pâteux? Le voici donc, à vingt ans, maître d'un regard, d'un système d'évaluation, d'une technique et d'une culture plastiques également étonnants et efficaces. Ce jeune homme en quête de tout avait trouvé au moins un art de regarder.

2. Clara

« Un jeune homme est assis parmi une trentaine de personnes autour d'une table de banquet et c'est lui qui, pendant des années, comptera plus pour moi que tous les autres êtres. A cause de lui j'abandonnerai tout, comme les Évangiles l'exigent de ceux qui aiment : tu quitteras ton père et ta mère [1]... »

Celle qui évoque ces souvenirs quarante ans plus tard s'appelait alors Clara Goldschmidt. Elle avait vingt ans, elle était d'origine allemande et même prussienne, ce qui dans ces lendemains de guerre, n'était pas très bien vu de tout le monde, et juive, ce qui n'arrangeait rien, vingt ans après l'affaire

---

1. Clara Malraux, *Apprendre à vivre*, p. 268.

Dreyfus. Son père était mort peu avant la guerre. Sa famille, riche sans excès, venait de Magdeburg où — revenant chaque été pour les vacances — la petite fille avait fait l'expérience d'un antisémitisme plus virulent que celui qu'elle subirait en France (avant 1940...). Encore faut-il relever que l'un de ses frères, alors qu'il se battait au front, en 1917, avait appris qu'une procédure de dénaturalisation était engagée contre lui et les siens...

C'était une famille, pourtant, qui était alors sortie de l'angoisse et avait trouvé un équilibre provisoire. Grâce à la munificence d'un oncle qui avait fait fortune dans les cuirs, on habitait avenue des Chalets, à Auteuil, une assez grande maison à deux étages, proche de celle où avait vécu Jaurès : les petits Goldschmidt se souvenaient d'avoir joué avec les enfants du leader socialiste.

Clara vivait avec sa mère et ses deux frères, dans un climat d'assez grande liberté. Madame Goldschmidt, restée vaguement croyante, ne lui avait donné aucune éducation religieuse. Clara avait été très choyée par son père — les filles, dans ce milieu, étaient marquées du double signe de l'inutile et de la joie, de tout ce qui, dans la vie, échappe à la nécessité : le bonheur était leur justification. Sa mère avait maintenu cette tradition et (mise à part une compréhensible réaction de rejet après la fâcheuse affaire du Cambodge), Mme Goldschmidt devait manifester constamment à sa fille, puis à son compagnon, une compréhension qui fut plus qu'un signe de l'époque : celui d'un personnage généreux.

En 1921, Clara, ses beaux yeux pers, sa taille un peu courte, son intelligence ardente, sa culture un tantinet envahissante, ses amis comme peut en grouper une jeune fille de bonne bourgeoisie juive — avec ce que cela implique pour elle d'avantages et d'inconvénients — est une sorte de personnage, déjà. Elle collabore (en tant que traductrice, pour commencer) à la revue *Action* qui vient de publier sa version d'un poème de Johannes Becher. Et c'est à titre de collaborateurs de cette publication qu'elle et André Malraux se rencontrent lors d'un dîner organisé par Florent Fels dans un restaurant du Palais-Royal.

André n'est pas assis à côté de Clara, mais d'une de ses amies qu'il ne laisse pas indifférente. Clara le note : « Ils parlent — plus exactement il parle. C'est un très long et mince adolescent, aux yeux trop grands, dont les prunelles ne remplissent pas l'immense globe bombé : une ligne blanche se dessine sous l'iris délavé. Plus tard je lui dirai : vos yeux plafonnent, plus tard je penserai à ses ancêtres marins qui devaient avoir ce regard lointain, absorbé, plus tard j'ai pensé, assez sottement sans doute « il ne sait pas regarder les gens en face ».

Après le dîner, Clara et son amie accompagnent l'adolescent aux yeux trop grands et le poète Ivan Goll dans une sorte de boîte de nuit voisine, décorée de guirlandes tricolores, « Le caveau révolutionnaire ». C'est « sous des banderoles de papier signifiant la révolte que j'ai échangé mes premiers mots avec mon futur compagnon », note Clara, précisant qu'il dansait mal, et ne l'a invitée qu'en fin de soirée, après lui avoir confié que son amie l'avait prié de ne pas s'occuper de la demoiselle aux yeux pers : « Était-ce vrai ou déjà infléchissait-il un peu la réalité ? »

Quelques jours plus tard, ils se retrouvent chez Claire et Ivan Goll, où l'on rencontre quelques-uns des peintres et des poètes du groupe d'*Action*, tels Chagall et Delaunay. Isolés dans le rectangle d'une fenêtre, ils chuchotent longuement. Elle s'amuse de « la voix un peu parigote (qui) dit très vite des choses curieusement denses » et se convainc qu'elle est « une initiée de la même secte » que lui. Il parle des poètes du haut Moyen Age dont il est alors féru, des satiriques français; elle, de Hölderlin et de Novalis. Et tous deux se retrouvent sur Nietzsche, sur Dostoievski, sur Tolstoï (elle relève qu'il n'a pas encore lu *Guerre et Paix ;* elle si). Lui parle de l'Espagne et du Greco, elle de l'Italie et de « ses » peintres. « Je retourne en Italie au mois d'août. » — « Je vous accompagne. » Tout cela va de soi. Les voilà liés.

Il la conduit dans les musées qu'il préfère, l'atelier de Gustave Moreau, par exemple, lui fait découvrir Lautrec, elle lui montre les bizarres merveilles du Trocadéro qui joueront un rôle important par la suite, le guide dans les allées du bois de Boulogne, lui apprend à ramer, l'entraîne aux courses — ils ont tous deux la passion du jeu. Et le jeune homme de dire à son amie : « Je ne connais qu'une personne qui soit aussi intelligente que vous : Max Jacob. »

Voilà bien un jeune homme amoureux.

Et Clara de glisser, mi-figue, mi-raisin : « Il avait vraiment le goût de l'érudition, mais pour quoi en fait n'avait-il pas de goût? Plus tard il m'a dit : « Si je ne vous avais pas rencontrée, j'aurais aussi bien pu être un rat de bibliothèque. » Elle était et reste prête à le croire, et précise en effet : « Qui sait? Telles que furent nos années, il devint — pour peu ou pour longtemps, l'avenir en jugera — un merveilleux aventurier, un grand écrivain, tout en restant un génial amateur. Hanté par Nietzsche, bien entendu... Divisant les gens en « drôles » et « pas drôles » et reprochant aux surréalistes de se prendre au sérieux... »

Beaucoup de finesse en tout cela, et quelque acidité : Clara écrit son livre après pas mal d'orages, restée seule et retranchée de la période de gloire. Mais sans amertume rancunière, et surtout sans bassesse. Il est clair que, dès ce temps-là, elle a mesuré les faiblesses aussi bien que les dons du jeune homme et pris ses risques en conséquence. Elle le voit plus érudit encore que savant, moins cultivé qu'ingénieux — et misogyne de surcroît. Mais elle voit bien aussi que ce demi-parvenu de l'art est brûlé de quelque chose qui est à la fois la passion de la beauté, le goût de la liberté, l'ardeur de l'échange, un vrai courage.

C'est un dimanche, Clara s'est vêtue avec recherche : « Pourquoi m'étais-je habillée ainsi? Pour lui plaire. Je sentais qu'il aimait le luxe, les parures... »

Il l'emmène au bal musette de la rue Broca, où ils ne passent pas inaperçus... Un marlou fait danser Clara. Et puis c'est le tour du jeune homme : « Déjà j'étais un peu sur un bateau, seule avec celui dont je croyais que rien ne m'apaiserait. Il voulait tout — du moins l'imaginais-je — moi aussi je voulais tout, et d'abord lui... Nous nous sommes levés pour marcher côte à côte dans la rue. La porte a sonné derrière nous. Des hommes venus du bal musette nous ont dépassés en nous heurtant. ' Attention! ' m'a dit mon compagnon. J'étais trop claire dans la rue presque sans lumière... Les silhouettes masculines se sont avancées vers nous... Mon ami m'a repoussée derrière lui du bras gauche qu'il a laissé étendu pour mieux me protéger. Sa main droite, il la plongea dans sa poche et après le coup de revolver des autres, il y a eu un coup de revolver de notre côté. Le tout très vite, puis le silence. Et la main gauche de mon protecteur, blessée, que je prends dans ma main en une première étreinte intime...

Dans le taxi, je l'ai senti près de moi, mais peut-être pas

plus que lorsque l'accord entre nous naissait du poème récité. Un premier cycle d'épreuves venait d'être parcouru : nous avions éprouvé le danger, le courage ensemble, la communion devant les autres... »

Comment oublier qu'il s'agit de deux adolescents étonnés, que ces coups de feu, à dix-neuf ans, rompent quelque chose d'irréel et d'enfantin et font passer ces deux rêveurs en peu de temps au-delà de leurs songes, dans la présence immédiate d'une brève souffrance et d'un danger réel. A vingt ans, Rimbaud avait déjà pris plus de risques. Mais on peut commencer sans honte par les balbutiements. Dans une carrière d'aventuriers-à-deux, cette bataille des marlous, c'est le siège de Toulon pour Bonaparte.

« Tout continue d'être simple entre nous et tout l'est encore dans sa chambre, ce 14 juillet tandis que dehors les fusées découpent l'espace, bouquet de noce... » L'après-midi suivant, le jeune homme ne vient pas au rendez-vous pris, non parce qu'il n'aime pas « les mines de lendemain », mais parce qu'il est allé demander à son père la permission de se marier, refusée « avec précision ». Parce que Clara est d'origine allemande ? Parce qu'André est trop jeune ? On ne sait trop.

Et c'est le départ pour Florence, dans le wagon-lit où le jeune homme se glisse auprès d'elle, sitôt la mère de Clara descendue sur le quai. Un voisin, ami du frère de Clara découvre la situation et André monte sur ses ergots : « Je lui ai proposé un petit duel ! » On part pour le pays de d'Annunzio, que diable !

De Florence, ils télégraphient aux Goldschmidt l'annonce de leur prochain mariage. A quoi sa mère répond : « Reviens immédiatement sans ton camarade. » Ce qu'ils ne font bien entendu pas. Et ils vont de Giotto en Ucello, de la Seigneurie aux Offices, des rives de l'Arno à San Miniato, comme tout le monde. Le jeune homme éblouit sa compagne par l'acuité de son regard, sa voracité voyeuse, sa virtuosité de comparatiste, sa prodigieuse mémoire. Dans un musée, il court tout de suite au plus beau, se ruant « comme s'il était en danger » sur le Donatello ou le Cimabue, en prenant vite — trop vite — la mesure, en percevant un sens possible. Merveilleux voyeur, qui s'abreuve là, dans un climat d'exaltation sensuelle, de tout ce dont il parle depuis des années sans l'avoir vu.

Clara qui, à Venise, refuse de se laisser envoûter, comme

pour affirmer tout de même sa personnalité face à son guide, découvre que son compagnon « tendu vers l'avenir, compare toujours ce qu'il a sous les yeux avec ce que, n'ayant pas vu encore, il peut imaginer » (bien sûr, c'est l'idée de New York qu'évoque pour lui la découverte des tours de San Gimignano). « Chaque étape ainsi suscite en lui le désir d'une prochaine étape : est-ce cela le plus profond de lui-même, ce mouvement d'un désir vers un autre?... Quelle enfance solitaire ma présence chasse-t-elle? Quelles humiliations suis-je en train d'effacer? Quel espoir brusquement surgi en lui, met-il en l'amour? En cet instant, je crois comprendre que notre amour est pour lui comme une conversion, la rupture de ses rapports antérieurs avec le monde. »

Rupture? Le jeune André est sorti là, en compagnie d'un être qu'il aime d'intelligence charnelle et de complicité vécue, de cette solitude peuplée, tendue, crispée, où il a vécu jusqu'alors, entre les copains à épater, les mandarins à séduire, les rivaux possibles à écarter. Clara ne le guérira ni du dandysme, ni de l'arrivisme et moins encore du pédantisme, mais le personnage va s'évader de la toile sur laquelle il se glissait, farfelu appliqué, pour entrer dans un univers à trois dimensions, celui où le risque entre en jeu, où pèsent les rapports quotidiens, les responsabilités sociales, les contraintes économiques.

Retour à Paris. Clara chez elle. « Es-tu heureuse? » lui demande simplement sa mère. Et son frère : « Tu nous as déshonorés. Je pars pour l'Amérique. » Il restera. Le père d'André se résigne et observe : « Elle est très simplement habillée pour une Juive. » Clara voudrait accompagner son mariage civil de « quelque chose de religieux... comme Laforgue ». « Entendu, fait André, mais alors nous irons au temple, à la synagogue, à l'église, dans une mosquée, dans une pagode... » Elle proteste. — « Vous finirez dans un couvent », conclut-il. En sortant de la mairie, la tante Jeanne dit simplement à Clara : « Tu aurais dû choisir le père. Il est beaucoup mieux que le fils... » Ils sont convenus de divorcer dans six mois.

Que sait-elle de lui? « Je n'interrogeais jamais. A travers quelques allusions, quelques contradictions, quelques « embellissements pathétiques », je devinais une enfance triste, peut-être proche de la misère. Mon instinct de sale môme de riche perçait vite certain bluff. Je n'avais pas besoin qu'on m'apprît que sa mère n'avait jamais habité le Claridge, comme il me l'affirmait, ni que sa grand-mère tenait à Bondy un petit commerce d'épicerie. Je me sentais une belle âme... de m'efforcer d'accepter que la vérité n'eût pas les mêmes aspects pour lui que pour moi... »

Les voilà repartis, de Strasbourg — où elle oublie dans la chambre d'hôtel un exemplaire du *Bordel de Venise* de Sade dont il a récemment assuré, on l'a vu, la publication semi-clandestine — à Prague où ils s'émeuvent de la rencontre de vieux rabbins, et à Vienne où le spectacle de la « rue sans joie », dans les quartiers ouvriers, fait remonter à la mémoire de Clara des souvenirs de Jaurès et de Romain Rolland (alors André : « Vous êtes de celles qui veulent tuer tout le monde pour le bien de quelques-uns! » Malraux 1922... On est, il est vrai, à l'époque des marins de Cronstadt).

A Magdeburg ils sont les hôtes du grand-père de Clara qui se félicite d'avoir pendant la guerre, « bien travaillé pour les deux patries », ayant des petits-fils dans les deux armées. Il lit si bien Heine, pour ce garçon venu de France sans savoir un traître mot d'allemand, qu'il s'en fait un ami. A Berlin, ils découvrent avec transport « Le cabinet du Dr Caligari », Spengler et Freud — et Clara y déniche *le Journal psychanalytique d'une petite fille* qu'elle traduira deux ans plus tard. D'Anvers où les fascinent les prostituées placides, ils vont à Bruges, puis à Ostende où André Malraux rend visite, intimidé, à l'un des hommes qui obsèdent le plus fortement son imagination, James Ensor, chez qui, raconte-t-il à Clara émerveillée, il a vu reposer de vivantes sirènes... Clara le croira — un instant. André, à demi dupe de ses propres contes, restera ébloui par le magasin de coquillages qu'avait tenu la mère du peintre et que celui-ci avait maintenu dans son éclat.

Dans Paris, ils refont à deux des chemins qu'ils connaissent, mais sur son bord à lui : ce sont surtout ses amis qu'ils retrouvent — André n'aime guère les meilleurs amis de Clara, les Goll — et surtout Marcel Arland auquel, à la veille de son mariage, André avait adressé ce mot : « Je me marie. On se revoit dans trois semaines. » Avant d'assurer leurs moyens d'existence, le jeune Malraux doit lever une embarrassante hypothèque : le service militaire.

Convoqué par les autorités de Strasbourg, André Malraux

part pour l'Alsace en compagnie de sa femme et de son jeune
beau-frère, qui y a des relations; apprend qu'il est versé dans
les hussards (dont les recrues ne doivent pas mesurer plus
de 1 m 66 : lui fait 1 m 80); s'y fait tondre le crâne, n'y trouve
pas dolman à sa taille et constate que les pantalons, sur lui,
se transforment en culottes; se plaint de troubles cardiaques,
au demeurant réels, tant il a ingurgité de caféine et s'entend
dire enfin par un major inespéré (d'ailleurs chapitré par le
beau-frère) qu'il a mieux à faire ailleurs que dans la cour
de la caserne de la Robertsau, déguisé en hussard géant.
Réformé.

Vivre? Il y a, estime André, trois moyens d'assurer leur
existence : le commerce du cinéma, l'édition des érotiques
et la Bourse. Le cinéma? Après leur voyage à Berlin et la découverte de l'art expressionniste de Lang, de Wiene ou de Mur-
nau, qui l'enchantait, Malraux investit une partie de ses fonds
dans l'achat de films qu'il prétendait distribuer en France
avec l'aide d'Ivan Goll. Mais il se vit constamment refuser
les visas nécessaires à leur exploitation. Il finit par renoncer
et se cantonner dans des projections privées de ses films pré-
férés.

L'édition de textes érotiques est pour le jeune André une
tâche familière. Clara indique que, leur vie errante n'étant
guère compatible avec son travail antérieur de « directeur
littéraire », il se cantonna bientôt dans « l'établissement de
textes libertins, illustrés non moins libertinement. Rien dans
cette entreprise ne me choquait... Puis elle m'amusa d'autant
plus qu'elle se parait de quelque danger... J'ai depuis ma
vingtième année, à une ou deux années près, toujours vécu
de telle façon que si quelque représentant de l'ordre s'était
présenté chez moi, il y aurait trouvé au moins une bonne
raison de m'inculper : présence d'une jeune personne encore
pâlotte d'un récent avortement, opium ou opiomane, livres
interdits, tracts illégaux, homme ou femme recherchés par
la police, étrangers aux papiers inexistants[1]... »

Mais la ressource principale du jeune ménage Malraux
fut, ces années-là (1922-1923), la Bourse. Dès le lendemain
de son mariage, Clara apprit d'André que tout ce qu'ils pos-
sédaient (elle, surtout) était transformé en titres : désormais.

_____
1. *Nos vingt ans*, p. 80-82.

quand ils ne sont pas sur les routes, une bonne partie de leur
temps se passe à suivre les fluctuations des actions qu'il a
achetées — toutes émises par une société minière mexicaine,
la Pedrazzini qui, depuis que son père lui a donné l'occasion
d'être témoin d'une de ses réunions, a enflammé l'imagination du jeune homme. Et voilà leur fortune qui gonfle,
et leur permet de mener cette vie d'esthètes errants, de
globe-trotters désinvoltes qui leur sied si bien. Les jours où
fonctionne la Bourse, entre deux voyages, ils font le tour
des banques, surveillant l'ascension du cours des valeurs
mexicaines. André souffle à Clara, un soir, au cinéma, qu'ils
sont quelque peu millionnaires...

Au début de l'été 1923, pourtant, ils apprennent leur ruine :
des valeurs mexicaines, il ne reste pas même le papier qui
témoignait, dit Clara « de leur gloire passée ». Rien. Deux
années de liberté flâneuse, d'expédients de grand style et de
vagabondage esthétique s'achèvent sur ce désastre financier
qui ne serait rien si André Malraux n'avait, dans le même
temps, perdu quelque chose de l'ardeur qui l'avait conduit
de *la Connaissance* au *Sagittaire* et de *Dés* à *Action*.

Le jeune homme à l'énergie vaguement stendhalienne de
1919 semble, en se mariant, en entrant dans une famille bourgeoise, en partageant la vie d'une jeune femme accoutumée
au luxe, avoir tourné à l'illusionniste mondain. Il n'a rien
perdu de sa verve éblouissante, il a élargi son registre intellectuel, il a cessé d'être un rat de bibliothèque, c'est vrai : mais
son goût d'épater et son horreur de l'effort soutenu n'ont
fait que s'aggraver en passant de la boutique de la rue Blanche
aux appartements d'Auteuil, des promenades sur la butte
Montmartre aux banques de l'Opéra, des longues marches
dans Paris aux départs nocturnes pour Venise ou Bruxelles.

De dix-huit à vingt ans, André Malraux avait, en vrac, mais
avec passion, acquis ces « valeurs » dont il voulait faire sa vie.
Les deux années suivantes, il semble plutôt les dilapider. Bien
sûr, sa vie avec Clara est riche d'autres choses, et les perspectives immenses qu'elle lui a ouvertes sur la culture allemande,
sur l'expressionnisme des années vingt, avec Ivan et Claire
Goll, par exemple, sur l'Italie, sur une certaine peinture
— Giotto, Angelico — qu'il n'avait pas encore goûtée, son art
d'écouter sans abolir tout sens critique, l'émulation d'intelligence qu'elle met dans sa vie, l'aiguillonnement d'appétit qu'elle

lui apporte, tout cela va dans le sens d'un élargissement et se retrouvera mûri. Mais, dans l'immédiat, ce personnage pétaradant, ce combinard ébouriffant et décoratif semble avoir détourné de l'art le génie remuant qui l'habite pour le jeter dans la spéculation, le tourisme d'art et l'affairisme désinvolte.

Ce qu'il écrit, à ce moment-là ? Ce n'est pas négligeable, mais guère supérieur aux graffiti de jeune homme que publiait en 1920 *la Connaissance*, ou à *Lunes en papier*. A l'époque où fut publié ce petit livre, peu avant son mariage, le jeune Malraux avait entrepris d'écrire un nouveau récit, qu'il intitula « Journal d'un pompier du jeu de massacre » et dont un premier fragment fut publié dans *Action*, à la fin de l'été 1921.

André Malraux cherche aussi sa voie sur d'autres plans et la volonté de rigueur, d'un certain ordre qu'il admire chez Derain et Galanis, le conduit à de singulières excursions politiques. C'est de 1923 en effet que date la préface qu'il écrit, lui, lié à cette équipe d'*Action* qui publie Victor Serge, Alexandre Blok et Gorki, une préface pour *Mademoiselle Monk* de Charles Maurras, le penseur de la droite monarchiste.

« *Ne vous occupez pas de cela, aucun intérêt*, nous disait André Malraux en juin 1972. *Florent Fels cherchait un auteur, si possible jeune, pour préfacer ce livre. J'ai accepté de rédiger ce texte comme on se livre à un exercice. J'aurais aussi bien écrit sur Hegel*[1]... »

Certes. Mais le texte de ce jeune homme sonne autrement qu'un simple « exercice ». On ne saurait parler d'adhésion, mais d'une indubitable admiration. « Aller de l'anarchie intellectuelle à l'*Action française*, écrit-il de Maurras, n'est pas se contredire, mais se construire... Son œuvre est une suite de constructions destinées à créer ou à maintenir une harmonie... Il fait admirer l'ordre, parce que tout ordre représente de la beauté et de la force... Il n'a passionnément aimé, en Grèce et en Italie, que ce qui devait déterminer le mode du génie français. Charles Maurras est une des plus grandes forces intellectuelles d'aujourd'hui... » Son éditeur ne lui en demandait pas tant !

La rencontre de Malraux et de Maurras n'était d'ailleurs pas le fruit d'une invention bizarre de Florent Fels. Clara note que

1. Entretien d'André Malraux avec l'auteur, 30 juin 1972.

dès l'escapade à Florence en 1921, son compagnon lisait et lui faisait lire des fragments d'*Anthinéa*. Tout antisémite qu'en fut l'auteur, elle en subit l'ascendant. « L'homme qui a trouvé : Salut belle guerrière! écrit-elle généreusement, ne saurait être mon ennemi que par erreur [1]... »

Avec *Mademoiselle Monk*, on n'en est plus à l'éloge de l'hellénisme. Il s'agit bien d'un texte politique, fort bon d'ailleurs, où le maurrassisme s'affirme avec une dureté et une pesanteur claires. Malraux, qui se réfère ouvertement à l'*Action française*, voit bien que cet appel à l'énergie gouvernante, à l'affirmation des personnalités dominantes, sonne autrement que ceux de Stendhal ou même de Barrès. Il ne se défend pas d'y applaudir, seulement de s'y abandonner tout à fait. Est-ce déjà la tentation qu'il subira vers 1947, celle d'un régime autoritaire fondé sur une jeunesse convoquée pour l'« ordre », « l'énergie » et la « beauté »? Une veine est perceptible...

Son ambiguïté reste entière. Et c'est presque simultanément qu'il publie dans *le Disque vert*, sous le titre de « Ménalque », un éloge chaleureux de l'anti-Maurras, Gide, qui reste le plus admiré d'entre les contemporains — pour cet accord en lui de rigueur classique et de libération provocante, de contrainte créatrice et de défi [2].

Ce qu'il avait de flottant, de lunaire et de disloqué s'est, depuis son mariage, mué en aisance, sinon en autorité. Mais il reste, à beaucoup d'égards, un adolescent dominé par sa femme et peut-être sa tendance à la phosphorescence verbale et au geste éclatant trouve-t-elle un aiguillon dans cette situation qui put parfois lui sembler humiliante. Surcompenser par le panache... Clara Malraux a exprimé souvent, de *Nos vingt ans* à *la Lutte inégale*, le sentiment d'avoir été inférioriséе par cet étincelant compagnon. La réciproque fut vraie, au moins jusqu'à la fin de 1933 et l'entrée en gloire de l'auteur de *la Condition humaine* [3].

Que veut alors Malraux, que cherche-t-il, indépendamment de moyens d'existence commodes? Libre de tout lien familial, de tout cadre professionnel, de toute attache idéologique,

1. *Nos vingt ans*, p. 16.
2. *Le Disque vert*, mars-avril 1923.
3. Quinze ans plus tard, il demande à son ami Corniglion-Molinier : « Que t'a apporté ta femme, en dot? — Des dettes... — Veinard... », fait Malraux.

de toute référence morale, il a pris son essor à dix-sept ans dans le petit monde inventif, anarchique et cosmopolite de la littérature de recherche, entre Max Jacob, *Action* et Kahnweiler. Il a fait commerce de textes érotiques, manipulé sans scrupules excessifs des documents d'histoire littéraire, joué à la Bourse et vécu, à Montmartre et alentour, la vie d'un dandy débrouillard.

C'est déjà, au sens bourgeois et donc péjoratif du mot, un aventurier — et c'est ainsi que le voient la famille de sa femme et sa femme elle-même, pourtant peu conformiste. Son mariage, qui fut à la fois un défi aux usages et un hommage aux convenances, tourne au défi plus qu'aux convenances. Cette entreprise en commun qui a si souvent pour effet de domestiquer les aventuriers chargés de subvenir aux besoins du ménage tend, dans son cas, à aviver ses audaces et à attiser l'imagination divagante plus que le souci du quotidien.

Mais une compensation implicite s'opère en lui. Tandis que, drapé dans les capes de velours, une rose à la boutonnière, une canne à la main, il se conduit dans la vie privée comme un personnage de l'anti-société, comme un rebelle et un flambeur de convenances, de traditions et de biens au soleil, l'intellectuel tend à s'écarter de l'aventure littéraire, de la poésie spontanée et de l'écriture automatique pour se rapprocher d'un néo-classicisme vers quoi l'attire l'instinct de l'ordre, de la contrainte de la pente à remonter. Il a déjà mis le cap sur cette *NRF* qui, sans cesser d'être novatrice, maintient ce qui reste de la veine classique dans le domaine français.

Homme qui se conduit en déclassé, artiste qui se dirige vers l'ordre classique, tel est le Malraux démembré et flottant de 1923. Comment se rassembler, se recentrer ? Par la fuite en avant, le défi et le risque. Par l'aventure, qui allie en elle la folie d'entreprendre et la nécessité d'organiser, le désordre du lieu et l'ordre du geste, l'incertitude du résultat et l'exigence de l'objectif à atteindre.

Ainsi, l'homme Malraux va-t-il chercher à se « réaliser » dans l'aventure, qui est, devait-il écrire plus tard, le « réalisme de la féerie [1] ».

1. Gaëtan Picon, *Malraux par lui-même*, p. 80.

2

Le divertissement

3. La forêt

Clara et André viennent d'apprendre leur ruine.

« — Vous ne croyez tout de même pas que je vais travailler, dit André.

— En effet, mais alors?

— Alors? Connaissez-vous le chemin que suivirent de Flandre jusqu'en Espagne les pèlerins de Compostelle?... Ce chemin était jalonné de cathédrales qui, pour la plupart, sont parvenues jusqu'à nous relativement intactes. Mais il existait sûrement en plus de ces grands sanctuaires, de petites chapelles dont beaucoup ont disparu...

(Où veut-il en venir?)

— Eh bien, du Siam au Cambodge, le long de la Voie royale qui va de Dangrek à Angkor, il y avait de grands temples, ceux qui ont été repérés et décrits dans l'Inventaire, mais il y en avait sûrement d'autres, encore inconnus aujourd'hui... Nous allons dans quelque petit temple du Cambodge, nous enlevons quelques statues, nous les vendons en Amérique, ce qui nous permettra de vivre ensuite tranquilles pendant deux ou trois ans [1]... »

Ainsi commence l'aventure indochinoise des Malraux, un mélange de conférence pour l'École du Louvre, de propos de bistrot, de pari stupide et de coup monté. Ce Cambodge qui surgit dans le salon d'Auteuil n'y fait pourtant pas irruption par hasard. Le couple avait fréquenté une salle du Trocadéro où étaient rassemblés des pièces et des témoignages plus ou

1. *Nos vingt ans*, p. 111-112.

moins authentiques de la civilisation khmère, bric-à-brac savoureux qui les enchantait; puis le musée Guimet, où André s'était
lié à celui qui allait en devenir le conservateur, Joseph Hackin,
érudit de valeur, séduit par ce jeune homme éloquent et passionné, qui « rodait » avec lui quelques idées ingénieuses grap-
pillées à droite et à gauche, d'une conférence de l'École des
langues orientales à un entretien avec un visiteur de passage.

Le plus remarquable d'entre eux avait été un certain André
Salmony, attaché au musée de Cologne qui, envoyé par Dieu
sait quel ami commun (Kahnweiler?), avait débarqué chez les
Malraux, six mois plus tôt, une énorme serviette sous le bras.
Il déclara aux jeunes gens (il n'avait lui-même guère plus de
trente ans) qu'il préparait une exposition d'art comparé qui,
pour une fois, ne se limiterait pas aux chefs-d'œuvre de la culture classique, grecque ou gothique, mais opposerait les apports
les plus surprenants et divers de la civilisation universelle.
Grande audace pour le temps. « Alors, raconte Clara Malraux [1],
il sortit, puis mania avec une adresse de caissier, une liasse de
photographies qu'ensuite, quand elles furent étalées sur la
table, il rapprocha les unes des autres selon une volonté subtile.
Pour la première fois je me trouvais devant une sculpture thaï.
Puis ce fut le mariage d'une tête han et d'une tête romane.
Bouleversés, nous nous tenions devant ces connivences nouvelles pour nous. »

André, fameux feuilleteur de textes et fureteur d'archives,
dénicha bientôt deux articles qui allaient nourrir et conforter
ses intuitions. Le premier, paru en 1919 dans le *Bulletin de
l'EFEO* avait pour auteur Henri Parmentier, tenu alors pour
l'un des deux ou trois meilleurs spécialistes de l'art khmer,
intitulé « L'art d'Indravarman ». Cette longue étude mettait
l'accent sur l'originalité des créations apparues sous le règne
de ce souverain, entre la période préclassique (VIIe siècle) et
celle d'Angkor (XIe). Il donnait pour exemple de cet art raffiné
le petit temple de Banteai-Srey, repéré et décrit par un lieutenant Marek, en 1914, puis par un certain Demazure, et que lui,
Parmentier, avait étudié sur place, en 1916. Il en vantait la
grâce et en disait la décrépitude.

Trois ans plus tard, la *Revue archéologique*, sous le titre
« Trésors mal gardés », signalait que le Fogg Museum de Har-

1. *Nos vingt ans*, p. 78.

vard (Cambridge, Massachusetts) venait d'acquérir une très belle tête de Bouddha, merveille de l'art khmer et concluait que, « étant donné la multitude des sculptures khmères et la difficulté d'accéder aux ruines d'Angkor, on peut accepter sans mauvaise humeur l'émigration de ces quelques spécimens. Mais il ne faudrait pas que ces fuites devinssent nombreuses. *Caveant consules...* [1] »

Voilà qui était de nature à passionner Malraux : un temple délaissé recelait des merveilles, et des fuites, qui n'étaient pas encore de nature à provoquer la « mauvaise humeur » de ces milieux officiels, avaient lieu en direction des musées américains. Tous ces arguments, réunis en faisceau, fondaient sa décision et lui donnaient des bases sérieuses. Au surplus, le *caveant consules* incitait à une action rapide. Ne parlait-on pas d'une nouvelle réglementation, d'un décret du gouverneur général de l'Indochine, pris le 21 août 1923, qui créait une commission d'étude et de protection des vestiges khmers ? Pourquoi attendre que ces merveilles fussent mises sous une protection accrue de la loi ?

Comment s'élabore puis se précise son projet, comment vinrent puis furent écartées les objections, on le découvre assez précisément dans *la Voie royale* [2], dont la sonorité autobiographique est évidente :

« — Claude : Il y a dans la forêt, du Laos à la mer, pas mal de temples inconnus des Européens...

— Perken : Cassirer, à Berlin, m'a payé 5 000 marks-or les deux bouddhas que m'avait donnés Damrong... Mais chercher des monuments...

— Claude : Un petit bas-relief, une statue quelconque valent une trentaine de mille francs... Un seul bas-relief, s'il est beau, une danseuse par exemple, vaut au moins 200 000 francs...

— Perken : Êtes-vous certain de les vendre ?

— Claude : Certain. Je connais les plus grands spécialistes de Londres et de Paris. Et il est facile d'organiser une vente publique...

— Perken : Facile, mais long...

— Claude : Rien ne vous empêche de vendre directement...

1. Cité par A. Vandegans, *la Jeunesse littéraire d'André Malraux*, p. 221.
2. P. 38-48.

« — Perken : Pourquoi allez-vous tenter cela ?

— Claude : Je pourrais vous répondre : parce que je n'a presque plus d'argent, ce qui est vrai... Être pauvre empêche de choisir ses ennemis. Je me méfie de la petite monnaie de la révolte. »

La touche finale met le sceau personnel de Malraux sur cet entretien imaginaire tissé d'expériences vécues et de mots prononcés. L'idée de « vente publique » vient-elle là comme une tentative de justification ingénieuse et tardive ? Peut-être pas. Mais ce qui reste le plus vague, en cette affaire, c'est l'histoire de l'ordre de mission qu'obtint Malraux le 1er octobre 1923 et qui est resté introuvable. On a pourtant connaissance d'une de ses stipulations, par le texte de l'arrêt de la Cour d'appel de Saigon du 28 octobre 1924. Il y est rappelé que Malraux s'était engagé à n'exiger la propriété personnelle d'aucun des objets provenant de fouilles et qu'il avait promis en revanche une somme de 100 à 200 000 francs à l'École française d'Extrême-Orient, moyennant quoi l'ordre de mission lui avait été accordé.

Malraux en a cité un autre passage dans *l'Indochine*, le journal qu'il fonda en 1925 à Saigon : « Il est bien entendu que tous frais nécessités par cette mission, sans exception, seront à la charge de M. Malraux [1]. » Clara écrit, de son côté : « Nous obtînmes la mission, des lettres de recommandation, plus la confirmation qu'il nous faudrait informer les autorités des résultats de nos travaux [2]. » Ce qui était bien la moindre des choses, s'agissant d'une « mission ». Et elle ajoute qu'« à y regarder de près, l'ordre de mission nous autorisait seulement à réquisitionner des chars à buffles pourvus de conducteurs [3] ».

Étant bien entendu que cette « mission » ne pouvait aller sans but lucratif, les Malraux prirent contact, vraisemblablement par le truchement de Kahnweiler, avec des « correspondants » de celui-ci susceptibles d'être intéressés par un « lot de statues khmères ». Une correspondance fut échangée avec des marchands américains et allemands, qui servit de pièces à conviction lors du procès de Phnom-Penh. L'arrêt de la Cour de Saigon fait état d'une correspondance entre Kahnweiler et « un certain M. Pach », rappelant que le premier avait averti

1. *L'Indochine*, 17 juillet 1925.
2. *Nos vingt ans*, p. 115-120.
3. *Ibid.*

Malraux qu'il était interdit d'exporter des œuvres d'art d'Indochine. Les biographes bienveillants allèguent que cet échange de lettres visait la collection du prince siamois Damrong[1] que Malraux aurait été chargé d'acheter pour un collectionneur de New York[2]. Mais Clara Malraux ne fait allusion que par dérision à ce projet de tractation. L'auteur de *Lunes en papier* partait, non comme intermédiaire, mais comme « conquérant ».

Le projet élaboré et l'ordre de mission obtenu par André Malraux firent en tout cas l'objet de maints commentaires dans le petit monde esthétique où évoluait le couple. Max Jacob ironisa dans une lettre à Kahnweiler : « Une mission à Malraux... Enfin, il va trouver sa voie en Orient. Il sera orientaliste et finira au Collège de France, comme Claudel. Il est fait pour les chaires[3]. » Mais la plupart des autres amis d'André et Clara considérèrent leur entreprise avec un mélange d'admiration et d'envie — en ces temps où le mot et l'idée d'*aventure* étaient revêtus d'un prestige fabuleux.

Il est clair que l'on ne peut réduire l'entreprise des Malraux, en 1923, à une opération de rapine de nature à « renflouer » des joueurs malchanceux. L'appât du gain fut un élément de l'affaire — que ne nient pas plus Clara Malraux que Louis Chevasson, compagnons d'aventure. Mais, au moment d'interpréter les actes d'un homme, il faut toujours se garder de viser trop bas — surtout s'il s'agit d'un homme qui devait écrire *la Condition humaine* et commander l'escadrille *España*.

Se refusant à viser trop bas, tirerait-on trop haut en attribuant à l'aventure de 1923 un objectif essentiellement esthétique, la certitude d'ouvrir à l'art une voie nouvelle ou renouvelée, la découverte d'un canton marginal mais important, celui d'une époque et d'un lieu de transition entre les arts khmers et siamois, entre la noblesse de l'un et la joliesse de l'autre ? Oui, probablement.

Avec ses habiletés, ses arrangements, ses plaidoiries, Malraux joue un « gros coup », riche d'audace, d'ingéniosité — et on approuvera volontiers Clara qui parle de tout cela avec un joli mélange d'émotion romanesque et de simplicité combative :

---

1. Perken évoque ce personnage dans le passage de *la Voie royale* cité plus haut.
2. Walter Langlois, *L'Aventure indochinoise d'André Malraux*, p. 8.
3. *Correspondance*, publiée par F. Garnier, p. 215.

« Ce comportement ce ne fut pas sans grandeur... Jusqu'à sa mort, je le revendiquerai avec orgueil ».

Ils s'affairèrent à leurs préparatifs, revisitèrent le musée Guimet, achetèrent une douzaine de scies égoïnes pour découper les bas-reliefs dont ils rêvaient, un photophore, des vêtements de brousse, des billets (« de première », précise Clara, avec une naïveté surprenante de la part de ces globe-trotters déjà confirmés mais, ce qui est plus significatif, des « aller » sans retour). Ils avaient littéralement brûlé leurs vaisseaux.

Le départ, un soir, gare de Lyon. Clara pleure dans le taxi. C'est déjà la fin d'une vie — le début d'une autre ? — la rupture de fait avec une famille choquée mais non brisée par l'aventure de Florence et les spéculations malheureuses. On est convenu d'un rendez-vous à Saigon avec Chevasson-le-fidèle qui partira deux semaines plus tard. Les Malraux, eux, mettent d'abord le cap sur le Siam, où les attend peut-être une transaction sans danger. Après quoi André ira à Hanoï prendre contact avec les gens de l'École d'Extrême-Orient. Et puis ce sera Phnom-Penh, et l'aventure.

On était aux premiers jours du mois d'octobre 1923, au moment où s'achevait au Cambodge la saison des pluies qui eût rendu impossible le transport en forêt des blocs de pierre dont ils sentaient déjà la résistance et le poids. A Marseille, il faisait encore chaud. Le bateau sur lequel ils embarquèrent à la Joliette, le 13 octobre 1923, s'appelait l'*Angkor*.

Vingt-neuf jours. L'*Angkor* n'était pas très rapide. Mais le temps du voyage ne fut pas, pour les Malraux, du temps perdu. L'Indochine commençait à Marseille et ce qu'ils trouvaient à bord, c'était déjà la société coloniale, avec ses stratifications et ses tabous, son racisme moite et son aigre snobisme. Le contact entre elle et eux fut mauvais et ne pouvait manquer de l'être. Sortir du milieu d'*Action*, de la *NRF* et de l'« O'Steen bar » ne préparait pas à cette rencontre avec ces fonctionnaires conservateurs et méfiants qui n'étaient pas tous des imbéciles, des salauds ou des corrompus, mais dont le système de valeurs ne recoupait en rien celui de l'auteur de *Lunes en papier*.

Les conflits, pourtant, n'avaient encore pris aucune dimension politique. Malraux jouait le jeu de sa « mission ». Le goût qu'a pour l'ordre ce lecteur de Maurras et de Barrès n'avait pas encore été altéré par les rancunes, l'indignation et le sens de la justice qui détermineraient, l'année suivante, à Saigon, le premier de ses engagements publics. A Dijbouti, la condition coloniale commence pourtant à provoquer en lui quelque chose comme un trouble rejet. Clara, dans *Nos vingt ans*, se contente de signaler discrètement que « cette fois, c'est ailleurs ». Elle évoque « d'immenses ruches de terre... qui abritent des humains, où des filles belles et nues dansèrent pour nous. D'abord seulement celles que nous avions payées pour le faire, puis celles qui regardaient [1]... ». Le souvenir de cette soirée pour touristes peu bégueules, amateurs de folklore à odeur forte, devait fournir à Malraux le climat de la rencontre de Perken et Vannec dans un lupanar somali, qui ouvre *la Voie royale*. Ici et là on retrouvera trace du trouble éprouvé devant cet univers prostitué, misérable et divagant.

Le feu ayant pris dans les soutes de l'*Angkor*, le paquebot arriva avec deux jours de retard à Singapour — faisant ainsi rater aux Malraux la correspondance avec celui qui devait, de là, les conduire au Siam, pour des tractations d'antiquaires qui les auraient peut-être détournés du Cambodge et des risques qu'ils devaient y prendre. A Saigon, ils ne firent d'abord escale que le temps de découvrir les boutiquiers de la rue Catinat, les joies poisseuses du rhum-soda à la pointe des Blagueurs, le charme des tamariniers et des flamboyants. Il fallait repartir pour Hanoï, siège de l'École française d'Extrême-Orient, où André Malraux fut reçu par le directeur intérimaire, Léonard Aurousseau, sinologue peu versé en archéologie khmère, mais assez averti pour mesurer ce que les connaissances du jeune chargé de mission avaient d'improvisé, de « bricolé ».

Cet entretien, on en trouve un écho étrangement convaincant dans *la Voie royale* : la conversation entre Ramèges et Claude Vannec [2].

Le discours que Vannec tient à Ramèges est du pur Malraux : « Les musées sont pour moi des lieux où les œuvres du passé, devenues mythes, dorment — vivent d'une vie historique, en attendant que les artistes les rappellent à une existence réelle... » On croirait déjà entendre le ministre de 1962... Qu'il ait ou non

1. *Nos vingt ans*, p. 123-124.
2. P. 55-63.

tenu alors ces propos, André Malraux authentifie ainsi Vannec,
et par lui Ramèges-Aurousseau. Écoutons celui-ci :

« ... Vous recevrez des bons de réquisition grâce auxquels
vous pourrez disposer par l'intermédiaire du délégué de la
résidence, comme il convient, de charrettes cambodgiennes
nécessaires au transport de vos bagages et de leurs conducteurs.
Heureusement, tout ce que transporte une expédition comme
la vôtre est relativement léger...

— La pierre est légère ?

— Pour ne pas avoir à déplorer le retour d'abus regretta-
bles... il a été décidé que les objets, quels qu'ils soient, reste-
raient *in situ*... en place. Ils feront l'objet d'un rapport... Le
chef de notre service archéologique, s'il y a lieu, se transportera...

— [...] J'aimerais à comprendre pourquoi je devais assumer
à son profit le rôle du prospecteur.

— Vous préférez l'assumer au vôtre ?

— En vingt ans, vos services n'ont pas exploré cette région...
Je sais ce que je risque, et souhaite le risquer sans ordre.

— Mais non sans aide ! »

En ces quelques phrases, tout est dit. Le malentendu à la
fois créé et dissipé, le procès ouvert et presque plaidé. Les
thèmes du profit, du risque, de l'aide, sont clairement énoncés.
Si l'entretien fut recomposé après coup — après l'aventure,
son dénouement, les débats de deux procès —, il n'en est que
plus riche. On voit bien là s'esquisser la thèse de Malraux et
l'ingéniosité de ses théories (les risques courus fondent le droit
au profit) — et s'exprimer celle de Ramèges-Aurousseau (une
telle mission ne saurait être que désintéressée). Si les textes
officiels n'avaient pas suffi à exclure toute idée de prélèvement,
d'appropriation par le découvreur, l'aide officielle qu'impliquait l'ordre de mission donné à Paris, vérifié et confirmé à
Hanoï, la rendait plus inacceptable encore.

Aurousseau, avec lequel André Malraux eut alors d'assez
bons rapports personnels pour l'accompagner dans une visite
à une cartomancienne de Hanoï évoquée dans les *Antimémoires*,
a pour lui et le droit et l'esprit du contrat que constitue l'ordre
de mission. Au surplus Vannec fausse le dossier : il y a alors
beaucoup moins de vingt ans — sept ans à peine — que Parmentier a reconnu le temple de Banteai-Srey, après que Marek
l'eut découvert et Demazure visité, tous deux en 1914.

Et les avertissements se multiplieront. Deux semaines plus tard, après une nouvelle et brève escale à Saigon où ils ont retrouvé Louis Chevasson, les voilà — flanqués d'Henri Parmentier lui-même, barbiche gaillarde et verbe fleuri, qui vante, auprès de Clara, la science de son mari « et son désintéressement [1] », à bord d'une vedette fluviale qui remonte le Mékong et le Tonlé-Sap jusqu'aux abords de Siem-Reap, d'où l'on part pour visiter l'ensemble angkorien. Sur cette exquise bourgade aux eaux ruisselantes dans les norias, régnait alors un délégué nommé Crémazy qui, si l'on se réfère à *la Voie royale*, lui remet un message de l'Institut français qui, « pour n'avoir à craindre aucune confusion » et afin qu'il puisse « exercer sur les personnes susceptibles de (l') accompagner la surveillance nécessaire » (!) rappelle l'arrêté du gouverneur général daté de 1908, déclarant que « tous monuments découverts et à découvrir, situés sur les territoires des provinces de Siem-Reap, Battambang et Sisophon [2] sont déclarés monuments historiques [3] ».

Le texte en question était-il tout à fait fondé en droit ? Pouvait-on ainsi classer d'un trait de plume un ensemble aussi complexe et disparate ? Walter Langlois cite un fragment d'une lettre qu'Édouard Daladier, ministre des Colonies, avait adressée à l'Assemblée nationale en vue de substituer une autre législation à ce règlement qui « ne répond pas d'une manière satisfaisante au but recherché et... est au demeurant entaché d'une illégalité flagrante [4] ». En tout état de cause, un nouvel arrêté pour la protection des antiquités khmères avait été promulgué quelques semaines plus tôt, en octobre 1923. Malraux était, légalement, pris dans un filet. Il lui fallait oser contre la loi, ou renoncer. Il osa.

Dans *la Voie royale*, il fait alors écrire à Vannec ce télégramme de réponse à l'Institut français : « Cher Monsieur, la peau de l'ours aussi est déclarée monument historique, mais il pourrait être imprudent d'aller la chercher. Plus attentivement encore. Claude Vannec [5]. » Toujours le « risque », qui

---

1. *Nos vingt ans*, p. 134.
2. Les trois provinces occidentales du Cambodge où sont situés tous les temples de l'ensemble d'Angkor et dépendances.
3. *La Voie royale*, p. 75.
4. W. Langlois, *L'Aventure indochinoise d'André Malraux*, p. 280, note.
5. P. 77.

justifierait tout. Il n'est pas égal pour Claude Vannec et Perken, d'une part, pour André, Clara Malraux et Louis Chevasson, de l'autre. L'affrontement avec les Stiengs de *la Voie royale* est la version tragique d'une difficile excursion de 45 km à travers la forêt qu'accomplirent bravement, énergiquement, patiemment, trois jeunes touristes-esthètes dont l'entreprise suscite aujourd'hui plus de sympathie que d'admiration.

Pour qui a fait comme nous ce chemin vingt-deux ans plus tard, alors que la piste presque invisible de 1923 était devenue une semi-route bonne pour la jeep, l'entreprise semble avoir revêtu un caractère vaguement aventureux, pour Clara surtout... Si Malraux n'avait que ce titre à se parer du noble titre d'aventurier, on le lui chicanerait. Bref, ils partirent « afin, allègue joliment Clara, de remettre en circulation des œuvres que la brousse menaçait et qui risquaient de rester à l'abandon [1]... » Ils sont flanqués d'un guide appelé Xa — comme dans *la Voie royale* — et qui, comme dans le roman, est tenu pour un voleur.

Casqués et vêtus de toile écrue, bardés d'appareils de photos et de bouteilles, ils enfourchent de petits chevaux, si petits que les pieds d'André touchent terre. Quatre lourds chariots traînés par des buffles les suivent. Une douzaine de coolies les accompagnent. Dans le chaton de sa bague, Clara porte une poudre blanche dont elle ne sait plus trop bien aujourd'hui si c'était du cyanure (ô *Condition humaine*) ou du bicarbonate de soude. Un résumé de l'aventure qui s'amorce...

Où vont-ils? Jusqu'au dernier moment, ils ne sont pas tout à fait sûrs de l'existence de ce petit temple de Banteai-Srey dont un article de Parmentier, vieux de quatre ans, a révélé l'existence à André. Est-il toujours debout? N'a-t-il pas été dispersé, mis en pièces au gré des besoins des paysans qui ont une tendance bien naturelle à se servir de ces beaux blocs disloqués comme pierres de foyer? Ils ont en tête les descriptions données par Henri Parmentier [2] d'abord, puis par Goloubew et Finot [3] :

« En pleine forêt... Sur la rive droite du Sturm Thom, rivière de Siem-Reap, à 3 km au nord-ouest du Phnom Dei... un monument en grès dont la petitesse est bien compensée par la perfec-

1. *Nos vingt ans*, p. 137-138.
2. « L'art d'Indravarman », dans le *Bulletin* de *l'EFEO*, 1919, p. 66-90.
3. « Le temple d'Içvarapura », p. 7.

tion remarquable de l'exécution et la finesse extraordinaire comme l'intérêt de la sculpture... »

Une de ces pièces leur était d'ailleurs connue : c'était une statue de Çiva rapportée en 1914 par le lieutenant Marek au musée de Phnom-Penh. Prédécent ambigu... Depuis les visites de Marek, de Demazure et de Parmentier, que restait-il du temple effondré ? Bref, ils mettent le cap au nord sur Banteai-Srey, longeant approximativement le Sturm Thom. Pour couvrir les quelque 45 km qui les en sépare, il faudra deux journées environ.

La forêt... De cette brève traversée, nous avons deux versions. Celle de Clara et celle d'André, dans *la Voie royale*. Beau texte que celui-ci :

« ... L'unité de la forêt, maintenant, s'imposait. Depuis six jours, Claude avait renoncé à séparer les êtres des formes, la vie qui bouge de la vie qui suinte ; une puissance inconnue liait aux arbres les fongosités, faisait grouiller toutes ces choses provisoires sur un sol semblable à l'écume des marais, dans ces bois fumants de commencement du monde. Quel acte humain, ici, avait un sens ? Quelle volonté conservait sa force ? Tout se ramifiait, s'amollissait, s'efforçait de s'accorder à ce monde ignoble et attirant à la fois comme le regard des idiots, et qui attaquait les nerfs avec la même puissance abjecte que ces araignées suspendues entre les branches dont il avait eu d'abord tant de peine à détourner les yeux... »

Ce dégoût pour les araignées, Malraux l'a ressenti aussi fortement que Claude (Clara relève qu'il en a toujours eu une horreur presque maladive... Il en voit jusque dans ses rêves, alors il crie...). Il donne au roman, ici, une authentification complétée depuis lors par l'évocation, faite au cours d'une interview télévisée, en 1972[1], par André Malraux lui-même. Il évoquait alors un incident de cette marche, le surgissement d'un nuage de papillons qui, fondant sur la petite caravane, l'avait saupoudrée de blanc, les laissant, au cœur de la forêt glauque, comme des pierrots...

Du temple, après trente heures de route, personne n'a entendu parler. Mais un vieux croit se souvenir d'une piste qui conduisait jadis à un amas de pierres... Cette fois-ci, il faut se frayer

1 « La légende du siècle », émission n° 2, mai 1972.

un passage au coupe-coupe. Et voilà qu'après six heures de
cette marche, ils touchent au but. Il faut donner ici la parole
à Clara :

« Le vieillard s'était arrêté, le coupe-coupe haut. Une porte
s'ouvrait dans la broussaille sur une petite cour carrée aux dalles
arrachées. Au fond, écroulé en partie mais dressant néanmoins
sur les deux côtés des murailles encore affirmées, un temple
rose, orné, paré, Trianon de la forêt sur lequel les taches de
mousse semblaient une décoration, merveille que nous n'étions
pas les premiers à contempler mais que nous étions sans doute
les premiers à regarder ainsi, suffoqués par la grâce de sa dignité,
plus beau que tous les temples que nous avions vus jusque-là,
plus émouvant en tout cas dans son abandon que tous les
Angkor polis et ratissés [1].

Le « Trianon de la forêt », si délicieux, n'est-ce pas celui que
nous visitions à notre tour vingt-trois ans plus tard, restauré,
dégagé, relevé ? Les yeux de Clara ont-ils bien vu ce chef-
d'œuvre exquis, ou ce que décrit plus sobrement le narrateur
de *la Voie royale :*

« Des pierres, des pierres, quelques-unes à plat, presque tout
un angle en l'air : un chantier envahi par la brousse. Des pans
de mur de grès violet, les uns sculptés, les autres nus, d'où pen-
daient des fougères ; certains portaient la patine rouge du feu...
des bas-reliefs de haute époque, très indianisés... mais très
beaux, entouraient d'anciennes ouvertures à demi cachées
sous un rempart de pierres éboulées... Au-dessus, trois tours
démolies jusqu'à deux mètres du sol, leurs trois tronçons sortant d'un écroulement si total que la végétation naine seule s'y
développait, comme fichés dans cet éboulis [2]... »

Les sculptures des pierres encastrées dans les murs étant beaucoup mieux préservées que celles des blocs gisant sur le sol,
il fallait maintenant les détacher. Leurs scies se brisent, comme
il est dit dans *la Voie royale*. Pics, ciseaux, leviers et cordes sont
plus efficaces. Il faut plus de deux journées de travail à Malraux
et Chevasson — guide et coolies se tiennent peureusement à
l'écart et Clara « fait le guet » — pour détacher sept pierres
formant quatre grands blocs ornés de très beaux bas-reliefs

1. *Nos vingt ans*, p. 149-150.
2. *La Voie royale*, p. 106.

(que nous avons vus, replacés *in situ*, pour parler comme feu M. Aurousseau, à la fin de 1945).

« Sculptés sur les deux côtés, les pierres d'angle figuraient deux danseuses...

— Combien cela vaut-il, à votre avis? demanda Perken.

— Difficile à savoir. En tout cas, plus de cinq cent mille francs[1]... »

Hisser les blocs, les entasser soigneusement dans les charrettes, reprendre la piste, retrouver le Sturm Thom, les collines, les araignées et les moustiques, faire une vingtaine d'heures de marche, de chevauchée poisseuse et somnolente — et voilà les hautes tours d'Angkor avec, à leur pied, le bungalow de Siem-Reap où les questions se pressent, encore muettes. Voilà une expédition bien courte. Quatre charrettes, douze coolies pour moins de six journées dans la forêt? L'obligeant M. Crémazy n'apparaît pas. Mais il veille et le faix sous lequel ploient les véhicules fait l'objet d'un rapport. Plusieurs des coolies sont ses indicateurs. La nasse se referme sur des pillards candides.

Clara, André et Chevasson n'avaient pas quitté le quai de Siem-Reap, le surlendemain, à bord d'une vedette des messageries fluviales lestée de plus d'une tonne de pierres de Banteai-Srey, que le directeur du bungalow, Debyser, avait donné à Crémazy toutes les indications sur la présence d'un chargement adressé à la maison Berthot et Charrière, de Saigon, qui selon toute apparence était fait de pièces archéologiques protégées par un édit royal khmer.

Ils accostèrent le 24 décembre à la tombée du jour en vue des toits crochus, or et écarlate, du palais royal, là où le Mékong s'unit au Tonlé-Sap. Ils dormaient dans leurs cabines quand, peu avant minuit, ils furent éveillés par trois inspecteurs de la Sûreté : « — Suivez-nous. — Où? — Dans la cale, nous voulons contrôler vos bagages. Nous suivîmes... Devant nos caisses en bois de camphrier ils ressemblaient à des douaniers. — Ces caisses sont bien à vous? — Les caisses, oui. D'ailleurs, elles sont enregistrées à notre nom. Mais à notre départ de Siem-Reap, elles étaient vides. — Non. Eh bien, ouvrez-les. »

André s'est à peine entendu notifier un mandat d'arrêt

1. *La Voie royale*, p. 109.

(qui vise Chevasson et lui-même) et l'obligation de se tenir, à bord, à disposition de la justice, qu'il commence à démontrer à sa femme que, vu l'expérience acquise, « la prochaine expédition... présenterait toutes les garanties du succès [1]... »

Et Clara de préciser incontinent : « Je n'ai jamais vu mon compagnon abandonner un projet parce qu'il a abouti à un échec. D'autres motifs doivent entrer en jeu pour qu'il renonce à ce qu'il a tenté; peut-être une autre tentation [2]. »

4. Les juges

Ni André Malraux ni Louis Chevasson ne furent incarcérés; pas plus que Clara, inculpée elle aussi une semaine plus tard. Les Malraux s'installèrent à l'hôtel Manolis, établissement gréco-cambodgien au charme incertain, mais qui était alors le meilleur de Phnom-Penh. Ils y restèrent quatre mois.

Il leur est interdit de quitter la ville, même pour une promenade. Alors ils lisent comme des fous, tout ce qui leur tombe sous la main.

L'envie de danser les prend parfois, au restaurant de l'hôtel, entre le commandant de tirailleurs, le contrôleur des impôts et leurs dames, smoking et robes longues : ils constatent que ces honnêtes personnes ont tendance à s'écarter d'eux. Il arrive aussi que M. Manolis, le directeur de l'hôtel, leur présente la note. Depuis la fin du premier mois et le dernier mandat de Fernand Malraux, ils n'ont plus un sou. Au délit de pillage vient doucement se joindre celui de grivèlerie. L'avenir est sombre.

Clara a une idée : se suicider. Pour se manquer, bien sûr. Un tube et demi de gardénal — et André surgira dans dix minutes, par hasard, pour la sauver... On l'emmène sur un brancard à l'hôpital où son mari vient la retrouver et s'installer avec elle. Le logement, là, est gratuit. Ces épreuves avivent leur intimité morale et leur conscience des réalités du lieu.

1. *Nos vingt ans*, p. 161-162.
2. *Ibid.*

Sortis de l'hôtel et de la société des fonctionnaires et des touristes, ils parlent avec les infirmières, les garçons de salle, les médecins aussi. Des réalités leur apparaissent. De jour en jour ils s'approchent en commun de quelques vérités touchant à la condition coloniale. C'est là, dans la touffeur de l'hôpital de Phnom-Penh, d'avril à juin 1924, qu'ils commencent à prendre conscience de ce qui fondera leur premier engagement politique.

Le suicide manqué ne suffit pas à Clara. Tout occupée qu'elle est par la traduction du *Journal psychanalytique d'une petite fille* qu'elle a rapporté deux ans plus tôt de Berlin, elle ne pense plus qu'à l'évasion, au retour. L'interminable silence des siens la navre, alors qu'André reçoit régulièrement des lettres de ses parents. Elle fait la grève de la faim. Au bout de quatre ou cinq jours, la voilà réduite à l'état de fantôme halluciné. Elle pèse 36 kg. Et, dans son demi-coma, elle entend André lui souffler « Il ne faut pas vous désespérer, je finirai bien par être Gabriele d'Annunzio [1]! » A quoi elle ajoute, non sans perfidie, quarante ans plus tard : « Et le plus drôle peut-être est qu'il est vraiment devenu Gabriele d'Annunzio. »

Sa liberté pourtant, Clara ne la devra pas à ses manigances romanesques. Le juge d'instruction lui notifie que « la femme étant tenue de suivre son mari en tous lieux », sa présence sur le lieu du pillage n'a rien eu de délictueux... Non-lieu. Elle va rentrer en France pour organiser la défense de ses deux compagnons. L'enquête est close. Le procès doit s'ouvrir dans deux semaines. « Ils ne disposent d'aucun élément sérieux, lui dit André. Je m'embarquerai avant votre arrivée en France. »

L'instruction de l'affaire dura plus de six mois. Le magistrat instructeur, M. Bartet, qui avait dès l'abord fait preuve de ses bonnes dispositions en se refusant à faire interner les inculpés, jugeant cette mesure sans rapport avec les besoins de l'enquête et la gravité du délit, prit soin de demander une expertise sur les déprédations infligées au temple — et c'est naturellement Henri Parmentier qui en fut chargé, assisté de Victor Goloubew — qui devait devenir un ami de Malraux, et de Louis Finot, directeur de l'École française d'Extrême-Orient qui, au vu des observations faites, décidèrent le dégagement de Banteai-Srey, puis l'*anastylose* — c'est-à-dire le démontage systématique du monument, pierre à pierre, en vue de son

1. *Nos vingt ans*, p. 186-191.

relèvement — hommage indirect rendu à André Malraux, pillard dont les entreprises se révélaient ainsi utiles au sauvetage du chef-d'œuvre.

L'enquête à laquelle le juge Bartet fit ensuite procéder ne fut nullement préjudiciable à Louis Chevasson, dont étaient signalées la « modestie » et la « bonne conduite ». Mais le dossier « Malraux, Georges-André » transmis par la police parisienne était exactement de ceux qui, dans un milieu comme celui d'une colonie française des années 20, pouvaient nuire à un accusé. Fièvreuse activité littéraire, fréquentation des milieux d'avant-garde (à propos desquels venaient naturellement les mots de bolchevisme ou d'anarchisme), fréquentation d'émigrés juifs et allemands, mariage avec une israélite d'origine prussienne, amitié de Georges Gabory, l'auteur de « L'éloge de Landru », tout concourait à faire de Malraux, Georges-André, l'archétype de l'intellectuel asocial, de l'aventurier amoral, du dilettante apatride.

Le procès d'André Malraux et Louis Chevasson, accusés de « bris de monuments » et de « détournement de fragments de bas-reliefs dérobés au temple de Banteai-Srey, du groupe d'Angkor », s'ouvrit enfin devant le tribunal correctionnel de Phnom-Penh, le 16 juillet 1924, à 7 h 30. Il devait occuper trois audiences réparties sur deux journées. Le public était venu nombreux, attiré par l'étrangeté de l'affaire et la personnalité du principal accusé.

Les débats étaient présidés par un magistrat nommé Jodin, qui parut plus préoccupé des postures à prendre et de mots d'auteur à décocher que de la vérité à découvrir. Le ministère public était assuré par le procureur Giordani. L'avocat d'André Malraux était Me de Parcevaux et celui de Louis Chevasson Me Dufond. Il faisait une chaleur étouffante.

Malraux fit la plus forte impression sur des observateurs aussi mal disposés que l'envoyé spécial de *l'Impartial* de Saigon : « C'est un grand garçon maigre, pâle, au visage imberbe éclairé par deux yeux d'une extrême vivacité... Il a la parole facile et se défend avec une âpreté qui décèle d'incontestables qualités d'énergie et de ténacité... Il a su défendre ses positions avec une surprenante énergie, réfutant tous les points de l'instruction[1]. » Quant au correspondant de *l'Écho du Cambodge*, il écri-

1. *L'Impartial*, 22 juillet 1924.

vit que l'accusé avait donné « un véritable cours d'archéologie ».

Cet étalage de son talent joua à la fois pour lui et contre lui. Pour lui, car il montrait ainsi qu'il n'était pas le simple aventurier-escroc décrit par certains rapports de police, et s'imposait vraiment comme l'archéologue semi-professionnel qu'il prétendait être. Mais son brio et sa jactance, outre qu'ils le dénoncèrent comme le principal responsable de l'entreprise, indisposèrent les magistrats — juge et ministère public — et amenuisèrent les chances de la défense d'alléguer la jeunesse et l'inexpérience des accusés pour obtenir les circonstances atténuantes.

Les dépositions des deux principaux témoins ne le servirent pas. Le délégué de Siem-Reap, Crémazy, les chargea sans vergogne, faisant état au surplus d'informations de police qui n'avaient pas été portées à la connaissance de la défense. L'homme aux charrettes fit notamment valoir que les mises en garde de Paris et de Hanoï relatives aux visiteurs s'étaient multipliées après leur arrivée — ce pour quoi on les avait « tenus à l'œil » et aisément démasqués.

Henri Parmentier ne fut pas aussi dur. Louis Chevasson garde aujourd'hui le souvenir d'une déposition malveillante, qu'il attribue entre autres à la jalousie ou à la méfiance du professionnel envers l'amateur heureux. Il ne faut pourtant pas oublier que Parmentier avait redécouvert et étudié Banteai-Srey sept ans avant les voyageurs de 1923, qu'il en avait établi une description fort sérieuse, que c'est en se fondant sur ses travaux que Malraux avait lancé son expédition ; qu'il avait ensuite amicalement convoyé les nouveaux venus à Angkor — le tout pour apprendre que le temple dont il était en quelque sorte le parrain avait été coupé en tranches et mis en caisses par ces jeunes gens...

Sa thèse, selon laquelle le temple était à l'état de ruine — ce qui expliquait la lenteur relative mise par l'École française d'Extrême-Orient à le classer — rendait service aux défenseurs. Il conclut en tout cas en rendant hommage au discernement esthétique de ces « jeunes amateurs ».

Sur le comportement de Malraux devant ses juges, on ne saurait mieux s'informer qu'en lisant le récit du procès de Garine, dans *les Conquérants*[1]. Récit largement autobiographique, autant que la description des démêlés antérieurs de Claude Vannec avec l'administration. On y voit Malraux-Garine — accusé de complicité d'avortement — rêvant, très loin des juges, et n'arrivant pas à croire que tout ceci lui arrive, à lui. De quoi est-il donc coupable? Que lui veulent ces imbéciles, avec leurs textes confus, leur jargon et leurs robes? Dans quel cauchemar nauséeux se débat-il? Et d'ailleurs pourquoi se débattre? L'absurde, l'absurde est là, et rien ne sert de s'y opposer quand on ne peut, physiquement, aller contre.

Le 17 juillet, second et dernier jour du procès, fut prononcé le réquisitoire qui assimilait l'affaire à un simple hold-up en forêt : M. Giordani n'était visiblement doué ni pour l'archéologie, ni pour la psychologie, ni pour quoi que ce soit qui ressortît au cas Malraux; puis vinrent les plaidoiries.

Me de Parcevaux, l'avocat d'André Malraux, mit beaucoup d'application à démontrer qu'il n'y avait tout simplement pas de délit, le temple en question n'étant pas un monument classé. Au surplus, quelle autorité était habilitée à statuer, à assurer la protection, à poursuivre? Le gouvernement général? Le roi du Cambodge? L'École française d'Extrême-Orient? En attendant que ces questions fort embrouillées soient éclaircies, comment condamner les auteurs d'un acte aussi mal qualifié, pour défendre un site au statut aussi mal défini et au surplus aussi mal protégé?

M. Jodin, à qui avait pourtant échappé, dans une passe d'armes de latinistes avec les avocats, une formule qui faisait partiellement justice de l'accusation « *Tarde venientibus ossa* » (ceux qui arrivent tard n'ont plus que les restes), admettant ainsi la fréquence des prélèvements opérés dans les ruines angkoriennes aussi bien que la légèreté du profit, jugea que quatre journées de réflexion suffisaient pour trancher. Et le 21 juillet, il fit connaître son arrêt : trois ans de prison ferme et cinq ans d'interdiction de séjour pour André Malraux; et pour Louis Chevasson, dix-huit mois de prison, également fermes. Les condamnés devaient naturellement restituer les bas-reliefs.

On ne peut se retenir de citer quelques extraits — particulièrement pittoresques — de ce jugement où la couleur locale le dispute au pédantisme : « Attendu que... Malraux a, ainsi qu'il l'avoue lui-même, donné un but de commercialité archéologique au voyage qu'il accomplit en Extrême-Orient, avec le titre de chargé de mission... est en relations suivies avec des commerçants de nationalité d'outre-Rhin (!!!) trafiquants de pièces archéologiques, au prix de promesses de libéralités dignes d'un Roland Bonaparte (???), est parvenu à couvrir du nom de « mission officielle » ce... vulgaire cambriolage... etc. [1]. »

La scandaleuse lourdeur de la peine, jointe à la brutale désinvolture du magistrat, le climat de guet-apens qui planait sur l'ensemble de l'affaire donnèrent à André Malraux le sentiment profond d'une injustice subie des mains de personnages en qui s'incarnait un univers truqué, conservateur et fermé aussi bien à l'imagination qu'à la jeunesse et au talent.

Les condamnés firent appel, bien sûr, devant la Cour de Saigon — qui siégerait deux mois plus tard. Entre les deux phases du procès, André Malraux allait avoir deux révélations : celle de la bassesse et de la vilenie d'une certaine presse, celle de la fraternité d'une certaine société littéraire. L'une et l'autre devaient le marquer, pour le meilleur.

La vilenie se manifesta d'abord à Saigon, où Chevasson et Malraux s'installèrent dès la fin de juillet, en attendant les débats de la cour d'appel, afin d'y préparer mieux cette fois leur défense : ils eurent la chance d'obtenir le concours de deux des avocats les plus justement réputés du barreau de la colonie, Mes Béziat et Gallois-Montbrun. Mais la presse, dans sa majorité, créait déjà autour d'eux un climat étouffant.

Dès le 22 juillet, Lachevrotière, directeur de *l'Impartial*, dont l'envoyé spécial à Phnom-Penh avait assuré un compte rendu relativement objectif du procès en correctionnelle, déclenchait le tir en publiant les photographies des bas-reliefs découpés [2] et en réclamant le châtiment exemplaire des « vandales ». Admettant que « de véritables chargements de bouddhas descendaient le Mékong afin d'aller enrichir des collections — à moins que ce ne soit pour les amateurs locaux ayant du flair », ce personnage, dont la réputation eût gagné à être douteuse, exigeait des pouvoirs publics qu'un terme soit mis à de telles pratiques en faisant condamner durement les accusés.

Au début de septembre, *l'Impartial* reproduisait un article publié le 3 août par le quotidien parisien *le Matin* qui n'était

1. Document inédit.
2. L'une d'elles reproduisait un bas-relief d'Angkor étranger à l'affaire (W. Langlois, *l'Aventure indochinoise d'André Malraux*, p. 51).

qu'un réquisitoire mordant contre l'homme à la rose, ce jeune Malraux, mondain vaniteux, écrivain manqué, aventurier sans scrupule uniquement soucieux de faire parler de lui pour extorquer des fonds aux honnêtes gens et aux naïfs.

Furieux, Malraux bondit à la rédaction de *l'Impartial* où, peu pressé de le recevoir, Lachevrotière trouva une parade habile, lui offrant d'exprimer son point de vue dans une interview. Impatient de se faire entendre, et flatté de jouer, même à ce prix, les vedettes, Malraux accepta de recevoir un rédacteur de *l'Impartial* qui publia une version des propos du jeune homme le 16 septembre, sous le titre « L'affaire des statues d'Angkor ».

André Malraux n'a pas toujours été bien inspiré dans ses relations avec la presse. Il le fut très mal ce jour-là. A un journaliste qui n'était peut-être pas venu pour le pire, et qui, vaguement séduit, le présentait avec « des yeux de flamme ardente, puis voilés de mélancolie », il raconta qu'il n'avait prélevé que « quelques bas-reliefs tronqués » d'un « amas de pierres dont la hauteur ne dépasse pas 1 m 20 », que son arrestation était « due à un malentendu ». La situation de son père, présenté comme « une personnalité légendaire de la Bourse » et le directeur « d'une des plus grosses sociétés pétrolières internationales », avait pu donner à penser qu'il était venu remplir une mission commerciale ; l'origine de sa femme avait pu éveiller des méfiances sur les objectifs réels du voyage. On ne pouvait accumuler plus d'imprudences, de vantardises et de contre-vérités.

L'interview fit plutôt mauvaise impression. Mais Malraux eut la chance que Lachevrotière, non content d'avoir mis l'accusé en fâcheuse posture et d'en tirer pour son journal l'avantage d'une polémique fructueuse, le piétinât avec une bassesse coutumière au personnage. La réplique de Malraux fut d'une parfaite brutalité : entre autres aménités, il demandait à Lachevrotière ce qu'il aurait pensé d'un journal qui l'aurait ainsi traité lors du procès qui lui avait été intenté pour chantage et corruption, huit ans plus tôt... En matière de polémique, les arguments les plus gros sont souvent les meilleurs. Le vertueux directeur de *l'Impartial* feignit l'indignation, puis se tut jusqu'à l'ouverture du procès en appel.

... Comme dans *le Soulier de satin*, l'action de « l'affaire Malraux » se déroule alors sur deux continents. Tandis qu'André mesure, sous les pluies de la mousson, jusqu'où peut aller une certaine vilenie, Clara dans l'été parisien apprécie la générosité d'une cohorte d'amis, de confrères, de partisans.

Clara a conté avec beaucoup de sensibilité et de franchise ses tribulations de Saigon à Paris; sa brève liaison, à bord, avec un diplomate français; l'amitié esquissée durant la traversée avec Paul Monin, avocat de Saigon qui allait jouer dans leur vie, à André et à elle, un rôle important; l'arrivée à Marseille où le beau-père n'a pu venir; la découverte de la vérité chez l'ancienne femme de chambre de sa famille qui l'accueille dans l'hôtel (un peu louche) qu'elle tient à Montmartre, et lui révèle cette condamnation à trois ans de prison qui, assortie de commentaires venimeux du *Matin* ou du *Journal*, s'étale dans la presse parisienne et foudroie la jeune femme; les retrouvailles, enfin, avec sa famille — qui l'incite, en vain, à divorcer d'avec « ce vaurien, ce condamné de droit commun »...

Les premiers alliés qu'elle tente de recruter sont André Breton et sa femme qu'elle conquiert, après avoir débarqué chez eux à l'aube, en faisant d'André un portrait à la François Villon et de leur aventure celle d'un Rimbaud qui aurait préféré l'archéologie au négoce. Puis c'est son beau-père qu'elle retrouve et qui, en échange du serment qu'André est « innocent », se dévoue bravement à la cause commune. Quant à la mère d'André, elle accueillit la voyageuse dans le minuscule appartement qu'elle avait loué près de la gare Montparnasse, après la vente de l'épicerie de Bondy. A quatre dans deux pièces, on se serra, dans un climat d'affection qui bouleversa Clara.

Le lendemain, flanquée de Fernand Malraux, de Marcel Arland et de Paul Monin, qui retarda pour l'aider son retour à Saigon, Clara lança l'idée qui allait modifier le cours des choses : pourquoi ne pas demander à un collectif d'écrivains connus de se porter garant, face à la justice, du talent d'André, de promesses qu'il portait en lui, de sa « nécessité » dans le monde des lettres?

Déjà René-Louis Doyon, le premier compagnon, ému par la condamnation rendue publique le 3 août à Paris, avait, dès le 7, écrit au chef de la rubrique littéraire de *l'Éclair*, pour protester contre le sort fait à son jeune collaborateur et souligner la disproportion entre le « crime » d'Angkor et le châtiment de Phnom-Penh. Un fragment de sa lettre fut publié. Max Jacob félicita Doyon de son initiative et fit connaître son appui au

« clan Malraux[1] », ainsi que François Mauriac, que nul lien antérieur, nulle complicité, nulle affinité même ne contraignaient à une telle démarche et André Breton qui passait de la bienveillance amicale au soutien actif en donnant aux *Nouvelles littéraires*, le 16 août, un texte « Pour André Malraux ».

Le 6 septembre 1924, *les Nouvelles littéraires* publiaient le texte de la pétition suivante, revêtue de signatures impressionnantes :

« Les soussignés, émus de la condamnation qui frappe André Malraux, ont confiance dans les égards que la justice a coutume de témoigner à tous ceux qui contribuent à augmenter le patrimoine intellectuel de notre pays. Ils tiennent à se porter garants de l'intelligence et de la réelle valeur littéraire de cette personnalité dont la jeunesse et l'œuvre déjà réalisée permettent de très grands espoirs. Ils déploreraient vivement la perte résultant de l'application d'une sanction qui empêcherait André Malraux d'accomplir ce que tous étaient en droit d'attendre de lui. » Signé des noms de la plupart des écrivains célèbres du temps tels André Gide, François Mauriac, Pierre Mac Orlan, Jean Paulhan, André Maurois, Max Jacob, Louis Aragon.

Malraux allait se présenter devant la Cour de Saigon avec les meilleurs garants de son existence d'artiste.

Le 8 octobre, à 8 heures, André Malraux et Louis Chevasson comparaissaient devant leurs nouveaux juges; la Cour était présidée par M. Gaudin, conseiller à la Cour, qui ouvrit les débats par un long et minutieux rappel des faits, coupé de brèves objections des avocats, Mes Béziat et Gallois-Montbrun, et par la lecture des pièces versées au dossier, connues cette fois de la défense. L'après-midi fut consacré au réquisitoire du procureur, M. Moreau, qui mit l'accent sur l'indélicatesse de la demande d'ordre de mission au ministère des Colonies, étant donné l'objectif des voyageurs, et sur le fait que le temple de Banteai-Srey ne pouvait être considéré comme « *res nullius* » (bien sans maître) alors que cette région, partie intégrante du Cambodge conquise par le Siam au siècle dernier, avait été récupérée en 1907 par la France qui l'avait alors rétrocédée au souverain khmer — légitime propriétaire et du sol et des pierres : il s'agissait bien d'un « vol ». Moyennant quoi le procureur réclamait, pour Chevasson la confirmation pure et simple de

---

1. Max Jacob, cité par R.-L. Doyon, *Mémoire d'homme*.

la sentence du 21 juillet et pour Malraux, outre le maintien de la peine infligée en 1re instance, une prolongation de l'interdiction de séjour qui lui avait été signifiée et la privation de ses droits civiques.

Grand, bien découplé, les traits forts, la voix tonnante, Me Béziat [1] n'était pas homme à se laisser abattre par un adversaire aussi résolu et des arguments aussi solides. Après avoir exprimé le regret que son client n'ait jamais, en cette affaire, pu avoir « l'assurance, à laquelle tout prévenu a droit, que les balances de la justice ne sont pas un mythe », il attaqua seulement le point de droit.

Comment, s'écria Me Béziat, on allègue le caractère intouchable de ce monument ? Il le serait s'il était classé. Mais M. Parmentier s'y est rendu en 1916, il y a procédé à une étude très complète de ces « débris » — et pourquoi n'a-t-il pas amorcé une procédure de classement ? Parce que l'état déplorable dans lequel se trouvait cette ruine dont « même les parties infimes demeurées à peu près en équilibre ne présentent pas plus d'unité que des matériaux rangés dans l'attente de la construction d'un édifice [2] », excluait qu'on la traitât ainsi...

Me Béziat allait brosser un portrait d'André Malraux fort différent de celui qu'avait tracé M. Moreau, citant des commentaires élogieux écrits à son propos par des académiciens aussi rassurants qu'Henry Bordeaux, des critiques aussi respectés qu'Edmond Jaloux, des écrivains aussi célèbres qu'André Gide. L'avocat lut naturellement la pétition de Clara puis l'impressionnante liste de signatures qui lui faisait suite, et demanda pour son client, soit l'acquittement, soit au moins le bénéfice du sursis. « Si l'on poursuit mon client pour la peccadille commise, conclut-il, il eût fallu, dans le passé, poursuivre et condamner des amiraux, des résidents supérieurs et autres mandarins d'égale importance, pour les déprédations par eux commises au détriment des mêmes monuments [3]. »

Le jugement de la Cour, rendu le 28 octobre, faisait largement droit à ces conclusions de la défense : Malraux était

---

1. Pour avoir eu affaire à lui, vingt-deux ans plus tard, à Saigon, dans de tout autres circonstances, l'auteur peut affirmer que Me Béziat était un rude jouteur.

2. Cité par A. Vandegans, *la Jeunesse littéraire d'André Malraux*, p. 225.

3. *Ibid.*, p. 220.

condamné à un an de prison avec sursis, sans interdiction de séjour; Chevasson à huit mois de prison avec sursis. La Cour ordonnait la restitution des bas-reliefs enlevés. Une brève citation de l'arrêt du conseiller Gaudin marque bien l'évolution de l'affaire et des esprits, du procès de Phnom-Penh à celui de Saigon :

« Considérant qu'après avoir acquis de réelles connaissances artistiques... le jeune littérateur Georges-André Malraux... prit la résolution de venir en Indochine, attiré par les merveilles des temples d'Angkor et de l'art khmer...

Considérant qu'il résulte des faits que Malraux et Chevasson ont commis la soustraction de bas-reliefs qu'ils avaient détachés... que c'est frauduleusement qu'ils ont commis ladite soustraction...

Considérant que les deux inculpés sont très jeunes, que les renseignements fournis sur eux ne sont pas mauvais, etc. »

André Malraux ne se tint pas pour satisfait. Il résolut de se pourvoir en cassation, persuadé qu'il arriverait ainsi à obtenir la restitution des pièces de Banteai-Srey dont il s'estimait « l'inventeur ». Six ans plus tard, dans un entretien avec André Rousseaux, il déclarera que les sculptures « sont séquestrées au musée de Phnom-Penh... La Cour de cassation a annulé les jugements rendus : mais il reste à obtenir le jugement définitif[1] ».

En fait, Malraux était doublement dans l'erreur : les bas-reliefs avaient été remis en place à Banteai-Srey où chacun peut aujourd'hui les admirer; la Cour de cassation s'était contentée d'annuler l'arrêt de Saigon, parce qu'« il ne mentionne pas la publicité d'une audience consacrée à l'instruction ». Vétille. Sur le fond, les condamnés n'avaient pas obtenu réparation : la Cour de cassation ne retenait nullement les vrais moyens du pourvoi, bien qu'un magistrat aussi prestigieux que le procureur général Mornet eût, selon certains, déclaré que les deux jugements, celui de Saigon comme celui de Phnom-Penh, avaient été rendus « au mépris de toute justice[2] ».

Le 1er novembre 1924, André Malraux et Louis Chevasson s'embarquaient sur le cargo *Chantilly*, à destination de Marseille. Humiliés, blessés, secouant à jamais leurs sandales sur

1. *Candide*, 13 novembre 1930.
2. Vandegans, *op. cit.*, p. 249.

cette terre maudite? Pas du tout. A qui l'interroge aujourd'hui sur les traces laissées en eux par cette affaire, Louis Chevasson répond : « Pour moi, c'est la plus belle période de ma vie. Nous avons connu là une grande aventure, pris nos risques, affronté des adversaires. La procédure judiciaire nous a paru plus absurde et aberrante que cruelle : nous étions souvent pris de fou rire! Nous n'avons jamais vécu aussi intensément! »

Au-delà de l'ironie de la situation qu'il goûtait en amateur de Jarry, Malraux trouva dans cette première aventure indochinoise des raisons d'un nouveau combat. Ce qu'il avait cherché d'abord, il ne l'avait pas conquis. Mais, bien mieux que quelques pierres et que les moyens « de vivre tranquille » trois ou quatre ans, il rapportait des sympathies, des convictions, un sentiment d'urgence et les moyens de vivre très peu tranquille pendant beaucoup plus de trois ou quatre ans. Aiguillonné ou non par la rancune, le désir de prendre une revanche, il avait découvert une cause à défendre, dangereusement.

Depuis les conversations de l'hôpital de Phnom-Penh, il avait eu bien d'autres entretiens qui n'avaient plus rien à voir avec l'art khmer et ses procès. Il avait fait la connaissance de Paul Monin, revenu de Paris, et connu par lui des personnalités du mouvement d'émancipation des Annamites (ainsi appelait-on alors les Vietnamiens). Aussi vivement séduit par ces protestataires qu'indigné par les tenants de l'ordre colonial (administrateurs, magistrats, journalistes) il avait découvert là quelque chose qu'il appellera plus tard la fraternité.

La veille de leur départ pour la France, André Malraux et Louis Chevasson, « symboles de l'injustice coloniale » et « amis des Annamites », avaient été les hôtes d'un banquet donné en leur honneur, à l'initiative et sous la présidence de Paul Monin. Cette mésaventure archéologico-judiciaire qui n'aurait dû leur laisser que des souvenirs amers s'achevait ainsi sur une manière de triomphe. Rejeté, condamné par la société officielle, Malraux était accueilli par une contre-société dont il allait, un quart de siècle durant, se faire l'allié très actif.

En dépit des épreuves subies, ou à cause d'elles, André Malraux décida à Saigon, avec Monin, de ne partir que pour revenir en Indochine. Ils étaient tombés d'accord pour penser que les « indigènes » ne pouvaient plus être défendus seulement en justice et qu'un journal devait être consacré à cette tâche. C'est ensemble qu'ils le publieraient. Ainsi Malraux ne partait-il pas

seulement pour mettre un peu d'air pur entre M. de Lachevrotière et lui, pour refaire sa santé et retrouver sa femme et sa
famille, mais surtout pour réunir les moyens d'une telle entreprise, et d'abord les collaborations nécessaires.

Les retrouvailles avec Clara furent marquées du signe d'ambiguïté ardente qui imprégnait tous leurs rapports. Elle a reçu
le 29 octobre un bref télégramme : « Un an avec sursis. » Trois
semaines plus tard, elle est à Marseille, sur le quai. Il sourit et
puis, très vite : « Mais qu'est-ce que vous avez été fiche avec
ma mère ? » Il est agacé — un peu — de savoir ses secrets familiaux dévoilés (croyant qu'il s'agissait encore de secrets...).
Puis : « Nous repartons vous et moi dans un mois pour Saigon.
Les Annamites ont besoin d'un journal libre. C'est Monin et
moi qui le dirigerons. » Il lui offre alors un paquet de « chanvre indien » (« une musique merveilleuse se déclenche, les mots
suscitent des images colorées. On peut diriger son spectacle
intérieur. Je vous y aiderai en vous lisant des vers »).

Quand elle en a fait usage, en pleine hallucination, en pleine
« déshabitation de son être », elle lui parle de sa liaison à bord.
« Je vis un homme assis au bord du lit, et qui pleurait [1]. » C'est,
inversée par la personnalité du narrateur, la scène de Kyo et
May dans *la Condition humaine*. « Si vous ne m'aviez pas sauvé
la vie, je partirais... Penser que ce type imagine qu'à présent
il a le droit de te mépriser... Je sais ce qu'un homme pense d'une
femme qu'il a eue [2]... »

Ils revirent longuement Fernand Malraux, persuadé maintenant que son fils n'avait été victime que d'une machination
politique dirigée contre un généreux contempteur de l'ordre
colonial. Noble simplification. André n'en est que plus à l'aise
pour lui demander une aide nouvelle : « Je ne peux pas rester
sur un échec », soutient-il. Selon Clara, l'orgueil de son beau-
père fit alors alliance avec celui de son mari. La Bourse connaissant alors un regain d'activité, Fernand Malraux leur dit :
« Quand vous arriverez à Singapour, vous trouverez 50 000
francs en banque. Arrangez-vous pour parvenir jusque-là. Au
demeurant, je tiens à préciser que vous ne devez vous attendre
à aucune autre somme venant de moi. J'admets qu'on rate une
fois, mais si on rate deux fois, on ne mérite plus d'être aidé [3]. »

---

1. *Nos vingt ans*, p. 268-270.
2. *Ibid.*
3. *Ibid.*, p. 276.

Morale de bourgeois conquérant, qui semble avoir séduit alors le jeune couple.

Quelques jours plus tard, l'avant-veille de leur départ, André reçoit un « petit bleu » de Bernard Grasset, qui le convoque et lui offre tout bonnement un contrat pour trois livres sur la foi d'une lettre de Mauriac, auteur vedette de la maison. Grasset convainc André Malraux d'accepter trois mille francs à titre de début d'exécution du contrat, et ajoute : « Allez et ne tardez pas trop, si vous le pouvez, à nous remettre un bouquin. Pensez à la merveilleuse publicité que viennent de vous faire tant d'écrivains ! » L'habile homme — en qui, comme il se doit, le flair et le sens des affaires le disputaient à la générosité.

André Malraux avait pris contact auparavant avec divers éditeurs et directeurs de journaux, afin de s'assurer les droits de reproduction des articles publiés par *Candide*, le *Miroir des sports*, le *Canard enchaîné* entre autres. Il a été décidé que Chevasson resterait en France pour être le correspondant du journal. Sa mère, qui l'a accueilli dans la petite maison bourguignonne en « tuant le dernier canard », est encore mal remise d'avoir lu dans le journal local du 5 août précédent : « Deux jeunes bandits français pillent les temples d'Indochine [1]. »

Avant de s'embarquer, les Malraux firent halte à Saint-Benoît-sur-Loire, pour revoir le cher vieux Max Jacob, qui écrivit aux Salacrou que Malraux lui avait proposé de faire une tournée de conférences en Chine, pour une somme rondelette ! Et le poète de s'étonner que Malraux racontant « son » Asie ne parle pas « de prisons, de révolutions, de rançons, de famine [2]... » Patience, Max...

---

1. Entretien de L. Chevasson avec l'auteur, février 1972.
2. Cité par Walter Langlois, *l'Aventure indochinoise d'André Malraux*, p. 62.

3

Le défi

5. Les charmes discrets du colonialisme

La première aventure indochinoise d'André Malraux (1923-1924) se place sous le signe d'un admirable amas de pierres de grès rose dans l'ombre dévorante de la forêt : Banteai-Srey. La seconde (1924-1925) est marquée par la personnalité d'un homme : Paul Monin. Malraux a croisé, dans sa vie hardie et tumultueuse, les hommes les plus éclatants de l'époque, de Picasso à Trotsky, de Gide à Mao Tsé-toung, d'Eisenstein à de Gaulle. Il n'en aura peut-être pas connu de plus pur.

Paul Monin était le fils de grands bourgeois lyonnais. Engagé à dix-huit ans au début de la guerre, il avait été plusieurs fois blessé. Réformé, il avait retrouvé un milieu familial étranger et à demi ruiné. Sitôt guéri de sa dernière blessure, très grave, à la tête, il avait choisi (pourquoi? on ne le sait) de faire sa vie en Indochine où il était parti en 1917 avec sa femme et un nouveau-né. Avocat de talent, il avait très vite conquis une place exceptionnelle au barreau de Saigon, d'abord en raison de ses qualités professionnelles — c'était un orateur envoûtant — ensuite du fait de son attitude politique. Dans une société marquée avant tout par le conservatisme, un racisme tempéré de paternalisme et un esprit volontiers répressif, il s'était tout de suite affirmé l'ami des « indigènes ».

Révolutionnaire marxiste? Pas du tout. Paul Monin avait bien incité les inscrits maritimes à se mettre en grève en 1922, et brandi à l'occasion le drapeau rouge. Mais il n'avait rien d'un agitateur social. Pour lui, le problème colonial n'était pas affaire de classes, de structures ou d'idéologie, mais de respect de la personne humaine. Son idéologie, c'était celle de la Révolution de 1789 et de la Ligue des droits de l'homme.

Ignorant à peu près tout du marxisme, vaguement épris de socialisme mais peu versé en théories et textes de toutes sortes, il était et se voulait un praticien de la justice, un militant de l'application des principes de la Révolution à tous les hommes relevant de l'autorité de la République et, par extension, à tous les peuples susceptibles d'en être « éclairés ».

Clara Malraux l'avait rencontré à bord, lors de son voyage de retour, en juillet 1924. Elle s'était liée d'amitié avec ce personnage séduisant « au visage ocré », dont le front bas ne déparait pas les traits finement ciselés et qui s'imposait par son ardeur et sa générosité. Il s'était aussitôt dévoué à la cause qu'elle défendait, prodiguant conseils et adresses utiles. Sitôt rentré à Saigon, il avait rencontré André Malraux à la veille du procès en appel et, comme le lui avait prédit Clara, une amitié chaleureuse était aussitôt née entre eux. Tous deux hommes de défi à l'injustice, aristocrates populistes, bretteurs de barricades. Qu'ils étaient différents, pourtant...

L'un, l'avocat, pour qui existaient des causes, des hommes et des principes, mais assez peu cultivé, en garde contre les théories, homme d'action plus qu'idéologue; l'autre, l'écrivain, crépitant d'idées, intellectuel jusqu'au tréfonds, manipulateur de concepts, ivre de culture générale et d'érudition flamboyante... L'un éminemment collectif, l'autre hyper-individualiste. Mais en commun le dégoût de l'injustice — plus moral chez Monin, plus esthétique chez Malraux, le mépris pour une société de compromission, de conformismes et d'exclusives, pour le racisme et la bureaucratie.

Dans le troisième tome de ses mémoires, *les Combats et les Jeux*, Clara Malraux décrit finement l'attitude de Monin : « Français donnant ce qui lui avait été donné, il acceptait de ne pas être un chef pour les hommes des autres races : il fut en ces années vingt-cinq, sans doute cruciales, l'un des premiers à ébaucher avec elles de nouveaux rapports... Savait-il que les valeurs de ces hommes n'étaient pas les siennes, ce qui précisément avait permis notre provisoire domination ? Je ne le crois pas. Mon compagnon, en revanche, si proche quant à l'idée qu'il se faisait du héros de celui qu'il baptisa Perken, perçut néanmoins dès cette époque que ce ne pouvait être qu'en détruisant leur propre conception du monde que les non-Européens parviendraient à reconstruire un domaine qui leur fût propre [1]... »

André Malraux parle aujourd'hui de Paul Monin avec une bienveillance un peu condescendante. Mais il met l'accent sur le sens de la justice presque hyperbolique du personnage, sur le désintéressement, l'éloquence et le courage de l'homme qui, en plein prétoire, osait jeter cette apostrophe à la tête d'un magistrat : « De mon temps, Monsieur le Président, l'hermine se portait blanche! » Il se refuse pourtant à admettre que Monin ait pu jouer un rôle décisif dans la formation de sa personnalité [2]. Clara affirme, elle, que dans l'édification de cette « barricade » qu'ils tentèrent de dresser contre la société coloniale « la part de notre collaborateur fut infiniment plus grande que la nôtre ».

Ce n'est pas Monin qui a écrit *les Conquérants* et dans l'histoire des idées, sinon de la révolution contemporaine, ce sont *les Conquérants* qui comptent, non les plaidoiries et l'action de Me Monin. Mais, sans Monin, *les Conquérants* sont peut-être inimaginables.

En février 1925, après quelques péripéties et escales à Singapour et à Bangkok, les Malraux arrivent à Saigon pour la seconde fois : Monin les attend sur le quai. Ainsi accueillis par leur ami et leur allié, les Malraux s'installent comme tout le monde à l'hôtel Continental, au cœur même de la vie européenne, entre le théâtre municipal, le marché Charner et la rue Catinat, tout près de la rue Pellerin où est située l'étude de Me Monin. Leur première préoccupation, c'est de faire un journal, on le sait. Mais pour cela, il faut d'abord savoir où l'on est, ce qu'est ce peuple pour lequel on est censé se battre, qui sont ces gens que l'on est supposé combattre, quel est ce régime que l'on voudrait abattre.

Courbée sous la poigne de gouverneurs généraux tels que Martial Merlin qui avait succédé à l'intelligent et libéral (à sa manière) Albert Sarraut, Saigon vivait en 1925 sous le double signe de la torpeur satisfaite et de la crainte. Avant la

1. *Les Combats et les Jeux*, p. 32-33.
2. Entretien d'André Malraux avec l'auteur, juin 1972.

crise mondiale qui allait atteindre le marché du caoutchouc, les affaires allaient leur train et, sous la férule d'une administration souvent compétente mais n'ayant d'autre mission que la préservation du *statu quo*, les fortunes s'amassaient dans un chuchotement de piastres froissées et d'opérations d'import-export.

La crainte se mêlait pourtant, et chaque jour davantage, à la prospérité, fondée pour une bonne part sur l'exploitation minutieuse et policière d'un peuple éminemment fier et sensible. Pratiquement privés de tous droits de citoyens, électeurs (en Cochinchine seulement) dans une proportion de un sur mille, victimes de l'accaparement progressif de la terre, exclus de presque tous les secteurs du développement économique, sevrés de presque tout droit d'expression, les dix-sept millions d'Annamites répartis entre le semi-protectorat du Tonkin, le protectorat d'Annam et la colonie de Cochinchine étaient des sous-êtres, des objets, bons à faire des coolies de plantation, des *nhaqués* de rizières et de petits fonctionnaires auxquels on donnait le Cambodge et le Laos à croquer — à des niveaux modestes.

Mais le système se lézardait. Depuis le début du siècle, le leader nationaliste Pham Boi Chau appelait (de l'étranger) ses compatriotes à la révolte. Après avoir en 1919 présenté à la conférence de la paix des revendications indochinoises, Nguyen Ai Quoc, qui allait devenir Hô Chi Minh, avait rejoint en 1920 les rangs du nouveau parti communiste français et rassemblé autour de lui ouvriers et étudiants établis en France. L'un de ses maîtres, Phan Chu Trinh, condamné à mort puis gracié, s'apprêtait à regagner l'Indochine.

La révolution d'Octobre 1917 avait entamé la remise en cause radicale du monde bourgeois et avant tout du système colonial qui lui servait d'assise, et la grande ville la plus proche d'Indochine, Canton, était devenue la capitale de la révolution chinoise, c'est là que se nouait la grande alliance entre l'aile de gauche Kuomintang et le jeune parti communiste chinois, tandis qu'à leur ombre de jeunes exilés annamites formaient le *Thanh-Nien* autour d'Hô Chi Minh, récemment arrivé de France, via Moscou. C'est là qu'en 1924, un jeune nationaliste tonkinois avait tenté d'assassiner le gouverneur général Merlin, qui visitait la Chine.

Ce monde saigonnais fait de prospérité rapide, de pernod

glacé, de fumeries paisibles et de concussion fiévreuse était miné, de l'intérieur, par la conscience que de jeunes Annamites prenaient de l'intolérable condition qui leur était faite, et de l'extérieur, par la montée des nationalismes asiatiques et l'appui, encore discret, mais plus ou moins efficace, que lui donnaient le pouvoir soviétique et l'Internationale. Tel était le terrain sur lequel Monin et Malraux prétendaient agir.

Ce pays, il faut d'abord le voir, au-delà de la ville opulente et moite qui le pompe et en rejette, vers Paris, les ressources. En avril, Monin emmène les Malraux à Phan-Thiet, dans le Sud-Annam, petite ville fameuse par la fabrication du *nuoc-mam* —, la saumure de poisson qui est le condiment national. Quinze ans plus tôt, Hô Chi Minh y a été instituteur. Sur les plateaux qui entourent l'aimable Dalat, ils rencontrent des coolies fuyant les recruteurs qui les ont amenés de force jusqu'aux plantations d'hévéas, jusqu'à ces terres rouges si belles où ils n'ont qu'à peiner et mourir. Liés par des contrats de trois ans qui les vouent à une tâche d'esclaves sans assurer toujours leur subsistance, constamment endettés, obligés de payer, ils le savent, leur voyage de retour au Tonkin, « ils attendent qu'on roule leur corps squelettique dans la natte-suaire qu'ils ont emportée avec eux au départ : car ici on peut être un vivant nu, mais non un mort nu [1] ».

Ainsi apprennent-ils à connaître ceux pour qui ils vont lutter, et les thèmes de leur combat. Alors qu'ils prennent un contact physique avec la condition coloniale, ils font aussi l'expérience de l'arbitraire du pouvoir de Hanoï. Parce qu'il a collecté des fonds pour offrir au Kuomintang un cadeau à l'occasion de la mort de Sun Yat-sen, le 22 mars — il s'agit d'un avion — un commerçant chinois nommé Kang est appréhendé, incarcéré (on dit pudiquement « gardé à vue ») et il faut, tout au long de ce mois d'avril 1925, l'ardeur et l'éloquence de Paul Monin pour le faire libérer. Après l'affaire de la tentative de monopolisation du port de Saigon par un groupe de grosses maisons européennes qui ont ruiné des dizaines de commerçants chinois et annamites, et que Monin fait échouer, c'est sur ce double succès que va s'élancer l'équipe de *l'Indochine*.

Le terrain n'en est pas moins périlleux. On décide d'envoyer

1. *Les Combats et les Jeux.*

André Malraux à Hanoï — pour tenter d'obtenir, sinon la bienveillance et l'appui, au moins la neutralité du gouverneur général — et d'expédier Clara à Singapour, où elle devra s'assurer le droit de citer de larges extraits des excellents journaux de la grande ville britannique dans le journal qui va naître. André n'aura pas beaucoup plus de succès dans sa tentative qu'il n'en avait obtenu dix-huit mois plut tôt pour se concilier les faveurs de l'École française d'Extrême-Orient.

Il ne put même pas voir le gouverneur général par intérim, l'obscur Montguillot, qui n'a guère laissé de traces dans l'histoire de l'Indochine. C'est un attaché de cabinet qui reçut André Malraux, pour lui dire qu'il ne serait pas fait obstacle à la publication d'un quotidien en français, mais qu'il n'était pas question d'autoriser une publication en *quoc ngu*, la langue nationale (romanisée depuis trois siècles). Un organe en cette langue aurait évidemment beaucoup plus d'audience dans l'opinion qu'un journal en français qui ne pouvait toucher qu'une petite élite.

La législation sur la presse était, dans l'Indochine des années 20, d'une rigueur extrême. Le décret du 30 décembre 1898 imposait le régime de l'autorisation préalable, aussi bien pour la Cochinchine que pour les protectorats, pour toute « publication rédigée en langue annamite, en langue chinoise ou en toute autre langue étrangère ». Cette dernière formule, lue par un « indigène », à Saigon, ne pouvait manquer de troubler. Voilà un pays où l'indigène était synonyme d'étranger! Pour les journaux publiés en français, les tracasseries, les menaces, les pressions directes et indirectes, le bon plaisir du gouverneur tenaient lieu de textes, et faisaient, d'un règlement théoriquement assez souple, un bâillon prêt à faire taire les réfractaires.

En attendant d'affronter les censeurs et les porte-parole du pouvoir, Monin et Malraux durent assurer le financement de leur journal. Leurs bailleurs de fonds, ils les trouvèrent essentiellement dans la bourgeoisie annamite cultivée, et plus encore dans la communauté chinoise de Cholon, largement acquise au Kuomintang et pour qui tout progrès de l'émancipation d'un peuple voisin était la promesse d'un soutien futur à la cause de la libération chinoise. Et, un soir, les Malraux et Monin furent invités à Cholon pour fêter la remise aux animateurs de *Indochine* des sommes collectées par les communautés chinoises un peu partout dans la colonie, pour que vive ce nouveau journal qui leur permettrait peut-être d'échapper à l'arbitraire :

« ... Avant que le repas ne s'achevât, Monin se leva et, d'une voix juste, il dit son attachement à la cause chinoise, qu'il était de l'intérêt des Français de remplir le vide qu'allait laisser le départ des Anglais, que la tradition démocratique française recoupait la possibilité d'une expansion économique dont bénéficierait tout le pays et non pas seulement quelques coloniaux avides. Il parla des directives qui furent à l'origine de la politique de Sun Yat-sen et auxquelles ses successeurs demeuraient fidèles : le gouvernement du peuple, par le peuple et pour le peuple.

« Mon compagnon s'est levé. A plusieurs reprises il rejette d'une saccade sa mèche de cheveux puis il lève l'index. « Nous allons faire un journal ensemble... Nous allons lutter ensemble... Il serait faux de penser que nos buts sont totalement les mêmes. Ce qui nous rapproche, ce qui nous unit, ce sont les ennemis que nous avons en commun [1]. »

Cette soirée fraternelle avec ces hommes de Chine si différents et si proches semble avoir profondément marqué André Malraux. Écoutons Clara, dont chaque mot, dans ces instants, est à la fois un coup de sonde et un reflet :

« Après le banquet du Kuomintang, André prit conscience de ce qu'un ensemble d'hommes n'était pas la somme des individus qui le composaient mais un élément nouveau qui les dépasse. Voilà qui justifiait l'intérêt porté à des humains dont aucun, pris en soi, ne lui aurait semblé digne d'attention.

On nous avait, dans ce pays que nous avions quitté vaincus, contraints à la soumission... A quel moment avons-nous souffert de cette soumission au point de souhaiter agir sur le monde, le marquer, renverser les rôles ? A partir, sans doute, de l'instant où rêver de retourner la situation n'était plus absurdité pure. Les dés lancés, nous prîmes un goût forcené pour notre propre jeu. D'instant en instant, je voyais mon compagnon devenir davantage ce qu'il faisait [2]. »

Comment dire plus de choses en moins de mots, et les dire mieux ?

---

1. *Les Combats et les Jeux*, p. 118-121.
2. *Ibid.*, p. 158.

6. Un journal de combat

Ce journal qu'ils allaient faire, ils décidèrent d'abord de l'intituler *l'Indochine*. Un titre qui n'avait rien de provocant ni même, en apparence, de très politique, mais qui avait le mérite de bien situer l'entreprise sur le terrain asiatique et sur une base plus large que Saigon ou la Cochinchine : ils voulaient atteindre aussi les élites de Hué, de Hanoï ou de Phnom-Penh. Puis ils lui trouvèrent un siège, 12, rue Taberd, non loin de la rue Pellerin où était située l'étude de Monin. Et ils formèrent leur équipe.

Le journalisme, dans le Saigon de 1925, c'était d'une part une poignée d'intellectuels annamites de valeur : Nguyen Phan Long, romancier raffiné, homme politique libéral, qui avait décerné solennellement à Paul Monin, un jour d'effusion, le titre de « citoyen annamite », et allait vingt ans plus tard devenir l'éphémère chef d'un des gouvernements fantômes du Vietnam baodaiste semi-indépendant dans le cadre de l'Union française; son collègue Bui Quang Chieu, qui dirigeait avec lui *la Tribune indigène* et le parti constitutionnaliste et qui manqua plus encore que Long, par faiblesse de caractère, de servir le mouvement d'émancipation nationale ; Nguyen An Ninh, le meilleur d'entre eux, qui avait fait de *la Cloche fêlée* un journal satirique indépendant assez courageux en tout cas pour être interdit pendant quelques mois à la veille de la parution de *l'Indochine*. C'était à lui que le gouverneur de Cochinchine avait adressé une phrase restée fameuse : « Si vous voulez former des intellectuels, allez à Moscou! La graine que vous voulez semer dans ce pays ne germera pas...! »

Le « journalisme » saigonnais, c'était d'autre part quelques feuilles acquises à l'administration ou aux milieux d'affaires, toutes d'une extrême médiocrité — à commencer par *l'Impartial* dont on a déjà cité quelques philippiques haineuses dirigées contre l'inculpé Malraux. Le ton immuablement agressif des éditoriaux de son directeur Henry Chavigny de Lachevrotière, faisait penser irrésistiblement à la formule de Lénine sur « les chiens de garde de la bourgeoisie ».

Le seul journal de qualité était *l'Écho annamite*, rédigé en français par des « indigènes ». C'est là que *l'Indochine* trouva le collaborateur le plus sûr, compétent et fidèle, Dejean de la Batie. Fils d'une Annamite et d'un diplomate français qui, l'ayant reconnu, lui avait assuré une bonne éducation, il avait choisi de se vouer, disait-il, à la « défense de la race à laquelle je dois ma mère ». A certains de ses amis annamites qui lui reprochaient de quitter *l'Écho* pour un journal fondé par des Français, il rétorquait que « le seul nom de Monin est une garantie des tendances pro-annamites de *l'Indochine* », qu'il lui avait fallu répondre à l'appel de ces hommes qui allaient « au-devant des Annamites les bras tendus, le cœur ouvert » et qui, au surplus, mettaient au service de cette juste cause « des moyens puissants ». Excellent professionnel, militant déterminé, ami fidèle, sachant résister aux pressions comme aux menaces qui furent adressées à sa famille, Dejean de la Batie fut un élément de base de *l'Indochine* aux côtés de Monin, de Clara et d'André Malraux.

Deux jeunes intellectuels annamites, Hin et Vinh, se joignirent à eux, en attendant Nguyen Phô, qui devait être tour à tour le « traître » que chacun soupçonna d'être vendu à la police, puis après le départ de Dejean et des Malraux, le gérant du journal (devenu *l'Indochine enchaînée*). Vinh était un jeune homme doux, dont la révolte face à sa famille et au pouvoir colonial se brisait souvent en douloureuse soumission. Hin, au contraire, originaire de la région de Hué, fils de mandarin, n'était que violence contenue et prête à exploser. Rageur, fiévreux, il fut sous l'œil d'André Malraux le modèle mal dégrossi du Hong des *Conquérants*, et à travers lui du Tchen de *la Condition humaine*.

A ce trio se joignaient à l'occasion, pour des discussions nocturnes dans le salon de Monin, Nguyen Phan Long, Nguyen An Ninh, plus tard leur aîné, le prestigieux Phan Chu Trinh, rentré de France à l'automne, mais non bien sûr leur leader à tous, Pham Boi Chau, exilé puis emprisonné, ni Hô Chi Minh qui formait alors à Canton les cadres qui allaient rejeter ces palabres au musée. Une Indochine vraie se dessine ainsi à leurs yeux, élargie aux dimensions de l'Asie par leurs amis du Kuomintang de Cholon, Dong Thuan et Dang Dai, Chinois replets et hardis, en qui Clara croit voir les Juifs d'une diaspora proche déjà du grand retour. C'est là, sous le ventilateur à grandes pales qui tourne lentement au plafond de Monin, que s'élaborèrent les thèmes de la *Tentation de l'Occident*, sinon ceux de *la Condition humaine*.

Clara s'est mise à fumer. André, non. Il a goûté, on l'a vu, le hachich. Mais l'opium, fait observer sa femme, exige « plus de passivité qu'il n'en a [1] ». Avec Monin ils partent tous deux pour de grandes promenades nocturnes, du côté de Bien Hoa qui (avant de devenir à partir de 1960 une formidable base aérienne américaine) était selon Clara « le Nogent local ». Elle évoque les deux promeneurs « vêtus de complets qui, s'ils n'avaient été de toile, auraient convenu à un va-et-vient dominical dans l'avenue du Bois : André le cou serré dans une cravate, Monin un plastron-cravate étalé sur la poitrine, l'un et l'autre une canne d'ébène à la main avec laquelle ils jouaient comme le voulait la mode [2] ». D'autres soirs, les deux amis s'affrontaient longuement en des assauts d'escrime, se préparant à affronter Henry de Lachevrotière — avec qui Monin avait croisé le fer l'année précédente. Cette vie de carbonari mondains à l'ombre des banians, de dandys révolutionnaires défenseurs du faible, de l'orphelin et du paria, avait de quoi enchanter Malraux.

L'Indochine parut pour la première fois le 17 juin 1925. Les trois premiers numéros furent distribués gratuitement. Quarante-six numéros suivirent, avant l'étranglement du journal. *L'Indochine* se définissait d'entrée de jeu comme un « journal libre, ouvert à tous, sans attache avec les banques et les groupes commerciaux (où) les polémistes écriront avec âpreté, les modérés avec modération [3] ». Les « modérés » se réduisirent en fait à Dejean, qui savait ne mordre qu'à bon escient, et à Clara dont la tâche consistait, on l'a vu, à traduire fidèlement la presse anglophone de Singapour — et notamment le *Singapore Free Press* pour en faire, en toute innocence, les « dépêches particulières » de *l'Indochine*.

Regardé aujourd'hui, *l'Indochine* est un journal bien « démodé », avec cette espèce de papillon noir qui s'étale

1. *Les Combats et les Jeux*, p. 104.
2. *Ibid.*, p. 85-86.
3. Cité par A. Vandegans, *la Jeunesse littéraire d'André Malraux*, p. 244.

sur la couverture, sa mise en page naïve, ses caractères gras
et ses culs-de-lampe solennels. Mais ce qu'on y lit ne manque
pas de verve. Monin et Malraux avaient voulu faire un journal de combat. Il le fut. La première page, presque chaque
jour, portait un éditorial de l'un des deux amis dirigé contre
l'un des personnages les plus puissants du régime — le gouverneur de la Cochinchine Cognacq, son adjoint le terrible
Darles — que l'on appelait « le bourreau de Thaï-Nguyen »
— les présidents des chambres de commerce et d'agriculture,
La Pommeraye et Labaste, tous y passèrent, et sur un ton
d'une violence que l'on n'imagine plus guère aujourd'hui.

Dès le deuxième numéro, Malraux s'attaqua au gouverneur Cognacq. Curieux personnage, au demeurant, que cet
ancien médecin qui avait contribué à fonder l'école de santé
de Hanoï et avait passé, un temps, pour libéral, à l'image
d'Albert Sarraut. Il avait entretenu de bonnes relations avec
le mouvement « Jeune Annam » (que Malraux et Monin
tentaient alors de revitaliser) et était arrivé à Saigon précédé
d'une réputation de bonhomie. Mais, soit que le pouvoir lui
montât à la tête, soit qu'il fût le jouet de Darles, fonctionnaire
qui s'était rendu fameux par un goût presque sadique pour
la répression, il régnait sur la Cochinchine avec une brutalité
papelarde et une sereine absence de scrupule.

Malraux apostrophe sans timidité le gouverneur : « ... Quant
aux Annamites, vous rappellerai-je quels sentiments vous leur
inspirez? Ils sont tels qu'à vous voir ma surprise fut grande...
et la réputation de violence que vous vous êtes faite n'est
point exprimée par votre physionomie, ni par ce petit nez
en trompette qui vous donne une apparence amène... (mais)
l'autorité qui ne mène pas à l'ordre mène au ridicule. Si vous
croyez que les Annamites que nous avons formés n'ont que
le droit de se taire, quelle mouche vous prit d'aller le leur
crier? »

Une semaine plus tard, le ton monte. Malraux a appris
que le gouverneur s'emploie à freiner la vente du journal,
à effrayer ses abonnés, à décourager ses acheteurs. Il lui décerne
le sobriquet de « Monsieur Je-menottes » et lui lance, à propos des menaces dirigées contre *l'Indochine*, d'autres menaces :
« C'est là un geste de valet de chambre, absolument indigne
d'un gouverneur!... Vous avez voulu tout diriger seul. C'était
là une théorie défendable, mais que vous approuviez égale-

ment seul. Vos élus opposent maintenant nettement leur politique à celle de vos amis. Il se pourrait que l'on prît garde,
en France, à ces manifestations silencieuses. »

Mais le gouverneur avait déjà trouvé des chevaliers pour
défendre sa vertu outragée. Ces « ennemis communs » sur
lesquels comptait André Malraux pour souder son alliance
avec des forces et des hommes très divers allaient montrer
leur force et leur haine. Leur attaque devait porter sur trois
fronts : le « bolchevisme » de Monin, le passé judiciaire d'André
Malraux, l'authenticité des informations publiées par *l'Indochine*. Mais que n'eussent-ils inventé ? Ce qui était intolérable, pour ces gens, c'était l'irruption du talent, de l'audace,
du non-conformisme et du désintéressement — oui, cette
fois, on pouvait parler, à propos de Malraux, de désintéressement — dans ce petit univers suintant de servilité moite et
fructueuse.

Le premier numéro de *l'Indochine* s'ouvrait par une interview de Paul Painlevé, le nouveau chef du gouvernement
français, par Jean Bouchor. Il était précisé que cette déclaration avait été faite quelques semaines avant l'accession du
grand savant à la présidence du Conseil, mais non comment
elle avait été obtenue. Painlevé disait des choses fort inté-
ressantes. D'abord, que la « population indochinoise devait
avoir une voix consultative dans les délibérations concernant
la colonie ». Ensuite, que l' « éducation étant le meilleur moyen
d'assimilation entre les races », les Annamites devaient « avoir
accès à notre enseignement, à tous les degrés ». Enfin, que
« la presse française et indigène (devait) être libre ». Autant
de propos qui nous paraissent aujourd'hui anodins ou pater-
nalistes mais qui faisaient à Saigon l'effet d'autant de coups
de cravache dans la figure des prépondérants.

Lachevrotière se mit en chasse, non pour réfuter les idées
du chef du gouvernement, mais pour jeter le doute sur l'authenticité de ses déclarations. Deux semaines plus tard, il recevait
d'un collaborateur de Painlevé, François de Tessan, un télégramme apportant un démenti du président du Conseil « d'avoir
été mêlé de près ou de loin à semblable affaire ». Et le directeur de l'*Impartial* en profitait pour dénoncer le nouveau
journal comme une entreprise montée par des escrocs qui
tentaient de se prévaloir d'illustres cautions pour mieux croquer l'argent des dupes.

L'Indochine riposta en faisant valoir que le numéro du journal n'étant pas arrivé à Paris, le chef du gouvernement ne pouvait pas s'être prononcé en connaissance de cause mais que la rédaction du journal obtiendrait très vite une confirmation de ses propos et qu'en attendant, elle exposait aux yeux du public le manuscrit de l'article de Jean Bouchor — qui semble en fait avoir rassemblé dans cette « interview » des propos alors tenus par Painlevé, dont c'était à coup sûr les idées mais qui ne se souciait pas d'être mis en posture d'accusateur de l'administration coloniale, dès son accession au gouvernement, par le truchement d'un journal mal-pensant.

André Malraux n'était pas homme à se cantonner dans une querelle de source et d'authenticité. Il déclencha un tir de barrage d'une virulence savoureuse contre son vieil adversaire du temps du « procès d'Angkor ». La biographie de Lachevrotière qu'il avait déterrée avait de quoi lever le cœur, le plus beau trait en étant ce cri du personnage qui, répondant du délit de chantage devant le tribunal de Saigon, suppliait les juges de n'en pas tenir compte car, disait-il, « Je n'ai alors fait que mon métier d'indicateur !... » Chose étrange, le directeur de *l'Impartial* qui passait pour un fieffé bretteur, ne releva pas les défis du fringant éditorialiste de *l'Indochine*. Pas même lorsque Malraux écrivit : « M. de Lachevrotière s'étant spécialisé dans les duels au pistolet avec les myopes et à l'épée avec les manchots, je cherche un chirurgien qui veuille bien me réduire à l'état d'homme-tronc la veille du jour où je devrai de nouveau expliquer à M. Henry de Lachevrotière qu'il est peut-être un peu lâche... »

Le ton monta encore quand *Saigon-républicain* le traita d'Isaac. « Tout le monde ne peut pas s'appeler Judas, rétorquait Malraux. Je ne suis pas Juif... (mais) comme ce nom d'Isaac peut viser injurieusement une femme qui m'est proche... j'aurai le grand regret de vous répéter que l'homme qui cherche à blesser une femme parce qu'il est incapable d'atteindre un homme s'appelle un goujat... » On voit le niveau, la couleur et l'odeur de marécage dans lequel se débattent les Malraux et Monin. Clara devait parler d'une « guignolade ». Dira-t-on que parfois quelque jubilation semble percer dans les invectives d'André Malraux, trop bon lecteur de *Bouvard et Pécuchet* et des *Possédés* pour ne pas trouver à la bêtise et à l'ignominie quelque saveur perverse ? Quelques années plus tard, André

Gide devait lui dire son étonnement de ne trouver aucun imbécile dans ses romans — à quoi Malraux ripostait que la vie suffisait pour cela. Il reste surprenant que des personnages tels que Lachevrotière ne traversent pas *la Condition humaine* ou *les Noyers de l'Altenburg* — sinon sous forme d'une giclée de bassesse de Clappique, ou d'un geste sadique du Nicolaïeff des *Conquérants*, ou de la méchanceté pessimiste du Mollberg des *Noyers de l'Alterburg*.

Pour médiocre qu'il fût, le gouverneur Cognacq constituait, du fait des fonctions qu'il exerçait et du pouvoir dont il usait, un adversaire plus digne de ces duellistes. Après le premier article de Malraux, il avait convoqué le jeune homme, espérant soit le détacher de Monin par quelque faveur, soit l'intimider. Le visiteur ne répondit que par des sarcasmes et la publication de quelques extraits de la conversation qui révélaient (ou confirmaient) la bêtise et la bassesse du personnage. Et la lutte s'engagea, non plus sur des chamailleries personnelles comme avec Lachevrotière et consorts, mais sur le fond : un système de gouvernement fondé sur la terreur policière, le favoritisme, la corruption et la discrimination raciale. Sur ce plan, ce que l'*Indochine* a d'un peu trouble, d'incurablement provincial et exotique — on ne barbote pas impunément dans un certain bourbier — est totalement racheté par l'audace, la pertinence, l'efficacité de campagnes que l'on ne put enrayer qu'en étranglant le journal.

La première campagne conduite par eux eut pour cible la « Société immobilière de Khanh-Hoï », formée plusieurs années auparavant pour « développer le port de Saigon-Cholon » et pour imposer son emprise sur le trafic portuaire et la manutention. Le directeur de la société immobilière de Khanh-Hoï n'était rien de moins que l'un des hauts fonctionnaires les plus proches du gouverneur, l' « inspecteur des affaires politiques », nommé Eutrope, tandis que l'animateur de l'entreprise était le président de la chambre d'agriculture, Labaste, lui aussi intime associé du Dr Cognacq... Or le contrat tel que le publia l'*Indochine* mettait toutes les obligations à la charge de la municipalité, rien à celle de la société. L'affaire consistait à faire financer une formidable opération d'accaparement (ruinant d'innombrables petites entreprises) par la municipalité de Saigon.

Avant même que Monin et son journal y mettent le nez, le nouveau maire de Saigon, M. Rouelle, élu en 1925 contre le candidat du gouverneur, avait fait rouvrir le dossier. Les réquisitoires enflammés de Monin (« le représentant du pouvoir exécutif, chargé d'assurer la stricte application de la loi, est le premier à la violer lorsque ses intérêts particuliers et ceux de ses amis sont en jeu : Jusqu'à quand le gouvernement de la République permettra-t-il un tel scandale ? ») portèrent le coup de grâce à l'opération [1].

La deuxième campagne de *l'Indochine* fut plus audacieuse et plus salutaire encore, car elle intéressait la paysannerie annamite, victime au premier chef du système d'exploitation. Le 10 juillet, les animateurs de *l'Indochine* avaient reçu la visite de cinq paysans vêtus de *kaï-ao* noir et luisant : « Nous sommes des paysans de Camau, nous venons demander justice... » Et le 11 juillet 1925, le quotidien de Monin et Malraux révélait que la mise aux enchères d'un très important lot de terres récemment défrichées dans la région de Camau, à l'extrême sud de la Cochinchine, fameuse pour la fertilité de ses rizières, était entièrement truquée et que derrière le « consortium » qui se proposait d'enlever aux paysans et d'accaparer la majorité de ces terres (à un prix ridiculement bas, fixé par les autorités) se dissimulait le gouverneur Cognacq lui-même. Avant le départ des paysans venus à la rédaction de *l'Indochine*, Monin avait dit : « Nous irons jusqu'au procès. Et nous aurons des interprètes sûrs, ce qui est rare [2]. »

Les lettres affluèrent à la rédaction de *l'Indochine* pour confirmer les révélations de Monin, émanant d'autres paysans menacés de dépossession ou même de riziculteurs français écœurés de la manœuvre. Malraux s'adressa directement au gouverneur général Monguillot pour que soit mis le holà à une opération révoltante. La veille du jour prévu pour la soi-disant vente aux enchères, le Dr Cognacq fit savoir que deux des dispositions de la procédure prévue étaient annulées : c'étaient les plus irrégulières. Ainsi la vente aux enchères put-elle se dérouler sans incident, ni spoliation évidente.

---

1. *Les Combats et les Jeux*, p. 197-199.
2. *Ibid.*

Mais Monin et Malraux ne pouvaient se contenter de faire de leur journal un brûlot satirique. Ils visaient plus haut et prétendaient formuler quelque chose comme un programme de gouvernement. Ni l'un ni l'autre n'était alors pour une émancipation radicale des colonies. Alors que Pham Boi Chau plaidait, de son exil japonais et plus tard, pour la fin du système aliénant le Vietnam ; alors que depuis son adhésion à la IIIe Internationale en décembre 1920, Nguyen Ai Quoc — Hô Chi Minh — approfondissait un programme d'action excluant progressivement le réformisme à l'intérieur du cadre colonial, Monin et Malraux restaient partisans d'une assimilation égalitaire dans la meilleure tradition jacobine — non par « possibilisme », mais par conviction.

Leur plaidoyer va dans le sens de la reconnaissance de la revendication formulée par Phan Chu Trinh dans les colonnes de *l'Indochine*, le 29 juin 1925 : « Qu'on nous accorde la même loi que les Français et nous ne demanderons pas mieux que de vivre sous l'égide de la France. La loi française pour tous! » Quand l'un des maîtres de l'intelligentsia annamite qui avait, dix ans plus tôt, inspiré Hô Chi Minh, tenait ce langage, pourquoi des Français tels que Monin et Malraux auraient-ils été plus exigeants que ce héros national?

Le principe de Cognacq restait le fin mot de la politique culturelle : tout lettré est un révolutionnaire en puissance. D'où la médiocrité des enseignements secondaires (Albert Sarraut avait dû tempêter pour imposer la création d'un lycée à Saigon). L'université de Hanoï, la seule d'Indochine, où mille jeunes gens seulement sur vingt millions d'habitants pouvaient entrer, ne délivrait pas de diplôme équivalent à ceux des universités de France. On n'y formait pas des médecins, mais des « officiers de santé ». D'où les entraves mises au départ pour la France des jeunes gens désireux d'y parfaire leurs études : le dossier qu'il leur fallait constituer à cet effet dépendait totalement du bon vouloir de la Sûreté — c'est-à-dire de la fiche de conduite de leur famille... Des feuilles comme *le Courrier saigonnais* se félicitaient ouvertement de cette procédure, écrivant que le pouvoir « barrait ainsi la route à l'anti-France ». En barrant la route de la France!

Malraux et Monin se battirent bravement pour dénoncer cet état de choses, comme ils plaidèrent pour que soit amendée une politique de naturalisations que l'on jugerait aujourd'hui aliénante mais qui était l'un des objectifs d'une intelligentsia avide d'égalité des droits, et indignée de ce que Nguyen An Ninh appelait dans *la Cloche fêlée*, la « constipation » des naturalisations (31 cas en 1924...). Monin put prouver que pour qu'une demande en ce sens soit simplement transmise, il en coûtait 3 000 piastres au demandeur...

Alors Monin, doté du diplôme de citoyen d'honneur anna-mite et son ami Malraux, « victime de l'arbitraire colonial », purent juger le moment venu de ressusciter un mouvement appelé *Jeune Annam*, qui avait eu quelque vitalité au lendemain de la guerre, à Hanoï surtout, puis s'était laissé engluer dans des intrigues avec le pouvoir colonial et était tombé en désué-tude. En vertu de sa propension aux « embellissements pathé-tiques », Malraux se présenta plus tard, dans diverses inter-views et correspondances, comme le chef ou l'un des chefs du parti *Jeune Annam*. Cette organisation ne paraît pas avoir dépassé jamais le cadre des collaborateurs de *l'Indochine* et de quelques amis. Aux côtés de Malraux et de Monin, l'animateur en était Nguyen Phô, jeune intellectuel tonkinois séduisant et complexe, dont on a dit déjà qu'il avait passé, aux yeux de ses compagnons, pour un indicateur. Situation qui ne favorisait pas les dévouements et l'exaltation collective.

Jeune Annam n'a pratiquement laissé aucune trace : ni bulletin, ni campagne de presse hostile, ni compte rendu de meeting — et la Sûreté en fit peu de cas. Ni Walter Langlois, dans son excellent essai sur *l'Aventure indochinoise d'André Malraux*, ni Clara, dans *les Combats et les Jeux*, n'y font référence autrement que par brèves incidentes. Autant, comme journalistes, Monin et Malraux inquiétèrent le pouvoir établi, autant, comme militants, ils semblent être passés inaperçus, fût-ce à titre de partenaires d'autres animateurs du réveil annamite.

Quand, à la fin de septembre 1925, Phan Chu Trinh put débarquer à Saigon accompagné de Nguyen An Ninh, seuls de l'équipe, Dejean de la Batie et Clara Malraux allèrent à leur rencontre sur le quai, et prirent part à l'émouvante réu-nion qui suivit. Ni Monin ni Malraux n'étaient là : étrange absence de la part d'hommes qui prétendaient galvaniser les « énergies » vietnamiennes. Est-ce comme le suggère non sans malice Clara, parce que les Annamites n'étaient pas prêts à choisir pour guide « le révolutionnaire, mi-conquistador, mi-grand-commis qui, la houlette à la main, mène brutalement ou doucement ses brebis vers l'âge adulte... La réalité s'est moquée de nos légendes : les chefs asiatiques sont des Asiatiques... ». Ainsi en quelques mots, un peu simples, mais percutants, est démontré le mécanisme sur lequel reposait, en toute générosité de cœur et d'esprit, l'idée de *Jeune Annam* — et se fondera le mythe des *Conquérants*.

Une scène contée par Clara Malraux jette un curieux éclairage sur ce petit univers clos — mais l'ouvre aussi vers l'avenir et les œuvres futures d'André :

« ... Petite colonne trapue, placée au milieu du salon, Hin ne nous regardait même pas. Il savait ce qu'il voulait faire. Un Européen, à sa place, aurait marché de long en large « pour détendre ses nerfs ». Sans doute, les nerfs de Hin ne subissaient-ils aucune tension : il avait décidé de tuer le gouverneur Cognacq... »

Le gouverneur général intérimaire Montguillot était attendu à Saigon. Le défilé ou une cérémonie permettrait à Hin d'accomplir son geste, en qualité de reporter photographe : il pourrait s'approcher et tirer... Tous ceux de *l'Indochine* étaient réunis autour de lui, angoissés, hostiles ou incrédules :

« — Tu le manqueras.

— Je tire bien...

Je ne voyais que Hin, ses jambes courtes écartées, l'épi de ses cheveux levé en crête au milieu de son crâne, sa peau sombre, au grain large. Je pensais qu'il avait raison. Je pensais aussi que s'il accomplissait ce geste, dans ce pays-ci l'espoir cesserait d'exister.

Monin, alors, a parlé :

— On vous arrêtera, Hin.

— ... Et on me condamnera à mort, a répondu Hin, comme un personnage de Malraux.

« Je le ferai, a dit Hin, parce qu'il faut le faire. C'est une bête féroce. A cause de lui on arrache les champs aux *nhaqués*, on tue nos hommes en Syrie et au Maroc, on nous écrase d'impôts. Il faut que cela change.

— Cela ne changera pas parce que tu l'auras tué et si ça change, ce sera pire : on aura enfin un prétexte pour nous traiter en ennemis.

[...]

— L'important, c'est d'attirer l'attention sur nous, dit Hin.

— Je ne te dis pas qu'il ne faut rien faire, dit Pho, seulement il ne faut pas faire n'importe quoi.

— Surtout, dit Malraux, il ne faut pas faire n'importe
quoi à n'importe quel moment. Pensez à l'inutilité du geste
de Shanghai[1].

— De toute façon, pour eux, nos patriotes ne seront
jamais que des pirates ou des assassins.

— Il s'agit d'être des assassins efficaces...

[...]

— Un attentat que ne suit aucune action populaire ne devient
pas seulement un assassinat mais un échec. Ce qui est pire.

— Tout de même, murmure Pho, le gouverneur Merlin,
quand la bombe a éclaté, s'est caché sous la table.

[...]

— Merlin a perdu la face, constate Vinh.

— Pour les Annamites, peut-être, pour les Français il a
simplement été raisonnable...

— Vous n'avez aucune organisation derrière vous, qui
profiterait du désordre pour mener la lutte...

— Une organisation, répète Hin, une organisation...

Puis brusquement, rageur :

— Je m'en fous, je m'en fous, je m'en fous...

Tout près de la porte, il s'arrête, nous dévisage; il ne sait
plus si nous sommes des amis ou des ennemis. Sans que nous
l'ayons fait exprès, nos regards se croisent. Je sais qu'il pense :
' Nous nous libérerons de vous sans vous. ' Je sais qu'il a
raison[2]. »

Monin alors est appelé au téléphone : on lui apprend que
Montguillot a annulé la visite qu'il devait faire à Saigon.

Sursis éphémère. Le journal ne peut même plus être sauvé
par une décision, apparemment capitale, que vient de prendre
le gouvernement français, en désignant comme gouverneur
général de l'Indochine un homme dont le nom jeta aussitôt
l'effroi dans le camp des adversaires de Monin et de son équipe :
Alexandre Varenne, député socialiste, vice-président de la
Chambre. Un socialiste gouverneur! Le 31 juillet, dans *l'Indochine*, Monin salua chaleureusement cet « ami de la liberté »,

---

1. La tentative d'assassinat du gouverneur Merlin, un an plus tôt,
s'était, en fait, déroulée à Canton.
2. *Les Combats et les Jeux*, p. 177-181.

cet « adversaire de l'arbitraire » dont la désignation « fait prévoir de nombreuses et profitables réformes ».

Trop tard. Depuis le 20 juin, Monin et Malraux n'avaient cessé de protester contre les pressions de l'administration qui « convoque les Annamites coupables de s'être abonnés à *l'Indochine* et leur reproche vivement ce geste », et « dénigre » les collaborateurs de ce journal. Ils menaçaient de provoquer à ce sujet une « intervention parlementaire [1] ». Mais Cognacq était le plus fort. Il fit savoir à l'imprimeur de *l'Indochine*, un Eurasien nommé Louis Minh, qui avait courageusement accepté de travaillé pour les « bolchevistes », que s'il persistait, il ne recevrait plus aucune autre commande et qu'il aurait d'autres ennuis : une grève des typographes, par exemple.

A la veille d'être réduit au silence, le 14 août 1925, André Malraux avait publié, dans le dernier numéro de ce journal moribond, ce que l'on peut tenir pour son manifeste en matière coloniale dans les années 20. C'est un beau texte, où s'affirme déjà un écrivain politique qui est aussi un moraliste. Un révolutionnaire? Certes pas. On entendra ici, non sans surprise, l'écho d'une autre voix qui, au-delà des mers, dans un tout autre climat et à partir de positions et d'une culture fort différentes, faisait déjà figure de « mal-pensant » et de vaincu : Lyautey. Et le titre même « Sélection d'énergies » pourrait être celui de la fameuse circulaire dite du « coup de barre » que rédigeait alors l'homme qui allait céder à Pétain et à Steeg ses responsabilités marocaines.

« Notre politique en Cochinchine et en Annam est à l'heure actuelle fort simple : elle dit que les Annamites n'ont aucune raison de venir en France, et elle implique immédiatement la coalition, *contre nous*, des plus hauts caractères et des plus tenaces énergies d'Annam. Il semble que des stupidités politiques de clans ou d'argent s'appliquent avec une rare persévérance à détruire ce que nous avons su faire, et à réveiller dans cette vieille terre semée de grands souvenirs les échos assoupis de plus de six cents révoltes.

« L'Annam, lorsqu'on le parcourt des bouches du fleuve Rouge au delta du Mékong, donne une seule impression : le nom de toute ville illustre y est celui d'une révolte. Les plus émouvantes de ses plaines portent des noms de combats. Le

1. A. Vandegans, *La Jeunesse littéraire d'André Malraux*, p. 248.

tombeau de Lê-Loi est en ruine, mais les chansons qui exaltent la sombre grandeur de sa vie de courage et d'aventures sont encore sur les lèvres de toutes les femmes et dans la mémoire de tous les pêcheurs. A Quang-Nhai, à Thanh-Hoa, à Vinh, des réserves d'énergie dont nous avons un si grand besoin en Extrême-Orient attendent de voir se réaliser l'entente que nous avons promise... »

Et Malraux s'en prend à la politique imbécile qui consiste à empêcher les jeunes Annamites de se rendre en France :

« Ou le jeune Annamite accepte le refus qui lui est opposé, et nous pouvons dire avec tranquillité qu'on eût pu le laisser aller en France, où il aurait montré la même aptitude à l'obéissance. Ou bien, il ne l'accepte pas.

Et c'est ce dernier qui doit nous intéresser, si nous délaissons l'administrateur du coin qui ne veut 'pas d'histoires', et si nous considérons l'intérêt supérieur de l'État. Celui-là a l'âme d'un chef. C'est sur lui que nous devons appuyer notre colonisation. Que va-t-il faire ?

S'il est Cochinchinois, il se procurera des papiers de boy ou de mécanicien et partira sur le pont ou dans la cale d'un bateau chinois, anglais ou américain, en Chine, en Angleterre ou en Amérique [1]. S'il est Annamite [2], il ira trouver les missionnaires protestants américains, et il partira pour San Francisco dans un délai de quinze jours. Dans les deux cas, il reviendra en Annam formé *contre nous* et sera l'allié certain, sinon le chef de toutes les révoltes... »

Ainsi, conclut-il, parvenons-nous à « dresser contre nous, grâce à un système ingénieux, un des plus beaux, un des plus purs, un des plus parfaits faisceaux d'énergies que puisse diriger contre elle une grande puissance coloniale [3] ».

Déjà le grand Malraux par bouffées. Déjà aussi le Malraux gaullien...

Paul Monin, les Malraux, Dejean de la Batie et leurs camarades ne se tiennent pas pour battus. Puisqu'il apparaît à l'évidence qu'aucune imprimerie n'est plus ouverte à l'équipe de

---

1. Ce qu'avait fait, quatorze ans plus tôt, le futur Hô Chi Minh...
2. Malraux vise ici les habitants de l'Annam, province centrale du Vietnam.
3. *L'Indochine*, 14 août 1925.

l'*Indochine*, et puisque celle-ci dispose d'une presse, il ne leur manque que des caractères d'imprimerie pour redémarrer. Ils ont entendu dire que ce matériel introuvable en Indochine est peut-être disponible à Hong-Kong, où l'autorité britannique s'exerce sous des formes moins bornées et rétrogrades qu'à Hanoï ou à Saigon. Bref, l'équipe y dépêche Clara et André Malraux, avec mission de rapporter un lot de caractères pour relancer l'*Indochine* à la barbe du Dr Cognacq.

Sur le pont du bateau qui les porte vers Hong-Kong, un grand diable d'Anglais informe nonchalamment Clara que le capitaine vient d'envoyer un télégramme « apprenant aux autorités anglaises que le bolchevik le plus rouge de tout l'Annam *(the reddest bolchevik of all Annam)* se trouvait à son bord [1] ». Les nouvelles vont vite : le télégramme a trouvé assez d'écho pour qu'ils soient, à l'accostage dans le grand port paralysé par la grève générale, les seuls passagers dont les coolies acceptent de porter les bagages...

Le hasard est avec eux. Le lendemain de leur arrivée, une petite annonce dans un journal de la colonie leur apprend que les jésuites modernisant l'équipement du journal qu'ils éditent, mettent en vente leurs vieux caractères. Les voilà escaladant le Peak, puis se résignant (mi-rieurs, mi-honteux) à se faire trimbaler par des coolies. Là-haut ils sont accueillis cordialement par les religieux. Tout est simple, rien n'est cher. Une partie du matériel ne sera disponible que dans une semaine, mais les bons pères se chargent même de l'expédition.

Mission accomplie...

Les voilà redevenus touristes, qui goûtent le porto d'un hôte britannique, découvrent les charmes ambigus de Macao, se fondent dans la foule innombrable — toujours suivis par de petits espions diligents qui, de moins en moins discrets, s'offrent bientôt à leur servir tout simplement de guides.

A l'arrivée à Saigon, les caisses de caractères qu'ils convoyaient furent confisquées sous prétexte que certaines des formalités d'envoi n'avaient pas été accomplies. M. Cognacq était tenace. Mais une semaine plus tard arrivaient celles que les jésuites avaient eux-mêmes expédiées, avec une ponctualité ecclésiastique — et cela leur suffit pour mettre à exécution leur projet.

1. *Les Combats et les Jeux*, p. 214-215.

Considérons, en attendant, ces quatre ou cinq jours de fausses vacances d'André et de Clara. C'est, jusqu'en 1931, tout ce qu'ils allaient connaître de la Chine. Ces quelques heures de flânerie cahotante, du sommet du rocher aux ruelles puantes de Kowloon, des marchés au poisson de Victoria aux marchands de « curios » de Sing Wong Street, c'est tout le matériel documentaire d'où sortiront les puissantes évocations des *Conquérants*.

7. L'Indochine enchaînée

Alors commence la carrière de *l'Indochine enchaînée*, plus brève encore que celle de *l'Indochine* : du début de novembre 1925 à la fin de février 1926, au rythme théorique d'un bihebdomadaire, avec des interruptions dues notamment aux caprices de la presse à imprimer, vingt-trois numéros furent publiés — les cinq derniers, en janvier et février, après le départ des Malraux. L'étrange journal, le beau journal aussi, avec ses irrégularités et ses coquilles, ses naïvetés techniques et son désordre, la grossièreté de son papier, le chevauchement des caractères : du temps de Théophraste Renaudot, on faisait mieux. (« Des caractères en bois, comme au XVIe siècle! » jubilait Malraux...) N'importe. Ce journal couturé des cicatrices de la persécution est l'un des témoignages les plus émouvants de courage et d'obstination qui nous restent de la vie et de l'œuvre de Malraux.

Ces caractères... Achetés au journal des jésuites de Hong-Kong, donc anglophone, ils ne comportaient pas d'accents. Les premiers jours, le résultat fut déplorable. Mais la troisième nuit, *l'Indochine* reçut une étrange visite, qu'André Malraux a racontée ainsi dans la préface d'*Indochine SOS* :

« Quand tu es venu me trouver, l'action du gouvernement avait enfin arrêté le seul journal révolutionnaire d'Indochine et les paysans de Baclieu étaient dépouillés dans un grand

silence tranquille... Tu as tiré de ta poche un mouchoir noué
en bourse, avec ses coins dressés comme des oreilles de lapin...
'C'est rien que des é... Il y a des accents aigus, des graves et
des circonflexes... Demain beaucoup d'ouvriers feront comme
moi; et nous allons apporter tous les accents que nous pour-
rons.' Tu as ouvert le mouchoir, vidé sur un marbre les caractères enchevêtrés comme des jonchets, et tu les as alignés du
bout de ton doigt d'imprimeur sans rien ajouter. Tu les avais
pris dans les imprimeries des journaux gouvernementaux, et
tu savais que si tu étais pris tu serais condamné, non comme
révolutionnaire, mais comme voleur. Quand tous ont été alignés,
comme les pions d'un jeu, tu as dit seulement : 'Si je suis
condamné, dites à ceux d'Europe que nous avons fait ça. Pour
qu'on sache ce qui se passe ici'. »

En fait, c'est Clara qui accueillit un petit groupe de cinq
hommes, la nuit, sur la terrasse de la villa de Monin où elle se
reposait en l'absence des deux « patrons ». Son récit est plus
sobre : « Leurs mains cherchèrent sous la longue tunique d'où
elles retirèrent un minuscule baluchon. Avant de me le tendre
placé dans leurs deux paumes jointes et ouvertes selon l'usage,
ils firent les saluts profonds dus à ceux que l'on respecte, les
laï qu'ils avaient refusé d'exécuter devant les employés gouvernementaux. Très vite, leurs mains adroites dénouèrent les coins
de leurs mouchoirs-baluchons pour me présenter l'objet de
leur offrande : des caractères d'imprimerie volés sur le lieu de
leur travail... J'aurais voulu leur dire notre reconnaissance,
notre désir de travailler pour eux mais j'étais seule et ne savais
pas l'annamite. Je me suis levée à mon tour, je me suis inclinée
devant eux les mains jointes, comme les *quaninh* chinoises [1]... »

L'Indochine enchaînée mais non plus tout à fait bâillonnée,
était prête à accueillir Varenne, Monin et Malraux souhaitant
donner tout son sens à cette arrivée d'un gouverneur socialiste.
Il est peu de dire que leur attente fut déçue. Varenne — qui
avait d'ailleurs été exclu du parti socialiste, un mois après sa
désignation, pour avoir accepté ce rôle de proconsul, n'était
pas un de ces étranges socialistes férus de guerres coloniales
qui fourmillèrent sous la IVe République. C'était un assez

1. *Les Combats et les Jeux*, p. 194-195.

brave homme, et plutôt honnête. Mais comme il arrive souvent
en pareil cas, il n'eut de cesse qu'il n'eût fait oublier son étiquette d'origine — une fois qu'il eut « marqué le coup » en
débarquant à Saigon vêtu, non d'un rutilant uniforme, mais
d'une paisible jaquette, faisant savoir qu'il se refusait à un
cérémonial « payé par les Annamites ».

Ce touchant début fut suivi de plus de reculades que de remises en cause du système. Monin avait prophétisé que l'arrivée
à Saigon du « socialiste Varenne (devait) marquer... l'heure
inéluctable du châtiment ». Dès le lendemain de l'arrivée du
nouveau gouverneur général, Monin et Malraux publièrent
une « Lettre ouverte » dans laquelle ils écrivaient que « le gouverneur Cognacq a fait à ce pays autant de mal qu'une guerre ».
Mais c'est en vain que les deux réfractaires tentèrent d'approcher Varenne. Et c'est avec tristesse, puis colère, qu'ils l'entendirent déclarer à la colonie qu'il n'entendait pas se préoccuper
d'abord des « réformes annamites » mais des « réformes sociales » et s'agissant des abus, qu'il fallait « oublier le passé ».
D'où ce cri d'indignation de *l'Indochine enchaînée* dans le
dernier numéro de novembre : « Socialiste hier, aujourd'hui
conservateur... Encore une conversion sous le signe de la
piastre ! »

Les libéraux tentèrent, avant le départ de Varenne pour
Hanoï, de lui arracher quelque réforme ou concession. Nguyen
Phan Long l'invita au conseil municipal de Saigon pour formuler publiquement quelques-unes des revendications annamites
— relatives notamment à la liberté de la presse. La réponse du
gouverneur général tomba comme une douche glacée : « Si
cette liberté qui tient tant à cœur aux Annamites leur était
octroyée immédiatement... et s'ils en abusaient et semaient
par l'expression outrancière de leurs idées des troubles dans le
pays, une vague de réaction ne tarderait pas à s'élever qui
emporterait tout... » (La réaction immédiate, pour barrer la
route à la réaction éventuelle !) Quand le 28 novembre, dix jours
après son arrivée à Saigon, Varenne prit le bateau pour le Tonkin, Monin écrivit : « C'est la première fois qu'un gouverneur
général a mis si peu de temps pour se déconsidérer ! »

L'effondrement provoqué chez Monin et Malraux par cette
exhibition proconsulaire sembla exacerber encore leur haine
du système. Dans un article d'une violence extrême, intitulé
« Éloge de la torture », Malraux rapportait qu'un policier avait

frappé un suspect jusqu'à l'estropier dans le but de lui extorquer de l'argent, et concluait que ce « tortionnaire et délateur »
avait toutes les chances d'être élu pour cela président du Conseil
colonial... Devant cette assemblée précisément, un élu annamite, Truong Van Ben, venait de réclamer le rappel immédiat
des troupes annamites envoyées au Maroc pour mater la révolte
du Rif. Seul parmi les élus européens, Paul Monin soutint
cette proposition qualifiée de « bolcheviste » dans *l'Impartial*,
tandis que dans les tribunes Malraux applaudissait bruyamment, suscitant l'indignation de la majorité.

Une dernière cause allait mobiliser le talent, le courage, la
verve des deux amis — et ramener Malraux à Phnom-Penh :
l'affaire Bardez. C'était le nom d'un administrateur du Cambodge, qui chargé de collecter un nouvel impôt frappant la
récolte de riz, s'était heurté à la résistance d'abord passive de
la population du village de Krang-Leou ; ayant pris un otage
parmi les paysans pour forcer les autres à s'exécuter, et étant
parvenu à ses fins, il avait ensuite refusé de libérer l'homme.
D'où une altercation qui s'acheva — la douceur cambodgienne
pouvant se muer d'un coup en « amok » — en un lynchage de
Bardez et de ses gardiens, qui s'enfla en une sorte de jacquerie.
La troupe, dépêchée sur place, mit la main sur plus de trois
cents suspects. Il fallut bien instruire et juger l'affaire, qui fut
confiée non à un magistrat, mais à un fonctionnaire d'autorité.
Malraux vit là l'occasion de démasquer à la fois un régime
fiscal odieux et un système judiciaire fondé sur le « renseigne-
ment administratif », dont il avait été un an plus tôt la victime.
Il bondit à Phnom-Penh et se fit, passionnément, chroniqueur
judiciaire.

Partialité évidente du président, intervention constante dans
la salle de fonctionnaires politiques, tentative d'empoisonne-
ment de l'avocat Me Gallet (qui avait soutenu que « le crime
de Krang-Leou, c'était tout le Cambodge qui l'(avait) commis »,
car il était le fruit du « mécontentement général »), refus de
laisser présenter des témoins à décharge, le procès Bardez fut
un concentré des abus d'une justice que Malraux connaissait
assez bien. En conclusion des débats, il publiait dans *l'Indochine
enchaînée*, cette note vengeresse :

« Nous ne saurions trop le répéter : les divers codes, avant
d'être promulgués aux colonies, devraient être remaniés. J'ai-

merais assez, par exemple, un code qui s'appuierait sur les principes suivants :

> 1 Tout accusé aura la tête tranchée
> 2 Il sera ensuite défendu par un avocat
> 3 L'avocat aura la tête tranchée
> 4 Et ainsi de suite... »

Mais *l'Indochine enchaînée* sombrait à son tour. Clara et André avaient épuisé leurs derniers fonds. Depuis des mois, la chambre de l'hôtel Continental n'est pas payée. On leur sert encore quelques repas sous l'œil réprobateur du caissier, mais jusqu'à quand ?

« André, écrit Clara, se souvint du contrat de Bernard Grasset... Il écrivit une lettre à l'éditeur, lui parlant d'un livre en cours et, dès la fin de novembre, il me dit : 'Maintenant il ne me reste plus d'autre solution que d'écrire.' Cette porte de sortie ne me semblait pas méprisable. Vivre à Saigon devenait presque aussi pénible pour moi qu'avait été vivre à Phnom-Penh [1]. »

Dès le début du mois de décembre 1925, ils ne pensent plus guère qu'au départ. Il faut encore que surgisse un incident dramatique, la tentative d'assassinat de Paul Monin par un Annamite (vraisemblablement stipendié par la Sûreté). L'ami des Malraux se réveilla une nuit, sa moustiquaire écartée par un individu brandissant un rasoir. Tchen encore, Tchen de *la Condition humaine*... Allons, la récolte est faite, le combat est livré (perdu ? qui sait ?), les dés sont jetés. Dans le dernier numéro de décembre de *l'Indochine enchaînée*, au moment de s'embarquer — leurs amis chinois leur ont prêté à fonds perdu l'argent des deux billets de retour — André Malraux fait en quelque sorte ses adieux à l'Indochine, justifiant sa retraite :

« Il faut que nous fassions appel au (peuple de France) par le discours, par la réunion, par le journal, par le tract. Il faut que nous fassions signer aux masses ouvrières des pétitions en faveur des Annamites. Il faut que ceux de nos écrivains — et ils sont nombreux — qui ont encore quelque générosité, s'adressent à ceux qui les aiment. Il faut que la grande voix populaire s'élève et vienne demander à ses maîtres compte de toute cette lourde peine, de cette angoisse désolée, qui pèsent sur les plai-

----

1. *Les Combats et les Jeux*, p. 228.

nes de l'Indochine. Obtiendrons-nous la liberté ? Nous ne pouvons le savoir encore. Du moins obtiendrons-nous quelques
libertés. C'est pourquoi je pars en France. »

Ces ambassadeurs de la liberté — des libertés... — leur départ
fut amer, le 30 décembre 1925, désenchanté. Les belles amitiés
de la rue Taberd et de la rue Pellerin s'étaient relâchées,
dénouées. Parce que l'échec aigrit ceux qui entreprennent ?
Pour de simples questions d'argent, de préséances ? Par suite
de désaccords tactiques ou politiques ? Paul Monin ne vint
même pas les accompagner jusqu'au port — lui qui les y avait
accueillis un an plus tôt, les bras ouverts. Seuls les deux amis
chinois de Cholon, Dong Thuan et Dang Dai, les y escortèrent,
remettant à Clara une boîte de « letchis [1] » sur laquelle dan-
saient, prophétiques, les effigies de deux jeunes filles vêtues de
rouge.

Le jeune homme de vingt-quatre ans qui regagne la France,
en ce mois de janvier 1926, déçu, presque chassé, retranché de
ses amis, de ses espoirs, ruiné encore et atteint dans sa santé,
est empli d'un univers, celui de l'Asie qu'il n'a certes qu'effleuré,
mais avec quel emportement fiévreux ; et fort d'un style, d'une
force d'écriture, de sarcasme, d'éloquence, qui n'ont plus rien
de commun avec les talents et les dons du voyageur de 1923.

L'Asie, il l'a bue à longues rasades et sur le pont du bateau
qui les mène, lui et sa femme, de Singapour à Colombo, de
Suez à Port-Saïd, il écrit sous forme de lettres à Marcel Arland
les premiers fragments de *la Tentation de l'Occident ;* le rapport
de l'homme d'Orient au monde, qu'il a entrevu dans ses entretiens avec ses amis chinois de Cholon, dans ses visites aux pays-
sans du delta, dans ce procès de Phnom-Penh où cinquante
paysans khmers se débattaient dans les tenailles de la justice
coloniale, dans ses soirées avec Nguyen Phô ou avec Hin-le-
rebelle, il tente là de l'opposer aux ambitions, aux volontés,
aux aptitudes de l'homme d'Occident. Dût-il se tromper, sa
moisson est riche.

1. Fruit de Chine méridionale.

8. L'Asie vécue, l'Asie rêvée...

Janvier 1926 : avec ce bateau qui, du cap Saint-Jacques cingle vers Singapour, l'Asie s'éloigne. Ce qu'il en a vu, ce qu'il emporte avec lui — ce qu'ils emportent avec eux, tous les deux — ce sont les traces d'une double aventure en Indochine, l'une trouble, l'autre noble, un double « échec » — car les pierres de Banteai-Srey sont toujours au Cambodge, et les vices du système colonial en Indochine toujours aussi pesants.

Ils ne rapportent rien, ils n'ont rien changé, sinon eux-mêmes. Ils ne sont plus les deux aventuriers fluides de 1923. Ils ont acquis une expérience large et forte, douloureusement vécue, celle d'une certaine Asie qui pour être limitée à Saigon l'Annamite et à Cholon la Chinoise n'en est pas moins l'un des points d'affrontements essentiels de l'Asie et de l'Europe. Ils ont été plus que des témoins, des acteurs du conflit entre le continent énorme à peine arraché à une impotence quasi millénaire et l'Occident en état d'agression culturelle permanente.

Saigon, Cholon, Phnom-Penh, quelques incursions à Hanoï dans le centre-Annam et dans le delta du Mékong, le rapide voyage à Hong-Kong en août 1925, voilà leur bagage d'expérience asiatique au début de 1926. C'est beaucoup si l'on considère le climat de passion, d'intensité, de conflits dans lequel se déroule cette expérience de deux ans. C'est peu si on le compare aux « embellissements pathétiques » qu'André Malraux laissera se créer, et qu'il contribuera même à entretenir. Faut-il parler d'une supercherie, d'un « canular » ou d'un montage pseudo-historique, d'une gasconnade asiatique ? Faut-il évoquer Chateaubriand et son imaginaire entretien avec George Washington ?

Il est vrai que la légende d'un André Malraux militant de la révolution chinoise, héros de l'insurrection de Canton de 1925 (sinon du soulèvement de Shanghai de 1927) a la vie dure et qu'il a contribué à la créer. Des auteurs aussi sérieux que Walter Langlois, Janine Mossuz et André Vandegans y ont

apporté leur contribution, impressionnés par des demi-confi-
dences, de lourds silences, des allusions, un certain ton d'assurance et des indications fulgurantes qui frémissent d'authenticité. Quant au professeur Georges Pompidou, c'est lui qui alla
le plus loin dans la « mythification » : il évalue à quatre ans
(1923-1927) la durée du séjour en Asie de Malraux qui « lutte
aux côtés de Tchang Kaï-chek, puis des communistes [1] ».

Dès son retour d'Indochine, Malraux laissait volontiers
entendre que son passage en Chine n'avait pas été celui d'un
simple voyageur ni même d'un journaliste et que le manuscrit
des *Conquérants* auquel il travaillait reflétait une expérience
partiellement vécue. Aux interviewers trop pressants, il se refusait à donner la moindre précision, ce qui était jugé normal,
eu égard aux « responsabilités » qu'il avait assumées... Quant
à ceux qui lui disaient « Vous qui avez combattu en Chine... »,
ils ne recevaient aucun démenti.

Pour la plupart des observateurs et des acteurs de la société
littéraire et politique française de l'époque, Malraux était alors
« l'homme-qui-revenait-de-Chine », y ayant livré combat.
Poids des silences, des allusions ? Pas seulement. Pendant l'été
1928, alors que *les Conquérants* venaient de paraître dans la
NRF, une revue de Berlin, *Die Europaische Revue*, présentait
au public allemand la traduction du roman, due à Max Clauss,
avec le sous-titre suivant : « Ein Tagebuch Der Kämpfe um
Kanton 1925 » — (Journal des combats de Canton) — donnant à penser qu'il s'agit d'une relation d'événements vécus par
l'auteur.

La notice biographique jointe au livre, et qui n'a pu être
fournie que par Malraux, indique : « Né à Paris. Chargé de
mission archéologique au Cambodge et au Siam par le ministère des Colonies (1923). Membre de la direction du parti
« Jeune Annam » (1924). Commissaire du Kuomintang pour la
Cochinchine, puis pour l'Indochine (1924-1925). Délégué à la
propagande auprès de la direction du mouvement nationaliste
à Canton sous Borodine (1925) [2]. »

Malraux devait aller un peu plus loin, cinq ans plus tard,
dans une lettre à Edmund Wilson, le célèbre critique américain,

---

1. Classiques Vaubourdolle, « Pages choisies d'André Malraux », p. 3.
2. Cité par A. Vandegans, *la Jeunesse littéraire d'André Malraux*,
p. 241.

datée du 2 octobre 1933. Reprenant les mêmes indications, l'auteur des *Conquérants* se présentait comme « commissaire du Kuomintang en Indochine et enfin à Canton[1] ». Entre-temps, le romancier-commissaire a pris du grade... Lettre d'autant plus regrettable qu'elle s'adresse à un homme de plus grande autorité, qui donne dès lors crédit à la légende, et à une époque où Malraux n'est plus le jeune auteur mal guéri des blessures d'Asie, mais l'auteur déjà fameux de *la Condition humaine*.

La supercherie, pourtant, André Malraux ne s'employa plus systématiquement à l'accréditer. Les dates parlaient d'elles-mêmes, vérifiables par qui voulait s'en donner la peine. Celle de ses activités publiques à Saigon en 1925, de son retour à Paris, au début de 1926, de ses contacts chez Grasset, à la *NRF*. Tout démentait la période « cantonaise » de l'auteur de *la Tentation de l'Occident*. Le mythe fut le plus fort. Malraux préféra, un demi-siècle durant, se laisser accuser des pires turpitudes que de mettre les choses au point. Ainsi quand Trotsky lui fit grief en 1937, d'avoir été « au service du Komintern-Kuomintang... l'un des responsables de l'étranglement de la révolution chinoise[2]... » Ou quand Roger Garaudy lui imputa « l'insurrection aventurière sinon provocatrice de Canton qui aboutit au massacre de masses d'ouvriers[3] ».

Pour peu qu'il rencontrât un spécialiste de l'Asie ou un voyageur de bon renom, Malraux se faisait pourtant modeste, se bornant, sur la Chine, à poser des questions, attentif et discret. L'ayant prié à déjeuner en 1928 pour lui faire connaître l'un des plus fameux représentants du Komintern en Asie, le Hollandais Sneevliet, dit Maring, qui avait été mêlé, seul étranger, à la fondation du parti communiste chinois, puis s'était rapproché des trotskystes, Pierre Naville avait eu la surprise de voir Malraux, alors auréolé de sa légende chinoise, se contenter d'écouter Sneevliet, de l'interroger sur telle ou telle phase de la révolution chinoise sans jamais mêler son grain de sel. Pour un ancien lieutenant de Borodine (et pour Malraux...!) c'était bien de l'effacement. Sneevliet devait d'ailleurs garder de cette rencontre l'impression que le jeune écrivain n'avait sur

1. Edmund Wilson, *The Shores of Light*, p. 573.
2 *La Lutte ouvrière*, 9 avril 1937.
3. *Une littérature de fossoyeurs*, p. 57.

la révolution chinoise que des lumières bien vagues, même pour un simple observateur[1].

Notons encore ceci. Quand, dans la *NRF* d'avril 1929, Bernard Groethuysen rend compte des *Conquérants*, posant à son sujet le problème du « roman historique », il ne fait à aucun moment allusion à une participation de Malraux aux faits qui servent de trame au récit. Or Groethuysen est un intime de Malraux, une des personnes que l'écrivain respecte le plus, l'une de celles auxquelles il *doit* la vérité. Le silence, ici, de Groethuysen est des plus éclairants.

Et pourtant — et c'est cela qui importe! — il y aura les vigoureuses intuitions de *la Tentation de l'Occident*, la chaude évocation de Canton — rues de Shameen, climat enfiévré des meetings, pesanteur des nuits — dans *les Conquérants*, et cinq ou six scènes admirables de précision de *la Condition humaine*.

Comptons pour peu le surplus d'expérience qu'André Malraux devait acquérir avec Clara, en 1931, au cours du seul voyage en Chine continentale qu'il ait fait avant la visite ministérielle de 1965. Les quelques notes qu'il prit alors ne devaient pas modifier beaucoup la charge en couleur locale, en authenticité et en exactitude folklorique de *la Condition humaine*. Bien qu'il eût nié, dans une lettre à l'écrivain japonais Akira Muraki, avoir visité Shanghai avant d'avoir écrit *la Condition humaine*[2] (ce qui prouve qu'il peut se tromper « en creux » aussi bien qu'« en bosse »...) il a voulu donner un cachet d'authenticité fulgurante à quelques scènes : l'arrivée de Kyo à Han-Keou, l'attaque du train blindé, le débouché de la voiture de Tchang Kai-chek...

Il faut convenir que Malraux écrivain ne cherche pas à duper son monde et à donner le change. Cette Chine peuplée d'étrangers, dont la révolution ne serait faite que par des Russes, des Baltes, des Allemands, des Suisses et des Franco-Japonais, il cherche à peine à la donner pour documentairement vraie. Et c'est peut-être pour cela qu'elle paraît si juste. Le monde, dit-il plus tard, se met à ressembler à mes livres. Ce n'est pas tout à fait vrai pour la Chine. Mais il est vrai que ses visions refont un monde aussi vrai que le vrai, et que son Asie rêvée s'impose presque aussi fort qu'une Asie vécue.

---

1. Entretien de l'auteur avec Pierre Naville, juin 1972.
2. Frohock, *The Tragic Imagination*, p. 6.

Au surplus, ne négligeons pas dans son cas la part de l'expérience. Ses deux grands romans asiatiques ne sont nullement des « reportages », puisque l'auteur ne fut mêlé de près à aucun des événements décrits — on met naturellement à part *la Voie royale* dont la matière, nous l'avons vu, est souvent authentique, toute relevée qu'elle est de ces « embellissements pathétiques » chers à Chateaubriand. Mais *les Conquérants* et *la Condition humaine* ont pour source une action accomplie, la tentative des fondateurs de *l'Indochine* d'épauler, sinon de guider, le nationalisme annamite vers une émancipation sociale préservant des liens politiques avec la France.

Tels Borodine et Garine, tels Kyo et Katow « guidant » les masses chinoises vers la récupération de leur liberté collective dans la mouvance du Komintern, Monin et Malraux avaient agi *sur* le terrain et les peuples indochinois. La texture et les thèmes des deux romans s'éclairent fort bien par l'étude de l'action indochinoise des deux animateurs de *Jeune Annam*, mouvement mort-né, étriqué, de peu de portée, mais qui sert à Malraux de noyau et de support imaginatif. L'aventure de *l'Indochine*, c'est pour lui le négatif dont il fera l'agrandissement des *Conquérants* et même de *la Condition humaine*...

Le jeu des « clefs » n'a guère ici de sens. Chercher Garine en Monin — dont les traits physiques ont servi à guider le romancier, mais pas plus que les siens propres — n'est pas très intéressant. Au surplus, il y a dans Garine plus de l'auteur lui-même que de Paul Monin, personnage beaucoup moins individualiste, beaucoup plus « démocrate » dans le sens étroit du mot que Garine (et Malraux). Il vaut mieux prendre le compagnon de Borodine pour un personnage autoprojeté, un moi interprété comme le Pierre Bezoukhov de *Guerre et Paix*.

De tous les personnages des romans asiatiques de Malraux, les seuls qui soient directement arrachés à la réalité sont les deux terroristes, Hong et Tchen, issus tous deux de ce Hin, collaborateur de *l'Indochine*, si fortement évoqué par Clara, plein du projet d'assassiner le gouverneur de Cochinchine [1]. On pourra retrouver en Tcheng Daï ou en Rebecci des traits des compagnons des Malraux à Cholon. On pourra observer que l'idée bizarre de faire de Kyo, le chef de l'insurrection de Shanghai, un Eurasien, est peut-être venue du personnage

---

1. Voir p. 83-84.

généreux du métis Dejean de la Batie, cofondateur de *l'Indo-chine*. Ce n'est pas cela qui compte, mais plutôt un climat géné-ral, celui d'un dialogue de sociétés et de civilisations, de pos-sibilités d'échanges et de fraternité dont Monin fut longtemps le symbole.

L'homme qui avait entraîné les Malraux dans la chaude aventure de l'Indochine avait quitté Saigon, peu de temps après leur propre départ pour Paris, et rejoint Canton. A un niveau modeste, c'est lui qui vécut quelque chose de l'aventure de Garine. On ne sait rien des relations entre les deux directeurs de *l'Indochine* en 1926-1927. Monin écrivit-il à Malraux? De telles lettres seraient les sources les plus précieuses des *Conqué-rants*. André Malraux n'a gardé aucun souvenir de tels échanges.

Ce que l'on sait, c'est que Paul Monin revint à Saigon en 1927 pour y mourir à la fin de l'année d'une fièvre contractée au cours d'une chasse sur les plateaux moï. Ce grand avocat mourait pauvre, laissant une femme gravement malade elle-même et un fils, Guillaume, qui sera journaliste. Les amis sai-gonnais de Paul Monin obtinrent de sa veuve qu'il soit enterré en terre vietnamienne.

A une grande imagination, il ne faut pas plus que cette expé-rience, ce personnage, ces échanges pour nourrir de grands récits. Ce que Malraux avait acquis à Phnom-Penh, à Saigon, à Hanoï, dans sa brève escapade à Hong-Kong, c'étaient des climats, des odeurs, des moments de fraternité, des instants de tension ou de haine exacerbés, vécus avec une intensité que les villes d'Asie, que les polices et les tribunaux, les journaux et les cham-bres de commerce d'Indochine dévoilaient plus crûment que leurs homologues d'Europe.

Pouvait-il extrapoler une Chine en fièvre à partir de cette Indochine en désarroi? Pouvait-il reconstruire Canton et Shan-ghai à partir de Saigon et de Cholon, les tortionnaires de Tchang Kai-chek à partir de ceux du Dr Cognacq, les trafiquants du Bund à partir de ceux de la rue Catinat, les soulèvements mas-sifs de la Chine à partir des frémissements sociaux du delta du Mékong ou du port de Saigon, les stratèges de Canton à partir des compagnons de *Jeune Annam*? Oui, puisqu'il l'a fait — avec une force irréfutable, pour nous sinon pour les Chinois eux-mêmes.

L'Asie que Malraux emporte avec lui, ce n'est pas la Chine géante accouchant de la révolution. C'est l'Indochine en colère, souffrante et brimée où se trament, sur le mode mineur, tous les complots et les mouvements d'où sortiront les bouleversements de 1945. Quand il quitte Saigon, Hô Chi Minh qui s'appelle encore Nguyen Ai Quoc, vient de passer plus d'un an comme délégué de l'Internationale à Canton où il fut, lui, un collaborateur de Borodine; il vient surtout d'y fonder le *Thanh Nien*, l'association de la jeunesse qui sera le noyau du Vietminh.

En Indochine se nouent les tendances et les forces qui aboutiront, quatre ans plus tard, aux deux explosions de Yen-Bay et du Nghé-An, déclenchées l'une par les nationalistes, l'autre par les communistes — tandis qu'à Cholon et dans les communautés chinoises s'opèrent insensiblement au sein du Kuomintang des clivages parallèles à ceux qui changent, de Canton à Pékin, à l'époque de « l'expédition du Nord », le déroulement de la révolution chinoise.

Répondant aux questions d'un reporter de la radio italienne, qui l'interrogeait, en 1967, sur ses expériences asiatiques, André Malraux précisait : « Attention, l'Asie de Malraux, à cette époque, ce n'est pas la Chine, c'est l'Indochine. » Mise au point trop rare, qu'il assortit d'un parallèle pour le moins audacieux entre *Jeune Annam* et le *Vietminh*, entre ses positions d'alors et celles d'Hô Chin Minh, qui, selon lui, étaient alors plus modérées. Assertion qui ne tient pas.

Ce qui compte, ici, ce n'est pas telle ou telle donnée biographique, le caractère fallacieux de la présence de Malraux à Canton en 1926, l'aspect presque mythique de *Jeune Annam*, la nature exacte des thèses du Malraux de l'époque. Ce qui importe, c'est une lutte menée en commun avec des Asiatiques opprimés, des risques assumés au coude à coude avec des colonisés et des humiliés.

Ici et là, il y a risque pris en connaissance de cause, aventure et tentative. Il y a une Asie vécue qui n'est qu'un fragment que l'« os de Cuvier » de cette Asie rêvée d'où vont surgir en sept ans *la Tentation de l'Occident*, *les Conquérants*, *la Voie royale* et *la Condition humaine*. A l'origine de ce torrent d'imagination, il y a une source très pure, les dangers courus et la compassion vécue par un jeune homme incertain et chaleureux dont le défi allait prendre, par des voies souvent tortueuses, la forme de la fraternité.

Sur le bateau qui les conduit à nouveau de Saigon à Marseille, en ce mois de janvier 1926, Clara et André sont côte à côte dans le salon des 2ᵉ classe, aux meubles recouverts de fausse tapisserie. Là, au milieu du caquetage des adultes, des criailleries des enfants, André Malraux isolé en lui-même à côté d'une fenêtre donnant sur la coursive, écrit *la Tentation de l'Occident*.

« Avions-nous souhaité le désastre? écrit Clara, dans cette Indochine qui nous détruisait et nous enrichissait — désastre qui nous acculerait aux remises en questions essentielles. Et voilà qu'une nouvelle fois presque vaincus nous voguions à la recherche de découvertes. [...]

Nous nous étions vraiment affrontés aux hommes et aux événements, nous avions été modelés par les hasards de l'expérience provoquée puis subie et nous revenions en Europe possesseurs d'un langage qui n'était plus tout à fait celui des autres... L'homme auquel je m'étais remise tentait enfin, avec ses armes propres, de dominer le monde qui jusque-là lui avait résisté et auquel il allait, par l'écriture, imposer sa vision [1]... »

1. *Les Combats et les Jeux*, p. 241-242.

2

La fraternité

I

Métier des lettres

9. Un revenant

Il était parti informe et divisé, entraîné par ses refus et ses nostalgies plus que par ses volontés — parti pour partir et pour acquérir plutôt que pour conquérir. Le voilà qui revient concentré sur lui-même, un peu plus conscient de sa révolte, construit par son combat — lui-même, déjà, en pointillé.

Le divaguant est devenu un rebelle, encore en proie à l'esthétisme, encore empoussiéré de pédantisme — *la Tentation de l'Occident* en témoigne — mais un grand coup de vent, de risques et de large est passé par là. Il n'a pas encore de cause à servir, ni d'art tout à fait assuré pour la faire triompher. Mais une tension existe en lui, une fièvre d'une autre force que le dandysme livresque et pétaradant des années d'« avant ». Il a connu un homme digne d'estime et voué à un combat total, il a fait face à des adversaires d'une imbécillité coriace, il a mis à nu le visage de la bêtise et de la méchanceté. Il est sorti des bibliothèques pour affronter la vie.

La France où il débarque en février 1926 est plus déchirée que celle qu'il a quittée en 1923, plus atone et plus inquiète. Les gouvernements du cartel des gauches issu des élections de 1924 ont erré d'échec en échec, ne réussissant qu'à contraindre à la retraite le président de la République, Alexandre Millerand, ancien socialiste dont l'autoritarisme mettait en péril le fonctionnement de la démocratie parlementaire, pour lui substituer l'inoffensif Gaston Doumergue. Mais le déficit budgétaire et l'inflation s'aggravent d'heure en heure, la chute d'un neuvième gouvernement Briand succède à celle des cabinets Painlevé et Herriot, la majorité se voit contrainte de faire appel à des hommes comme Caillaux et Malvy dont les noms sont liés à des drames ou à des scandales qui les vouent à l'exécration des bien-pensants.

En juillet, le retour à la présidence du Conseil d'Édouard Herriot marque le bas de la courbe : la livre est cotée à 243 F, le dollar à 50. C'est la panique, et la gauche épouvantée consent au rappel de l'homme qui incarne tout ce qu'elle déteste, qui symbolise la réconciliation entre le pouvoir, l'ordre et l'argent, la confiance des épargnants et des banques, l'espoir du « parti patriote » : Raymond Poincaré.

Le climat de la France de 1926 semble se résumer en cette défaite de la gauche bedonnante au profit d'une « restauration » du parti de l'ordre moral, monétaire et colonial, qui triomphe avec la liquidation de la première crise sérieuse qu'ait affrontée le système « impérial » français : c'est en mai 1926 qu'Abd-el-Krim le Rifain fait sa soumission au pouvoir de Rabat (on n'a pas oublié que Monin et Malraux avaient pris position six mois plus tôt contre l'envoi au Maroc de renforts annamites aux forces de répression du maréchal Pétain).

Mais d'autres forces, ou d'autres fièvres retiennent l'attention. Tandis que les jeunesses communistes accentuent leur combativité sous la direction aventureuse de Jacques Doriot, le mouvement surréaliste s'affirme comme autre chose qu'une simple affaire de chapelle pour non-conformistes et inadaptés culturels. Délaissant l'anarchisme hyperbolique de ses débuts, le groupe de Breton, Aragon et Éluard est en train de se rapprocher du communisme et, à travers ses compagnons de route Pierre Naville et Marcel Fourier, de faire cause commune avec les marxistes de *Clarté*. Il refuse toujours de se laisser enfermer dans la discipline révolutionnaire mais, le 1er mars 1926, *la Révolution surréaliste* souligne « la grande concordance d'aspiration qui existe entre les communistes et [le mouvement] » — dont la virulence explosive va donc s'organiser et s'affirmer politiquement.

Le Malraux rentrant d'Indochine, convulsé de colère contre cette caricature de la société bourgeoise qu'était le monde colonial de Saigon, contre l'univers cruel et borné de *l'Impartial*, du Dr Cognacq et du tribunal de Phnom-Penh, tout le vouait à rejoindre les rangs de ces furieux, enfants naturels, comme lui, de Rimbaud et de Nietzsche. On ne le vit pourtant jamais aux côtés de Breton.

Les surréalistes, qu'est-ce donc qui les rend si étrangers, si anathèmes? Un demi-siècle plus tard, il allègue [1] que seule une absence de synchronisme les éloigne de lui, engagé dans sa lutte indochinoise quand eux déclenchaient leur combat en France (1924). Dérisoire objection. Pour Marcel Arland [2] c'est le style autoritaire de Breton, la règle du « *perinde ac cadaver* » qui retint Malraux de s'affilier au groupe. On peut plus généralement avancer que le jeune rebelle de Saigon était trop conscient de sa propre révolte, d'une indépendance conquise au prix d'épreuves très personnelles pour suivre un mouvement inventé et manipulé par d'autres. Il lui faudra découvrir l'Internationale et ses combats pour trouver une église à la dimension de son orgueil et de ses aspirations à la fraternité active — provisoire.

Homme de rêves, habité d'hallucinations, un peu sorcier, fervent de Rimbaud, curieux de Lautréamont, amateur de Jarry, amoureux de Corbière comme les surréalistes et qui idolâtrait déjà en Nietzsche et en Dostoïevski les grands irrationnels — il fut donc rétif aux appels de l'inconscient tels que les lançaient les hommes du Manifeste. Ami de Crevel, de Limbour (et de Desnos, si j'en crois la dédicace d'un exemplaire de *la Tentation de l'Occident* retrouvé par hasard dans une rue de Saigon vingt ans plus tard, portant sur la page de garde « A Robert Desnos, son ami, André Malraux »), cordial avec Soupault et avec Naville, il fut allergique au groupe en tant que tel et à Breton — même quand le trotskysme les attira tous deux.

Clara Malraux raconte avec esprit la rencontre de ces deux monstres sacrés, aux tout premiers jours de 1925 : « Je vois encore face à face Breton et Malraux, le premier, avec cette intensité un peu lourde qui se dégageait de lui et le second plein d'une ardeur nerveuse. A l'arrivée il jouait avec une canne d'ébène non ferrée, achetée à Singapour. Très haute, elle donnait grande allure à qui la maniait... L'entrevue dura peu; elle s'acheva sur le projet d'une nouvelle rencontre qui devait avoir lieu quelques jours plus tard, toujours rue Fontaine. A notre coup de sonnette, quand nous revînmes, personne ne répondit. « Ils sont chez eux, j'en suis sûr, je les ai entendus »,

---

1. Entretien d'André Malraux avec l'auteur, juin 1972.
2. Entretien de Marcel Arland avec l'auteur, 2 février 1972.

m'assura mon compagnon. Je ne le croyais pas; c'est lui pourtant qui avait raison : nous reçûmes une lettre — peut-être même un pneumatique — nous apprenant qu'étant en train de se livrer à une séance d'écriture automatique, l'équipe surréaliste avait pensé que nous ne pourrions qu'être un élément de trouble : ce qui n'était pas si mal juger. Nos rapports en restèrent là pour des années [1]. »

Ils ne devaient guère s'améliorer.

A vrai dire, c'est Aragon, plus encore que Breton, qui suscitait l'antipathie de Malraux. Et même lorsque après les prises de position communes de 1935 à 1939, et après les combats de la Résistance, Aragon eut rendu à Malraux des hommage d'une splendeur glacée, l'auteur de *l'Espoir* ne désarma pas. En 1966 pourtant, à l'occasion d'un projet d'exposition d'art soviétique présenté par Aragon et qui relevait de la compétence du ministre des Affaires culturelles André Malraux, Claude Gallimard réussit à les réunir dans son bureau — terrain neutre. Le témoin ne fut pas déçu. En partant, Malraux lui glissait : « Qu'avez-vous pensé de notre théâtre [2] ? »

Interrogé sur le compte de Malraux en vue de ce livre, six ans plus tard, Aragon refusait de me répondre. Pourquoi? « Je l'aime trop — alors que mes amis ne l'aiment pas assez [3]... » Malraux, quant à lui, s'en tenait sur le sujet à un silence agacé.

La « rentrée » de Malraux dans le Paris de 1926 fut donc marquée d'abord par un refus opposé au mouvement dont les derniers épisodes de sa vie, sinon sa nature profonde, auraient dû le rapprocher. Et c'est vers un milieu beaucoup plus conformiste qu'il s'oriente, celui de la maison d'éditions que dirige avec une sorte de génie Bernard Grasset. Dès la fin de 1924, on l'a vu, l'éditeur de la rue des Saint-Pères avait su accueillir chez lui le condamné du Cambodge et déceler la puissante personnalité qui se dessinait en ce jeune homme pourchassé. C'est tout naturellement à lui qu'André Malraux vient se présenter, en février 1926, avec une centaine de feuillets manuscrits, qu'il veut intituler *la Tentation de l'Occident*. Bernard Grasset est assez bon commerçant pour regretter que « son » auteur lui donne ce texte austère, avant le roman inspiré de son aventure cambodgienne qu'il est en train de rédiger. Mais Malraux

---

1. *Nos vingt ans*, p. 274-275.
2. Entretien de Claude Gallimard avec l'auteur, 19 novembre 1972.
3. Rencontre de Louis Aragon avec l'auteur, février 1972

tient avant tout à son discours philosophique. Il faut laisser s'exprimer ce jeune homme au tempérament généreux. Il se prend pour Nietzsche? Qu'il s'essaie à un *Zarathoustra*. S'il a du génie, on verra bien. L'heure du talent viendra après.

Avant de quitter Saigon, Malraux avait promis à ses amis de mener campagne à Paris contre le régime colonial. Il ne tint pas sa promesse — au moins jusqu'en 1933. Aux meetings et aux discours révolutionnaires prévus, il substitue une activité littéraire largement consacrée, il est vrai, à l'Asie et aux rapports entre l'Orient et l'Occident, mais qui n'était guère de nature à bousculer l'ordre colonial. En quatre textes, publiés en 1926 et 1927, Malraux allait opposer à l'activisme individualiste des Européens le sens oriental de l'harmonie collective. Un livre, *la Tentation de l'Occident* dont des fragments avaient donc paru en avril dans la *NRF ;* une interview intitulée « André Malraux et l'Orient », parue dans *les Nouvelles littéraires ;* un article de la *NRF* sur *Défense de l'Occident* de Massis; un bref essai enfin, *D'une jeunesse européenne.* Ainsi se constituait une sorte de corps de doctrine qui révélait une réelle acuité intellectuelle, un sens déjà éclatant de la manipulation des idées et un respect alors très rare pour les valeurs de la société confucéenne. Mais rien à vrai dire qui pût répondre à l'attente des jeunes amis annamites et chinois qu'André et Clara Malraux avaient laissés à Saigon et à Cholon.

La Tentation de l'Occident fut publiée en juillet 1926. Cet essai qui revêt la forme d'un échange de lettres entre le jeune chinois Ling et son contemporain français A.D., annonce les défauts autant et plus que les qualités de son auteur. C'est un primitif du musée Malraux où s'étale avec une naïveté provocante (l'auteur avait vingt-quatre ans) une virtuosité de « khâgneux » en voyage, vorace consommateur d'idées qui se proclament générales avant d'être assimilées et vérifiées, mais où se déploient dans un tintamarre solennel quelques vues d'une étrange pénétration et les échos du discours barrésien. Ling écrit p. 81-82 :

« Je me suis promené, moi aussi, dans vos jardins incomparables où les statues mêlent au déclin du soleil leurs grandes ombres royales ou divines. Leurs mains ouvertes vous semblent alors élever une lourde offrande de souvenirs et de gloire. Votre cœur veut discerner dans l'union de ces ombres qui

lentement s'allongent une loi longtemps attendue. Ah! quelle
plainte sera digne d'une race qui, pour retrouver sa plus haute
pensée, ne sait plus implorer que ses morts infidèles. Malgré
sa puissance précise, le soir européen est lamentable et vide,
vide comme une âme de conquérant. Parmi les gestes les plus
tragiques et les plus vains des hommes, aucun, jamais, ne m'a
paru plus tragique et plus vain que celui par lequel vous inter-
rogez toutes vos ombres illustres, race vouée à la puissance,
race désespérée... »

Et A.D. p. 158-160 :
« Pour détruire Dieu, et après l'avoir détruit, l'esprit européen a anéanti tout ce qui pouvait s'opposer à l'homme :
parvenu au terme de ses efforts, comme Rancé devant le corps
de sa maîtresse, il ne trouve que la mort. Avec son image
enfin atteinte il découvre qu'il ne peut plus se passionner
pour elle...
... Certes, il est une foi plus haute : celle que proposent
toutes les croix des villages, et ces mêmes croix qui dominent
nos morts. Elle est amour, et l'apaisement est en elle. Je ne
l'accepterai jamais; je ne m'abaisserai pas à lui demander
l'apaisement auquel ma faiblesse m'appelle. Europe, grand
cimetière où ne dorment que des conquérants morts et dont
la tristesse devient plus profonde en se parant de leurs noms
illustres, tu ne laisses autour de moi qu'un horizon nu et le
miroir qu'apporte le désespoir, vieux maître de la solitude... »

Référence à Rancé, nobles cadences, pessimisme hautain,
l'esprit de Chateaubriand plane sur ces pages orgueilleuses
qui retinrent, en 1926, l'attention des augures. Il n'est pas jusqu'à Thibaudet qui n'ait penché sur cet essai d'un inconnu
son gros nez au flair bourguignon; s'il juge le jeune auteur
« moins profond que Keyserling », il lui trouve un sens « de la
poésie, de la synthèse, de l'idéogramme chinois » qui lui fait
penser à Claudel, à Saint-John Perse, et ne juge pas sans saveur
ce « pessimisme actif, musclé[1] ».
Voilà un « bon départ », qui vaut à André Malraux d'être
sollicité par les journalistes. *Les Nouvelles littéraires* lui demandent de préciser sa pensée sur les rapports entre l'Orient et
l'Occident. Notre civilisation, répond-il, est « une civilisation

1. *L'Europe nouvelle*, octobre 1926.

fermée, sans but spirituel : elle nous contraint à l'action. Ses valeurs sont établies sur le monde qui dépend du fait... La notion de l'homme que nous avons héritée de la chrétienté fut instituée sur la conscience exaltée de notre désordre fondamental. Un tel désordre n'existe pas pour l'Extrême-Oriental [1]....

Son plaidoyer pour l'harmonie asiatique, il ne pourrait trouver meilleure occasion de le développer qu'en répondant à *Défense de l'Occident* d'Henri Massis. Ce chef de file du conservatisme nationaliste vient, sous ce titre éloquent, de publier un pamphlet dénonçant la trouble agression de l'Asie, qui prend aussi bien pour lui les formes du bolchevisme que celle du nirvàna. Chose curieuse, la réponse de Malraux à Massis est surtout dans l'ordre des faits : vous vous sentez menacés par la poussée du Komintern en Asie? Si ce n'est que cela, rassurez-vous...

C'est semble-t-il à l'instigation de Daniel Halévy que le jeune homme écrivit et publia dans les « Cahiers verts », en mars 1927, aux côtés d'études d'André Chamson, de Jean Grenier et d'Henri Petit, et de trois poèmes de Pierre-Jean Jouve, son essai « D'une jeunesse européenne » qui lui permit de passer de la dissertation décorative à l'interrogation lucide.

« Nous voilà contraints à fonder notre notion de l'Homme sur la conscience que prend chacun de soi-même. Dès lors, quels liens nous attachent à notre recherche? La première apparition de l'absurde se prépare [2] (...) Il faut oser maintenant regarder en nous-mêmes; nous y retrouverons le mystère de l'Europe. Au centre d'une civilisation dont l'individualisme le plus grossier fit la force, une nouvelle puissance s'éveille. Qui saurait dire où elle prétend nous mener [3]? (...) Notre époque, où rôdent encore tant d'échos, ne veut pas avouer sa pensée nihiliste, destructrice, foncièrement négative. Et une autre cause, plus voilée, pousse tous ceux qui, en Europe, ont découvert la vie au lendemain de la guerre, à interroger sourdement la pensée des plus grands d'entre eux : seules, certaines idées peuvent défendre l'homme contre la lente, l'irréductible transformation que lui font subir les années [4] (...) A quel destin est donc vouée cette jeunesse violente, merveilleusement armée contre elle-même [5]...? »

1. *Les Nouvelles littéraires*, 31 juillet 1926.
2. P. 139. - 3. P. 147. - 4. P. 149. - 5. P. 153.

Interrogation intense, qui n'appelle aucune réponse claire. Quelle est cette « *autre cause* » à laquelle pense le jeune auteur ? La recherche d'une fraternité, entrevue en Indochine, refusée aux surréalistes, et qui tarde à s'offrir ? L'attente qui s'exprime ici avec une indécise âpreté n'est ni trouble, ni médiocre. Mais elle peut le conduire partout où est l'action pour une cause, antidote de l'absurde.

Ce vaincu en quête de foi et obscurément promis à la gloire, de bons observateurs l'ont vu, dans les mois qui suivirent le retour d'Asie. Retenons entre autres deux témoignages aux lisières de l'amitié et de la curiostié, ceux de Maurice Sachs et de Nino Frank.

C'est une sorte de Baudelaire motorisé qui surgit d'une page du « Temps du bœuf sur le toit » écrite en 1926 : « Il y a des écrivains dont les gens avertis commencent à parler : Julien Green, Georges Bernanos, André Malraux. J'ai rencontré Malraux. Il produit la plus vive impression. Il a dans le regard un air d'aventure, de mélancolie et de décision irrésistible, un beau profil d'homme de la Renaissance italienne, une apparence très française au demeurant... Il parle très vite, très bien, a l'air de tout savoir, éblouit à coup sûr et vous laisse sous l'impression d'avoir rencontré l'homme le plus intelligent du siècle. »

Nino Frank, ami de Joyce après avoir été, comme Malraux, celui de Max Jacob, aime « ce quelque chose, en lui, d'affamé, de pressé, de hanté... sa préciosité plaisante, ses manières de gourmet parisien, son intellectualisme un peu mièvre, puis, subitement, une fulgurance de l'idée et de la parole... ».

« Je revois un faux col haut et empesé portant le visage imberbe et pas encore encombré de tension, puis une canne à pomme d'ivoire, un feutre à larges bords, des gants gris, tous accessoires d'époque qui n'en impressionnèrent pas moins le provincial que j'étais; enfin la mèche, le teint hâlé, l'opacité du regard, et dominant ces traits, des airs quelque peu penchés, une attention déguisée en inattention... En surcharge, les questions courtes et nettes, les « ça va sans dire... » ... puis,

trop rarement à mon gré, un sursaut d'hilarité jeune, merveilleusement jeune, presque candide[1]. »

Le Malraux de ce temps, infidèle aux promesses de mili-
tantisme révolutionnaire indochinois mais tout embué encore
d'Asie et de dilettantisme philosophique, si exotique et si
parisien à la fois, il faut le voir dans deux cercles où s'épanouit
son génie verbal, quêteur de lui-même à travers l'étonnement
des autres : le salon des Halévy, quai de l'Horloge, et les
colloques de Pontigny, en Bourgogne.

Chez Daniel Halévy, se croisaient à portée de fusil de l'Institut, de la Sorbonne, de chez Grasset, de chez Gallimard,
un monde d'universitaires, de voyageurs, d'écrivains et de
personnages de la république des lettres. Il y découvre Drieu
la Rochelle, il éblouit Louis Guilloux avec ses « Ce que vous
voulez dire, c'est que... » suivis d'un discours meurtrier; le
jeune journaliste Georges Manue est venu chez les Halévy
pour admirer Montherlant, mais l'auteur du *Songe* ne parlant que de droits d'auteur, il se détourne et entend une sorte de
Julien Sorel parler de Chine avec toutes les apparences du génie;
et Gabriel Marcel s'étonne de tant d'ardeur métaphysique.
Il fait fureur.

Le jeune Malraux, on le voyait aussi, on l'entendait surtout
à Pontigny, l'abbaye bourguignonne où Paul Desjardins
conviait ceux que préoccupaient le cours des choses et l'avenir de l'art ou de la société. Sous ces voûtes peuplées de voix
prestigieuses alternées, où Malraux devait trouver les modèles
de son Altenburg de 1940, soufflait surtout l'esprit miroitant
de la *NRF* — celui d'André Gide, de Paul Valéry, de Paulhan;
c'est là qu'Arland avait recueilli en 1924 les signataires pour
le jeune André victime des juges coloniaux. Mais d'autres
écoles y dépêchaient leurs rhéteurs.

En août 1928, André Chamson et André Malraux trans-
formèrent une « décade » sur le thème « Jeunesses d'après-
guerre à cinquante ans de distance : 1878-1928 », en un combat
singulier, la verve provençale de l'un heurtant, silex contre
silex, le brio fulminant de l'autre. « Vous venez d'assister
à l'affrontement de la hache et du pommier! » lançait Malraux,
quand on mit fin à l'empoignade. A quoi Chamson ripostait

---

1. *Mémoire brisée*, p. 281-282.

de sa voix de garrigues : « Reconnaissez, Malraux, que le pommier peut aller sans hache, mais que la hache n'est rien sans le pommier[1] ! » Discours pour rire, en attendant les vrais combats ; André Gide y présidait, posant sur eux son regard chinois, glissant à l'occasion un mot onctueux pour aviver charitablement les blessures des combattants.

La hache de guerre remisée dans le grenier de Pontigny, André Malraux regagnait sagement Paris et son appartement du boulevard Murat près de la porte de Saint-Cloud, dans un immeuble moderne dont Marcel Pagnol occupait le rez-de-chaussée. Le ménage y avait rassemblé des épaves du séjour en Asie : un visiteur s'étonnait d'y découvrir, en guise de nappes, des peaux de serpents, mais de n'y pas trouver de sièges : on y partageait un pouf à trois personnes. Et Clara de s'excuser : les meubles ne sont pas encore arrivés... Mais les jeunes gens étaient très fiers de préciser que l'éclairage de l'appartement était « de chez Jansen ».

Pourvu d'un éditeur prestigieux, Bernard Grasset, accueilli en ami chez Gallimard — il publie assez régulièrement des notes critiques à la *NRF* —, André Malraux n'en prétend pas moins lancer sa propre maison d'éditions.

Parce qu'il a besoin d'argent pour vivre, et parce qu'il a la passion de la chose imprimée, du papier décoré, du livre qui crisse et glisse entre les doigts, il va tour à tour créer avec son ami Louis Chevasson deux entreprises éphémères : d'abord *A la sphère* (référence à une carrière déjà planétaire, qu'il précise en publiant d'emblée *Rien que la terre* de Paul Morand) puis une seconde société, à l'enseigne des *Aldes* (hommage à une fameuse maison d'imprimeurs vénitiens du xvie siècle dont le créateur fut Aldo Manuzio). André Malraux déploya pour faire survivre les *Aldes* un an, plus d'invention et plus d'adresse que Figaro pour marier Rosine — avant de se résoudre .à céder sa petite entreprise à Bernard Grasset.

Reste de cette brève carrière d'éditeur indépendant la réelle virtuosité que déploie Malraux dans le maniement des maquettes, dans le choix des papiers et des caractères, dans la manipulation des ciseaux et de la colle, dans le triage et l'art de la reproduction. Ce « métier » très assuré, très raffiné,

---

1. Entretien d'André Chamson avec l'auteur, mars 1972.

cette familiarité avec la fabrication du livre qui date de son adolescence mais prend alors une tout autre envergure, lui vaudront bientôt d'être appelé par Gaston Gallimard à diriger la section artistique de sa maison d'éditions.

10. Le conquérant et le farfelu

Au début de mars 1928 paraissait dans *la Nouvelle Revue française* la première des cinq livraisons d'un récit intitulé *les Conquérants*. Entre deux visites à son graveur, une négociation avec son imprimeur, la mise au point de deux textes « farfelus » destinés aux revues *900* et *Commerce* (« Écrit pour un ours en peluche » et « Voyage aux îles Fortunées »), le jeune homme à la mèche a trouvé le temps et l'énergie de donner de sa seconde aventure indochinoise, celle du combat contre les pouvoirs coloniaux, une version puissamment magnifiée.

On n'a aucune indication — ni par lui, ni par Clara, ni par son éditeur, ni par ses amis de l'époque — sur la façon dont il élabora le récit de la grande grève de Canton et Hong-Kong de 1925, trame des *Conquérants*, sur les procédés de création qui lui permirent de dresser, face à un Borodine peu réinventé, l'imaginaire et puissant Garine.

Il disposait de quatre sortes de données : ses propres souvenirs indochinois (procès de Phnom-Penh et de Saigon, animation de *Jeune Annam*, débats avec Monin, démêlés avec la police, épreuves coloniales); les notes prises pendant son bref séjour à Hong-Kong avec Clara, en août 1925; les coupures de presse de l'époque et les récits de Paul Monin, qui avait, lui, vécu et milité à Canton. De ces éléments disparates naquit un livre fort et cohérent.

Publiés de mars à juillet 1928 dans la *NRF* par Jean Paulhan que son goût porte vers une littérature moins véhémente, mais qui a pressenti l'extraordinaire tempérament du jeune

homme et s'enchante de son intelligence scintillante, *les Conquérants* paraissent en volume chez Grasset à la fin de l'été. L'effet
produit par ce livre violent fut à la mesure exacte de sa violence,
et l'on peut s'étonner aujourd'hui de la perspicacité montrée
par une critique qui, considérée un demi-siècle plus tard,
semble si poussiéreuse.

André Thérive *(l'Opinion)* déclarait le livre « passionnant »
et digne de « rester dans les bibliothèques ». André Billy,
de *l'Œuvre*, le jugeait digne du Goncourt, comme Claude
Pierrat *(la Gazette de Paris)* tandis que, dans *la Presse*, Wal-
demar George, transporté, affirmait qu'il s'agissait là « mieux
que d'une forme d'art nouvelle, d'une nouvelle vision ».
Pour *la Revue européenne*, Georges Duveau écrivait qu'il
était « déjà banal de considérer André Malraux comme un
des premiers écrivains de ce temps » et Marc Chadourne que
« le livre marquera l'année ». *Les Nouvelles littéraires*, enfin,
donnaient la parole à Paul Morand qui saluait en ami ce
« très beau livre, alliant la minutie d'annales du XIIIe siècle
à la sécheresse technique, synthétique d'un rapport de police
contemporain »; racontant sa rencontre avec Malraux en
1925 à Saigon, il assurait que des *Conquérants* datait une nouvelle alliance entre l'écriture et le vécu.

Il fallait qu'un refus s'exprimât. Il vint des *Cahiers du Sud*,
où Marc Bernard assurait que du point de vue littéraire il
s'agissait d'un livre « inexistant » au « style de journaliste »
et que s'il était vrai que l'auteur avait été mêlé aux événements
qu'il racontait, « il n'avait pas su regarder... ».

Le succès des *Conquérants* n'en fut pas moins grand. Il suscitait les passions, fouettées d'ailleurs par ses partisans plus
encore que par ses adversaires. Publiant au printemps 1929
sa *Mort de la pensée bourgeoise*, Emmanuel Berl écrivait :
« Je considère *les Conquérants* comme un événement de la plus
haute importance, dans l'histoire morale contemporaine.
Je m'étonne qu'elle ait été si mal sentie, qu'on ait tant discuté
esthétique là où quelque chose est en jeu, qui dépasse de beaucoup l'esthétique. Pour moi, Garine est un nouveau type
d'homme. Sa seule existence dénoue beaucoup de problèmes
et de difficultés. Elle en pose de nouvelles aussi. Les bourgeois
que séduit l'art de Malraux comprendront, demain, s'ils
ne le comprennent pas aujourd'hui, le danger que Malraux
leur fait courir et ils cesseront de chercher dans son livre des

renseignements sur la Chine, des tableaux, une chronique ou une psychologie [1]... »

C'était mettre du sel sur les plaies. Aussi bien les prudents avaient-ils commencé à comprendre que ces personnages pittoresques étaient agités par un individu porteur de colères assez vives. Ce qui n'excluait ni le succès mondain, ni certaines évasions, ni les dérapages historiques.

Le 8 juin 1929 (alors que la revue *Bifur*, d'ailleurs proche des surréalistes, publiait un additif de Malraux au portrait de Borodine qui accentuait le côté « manager » et romain du personnage) une organisation de la gauche libérale, l'Union pour la vérité, issue des luttes de l'affaire Dreyfus, organisait à la Salle des Sociétés savantes un débat public sur *les Conquérants*. Jean Guéhenno, Emmanuel Berl et Alfred Fabre-Luce prirent la parole, avant André Malraux. Le texte de l'intervention du romancier [2] doit être largement cité, dans la mesure où il éclaire l'œuvre, le comportement moral et politique qui était alors celui de l'auteur, et annonce puissamment le Malraux des années 30 :

« ... Les passions que soulève le romancier se trouvent liées bien moins à la valeur artistique de son œuvre qu'à la violence des sentiments qu'il met en jeu, volontairement ou à son insu. Il est certain que la création de Garine est pour moi une création de héros (au sens où héros s'oppose à personnage). Il est clair qu'elle implique une conception particulière de la vie; et je crois que la mesure dans laquelle mes adversaires l'attaquent n'est pas celle dans laquelle ils se croient en face d'un roman plus ou moins bien fait.

Les faits mis en scène dans ce livre ont été contestés par écrit. Il n'est pas un seul point des *Conquérants* qui ne soit défendable sur le plan historique et réel. Que Garine soit un personnage inventé c'est exact, et il est donné pour tel. Mais dans la mesure où il est un personnage inventé, il agit toujours avec une vérité psychologique liée aux événements historiques réels... »

Après avoir décrit *les Conquérants* non comme une « apologie de la révolution » mais comme « l'histoire d'une alliance

---

1. *Mort de la pensée bourgeoise*, p. 187.
2. Publiée en 1929 dans la revue *Signaux de France et de Belgique*, puis en 1967 dans le *Magazine littéraire*.

entre le bolchevik pour qui la bourgeoisie est une réalité sociale inévitablement vouée à être « dépassée par le cours de l'histoire », et Garine, type d'homme pour qui elle est « une certaine attitude humaine », Malraux se confondant alors avec Garine, déclare :

« Je suis peu porté à dire que les événements psychologiques n'ont aucune importance dans la vie des chefs révolutionnaires ; je crois, au contraire, qu'ils en ont beaucoup. Je crois qu'il serait très difficile de ne pas trouver une opposition fondamentale entre le chef révolutionnaire et la société avant l'époque de son action. Mais je crois que cette opposition vient très souvent du caractère révolutionnaire de celui qui deviendra un chef...

[...] Il ne sait pas ce que sera la Révolution, mais il sait où il ira lorsqu'il aura pris telle ou telle décision. Il se fiche du Paradis terrestre. Je ne saurais trop revenir sur ce que j'ai appelé la mythologie du but. Il n'a pas à définir la Révolution, mais à la faire.

Saint-Just, au moment où a commencé son action, n'était pas républicain ; et Lénine n'attendait pas la NEP de la Révolution. Le révolutionnaire n'est pas un homme qui a un idéal fait ; c'est un homme qui veut demander et obtenir le plus possible pour les gens qui sont les siens, pour ceux que j'appelais tout à l'heure ses frères d'armes.

La question fondamentale pour Garine est bien moins de savoir comment on peut participer à une révolution que de savoir comment on peut échapper à ce qu'il appelle l'absurde. L'ensemble des *Conquérants* est une revendication perpétuelle, et j'ai d'ailleurs insisté sur cette phrase : échapper à cette idée de l'absurde en fuyant dans l'humain. Il est certain qu'on pourra dire qu'on peut fuir autrement. Je ne prétends en aucune façon répondre à cette objection. Je dis simplement que Garine est un homme qui, dans la mesure où il a fui cette absurdité qui est la chose la plus tragique devant laquelle se trouve un homme, a donné un certain exemple.

Quant à dire si le livre a une valeur, c'est une question dont je ne suis pas juge. Il s'agit de savoir si l'exemple donné par Garine agit avec efficacité en tant que création éthique. Ou il agit sur les hommes qui le lisent, ou il n'agit pas. S'il n'agit pas, il n'y a pas de question des *Conquérants ;* mais s'il agit, je ne discute pas avec mes adversaires : je discuterai avec leurs enfants[1]. »

Avec tout le psychologisme tragique qu'il traîne derrière lui, ses raccourcis aventureux, ses approximations pseudo-marxistes et son insolence doctrinaire imitée de Saint-Just, voilà l'un des discours les plus significatifs qu'ait jamais prononcés Malraux. Déjà apparaissent les thèmes de l'efficacité et de la fraternité virile qui annoncent l'*Espoir*.

Mais il n'est pas encore l'homme d'une seule passion, d'une seule cause. Il est encore double et pressé de séduire autant que de défier. *Les Conquérants* n'ont pas plus tôt paru qu'il publie, chez Gallimard, comme pour payer son écot au moment d'entrer comme directeur artistique dans la grande maison, *Royaume farfelu*, récit où s'épanouit et s'accomplit sa veine fantastique, née au temps de *Lunes en papier* et qui n'a cessé de courir parallèlement à celle de la réalité assumée ou combattue.

On peut s'étonner de voir resurgir ce filon un peu trouble, ce ton de l'évasion décorative, du divertissement, du désespoir fardé, dans une œuvre qui a déjà pris avec *les Conquérants* son élan et son sens. Ne négligeons pas chez Malraux la dimension « farfelue », l'acuité du pessimisme que manifestent ces cérémonies et ces fêtes dans l'ombre de la mort[2]. Le « royaume farfelu » est celui de la grimace, du non-être, du destin, de l'irrémédiable. Cette prose ornée que Malraux lui consacre est un chant funèbre. On peut détester cet art de carton doré, ces décors tissés de toiles d'araignées, ces pavanes pour infantes défuntes. Une lumière glauque s'en dégage, une odeur pourrie qui appartiennent aussi à l'univers de Malraux.

Les ébauches de *Royaume farfelu*, tel « L'expédition d'Ispahan » publiée dans *l'Indochine* en 1925 ou le « Voyage aux îles Fortunées » *(Commerce, 1927)*, jalonnent la route de Malraux, rappelant que la conquête de l'espoir est faite sur des terres visqueuses ou arides, peuplées de marionnettes

1. Vingt ans plus tard, dans une postface rédigée pour *les Conquérants*, André Malraux écrivait : « Si (ce livre) a surnagé, ce n'est pas pour avoir peint tels épisodes de la révolution chinoise, c'est pour avoir montré un type de héros en qui s'unissent l'aptitude à l'action, la culture et la lucidité. »
2. Le livre d'André Vandegans, souvent cité, éclaire parfaitement ces intentions.

dérisoires et d'ombres ricanantes. Un livre ne suffira pas à accomplir l'exorcisme. L'œuvre de Malraux restera hantée par le farfelu, l'absurde ricanant et le fuligineux — témoin le personnage de Clappique qui, trente-quatre ans après *la Condition humaine*, s'agitera encore, auto-accusateur, dans les *Antimémoires*.

Royaume farfelu est donc important par la date de sa publication qui en fait l'antithèse des *Conquérants* volontaristes et en dépit de tout fraternels. Aussi parce qu'il marque l'entrée d'André Malraux chez Gallimard — c'est-à-dire dans la seule maison d'éditions qui eût alors autour de Gide, de Valéry, de Paulhan, une esthétique, un état-major, des structures, et qui proposât à ses auteurs un style de vie, et un style tout court.

Bref, voilà André Malraux directeur artistique chez Gaston Gallimard. Le grand éditeur n'a pas gardé le souvenir d'une entrée tonitruante et ces quarante-quatre années de collaboration avec un des personnages les plus fracassants du siècle ne laissent en sa mémoire aucune trace douloureuse. Il ne se souvient que de deux épisodes dramatiques — tous deux liés d'ailleurs au personnage de Léon Trotsky : quand, en 1929, Malraux prétendit monter une expédition (avec, notamment, ses collègues de la *NRF*...) pour délivrer le créateur de l'Armée rouge interné à Alma-Ata; puis en 1945, quand il menaça de rompre avec la maison après que Maurice Merleau-Ponty eut publié dans *les Temps modernes*, qui y étaient édités, une note fort cruelle à propos des rapports entre Malraux et Trotsky[1].

Malraux, qui avait fait engager avec lui Louis Chevasson, n'avait pas de fonctions très nettes. Il nichait dans un petit bureau mansardé qu'il appelait « le cabinet du Dr Caligari », et n'était tenu à aucun horaire précis. « Vous viendrez de temps en temps », lui avait dit gentiment Gaston Gallimard. En fait, il y fut très assidu — au moins tant qu'il séjournait à Paris et ne faisait pas, avec Clara, quelque voyage au Pamir, en Perse ou au Japon. Directeur artistique, il resta longtemps sans faire preuve d'un génie particulier : ses albums consacrés à Vinci (et même à Vermeer) ne sont pas les meilleures

1. Entretien de Gaston Gallimard avec l'auteur, février 1972 (voir p. 194-210).

contributions à l'édition d'art en France, et les expositions qu'il organisa chez Gallimard à partir de 1931 — sculptures gothico-bouddhiques du Pamir, œuvres de Fautrier, n'ont obtenu que des succès de curiosité.

Il reçoit beaucoup dans son bureau mansardé, accueillant les jeunes auteurs avec bonne grâce. Alice Alley, qui vient de publier *le Journal d'une vierge*, obtient de son ami Léon Pierre-Quint un mot de recommandation pour Malraux. Elle le lui tend, en même temps que son nouveau manuscrit, le « Journal de Bettina ». Malraux jette le mot au panier : « Si vous croyez que j'ai besoin de ça! » Et les voilà en route pour le bar où il lui offre une sorte de cocktail appelé un « indochinois »...

Chose étrange, si Malraux joua à la *NRF* un rôle de découvreur, ce fut essentiellement dans le domaine anglo-saxon, lui qui ne parlait pratiquement pas l'anglais. Il fut rue Sébastien-Bottin l'introducteur de D.H. Lawrence, de Faulkner et de Dashiell Hammett, consacrant même aux premiers deux de ses préfaces les plus célèbres. Ni dans le domaine allemand, ni dans le domaine russe, ni dans le domaine espagnol, univers qui lui sont pourtant plus familiers, il n'imposa ses découvertes. Est-ce parce que, dans le champ de ses connaissances, le séduit surtout ce qui appartient déjà au musée ou mérite d'y trouver place?

Cet écrivain d'actes et d'images, comment ne se passionnerait-il pas pour le cinéma? Il y allait, enfant, à Bondy. Il s'était essayé en 1922, sinon à faire le commerce, au moins à assurer la diffusion de films allemands avec Ivan Goll. A son retour en Europe, il eut la révélation du cinéma soviétique des années 20 — ce fut l'éblouissement. Au début de 1927, une présentation « privée » du *Cuirassé Potemkine* avait suscité un vif enthousiasme, mais la censure avait interdit la sortie du film dans les salles ouvertes au public, sous prétexte qu'il s'agissait de « propagande révolutionnaire ». *La Revue européenne* lança une enquête à ce sujet auprès d'une centaine d'écrivains et de personnalités du spectacle. Alors que Maurois et Antoine approuvaient la décision des autorités, Malraux la dénonçait en posant abruptement le problème de l'industrie et du commerce du cinéma en France :

« Dans un pays où la censure de presse n'existe pas, la censure de cinéma serait une simple bouffonnerie si elle n'était un moyen de défense entre les mains de quelques entreprises que vous connaissez sans doute comme moi. L'accroissement de valeur professionnelle que des artistes peuvent tirer de la représentation d'un tel film me semble de nature à intéresser ces entreprises à peu près autant que Colin-tampon. Mais votre initiative les obligera peut-être à faire connaître leur action — ce qu'on ne saurait que souhaiter[1]. »

Un homme peut être défini par ceux qu'il aime et auxquels il frotte sa vie. A la fin des années 20, chez Gallimard, il a fait alliance, parfois même amitié, avec quelques-uns des hommes les plus remarquables de son temps. Ne revenons pas sur Arland — vieil ami déjà, et mettons à part deux personnages dont il sera plus longuement question: André Gide et Bernard Groethuysen. Parmi les autres, il se lie surtout avec Paul Valéry, Roger Martin du Gard, Louis Guilloux, Pierre Drieu la Rochelle et Emmanuel Berl. Fût-il devenu l'ami de Claudel, qu'il plaçait en tant qu'artiste au-dessus de tous? L'homme de *Connaissance de l'Est* n'était pas souvent là.

Chez Valéry, ce qui le retenait, c'était l'étincelante mécanique intellectuelle, avec le sens inégalable de la dérision. Au plus vertigineux d'un débat sur Érasme, on entendait Valéry laisser tomber, d'une petite voix faubourienne : « Et d'ailleurs on s'en fout... » Son anti-historicisme agaçait Malraux, dévot de Michelet et candidat (malheureux) à la connaissance du marxisme. Il détestait aussi chez Valéry l'idée de la mort des civilisations, qu'il avait, disait-il, « fauchée à Spengler »... Mais cette fabuleuse liberté d'esprit et cette froideur sidérale l'envoûtaient. En Martin du Gard, au contraire, il aima la perpétuelle interrogation de la conscience, l'honnêteté d'une constante remise en question, le goût du fait, du document, la démarche un peu lourde et le sens du concret. Mais nul de ces compagnons ne le retint autant que Drieu la Rochelle, le seul d'entre eux qui fût à coup sûr, en dépit de contradictions fondamentales, son ami.

Il l'avait rencontré à la fin de 1927. Malraux décrit Drieu encore peu connu mais « dominant le groupe... de sa présence[2] ». Très vite, ils s'étaient liés d'intérêt intellectuel, puis d'amitié, tous deux nietzschéens passionnés par une action lucide, avides « de rêves qui auraient les pieds sur terre ». Lorsque parurent

1. *La Revue européenne*, mai 1927.
2. Interview avec Frederik Grover, *Revue des lettres modernes*, novembre 1972.

les Conquérants, Drieu fut envoûté. Berl le décrit lisant le livre de Malraux « en se tapant les cuisses et ne cessant de répéter : « Ah! le petit copain! Ah! le petit copain [1]! » Entre le long garçon chauve au regard embrumé, à la parole floue et le mirobolant auteur des *Conquérants*, l'accord se fait aussitôt sur les exigences d'un pessimisme actif, rétif aux idéologies et avide à la fois d'action et de lucidité. En décembre 1930, au lendemain de la publication de *la Voie royale*, Drieu donne à la *NRF* un grand article, « Malraux, l'homme nouveau », le meilleur texte qui lui ait été jusqu'alors consacré :

« Malraux, comme la plupart des Français, n'a point d'invention. Mais son imagination s'anime sur les faits. On a le sentiment qu'il ne peut guère s'écarter de faits qu'il a connus. Les péripéties de ses livres ont ce caractère fruste qui ne trompe pas, qui témoigne d'un transfert direct de la réalité [2] dans le récit. Mais à travers une série brève et rapide d'événements, l'art de Malraux est de faire saillir avec un relief saisissant les postulats de son tempérament intellectuel. Une seule ligne d'événements et, foulant cette ligne, un seul personnage, un héros. Ce héros, ce n'est pas Malraux, c'est la figuration mythique de son moi, plus sublime et plus concret que lui. Malraux tient là la faculté capitale du poète et du romancier. »

Seize années durant, ils maintiendront une amitié étrangement imperméable aux péripéties de l'histoire qu'ils vivront avec fureur, à partir de 1933, sur des rives opposées, Drieu s'acharnant à s'inventer, à travers le fascisme, une cause, Malraux faisant route avec un communisme dont tout le distingue. « Vous n'êtes pas plus marxiste que Staline! » lui lançait Drieu, qui se disait son « frère en Nietzsche et en Dostoïevski [3] ». Bien que Drieu ait traité Malraux d' « agent soviétique » en 1936, leur correspondance, leurs échanges, se poursuivront même au temps de l'Occupation (quand l'un sera des proscripteurs et l'autre des proscrits), et de la Libération, les rôles inversés. Jusqu'au moment de se donner la mort, Drieu évoquera Malraux comme l'un de ses deux ou trois derniers amis.

C'est au cours d'un voyage qu'en 1930 [4], André Malraux

---

1. F. Grover, « Malraux et Drieu », *Revue des lettres modernes*, novembre 1972, p. 68.
2. Où l'on voit que la « lucidité » n'exclut pas une certaine naïveté.
3. « Malraux et Drieu », de F. Grover, art. cité, p. 61.
4. Le 20 décembre.

apprit la mort de son père — que le délabrement de sa santé avait poussé au suicide. Leurs rapports, depuis le retour d'André d'Indochine, étaient redevenus bons. La réserve maintenue par André Malraux sur tout ce qui touche sa vie personnelle interdit d'évaluer l'effet produit sur lui par la disparition tragique de son père. Effleurant le sujet dans un entretien avec Emmanuel d'Astier en 1967, André Malraux disait : « J'ai beaucoup admiré mon père : il était officier de chars, ce que je trouvais très romanesque[1]... » En tout cas, le thème du père se substitue soudain, dans les livres suivants d'André Malraux *(la Condition humaine, le Temps du mépris)* à celui du compagnon supérieur (Garine et le narrateur, Perken et Claude). Ce ne peut être tout à fait un hasard.

Ce qui est certain, c'est que le suicide, en tant que porte de sortie, mais aussi affirmation de liberté suprême, allait obséder de plus en plus Malraux. Au début des *Antimémoires* sont évoqués, dans une scène en clair-obscur, le vrai suicide du père et le faux suicide du grand-père. Il ne suffisait pas que cette vie se déroulât dans l'ombre de l'irrémédiable : il fallait aussi que cet irrémédiable lui apparût du domaine du choix, et que la fatalité pût prendre pour lui la forme de la volonté.

La passion du voyage les habitait toujours, lui et Clara. D'un certain voyage, bien sûr, celui où l'on recherche et où l'on découvre des formes, des pierres, des hommes. On décidait de partir, on partait, sans trop savoir comment et où on aboutirait. Dans cette improvisation, il y avait un certain snobisme de l'Orient-Express et la coquetterie, le goût de rester fidèle à son personnage. On n'a pas été pour rien le martyr du tourisme archéologique...

Ils partent donc, en 1929, pour un Orient très vague, qui peu à peu prend forme : on se retrouve en Union soviétique, à Odessa, à Batoum, à Bakou, où rien ni personne n'annonce comment on peut aller plus loin. Et Clara de s'égosiller en allemand sur le quai : « Y a-t-il un train pour Tiflis ? » Voyage dans le style des « hippies », déjà, que permettaient les balbutiements d'un « Intourist » encore timide. La Perse les éblouit.

---

1. *L'Événement*, septembre 1967.

Ils faisaient à leur tour l' « expédition d'Ispahan », et nul pays, nulle civilisation ne devait les enchanter davantage, sinon celle de l'Inde — pour ce qui le concerne.

Ils y revinrent l'année suivante, et en 1931. Ce voyage-là se prolongea près d'une année : ce fut leur premier tour du monde. André était, comme au départ de 1923, « chargé de mission ». Mais cette fois par un pouvoir ami, celui de la maison Gallimard. Il devait rapporter les éléments d'une exposition dont il rêvait depuis longtemps, mariant les civilisations grecque et bouddhique. Ils partirent cette fois avec un plan, des fonds, une carte. Ils firent une longue escale en Perse, découvrirent le Pamir, l'Afghanistan, franchirent la Khyber Pass vers l'Inde et séjournèrent à New Delhi, déjà chargés des pièces de leur exposition. Puis ce fut Calcutta, Singapour retrouvée — et enfin la Chine continentale, Canton, Shanghai, Pékin...

On soupçonne André Malraux d'avoir trouvé Canton insuffisamment conforme aux *Conquérants*. Il prit peu de notes à Shanghai. *La Condition humaine* s'ordonnait déjà en lui mais il voulait en faire un roman métaphysique et la ville n'y jouerait pas un rôle plus grand que Saint-Pétersbourg dans *Crime et Châtiment*. Et puis ce fut Kharbin, la Mandchourie, le Japon, Vancouver, San Francisco, New York... Là, les fonds de l'éditeur se révélèrent insuffisants. Les statues « gréco-bouddhiques » pesaient lourd et André n'aimait pas lésiner. A New York, ils informèrent Gaston Gallimard de leur détresse et, en attendant son mandat, en furent réduits à visiter Manhattan à pied, dix jours durant. Il dut beaucoup parler de San Gimignano...

Entre le deuxième voyage en Perse et ce tour du monde, André Malraux avait enfin publié *la Voie royale* — version héroïque de l'aventure de 1923-1924. Le contrat signé avec Grasset à cette époque l'engageait pour trois livres. Ç'avait été d'abord *la Tentation* puis *les Conquérants* et ce devait être surtout celui-là, ce récit qu'entrevoyait dès 1924 Bernard Grasset, enchanté des polémiques suscitées par les exploits de son auteur. Les aventures de Perken et de Claude Vannec, d'abord publiées dans *la Revue de Paris*, eurent un grand succès et sans manifester l'enthousiasme qu'avait suscité *les Conquérants*, la critique fut très favorable.

Edmond Jaloux saluait, dans *les Nouvelles littéraires*, « un moraliste de la meilleure lignée » et André Billy *(l'Œuvre)*, « cette belle histoire d'aventuriers ». Dans *le Mercure de France*, John Charpentier écrivait : « Lorsque ces lignes paraîtront, André Malraux sera sans doute l'heureux lauréat du prix Goncourt pour 1930. S'il ne l'avait pas, la faute en serait à la critique : ces messieurs des Dix n'aiment pas qu'on loue un livre avant eux... » A quoi faisait écho l'article de Bernard Lecache *(la Gauche)* : « Un prix pour Malraux ? il est trop grand pour eux ! » Et pourtant, par suite « d'un canular de journalistes », mal résignés de le voir privé du Goncourt « à cause d'une petite blague faite il y a huit ans », assure Robert de Saint-Jean, il reçut le prix Interallié.

En attendant de lire dans la *NRF* de décembre la chaleureuse étude de Drieu la Rochelle qu'on a déjà citée, André Malraux savourait dans *l'Action française* un de ces hommages colorés, juteux, sonores, que Léon Daudet décernait entre deux éreintements fracassants : « En ces temps déshonorants de fainéantise spirituelle... Malraux peint avec sa plume... (avec un) téméraire et dangereux talent... incisif et languide, à la fois sombre et lumineux comme un clair-obscur et dont certaines pages imposent à votre mémoire la vision de Rembrandt... Il pense au couteau : d'où ces couleurs fourmillantes... et le bruit d'une canonnade ou d'un régiment de sans-culottes lâchés à l'assaut d'un fortin. »

Emmanuel Berl, le seul de ses amis — avec Valéry — à savoir toujours, face à lui, relever le gant et n'être jamais déconcerté par la verve et l'aplomb de l'homme à la mèche, fait appel à lui au moment de lancer *Marianne*, qui prétend opposer aux hebdomadaires de droite, *Candide* et *Gringoire*, un journal soutenu par Gallimard, sinon « de gauche », au moins ouvert aux courants de gauche et hostile à la pénétration du fascisme. En fait, si l'on vit régulièrement dans *Marianne* des articles de Giraudoux, de Morand, de Saint-Exupéry, de Giono, de Jean Prévost, la signature de Malraux n'y apparut que cinq fois en cinq ans, mais toujours pour des articles importants — sur l'Indochine, sur Trotsky, sur le fascisme.

C'est à la rédaction de *Marianne*, où il passait de temps à autre pour se mesurer à Berl, essayer sur lui une idée, l'aiguiser à son esprit — et aussi pour l'amour du papier imprimé et d'une maquette à redessiner, qu'André Malraux fit la connaissance d'une grande fille très belle, au teint clair, aux yeux

gris-vert, aux allures libres, qui s'appelait Josette Clotis et jouera
un rôle important dans sa vie, quelques années plus tard.
Pour l'heure, elle s'apprêtait à publier un aimable petit roman,
le Temps vert, auquel son charme et sa gaieté ajoutaient quelques
mérites : et elle allait être l'une des collaboratrices les plus fidèles
et les plus actives de *Marianne*. Jeune provinciale, elle faisait
la révérence en entrant dans un salon. Elle lui plaisait.

11. Les sentiers de la gloire

André Malraux a trente ans. Regardons-le. Jamais il ne
sera plus rayonnant, jamais il ne brillera d'un éclat plus vif,
moins emprunté aux anthologies, à la légende, aux coteries.
Ceux qui l'ont connu alors, vers 1932, avant que le succès
mondial de *la Condition humaine* et les péripéties du combat
politique altèrent (en l'amplifiant) son image, gardent de lui
un souvenir ébloui.
Quand, en 1933, Manès Sperber débarque à Paris, réfugié
politique allemand, Groethuysen et Parain lui conseillent
de rendre visite à Malraux. Il n'est pas plutôt assis sur le canapé
qu'André lui lance, avec une voracité pathétique : « Mais
expliquez-nous pourquoi les régimes fascistes ne produisent
pas d'art digne de ce nom[1] ? » De cette rencontre, Sperber
garde le souvenir d'avoir croisé Saint-Just...
Et il y a le merveilleux portrait de Maurice Sachs, dans
le Sabbat : « Le personnage qui faisait le plus d'effet, à la
NRF, c'était André Malraux, et il avait de quoi éblouir :
une intelligence d'une vivacité, d'une agilité sans pareille,
une belle voix, une façon chaleureuse et persuasive de parler,
un visage admirable que commençaient à gâter un peu tant
de tics dont il ne parvenait pas à se défaire, de l'élégance en
tout : dans la démarche, dans la mise, dans les gestes de fort
belles mains ; d'ailleurs de la compréhension, de l'attention,
de la curiosité, beaucoup de générosité. Et pourtant un peu

1. Entretien de Manès Sperber avec l'auteur, février 1972.

charlatan! (...) Il voyait faux parce qu'il croyait qu'à moins d'être tout, on n'est rien (...) Pourtant on ne le connaissait pas sans se prendre d'affection pour un être si courageux, froidement héroïque, passionné avec presque autant d'impartialité qu'on en puisse trouver dans la passion, accessible à la pitié, serviable, ami des hommes souffrants, pas très humain pourtant, trop raisonné, parfois lunaire, jamais médiocre et quand même assez *farfelu*. Il ne me prit jamais au sérieux et je ne sais comment cela me fit voir ce qu'il y avait de farce dans son sérieux, de superficiel dans son savoir, mais de beau et d'aimable dans toute sa personne. Un grand homme, mais tout en taille [1]. »

Grand homme! D'autres le voyaient encore en adolescent tardif, notamment certains visiteurs de l'appartement où Clara et lui ont emménagé, 44, rue du Bac, à deux pas de la *NRF*. Elle siégeait dans le salon, d'ailleurs modeste. Lui avait installé son bureau dans l'entrée, faute de mieux. Il s'asseyait face à la porte comme s'il eût craint quelque agression, traqué. Il avait parfois encore, face à sa femme, des attitudes timides, un comportement de jeune marié. Mais le ménage se défaisait — la naissance de Florence, en 1933, ne consolidant que pour un temps une entente qui avait été savoureuse et parfois admirable.

Il présente alors son exposition sur « Les œuvres gothico-bouddhiques du Pamir », travaille au *Tableau de la littérature française* avec Gide, écrit dans la *NRF* une préface à de curieux textes réunis sous le titre de « Jeune Chine », sorte de plan de réformes d'ailleurs assez banal, et entre deux visites, comités et dîners en ville, écrit le roman à dimensions métaphysiques qu'il porte en lui depuis cinq ans.

André Malraux rôde autour du marxisme — vainement. Sa pensée est centrée tour à tour sur Pascal et sur Nietzsche et constamment hantée par Dostoïevski. Il ne sait ni se trouver lui-même dans le monde, ni découvrir un sens au monde. Il croit savoir qu'à l'absurde, l'action efficace oppose une réponse digne de l'homme. Leur défaite voue Garine et Perken au néant. Le temps est venu de créer des héros que l'échec ne voue pas à l'absurde, parce qu'ils auront rencontré la fraternité.

André Malraux a trente ans. Il écrit *la Condition humaine*.

---

1. *Le Sabbat*, p. 420-421.

Pour rédiger ce qui, dans son esprit, devait être un roman dostoïevskien, digne de ces Karamazov qu'il tenait comme T.E. Lawrence pour « le cinquième évangile », il s'enferma quelque temps dans la vallée de Chevreuse chez un excellent spécialiste des choses de l'Asie, son ami Eddy du Perron avec lequel il semble avoir débattu les thèmes du livre qu'il devait d'ailleurs lui dédier.

Pourquoi avoir choisi cet épisode particulièrement complexe de la révolution chinoise — le soulèvement de Shanghai fomenté par les communistes et réprimé par Tchang Kaï-chek, et ces personnages cosmopolites? Malraux qui a (ironiquement) qualifié son livre de « reportage » n'a jamais écrit de livre plus imaginaire. Il n'avait rapporté que peu de notes de son voyage en Chine de l'année précédente. Il utilisait des coupures de journaux et quelques notations de son ami le reporter Georges Manue qu'il avait tant incité à suivre, là-bas, l'ascension et la crise du Kuomintang.

Pour le personnage central, celui de Kyo, il ne s'inspira guère, quoi qu'on en ait dit, de Chou En-laï, alors pratiquement inconnu de lui, et que seul son rôle à la tête du mouvement ouvrier shanghaïen dans les premiers mois de 1927 peut faire assimiler au fils de Gisors, mais non le tempérament ni la « ligne » de pensée. Son modèle fut peut-être un jeune écrivain japonais qui avait été à Paris, en 1922, l'ami de Hô Chi Minh (alors Nguyen Ai Quoc), puis s'était lié avec Malraux : il s'appelait Kyo Komatsu [1].

Que le personnage de Ferral lui ait été inspiré par un frère du célèbre diplomate Philippe Berthelot, André, directeur de la banque franco-chinoise dans les années 20, celui de Clappique par le journaliste de *Marianne*, René Guetta — dont il emprunte en tout cas la pittoresque élocution et les tics verbaux, qu'importe? Mais Tchen, nous l'avons déjà vu, plus sommaire, sous les traits du Hong des *Conquérants :* lui aussi inspiré par le jeune Hin, l'ami des Malraux à Saigon, qui voulait si fort tuer le gouverneur de Cochinchine... Quant au vieux Gisors, emprunte-t-il des traits à Gide, d'autres à Groethuysen?... Malraux venait

1. Il est mort en 1970. Malraux parle brièvement de lui dans les *Anti-mémoires*.

de perdre son père et un enfant lui était né. La relation de paternité était alors au centre de ses préoccupations. Pour la première fois, ses héros sont dotés de liens familiaux qui jouent un rôle dans l'action.

Le titre, bien sûr, est explicitement pascalien. Mais André Malraux a plusieurs fois relevé que ce qui lui avait inspiré ce choix, c'était le sentiment d'impossible communication — caractéristique de la condition des hommes — qui lui avait été révélé, comme le raconte Kyo, quand il s'était aperçu que l'homme entend les autres avec ses oreilles, et s'entend lui-même avec sa gorge : deux systèmes de communication qui entraînent deux types d'échanges, deux vérités — une relation faussée et absurde. Pour Pascal, la condition des hommes est celle de condamnés à mort; pour Malraux, celle d'enfermés et d'aphasiques. Reste que dans une lettre alors adressée à un jeune homme de dix-huit ans nommé Gaëtan Picon, qui venait de publier une étude sur le livre dans une petite revue lilloise, *la Hune*, Malraux écrivait : « Le cadre n'est naturellement pas fondamental. L'essentiel est évidemment ce que vous appelez l'élément pascalien. »

Achevé à la fin de 1932, le livre parut d'abord en six livraisons dans la *NRF*, de janvier à juin 1933. Il déconcerta bon nombre de lecteurs, à commencer par André Gide qui notait dans son *Journal*, le 10 avril 1933 : « J'ai repris depuis le début *la Condition humaine*. Ce livre qui, en revue, m'apparaissait touffu à l'excès, rebutant à force de richesse et presque incompréhensible à force de complexité... me semble, à le relire d'un trait, parfaitement clair, ordonné dans la confusion, d'une intelligence admirable et, malgré cela... profondément enfoncé dans la vie, engagé, et pantelant d'une angoisse parfois insoutenable [1]. »

Un mois plus tard, le 14 mai, c'est Jean Prévost, autre ami attentif, qui note son désarroi provisoire : « L'auteur avait une histoire belle et tragique à raconter, et beaucoup de choses subtiles, humaines et neuves à dire. Mais la fusion ne s'est pas toujours faite. » Le succès n'en est pas moins éclatant. En témoigne entre mille autres l'article le plus intéressant peut-être — pour le Malraux d'alors — qui ait été consacré à *la Condition humaine*, celui qu'Ilya Ehrenbourg publia en mai 1933 dans les *Izvestia* :

---

1. *Journal*, « La Pléiade », p. 1165.

« Le nouveau roman d'André Malraux jouit d'un succès
mérité. Dans les vitrines des libraires, on peut voir les couver-
tures de sa 25e édition et dans les journaux, les critiques lui
consacrent des articles enthousiastes... » L'écrivain soviétique
objecte pourtant que « ce n'est pas un livre sur la révolution ni
une épopée, c'est un journal intime, des sténogrammes de ses
discussions antérieures, une radioscopie de lui-même fragmenté
en plusieurs héros... » Pourtant, observe Ehrenbourg, « la faiblesse de Malraux est ailleurs. Ses personnages vivent et nous
souffrons avec eux, nous souffrons parce qu'ils souffrent, mais
rien ne nous fait sentir la nécessité d'une telle vie et de telles
souffrances. Isolés du monde dans lequel ils vivent, ces héros
nous apparaissent comme des romantiques exaltés. La révolution qu'a vécue un grand pays devient l'histoire d'un groupe
de conspirateurs. Ces conspirateurs savent mourir héroïque-
ment mais, dès les premières pages du roman, il est clair qu'ils
doivent mourir. Ils raisonnent énormément... Certes, ils s'occupent beaucoup de distribuer des fusils, mais il est difficile de
dire à quoi leur servent ces fusils (...). Quand la révolution est
vaincue, ce n'est ni la défaite d'une classe, ni même la défaite
d'un parti, c'est un effet de la fatalité qui pèse sur le métis Kyo
ou sur le Russe Katow... »

Le 1er décembre 1933, *la Condition humaine* recevait le prix
Goncourt, à l'unanimité. Le jury précisait qu'en décernant son
prix, il ne couronnait pas seulement ce livre, mais l'ensemble
des trois romans « asiatiques » de Malraux — *les Conquérants*
et *la Voie royale* au même titre que le dernier. Le triomphe
n'était pourtant pas allé sans efforts ni anicroches.

André Malraux tenait furieusement à ce prix, et persuada
Gaston Gallimard de mener en ce sens une campagne minutieuse.
Les augures estimaient que le « grand électeur » de Malraux
devait être Jean Ajalbert, qui avait déjà voté pour lui lors de la
publication de *la Voie royale*. Pour achever de le séduire, et
s'assurer de sa fidélité, ils se firent inviter par Ajalbert, bon
vivant qui n'aimait rien tant que les éloges adressés à sa table.
Gaston Gallimard, qui ne goûtait pas la cuisine trop riche,
manqua tomber malade. André Malraux était trop à son obsession pour regretter les raffinements de Larue.

Ajalbert acquis, il restait à convaincre Roland Dorgelès,
indigné que l'on pût récompenser un personnage qui avait été,
disait-il, jeté en prison. « Je l'ai vu, de mes yeux vu, entre deux

gendarmes, à Phnom-Penh. » A quoi Ajalbert rétorqua noblement, selon un chroniqueur du temps :

« — Comment! vous osez apporter ici des arguments pareils! Mais moi, mon ami, si j'avais vu, à l'autre bout du monde, un écrivain français entre deux gendarmes, j'aurais écarté les gendarmes pour me mettre à ses côtés! »

Au-delà de ces manipulations médiocres et de la célébrité qui soudain l'empoignait — il la savoura d'abord avec délices, et Clara avec lui — peut-être goûte-t-il surtout les encouragements chaleureux et pénétrants des meilleurs critiques du temps. L'article de Ramon Fernandez, dans *Marianne*, paraît les résumer :

« M. André Malraux marque une date importante dans la littérature française. Cette littérature balançait entre l'analyse et l'action comme entre deux pôles opposés. M. André Malraux corrige cette erreur en montrant qu'une action bien choisie, et conduite jusqu'au bout d'elle-même, est le meilleur révélateur de la vérité morale. Vue de l'intérieur, l'œuvre de M. Malraux peut être considérée comme un renouvellement de la volonté tragique, ou, plus exactement, comme une critique tragique de la volonté... Autrement dit, le mur tragique, le mur de marbre, chez M. Malraux, n'est plus extérieur, il est intérieur à l'âme de ses personnages. Le résultat est saisissant, le Prométhée lucide ne perd rien de sa force, au contraire : celle-ci est redoublée par un scepticisme discret mais implacable qui la laisse en quelque sorte à l'état pur. La volonté commence, chez M. Malraux là où d'ordinaire elle finit : après la liquidation des illusions et des croyances[1]... »

C'est au début de cette année de triomphe qu'André Malraux apprend la mort de sa mère. Pour discret qu'il soit sur tout ce qui touche à sa vie familiale, il l'est plus encore pour ce qui concerne sa mère — et plusieurs de ses amis s'en sont souvent étonnés devant nous. Le silence à ce point fait problème. Ses relations avec elle étaient, l'adolescence passée, devenues floues. On a vu qu'il avait mal réagi en apprenant qu'une intimité s'était créée entre sa mère et sa femme. Nous touchons là à l'un des replis les moins discernables de la vie et de l'atti-

1. *Marianne*, 15 décembre 1933.

tude morale d'André Malraux. Toute cette œuvre sans une mère — à part, fugitivement, dans le récit qu'il a pratiquement renié, *le Temps du mépris*... Au moment où la gloire le saisit, à trente-deux ans, André Malraux est orphelin.

12. Intermède au-dessus des sables

Le 23 mars 1934, *le Journal* publiait la dépêche que voici : « L'aviateur Corniglion-Molinier, son mécanicien Maillard et *un passager* [1] ont atterri à 11 h 50 sur l'aéroport d'Orly... Les aviateurs rentrent d'un voyage en Arabie... » Ainsi l'entreprise la plus naïvement publicitaire d'André Malraux, alors au zénith de la célébrité, était-elle présentée par l'un des trois grands quotidiens de Paris.

« Ces terres légendaires appellent les farfelus », écrit Malraux dans les *Antimémoires* [2] tenant ainsi à situer son envol vers les ruines fallacieuses de la capitale de la reine de Saba dans le climat qu'évoque chez lui ce mot obsessionnel — fait d'inconscience nocturne et de fatalité vaporeuse, d'un impalpable nuage d'araignées et de papillons : le destin, l'antivolonté.

Il vient de recevoir le prix Goncourt. Il est donc presque riche et saisi par une gloire vorace. Au moment de céder à des tentations pareilles, Rimbaud est parti pour l'Abyssinie, T.E. Lawrence (auquel il pense beaucoup à cette époque) a rompu brutalement avec la littérature pour s'abîmer dans l'anonymat militaire. Ce serait demander beaucoup à André Malraux que de se faire zouave à Oran ou sapeur à Châteauroux. Mais pourquoi ne pas remettre en question, la jouant à quitte ou double, cette notoriété sonore — et sur le terrain même où agit le héros des *Sept piliers* et sur les traces du poète des *Illuminations* ?

Et puis il y a le démon de l'action, il y a ce qu'a de trouble le climat parisien où il baigne depuis le prix, il y a la montée des

1. Souligné par nous.
2. P. 88.

périls — le nazisme au pouvoir depuis un an, la menace des ligues, en France. A l'approche des « temps de troubles » qui vont imposer une longue mobilisation, un combat auquel Malraux se dérobera moins que personne, pourquoi ne pas s'accorder un dernier divertissement, « encore un instant de bonheur — » pour faire écho à un Montherlant ici très à sa place ? Il y a enfin ceci que Malraux confiait à son ami Nino Frank, l'interrogeant peu après sur les raisons de l'aventure : « Quand je reviens d'une entreprise un tant soit peu périlleuse, je me sens entièrement homme. » C'était dit, précise Frank, « avec d'autres mots, plus brutaux [1] ».

Il vient d'être reçu à la Société de géographie par Charcot, qui lui a parlé des souvenirs d'un singulier personnage nommé Arnaud, explorateur du Yémen au siècle dernier, qui aurait découvert en 1843 la capitale de Balkis, reine de Saba, qu'aima Salomon. Comme dix ans plus tôt sur les cahiers de l'École française d'Extrême-Orient et les études archéologiques khmères, il se jette sur les bulletins de la Société de géographie. Il y découvre un personnage merveilleux, Joseph Arnaud, pharmacien provençal et arabisant qui, riche de quelques chandelles et d'un âne hermaphrodite, avait sillonné le désert sud-arabique et vu Mareb avant de devenir aveugle, d'en dessiner les plans sur le sable d'une plage pour le consul Fresnel et d'aller mourir de misère en Algérie. Ce sont ses traces, décide Malraux, qu'il faut suivre.

Il y a là, avec ceux d'Arnaud, de son âne et des légions romaines d'Aetius, les fantômes de Gobineau, de Rimbaud et de T.E. Lawrence et aussi les échos d'un texte qui a hanté sa jeunesse : *la Tentation de saint Antoine*. Au temps de l'école de Bondy, il a passionnément aimé Flaubert, l'agencement somptueux des mots comme des pierres, cette prose constellée, les appels au « bel ermite ». Pour la reine Balkis (ou Makeda), il se sent d'autant plus d'attirance que les récits de certain conteur, sur une place d'Ispahan, l'ont enivré, après ceux d'un bizarre voyageur allemand rencontré du côté de Bushire.

C'est là, donc, qu'il faut aller. Mais comment ? Il s'ouvre de son projet à Édouard Corniglion-Molinier, aviateur, qui lui suggère naturellement de tenter une exploration aérienne et lui conseille de faire appel, pour cette entreprise risquée, à l'un

1. *Mémoire brisée*, p. 291.

des pilotes fameux de l'époque, Mermoz ou Saint-Exupéry. Leurs employeurs refusent d'engager ces précieux personnages dans une aventure apparemment absurde. Corniglion s'offre alors. Il a des relations, c'est un très bon professionnel, la découverte l'amuse, la gloire l'attire. Va pour Corniglion, bon pilote et joyeux drille.

Il faut un appareil. L'aviateur et l'écrivain connaissent tous deux Paul-Louis Weiler qui, directeur de Gnome-et-Rhône, dispose d'un bon appareil d'observation, un Farman 190, qu'il met généreusement à la disposition de ses deux amis. Quant au financement du voyage, André Malraux l'obtient en grande partie de *l'Intransigeant*, où il a des amis. Au surplus, un reportage du « Goncourt » sur une mystérieuse capitale des sables (« des adjectifs, mon cher, des adjectifs! »), c'est ce qu'un « grand quotidien d'information » ne refuse pas. Peu avant le départ, comme il se doit, Malraux reçoit les reporters de *l'Intransigeant* auxquels il dit, rejetant négligemment sa mèche en arrière : « Il y a au moins cinquante chances sur cent de laisser sa peau dans cette aventure [1]. »

On partit le 22 février au soir, avec un mécanicien nommé Maillard qui avait à coup sûr déployé plus de talent et de soins dans la préparation technique du vol que Malraux dans celle de l'itinéraire et des approches : il fallut attendre l'escale du Caire pour obtenir une première carte, en anglais, de la zone Yémen-Hadramaout, puis celle de Djibouti où l'on s'aperçut que cette carte ne correspondait pas du tout à celle des aviateurs de la base française.

Le bref séjour au Caire fut intéressant. Malraux visita entre autres le musée de Mariette, qui l'éblouit, puis reçut, une longue soirée durant, un groupe de jeunes intellectuels égyptiens fascinés. L'un d'eux, Georges Henein, alors surréaliste, a gardé très vivant le souvenir de la rencontre :

« Il nous parla pendant des heures de saint Paul. Récents lecteurs de *la Condition humaine*, nous nous attendions à des références plus actuelles : il nous fallut longtemps pour comprendre qu'il s'agissait, dans son esprit, de Staline... » Avant de le quitter, ils lui demandèrent ce qu'il fallait lire. « *L'Histoire de la révolution russe* de Trotsky, et *le Canard enchaîné* [2]... »

1. *L'Intransigeant*, 10 mars 1934.
2. Entretien de Georges Henein avec l'auteur, 17 mars 1972.

Ainsi passa, parla et triompha l'homme qui partait, tout en
transes, à la rencontre de la reine des sables.

Ils s'envolèrent tous trois le 7 mars 1934 de Djibouti, faute
de pouvoir le faire d'Aden, plus proche de leur objectif, mais
où les Anglais les accueillaient d'autant moins bien qu'il s'agissait du survol d'une région considérée par la R.A.F. comme
une chasse gardée. Ils avaient une autonomie de vol de 11 à
12 heures et il leur fallait de 4 à 5 heures pour atteindre la zone
de Mareb, sur le parallèle d'Aden et sur le méridien approxima-
tif d'Hodeidah et de Sanaa. A vrai dire, l'objectif était mal
précisé. Il s'agissait, après tout, d'une « découverte ». Mais
étant donné le rayon d'action normal de l'avion et les réserves
de carburant transportables, ils ne pouvaient se payer le luxe
de tâtonner beaucoup.

Corniglion pilote, Malraux et Maillard dans son dos. Ils
sont en combinaison de vol, mais ont emporté des costumes dits
« arabes », pour le cas où un atterrissage forcé les contraindrait
à jouer les Lawrence au cœur de la dissidence. Royaume farfelu... Ils volent — contre le vent — depuis près de 5 heures
maintenant. Ils ont survolé Moka, et depuis un moment laissé
sur leur gauche une ville très belle surmontée d'un fort qui
ne peut être que Sanaa. Approche le moment où il faudra renoncer, ou prendre des risques abusifs de non-retour. Le pilote,
embarrassé par les contradictions des deux cartes, tend à Malraux son carnet où il a griffonné : « Je crois que nous nous
gourons [1]... » Et les deux hommes se prennent à ruminer une
phrase du récit d'Arnaud : « Sortant de Mareb, je visitai alors
les ruines de l'ancienne Saba, qui n'offre en général que des
morceaux de terre [2]... »

Corniglion se rapproche du sol. Et c'est alors qu'a lieu ce
qu'ils qualifièrent tous deux de « découverte », et que Malraux
devait décrire ainsi dans *l'Intransigeant* du 9 mai 1934 :

« ... A droite, devant nous, commence à devenir distincte
une vaste tache presque blanche, une plage de galets colossaux
au milieu du sable. Accident géologique ? Erreur ? Nous nous
répétons qu'il faut attendre, approcher ; mais, déjà, au fond de
nous-mêmes, nous avons reconnu des tours, et nous savons que
c'est la ville.

1. *Le Crapouillot*, juin-juillet 1971.
2. *Antimémoires*, p. 90.

Nous arrivons dessus, la regardons grandir comme un affamé mange.

L'esprit secoué doit choisir dans une bousculade de rêves. Et nous suivons à la fois la Bible et la légende, si cette ville fut celle de la reine, elle est contemporaine de Salomon : ce monument énorme, cette espèce de tour de Notre-Dame, sous quoi dégringole, jusqu'à un squelette pétrifié de fleuve, toute une perspective de terrasses, fût-il le palais dont l'Envoyé dit dans le Coran :

' J'y ai vu une femme gouvernant des hommes sur un trône magnifique; elle et son peuple adorent le soleil ' ?

... Dans un autre massif de pierre, un temple d'aspect presque égyptien : tours trapézoïdales, vaste terrasse oblique, propylées. A côté, un pan de mur de quarante mètres de haut. Que fut ce mur?... Au-delà des ruines, sont de nombreuses tentes nomades. Sur ces taches sombres apparaissent de petites flammes : on tire sur nous! »

Et ce surprenant reporter, glissant soudain sur un plan familier, de conclure :

« Dommage qu'il soit impossible d'atterrir; une peuplade de lézards bleus et verts achèvent sans doute ici comme il convient une des plus belles légendes du monde. »

Quand le journaliste se transforme, trente-trois ans plus tard, en mémorialiste, le ton s'adoucit, les périodes s'allègent, et quelque chose comme de la modestie rétrospective atténue l'évocation du miracle :

« Nous distinguions de mieux en mieux le sol à mesure que nous descendions et que, dans l'avion de guingois, nous nous battions avec l'appareil de prise de vues comme des garçons de café affolés avec leur plateau. Ce n'était plus le désert, mais une oasis abandonnée, avec les traces de ses cultures; les ruines ne rejoignaient le désert qu'à droite. Ces enceintes ovales massives avec leurs éboulis clairs sur le sol, étaient-ce les temples? Comment atterrir? D'un côté, des dunes où l'avion capoterait; de l'autre, un vol volcanique où des roches sortaient du sable. Près des ruines, partout des éboulements. Nous descendions encore, et continuions à photographier. La muraille en fer à cheval ne s'ouvrait que sur le vide : sans doute la ville, construite de briques crues comme Ninive, était-elle retournée

comme elle au désert. « Nous revînmes vers le massif principal :
tour ovale, des enceintes encore, des bâtiments cubiques. Sur les
taches sombres des tentes de nomades éparses hors des ruines,
crépitèrent de petites flammes. On tirait sans doute sur nous.
Au-delà des murailles se précisaient des vestiges pleins du mystère des choses dont nous ignorions la destination : cet H à plat
sur la tour qui dominait les ruines, que signifiait-il ? Élément
d'observatoire ? Terrasse de jardin suspendu ? Ils étaient nombreux encore dans le haut Yémen, ces jardins de Sémiramis
devenus humblement potagers, mais que couvrait l'herbe-à-
rêves, le chanvre du Vieux de la Montagne... Dommage qu'il
fût impossible d'atterrir [1]. »

Et trois pages plus loin, il glisse, comme sans y prêter attention, que « de Saba », il ne reste « presque rien ». Comme c'est
bon, parfois, la vérité...

Entre le 8 mars 1934 à Djibouti, d'où après un atterrissage
aventureux, la veille au soir, à Obock, ils adressaient à *l'Intransigeant* un télégramme ainsi rédigé : « *Avons découvert capitale
légendaire reine de Saba stop vingt tours ou temples toujours
debout stop à la limite nord du Rub'Al-Khali stop avons pris des
photos pour l'Intransigeant stop salutations Corniglion - Malraux* » et le temps où écrit l'auteur des *Antimémoires*, l'affaire
a été ramenée à de plus justes proportions.

Les sept articles publiés par le quotidien parisien à partir du
3 mai 1934, en tête de première page, sous des titres lourdement
raccrocheurs et accompagnés de photos-montages qui donnent
l'impression de trucages naïfs mais firent alors grande impression, semblent aujourd'hui de vrais canulars. Le sérieux de la
« découverte » fut aussitôt mis en question, et de la façon la
plus irritante pour André Malraux. Le 6 avril paraissait dans
le Temps une lettre d'un explorateur nommé Beneyton qui
mettait brutalement en doute non seulement l'identité entre les
« ruines survolées par M. Malraux » et la « légendaire Mareb
découverte en 1870 par Halévy » mais suggérait que les archéologues volants avaient dû confondre, soit avec Tehanna (site
voisin de la côte), soit avec Temma (« que j'ai découvert moi-
même en 1911 »), soit même avec Moka... Ce qui était taxer
Malraux et son compagnon d'ignorance, de naïveté ou de
mensonge.

---

1. *Antimémoires*, p. 93.

L'auteur des *Conquérants* réagit durement dans la forme, prudemment sur le fond. Quatre jours plus tard, le 10 avril, le directeur du *Temps* publiait une réponse dans laquelle Malraux admettait que « la ville que nous avons survolée n'est pas Mareb, découverte depuis 1843 » et ajoutait que « si comme chacun, nous risquons de nous tromper en identifiant une ville que nous avons vue, nos contradicteurs risquent de se tromper plus encore en identifiant une ville qu'ils n'ont pas vue du tout... Nous savons ce qu'a d'incertain toute identification qui ne repose pas sur l'épigraphie. Mais il s'agit de ruines cinq fois plus étendues que toutes les ruines connues de l'Arabie méridionale, et des seules debout... Nous avons survolé deux fois Moka qui est à 500 km de la ville dont il s'agit. Nous n'avons jamais parlé de Tehanna, c'est-à-dire de la côte, mais du Rub' Al-Khali, c'est-à-dire de l'extrême intérieur... Nous ne confondons nullement, comme le suppose notre contradicteur, une ville de la confédération de Saba avec Moka, pas plus que l'Acropole d'Athènes avec les Champs-Élysées ».

Trente-trois ans plus tard, ni le mot, ni l'idée de « découverte » ne résistent à l'examen. Dans un livre intitulé *Missions très spéciales*, Edmond Petit, lui-même aviateur, a tenté de faire le point sur l'expédition du 7 mars 1934. Il cite ce qu'en disent plusieurs spécialistes de la civilisation yéménite, et notamment Jacqueline Pirenne, excellente orientaliste qui estime que ce que Malraux a voulu voir et décrire comme Mareb, la capitale supposée de la reine de Saba, est probablement une oasis formée de divers sites, les uns habités, les autres en ruine : Duraïb Kharib, Ashil-Rumm [1]. En fait, c'est en 1952 qu'une mission archéologique américaine découvrit vraiment Mareb, qui n'est pas sans ressembler à ce que Malraux avait cru voir !

Malraux vient de risquer sa vie pour une reine biblique — et son descendant, héritier de Ménélik et empereur d'Éthiopie, lui fait savoir qu'il l'accueillerait volontiers. On met donc le cap sur Addis-Abeba, où le Négus attend toujours les centurions de Mussolini. Pour André Malraux, jusqu'alors en mauvais termes avec les autorités constituées, c'est le début d'un long dialogue avec les chefs d'Empire. Il évoque celui-ci avec une rafraîchissante simplicité :

1. M. Petit a-t-il interprété sa pensée ? Mlle Pirenne est aujourd'hui plus incertaine sur ce que Malraux a vraiment vu...

« Voici le Négus dans le guébi royal. Il est assis sur un canapé des Galeries Lafayette, devant ses dignitaires en toge. Pendant que l'interprète appelle Corniglion-Molinier : M. de la Molinière, parce que le Négus au sourire triste a reçu l'avant-veille quelques junkers, entre par les fenêtres le rugissement des lions de Juda. Leurs cages bordent depuis des siècles la grande allée du palais des Négus, qui tiennent les reines de Saba pour leurs ancêtres légendaires [1]... »

Il retrouvera le ton de l'épopée pour conter ce que fut le voyage de retour. De Corniglion, on a cette très simple notation [2] : « Nous eûmes, par Massaouah et Port-Soudan, par Tripoli, Tunis, Bône, Alger, Fez, Barcelone et Lyon un retour difficile où le vent, la grêle, la neige, la brume et la pluie se disputèrent l'honneur de nous faire escorte... »

Sous la plume de Malraux, c'est le récit célèbre du cyclone, suivi du retour à la vie, inséré dans le roman qu'il publia l'année suivante, *le Temps du mépris* (comme pour donner un peu de chaleur à ce récit trop sec), et qu'il reprit, sans beaucoup de retouches, dans les *Antimémoires* [3]. On ne peut se retenir d'en citer quelques phrases. D'abord parce que c'est un texte très beau, où le Malraux de *l'Espoir*, musclé et réel, se substitue sainement au pasticheur de Flaubert; ensuite parce que ces moments — ceux de « la rencontre du cosmos » et du « retour à la vie » — sont de ceux qui ont marqué l'existence d'André Malraux et qu'on peut les situer au seuil de sa seconde vie, celle où, pour reprendre les termes du texte clé qu'il va publier quelques mois plus tard, la « différence » le cède à la « fraternité ».

« Nous étions partis de Tripolitaine pour Alger, bien que la météo fût assez mauvaise... » (Le ton de *l'Énéide*, revu par Saint-Exupéry.)

« ... Surgirent des crêtes verticales encore couvertes de neige sur un ciel de plus en plus noir. C'était l'Aurès. L'avion était déporté de cent kilomètres au moins. Nous foncions sur un immense nuage en arrêt, non plus calme et immobile là-haut, mais ramassé, vivant et meurtrier. Ses bords avançaient vers

1. *Antimémoires*, p. 105.
2. Cité par Pierre Galante, *Malraux*.
3. P. 95-101.

l'appareil comme s'il se fût peu à peu creusé en son centre, et l'immensité, la lenteur du mouvement, ne donnaient pas à ce qui se préparait l'aspect d'un combat animal, mais celui d'une fatalité. La perspective jaunâtre et bistre de ses bords effrangés, comme une perspective de caps dans une mer brumeuse, se perdait dans un gris illimité, sans bornes parce que séparé de la terre : la sombre étoupe du nuage venait de se glisser sous l'avion et me jetait au domaine du ciel, fermé, barré lui aussi par la même masse plombée. Il me sembla que je venais d'échapper à la gravitation, que j'étais suspendu quelque part dans les mondes, accroché au nuage dans un combat primitif, tandis que la terre continuait sous moi sa course que je ne croiserais plus jamais...

Au centre du cyclone, l'avion faisait la roue, tournait à plat sur lui-même... Corniglion était crispé sur le manche, à la limite de l'attention. Mais son visage était un visage nouveau... celui de l'enfance... Je m'aperçus que je tremblais non des mains (je maintenais toujours la vitre) mais de l'épaule gauche. A peine me demandais-je si l'avion était de nouveau horizontal que Corniglion enfonçait le manche en avant et coupait les gaz. Je connaissais la manœuvre : tomber, profiter du poids de la chute pour crever l'orage et tenter de rétablir les positions près du sol...

1 000

900

850, je sentais mes yeux en avant de ma tête, mes yeux qui, frénétiquement, craignaient l'arrivée de la montagne...

600

500

4... Non pas horizontale et devant moi comme je l'attendais, mais au loin et oblique, la plaine! J'hésitais devant l'irréalité de cet horizon à 45° (c'était l'appareil qui tombait incliné) mais déjà tout en moi l'avait reconnu, et Corniglion tentait de rétablir la position. La terre était très loin au-delà de cette mer de nuages ignobles, de flocons de poussière et de cheveux déjà refermée sur nous, déjà rouverte; à 100 mètres sous l'avion, jaillit de ses derniers lambeaux un paysage de plombagine, des éclats noirs de collines dures autour d'un lac blafard qui se ramifiait en tentacules dans la vallée, et qui reflétait avec un calme géologique le ciel bas et blême.

A demi assommé, l'appareil se traînait sous l'orage, à 50

mètres des crêtes... Ma main quitta enfin la vitre, et je me souvins que ma ligne de vie était longue... Un apaisement immense semblait baigner la terre retrouvée, les champs et les vignes, les maisons, les arbres et les oiseaux endormis. »

Ce « retour à la vie », que l'aéroport de Bône (où, comme dans un film de Charlot, on les acclame pour une « performance » sportive, les prenant pour d'autres), c'est bien le leur, pourtant... Pour André Malraux, dans les rues de cette ville, c'est d'abord :

« ... l'énorme main rouge qui était alors l'enseigne des gantiers. La terre était peuplée de mains, et peut-être eussent-elles pu vivre seules, agir seules, sans les hommes. Je ne parvenais pas à reconnaître ces boutiques, cette vitrine de fourreur avec un petit chien blanc qui se baladait au milieu des peaux mortes, s'asseyait, repartait : un être vivant, aux longs poils et aux mouvements maladroits, et qui n'était pas un homme. Un animal. J'avais oublié les animaux. Ce chien se promenait avec tranquillité sous la mort dont je portais encore le grondement retombant : j'avais peine à dessaouler du néant. »

Compagnon de route

13. L'engagement

« André Malraux ne fera pas route avec les Gisors. » Ainsi
Ehrenbourg concluait-il son article de mai 1933 sur *la Condition humaine :* pour lui, Malraux avait d'ores et déjà choisi la
révolution contre l'idéalisme esthétisant et la fuite dans les
paradis artificiels à quoi l'auteur de *la Chute de Paris* réduit,
marxiste pour une fois un peu épais, le personnage du père
de Kyo. Ironie des choses et des gens : il se trouve que, si André
Malraux amorce en effet vers 1933 une évolution de nature à
satisfaire pour un temps Ilya Ehrenbourg et ses amis, c'est en
grande partie sous l'influence d'un personnage qui passa pour
lui avoir inspiré le personnage du vieux Gisors : Bernard
Groethuysen.
S'agissant d'une œuvre aussi puissamment imaginaire que
la Condition humaine, il ne faut certes pas exagérer le rôle des
« clés ». Comme je lui posais, en juin 1972, la question de
savoir si Groethuysen était peu ou prou le modèle de Gisors
(et du vieil Alvéar de *l'Espoir*), André Malraux répondait :

> « *Ce sont des personnages trop pathétiques pour le refléter
> tout à fait. Lui n'était pas pathétique. Il était sage.* »

Bernard Groethuysen? Le nom n'a jamais défrayé la chronique. Il n'est pas un Français sur mille qui le connaisse aujour-
d'hui. Mais de 1930 à 1950 cet homme, au poste de pilotage
de la *NRF*, aura joué — pour une génération au moins — un
rôle essentiel dans l'introduction en France de Kafka, de la
philosophie allemande et de la littérature russe. Il fut peut-
être le meilleur ami de Jean Paulhan et la personne qui fit le

plus pour tirer Gide vers le communisme. Si, parmi les vivants, Malraux eut un maître, ce fut ce philosophe germano-hollandais au visage de Socrate et aux manières de moujik, marxiste d'âme et fervent de saint Augustin.

Malraux l'avait connu en entrant à la *NRF*, au début de 1928. Il avait très vite accepté l'influence de cet ancien professeur de sociologie à l'université de Berlin (où il avait côtoyé Max Weber), marxiste d'un désintéressement si total qu'il eût volontiers passé sa vie à récrire (ou à écrire) des œuvres signées par d'autres. Ce qu'il fit d'ailleurs.

« Grout [1] », ainsi que chacun l'appelait, était le fils d'un médecin hollandais (devenu fou) et d'une Russe. A vingt ans il s'était découvert un grand amour pour la France. Entré à la *NRF* après la guerre de 14-18 pour s'occuper des cultures étrangères, il était devenu l'ami d'André Gide et de Jean Paulhan qui lui a consacré, après sa mort en 1946, un admirable article [2].

L'auteur des *Fleurs de Tarbes* qui habita pendant des années un atelier attenant à celui où vivait Groethuysen, rue Campagne-Première, le décrit « l'œil vert enfoncé sous l'arcade à peine visible... œil de seiche avec une sinuosité des paupières... », lisant à haute voix avec lui, dans le plus simple appareil, *Chéri-Bibi*, ou étendant un drap sous le plafond percé de sa chambre, pour éviter qu'il ne pleuve trop fort sur son lit...

Le philosophe vivait avec Alix Guillain, journaliste à *l'Humanité* et écrivain de talent, dans une union libre très sourcilleuse : les deux compagnons étaient convenus de n'imposer aucun de ses amis à l'autre : où eût été la liberté ? Des conflits politiques opposaient parfois ces deux marxistes passionnés. Plus militante que son compagnon, Alix Guillain n'en critiquait pas moins le militarisme bureaucratique du parti soviétique, et gardait affiché dans sa chambre le portrait de Trotsky jumelé à celui de Lénine — ce pourquoi, écrit Paulhan, « Grout » la « rembarrait ».

Il avait la passion d'échanger et de convaincre, et passait des heures à discuter avec une voisine, prostituée la nuit, peintre le jour, qui l'enchantait ; ou avec son concierge, ancien policier chargé de la chasse aux déserteurs en 1917 — et fit si bien qu'il le persuada d'adhérer au parti communiste... Ainsi fit-il

---

1. Son nom se prononce à peu près « Grout-Oeil'Zen ».
2. « Jean Paulhan à la NRF », n° spécial « La mort de Groethuysen ».

pour André Gide, dont le *Retour de l'URSS*, en 1936, le désola. Son amitié pour l'auteur de *Paludes* resta vive mais il déclarait sérieusement : « Dans la société sans classe, il n'y aura pas de place pour les Gide. »

Ce Socrate aux allures de Diogène joua pendant quinze ans un rôle essentiel dans la vie intellectuelle d'André Malraux. Sa foi marxiste, son ironie profonde, sa culture allemande et russe, son sens de l'universalité, sa foi en une certaine idée de l'homme ont modelé — en contrepoint parfois — la vision et la pensée du Malraux des années 30. Sans Groethuysen, peut-on imaginer tout à fait son engagement révolutionnaire de 1934 à 1939, sa discrétion sur les procès de Moscou et le pacte de 1939, son attachement persistant à l'URSS jusqu'à la fin de la guerre ?

On ne peut manquer de relever, avec une sorte de perplexité, que la rupture éclatante de Malraux avec ses anciens compagnons de route (son intervention au congrès du MLN [1], en janvier 1945) précède de quelques mois seulement la mort à Luxembourg, le 27 septembre 1946, de Bernard Groethuysen dont il nous parlait ainsi, un quart de siècle plus tard :

« *De tous les hommes que j'ai rencontrés, c'était celui qui imposait le plus certainement l'idée du génie intellectuel. Mais il n'attachait pas d'importance à ce qu'il écrivait. C'est le seul cas que j'ai connu de génie oral. Des bavards, j'en ai beaucoup croisé... Mais non ce type d'homme de la parole. Je l'ai rencontré un jour avec Heidegger et quelques farfelus : il dominait de haut ! Socrate avec Platon... C'est peut-être l'homme que j'ai le plus admiré. Autour de lui, on était comme des hannetons, on vrombissait* [2]*... »*

Jusqu'à la veille de l'installation d'Adolf Hitler à la chancellerie du III⁰ Reich, pourtant, André Malraux n'est pas précisément un écrivain « engagé ». En dépit de « Grout » et d'hommes qui ont moins de prise sur lui mais qu'il respecte ou qu'il fréquente — de Romain Rolland à Ehrenbourg — il reste un révolté beaucoup plus qu'un révolutionnaire. Quand,

---

1. Mouvement de libération nationale.
2. Entretien d'André Malraux avec l'auteur, juin 1972.

en octobre 1930, un collaborateur de *Monde*, la revue de Barbusse, l'interroge sur le rôle de l'écrivain, il répond encore que son devoir est « *d'exprimer le sentiment tragique de la solitude* ».

Au lendemain de la publication des *Conquérants*, il a précisé, au cours du meeting de « l'Union pour la vérité », le 8 juin 1929, que ce roman n'est pas « une apologie de la révolution »; mais il a formulé les raisons qui justifient l'alliance entre l'individualiste forcené qu'est Garine et l'organisation bolchevique. C'est déjà presque un plaidoyer pour la condition de « compagnon de route ».

L'année suivante, pourtant, il publie *la Voie royale* où il semble appeler sur lui les louanges que Drieu la Rochelle lui décerne dans son article de la *NRF*[1] : « Malraux voit la condition de l'homme sous l'angle de l'individu » — non sans faire valoir à quel point l'amitié entre ses héros élargit et échauffe cet individualisme d'aventuriers. Des *Conquérants* à *la Voie royale* ou, mieux, des luttes aux côtés de Monin, à Saigon, aux couloirs de la *NRF*, il est difficile de dire que Malraux ait fait route vers la fraternité révolutionnaire.

Il publie bien, de temps à autre, des articles fermement orientés « à gauche », telle sa réponse à la *Revue européenne* (mai 1927) à propos de la censure exercée contre *le Cuirassé Potemkine*[2]. Et, en juillet 1930, il signe aux côtés de plusieurs écrivains d'extrême gauche un texte adressé aux *Nouvelles littéraires* pour protester contre un article insultant la mémoire de Maïakovski publié par ce journal. Mais les notes critiques qu'il publie régulièrement à la *NRF*, fût-ce au sujet de livres aussi politiques que *Défense de l'Occident* d'Henri Massis (juin 1927) ou *le Journal de voyage d'un philosophe*, de Keyserling, le montrent plus avide d'analyser et d'interroger que de pourfendre ou même de convaincre.

Il y a certes, en avril 1931, le grand dialogue avec Trotsky à propos des *Conquérants*, dans la *NRF*. Mais Malraux y plaide pour les droits du créateur plus que pour ceux du révolté. Et quand il le rencontre pour la première fois, en 1932, Ehrenbourg note sur son carnet : « Gide a soixante ans, Malraux trente, mais tous deux semblent à la fois des adolescents qui n'ont pas encore fait l'expérience du malheur et des vieillards

1. Décembre 1930.
2. Voir plus haut, p. 121.

drogués, non par l'alcool ou par la nicotine, mais par les livres[1] ».

Le 30 janvier 1933, les nazis prennent le pouvoir à Berlin. C'est une date qui coupe ces deux avant-guerres comme un coup de hache — on décapitait d'ailleurs les opposants actifs à la hache, dans le IIIe Reich. Aux indécises terreurs des « Royaume farfelu » se substitue l'horreur proche et quotidienne. Commence le temps du mépris. Malraux-l'ambigu, comme, au même moment, de Gaulle-le-plus-ambigu-encore, ne s'y trompe pas. Les « temps de troubles » sont venus et appellent un autre comportement.

Sept semaines après l'avènement d'Hitler, le 21 mars 1933, « L'Association des écrivains et artistes révolutionnaires » (AEAR), organisation créée un an plus tôt et manipulée par Paul Vaillant-Couturier et Maurice Thorez, jeune dirigeant communiste fort intéressé par les problèmes culturels, appelle à un meeting à la salle du Grand Orient de France, rue Cadet. André Gide préside. Mettant en parallèle « l'énorme effort d'écrasement » du peuple allemand par le parti hitlérien et « certains pénibles abus de force » en Union soviétique, il déclare :

« Pourquoi et comment j'en suis arrivé à approuver ici ce que là je réprouve, c'est que, dans le terrorisme allemand, je vois une reprise, un ressaisissement du plus déplorable, du plus détestable passé. Dans l'établissement de la société soviétique, une illimitée promesse d'avenir [2]. »

André Malraux était là, lui aussi. Il a adhéré à l'AEAR dès le mois de décembre 1932 [3] — mais c'est la première fois qu'il s'exprime dans un cercle aussi militant, de ceux où l'on disait « Camarades! ». Témoin de cette soirée, Ehrenbourg le décrit ainsi : « Malraux parlait inintelligiblement. Un tic nerveux tordait constamment ses traits. Soudain il s'arrêtait, levait le poing et hurlait : ' S'il y a la guerre, notre place est dans les rangs de l'Armée rouge [4] '! »

Fut-il si inintelligible? Du texte de son intervention, publié dans une brochure intitulée *Ceux qui ont choisi*, on retient de beaux cris :

---

1. *Memoirs* (1921-1941), p. 136.
2. *Marianne*, 29 mars 1933.
3. J.P.A. Bernard, *Le PCF et la Question littéraire*, p. 178.
4. *Memoirs*, p. 241.

« Depuis dix ans, le fascisme étend sur l'Europe ses grandes ailes noires... Bientôt ce sera l'action, sang contre sang... Nous nous devons d'abord à une action concrète, pour aider les écrivains allemands qui nous font l'honneur d'avoir confiance en nous! Ceux qui sont persécutés en Allemagne ne le sont pas en tant que marxistes, mais parce qu'ils ont gardé le sentiment de la dignité. Le fascisme allemand nous montre que nous sommes face à la guerre. Nous devons faire notre possible pour qu'elle n'ait pas lieu : mais nous avons affaire à des sourds, nous savons qu'ils ne nous entendent pas! A la menace, répondons par la menace, et sachons nous tourner vers Moscou, vers l'Armée rouge! »

L'ordre du jour voté à la fin de cette réunion très militante fut au dispason des propos tenus sur la tribune : il dénonçait l'« impérialisme français, complice de Hitler comme Thiers le fut de Bismarck » et répudiait le traité de Versailles au même titre que la terreur hitlérienne : voilà André Malraux engagé sur d'autres voies que celle du tourisme archéologique, de l'aventure-drogue, de l'individualisme esthète. Il n'adhérera jamais, on le sait, au parti communiste. Mais il est devenu une manière de militant.

C'est aussi le temps où *la Condition humaine* commence à paraître dans la *NRF* (janvier-juin 1933). Un texte qui n'a pas besoin autant que celui des *Conquérants* d'être subtilement rattaché au courant révolutionnaire. De Garine à Kyo, de Borodine à Katow, et même de Hong à Tchen, l'évolution de l'auteur vers une vision à la fois plus cohérente et plus positive de la révolution est claire. L'aventurisme anarchisant qui colorait le premier livre fait place à un « gauchisme » où l'on peut voir (où l'on a vu) des tendances trotskystes. Le cosmopolitisme est toujours envahissant, le pessimisme est, du point de vue marxiste, critiquable, et l'interrogation métaphysique a de quoi déconcerter le lecteur communiste. Mais pour l'essentiel, le livre rend un son révolutionnaire.

Le moment où il sort en librairie est aussi celui où paraît *Commune*, revue de cette « Association des écrivains et artistes révolutionnaires » qui avait entraîné Malraux à s'engager. Dès le premier numéro (juillet 1933), *Commune* rend compte de *la Condition humaine* sur un ton chaleureux. Non sans faire

« quelque réserve sur le rôle historique que Malraux attribue ici à la IIIe Internationale », Jean Audard[1], comparant l'œuvre de Malraux à d'autres « romans sur la révolution » comme *l'Armée nue*, de Pilniak, observe que Malraux, lui, ne « se contente pas des faits en ignorant les volontés ». Dès lors « qu'un roman social ne saurait ignorer les drames individuels », il « réalise cette union du psychologique et du social de façon particulièrement concrète ».

Ambigu vis-à-vis du marxisme, engagé clairement face au fascisme, Malraux va s'allier plus fermement encore à la gauche militante, pendant cette décisive année 1933, sur un autre terrain : l'anticolonialisme. On a relevé à quel point il avait paru se détacher de ses alliés indochinois de 1925, n'abordant presque jamais le sujet, même lorsque la relation des aventures de Claude, dans *la Voie royale*, lui en donnait l'occasion. Le livre devait certes avoir une suite, intitulée *les Puissances du désert*, et l'on pouvait attendre de Claude Vannec qu'il affrontât à son tour les pouvoirs coloniaux sur d'autres terrains que ceux de la propriété artistique. Mais enfin, les crises coloniales ne manquaient pas. L'année 1930, celle même de la parution de *la Voie royale*, avait été marquée en Indochine par deux soulèvements graves et sanglants, celui de Yen Bay et celui du Nghé An, dont avaient rendu compte des journalistes aussi célèbres alors que Louis Roubaud. Un presque homonyme de son ancien compagnon de lutte, Paul Monet, publiait un livre implacable sur la colonisation indochinoise, *les Jauniers*. Malraux se taisait toujours.

Soudain, le 11 octobre 1933, *Marianne* publie sous le simple titre « S.O.S. » un article d'André Malraux d'une violence à la mesure de son long silence. Se fondant strictement sur les minutes officielles de deux procès qui venaient de s'achever, l'un par l'acquittement par la Cour de Hanoi de cinq légionnaires qui, en mai 1931, avaient massacré des prisonniers politiques avec une cruauté répugnante, l'autre avec huit condamnations à mort de communistes annamites par le tribunal de Saigon, Malraux écrivait ce réquisitoire flamboyant :

« Pour supprimer toute équivoque, que ceci soit bien entendu : personnellement, ayant vécu en Indochine, je ne conçois pas

---

1. Qui devait d'ailleurs être exclu peu après pour tendances freudiennes...

qu'un Annamite courageux soit autre chose que révolutionnaire. Mais je ne veux pas développer ici mon opinion, je veux
faire sauter aux yeux un ordre de sottises menaçant et demander qui l'accepte. Le fascisme est une doctrine qu'on approuve
ou combat; la bêtise n'en est pas une.

L'attitude démocratique est celle qu'on prétend avoir. Il
faudrait pourtant un minimum de logique. Si l'on est le plus
fort, on peut passer son temps à gifler les gens; c'est une question de goût; mais avec les mains nues : pas à coups de Déclaration des droits de l'homme.

[...]

La logique de l'attitude démocratique serait de reprendre ce
que fit précisément (la) Révolution et, comme elle, de natura-
liser en masse les indigènes. La création d'un 'empire démocratique français' de cent millions d'habitants est une hypothèse audacieuse. Moins que le bolchevisme. Moins que le
fascisme.

[...]

... Dès que les indigènes crachent sur l'un des leurs parce
qu'il les a trahis, on le couvre de Légion d'honneur pour que
ça ne se voie pas. Seulement, il ne faudra pas s'étonner si les
paysans — dix-neuf vingtièmes de la population — deviennent
communistes. Tout communisme qui échoue appelle son fascisme, mais tout fascisme qui échoue appelle son communisme.
Encore est-ce une attitude pensable. Ce qui a lieu en ce moment
n'est pas une attitude pensable, c'est un fou qui tire sur les
passants en hurlant : ' Je suis l'Ordre. '

[...]

Le mot communisme couvre tout... A son ombre la Bêtise
se roule sur l'Indochine comme un bœuf enragé... On appelle
ainsi tout désir de révolte, et c'est excellent pour les plates-
formes électorales. Dormons tranquilles...

Seulement attention : les vrais communistes finiront par
comprendre qu'il n'est pas très efficace de gueuler dans des
meetings que le prolétariat ne tolérera pas plus longtemps ce
que le prolétariat tolère si bien; qu'à ce moment même, comme
un sinistre écho du discours, on fusille les condamnés : que
ces révoltes vaines, ces descentes d'indigènes armés de triques
contre les mitrailleuses de la Légion ne sont bonnes qu'à faire
tuer les meilleurs militants annamites. Ils commenceront à
faire non de la révolte, mais de l'organisation clandestine,

car couper la tête des gens n'est pas un moyen durable de les empêcher de s'en servir. Même avec une scie [1].

Et ils attendront que la guerre éclate en Europe.

Jeunes gens, hommes de moins de quarante ans, vous savez que la guerre est là. L'Europe présente la porte en elle comme tout corps vivant porte la mort; vous mourrez peut-être de l'avoir faite, vous ne mourrez pas sans l'avoir faite. Avec quelque force que vous fermiez les yeux, le monde tout entier vous la crie aux oreilles. Vous qui savez, pour l'avoir entendu hurler ou gémir à côté de vous pendant toute votre adolescence, combien il est difficile de tuer et de mourir même d'accord avec sa conscience — à l'heure où, dans quelques rangs que vous soyez, se jouera en France le sens même de votre vie, ce sont peut-être ces hommes-ci que l'on enverra combattre. Vous dans l'ombre de qui rôdent les guerres comme des sorcières accroupies pour vous dire : 'Tu seras mort', on vous prépare une autre guerre du Rif.

Car, nationalistes, communistes, libéraux, il est une chose que vous savez tous : c'est qu'un peuple se lasse de tout à la longue — même d'être assassiné pour rien. »

Malraux n'est pas un écrivain timide. Il n'a pourtant pas souvent clamé aussi fort une aussi magnifique colère sur un ton digne, ici, de Bernanos. Deux ans plus tard, on en retrouvera les échos dans sa préface au livre d'Andrée Viollis, *Indochine SOS* qui reprend le titre de l'article de *Marianne* [2]. Ce second texte est moins fort, moins vibrant. Mais entre une intéressante analyse de l'évolution du reportage qui, selon l'auteur, tend de moins en moins à montrer des personnages et plutôt des choses, mais qui est un genre faible en France parce qu'il lui manque une « volonté », et le récit fameux de la démarche des ouvriers de Saigon qui avaient apporté des caractères d'imprimerie munis d'accents aux animateurs de *l'Indochine enchaînée*, Malraux pose très bien le problème politique de la colonisation :

« Le jeu des entreprises coloniales, et de l'administration qui dépend d'elles, consiste à revendiquer pour l'action qu'elles exercent sur les indigènes la rigueur que l'État devrait exercer

---

1. C'était la méthode utilisée par les légionnaires acquittés.
2. Gallimard, 1935.

sur elles, et que précisément elles lui refusent. Dès que l'esprit s'introduit dans ce domaine de fait, l'absurdité commence. Ceux qui, en réponse aux questions d'Andrée Viollis, prétendent fonder la colonisation en justice, oublient que le missionnaire des léproseries n'est admirable que dans la mesure précise où il n'est pas la justification du trafiquant. Et qu'il est bien facile à l'Annamite de répondre : quand les Français construisent en Indochine des routes ou des ponts, qu'on les paie, comme on le fait lorsqu'ils dirigent les travaux du Siam ou de la Perse; et qu'ils dépensent ensuite à leur guise l'argent qu'ils ont gagné. Car si ceux qui travaillent doivent, en plus de leur salaire, recevoir le pouvoir *politique*, il faut faire en France des soviets, du spécialiste à l'ouvrier [1]. »

Il ne suffit plus à Malraux de nouer ainsi question coloniale et question sociale, avec une habileté qui n'est pas sans risque : la décolonisation réduirait-elle à néant les arguments du marxisme en économie développée? Il a déjà repris le débat antifasciste sur le terrain où il se pose alors en priorité : l'Europe.

Dès le lendemain de son couronnement par les Goncourt, André Malraux saisit toutes les occasions qui lui sont offertes de faire de sa nouvelle notoriété un moyen de frapper l'opinion et de la mettre en garde contre la menace nazie. Le 20 décembre 1933, dans une interview à *Marianne*, il dénonce les manœuvres de préparation à un conflit qui opposerait à l'Union soviétique une coalition franco-allemande. Certes, dit-il,

« ... l'opinion n'est pas très chaude pour la guerre. On la chauffera. Regardons un peu cette opération. La presse du comité des Forges [2] est, en somme, favorable à l'entente avec Hitler. Celle des trusts mondiaux du pétrole, Royal et Standard, et des banques qui leur sont liées, est nettement favorable à Hitler, nettement orientée contre la Russie... Il arrive ceci, qui est curieux : d'une part, un groupe puissant d'intérêts économiques qui prépare en France, à échéance plus proche (pétrole) ou plus lointaine (comité des Forges) la guerre contre la Russie; d'autre part, des forces politiques « de gauche », qui valent ce qu'elles valent, qui m'excitent avec modération,

_____

1. « *Indochine SOS* », p. 9-10.
2. Organe dirigeant de la métallurgie française qui était alors considéré comme le symbole du capitalisme de combat.

mais qui de toute évidence s'opposent seules avec quelque
poids à cette guerre.

[...]

— Je ne crois pas au fascisme en France. On se trompe toujours en confondant fascisme et autorité... La classe en danger,
c'est le fascisme. La nation en danger, c'est le jacobinisme.
Et le Français, plus menacé dans sa nation que dans sa classe,
sera jacobin et non fasciste.

Je ne crois pas à une 'biologie politique' qui permettrait
de prévoir l'évolution des fièvres européennes ou mondiales.
La guerre n'éclate pas parce que les circonstances les plus favo-
rables sont réunies. Non. Quand on lit que l'état de l'Europe
aujourd'hui, ressemble à l'état de l'Europe en 1914, on n'a
pas tort; mais on a tort d'en conclure qu'il en sortira une guerre
'comme en 1914...'... Quand tant de pronostics peuvent être
faits, il reste la volonté, je dis : en aucun cas, je ne ferai la
guerre contre la Russie [1]. »

Comme toujours chez Malraux politique, il y a là un mélange
de vues pénétrantes et d'approximations aventureuses. Mais
convenons que, six ans avant Munich, sept ans avant Laval,
le regard du romancier en vaut d'autres... Curieux aussi, ce
propos sur « les forces 'de gauche' qui... m'excitent avec modération, mais... ». Pour un militant, voilà beaucoup de désinvolture. Il trouvera l'occasion de se rattraper, du côté des
camarades...

14. Congrès à Moscou

L'occasion, la voilà. L'été suivant (1934) un congrès des
écrivains doit se réunir à Moscou. Chez Ilya Ehrenbourg, rue
du Cotentin, Malraux rencontre Constantin Fedine, qui lui
parle de la condition des écrivains en URSS et de l'importance
du congrès que ses organisateurs veulent plus « ouvert » que
celui de Kharkov où, en novembre 1930, le groupe des « écri-

---

1. *Marianne*, 20 décembre 1933.

vains prolétariens » (Les « Rabcors ») avait tenté d'exclure
tous ceux qui ne se pliaient pas à leur discipline — première
manifestation de ce qui allait devenir le « jdanovisme ». Bref,
Malraux fut invité au congrès de Moscou aux côtés d'Aragon,
de Paul Nizan et de Wladimir Pozner — tous membres du
PCF — et de Jean-Richard Bloch, qui allait le devenir.

Il accepta d'autant plus volontiers qu'une organisation soviétique, la « Mezrabpomfilm », projetait de tirer un film de *la
Condition humaine*, la réalisation devait être confiée soit à Joris
Ivens, soit à Dovjenko. D'autre part, si l'on en croit Ehrenbourg [1] et l'interview que Malraux lui-même devait donner le
16 juin à la *Literatournaïa Gazeta*, il travaille alors à un roman
sur le pétrole et veut visiter Bakou (où il avait déjà fait escale
en 1929 avec Clara).

A la fin de mai, Ehrenbourg et lui partent ensemble, par mer,
sur le *Djerjinski*, via Londres et Leningrad, où ils arrivent le
14 juin, accueillis par une délégation comprenant notamment
Alexis Tolstoï et Paul Nizan.

André Malraux avait été précédé à Moscou par la publication d'un judicieux article de Nizan (qui n'était pas encore son
ami) dans la *Literatournaïa Gazeta*, du 12 juin. « Malraux n'est
pas un écrivain révolutionnaire... Il est un de ces jeunes écrivains en renom qui, sortis de la classe bourgeoise, destinent
cette classe à une mort naturelle et se rallient au prolétariat.
Mais cette alliance contient des raisons personnelles, sans rapport avec la cause révolutionnaire [2]. »

Il s'était ensuite défini lui-même dans une interview à la revue,
le 16 juin :

« L'aversion pour la guerre impérialiste et la connaissance
personnelle des « droits » de la bourgeoisie française « éclairée »
en Indochine ont été, en réalité, les raisons profondes qui ont
fait de moi un écrivain révolutionnaire. Mais je ne suis pas un
pacifiste!... Si la guerre éclate, et je pense que c'est le Japon
qui la commencera, je travaillerai, le premier, à la formation
d'une légion étrangère et dans ses rangs le fusil à la main, je
défendrai l'Union soviétique, le pays de la liberté [3]. »

---

1. *Memoirs*, p. 264.
2. J. Leiner, « Autour d'un discours de Malraux », *La Revue des lettres
modernes*, nov. 1972, p. 133-134 (documents traduits par Hélène Reshetar).
3. « Autour d'un discours de Malraux », *ibid.*

Ehrenbourg a évoqué l'étonnant climat où se déroule pendant deux semaines dans le Hall des colonnes de la Maison des Syndicats le congrès surplombé par la moustache populiste et la voix pierreuse de Maxime Gorki, idole bonhomme couverte de fleurs par les kolkhoziens. Gorki trônait sous les portraits fraternels et géants de Shakespeare, de Molière, de Cervantès, de Balzac, de Pouchkine, de Gogol et de Tolstoï, flanqué d'un vétéran de la Commune de Paris, Gustave Isnard. Devant 25 000 dévots, Gorki parla, puis Jdanov, rappelant que selon Staline les écrivains sont « les ingénieurs des âmes ». Quant à Ehrenbourg, tenu alors pour l'expert soviétique en littérature occidentale, il en proclama l'« irrémédiable décadence ».

Un débat s'instaura entre tenants du « Front large » ouvert sur les alliances bourgeoises, dont le porte-parole était J.R. Bloch, et le défenseur principal du « Front étroit », Karl Radek. Pour n'avoir pas à choisir, Aragon s'en tint au lyrisme et chanta les gloires alternées de Rimbaud et de Cézanne.

Paraît Malraux. Il est, avec Theodor Plievier et J.R. Bloch, le seul non-communiste situé de plain-pied avec les « grands » du Congrès. Il ne va pas chercher à se le faire pardonner, sinon par un exorde claironnant :

« On vous a tant de fois salués que vous devez être fatigués de répondre. Si nous n'étions pas liés à l'Union soviétique, nous ne serions pas ici... On dira de vous « A travers tous les obstacles, à travers la guerre civile et la famine, pour la première fois depuis des millénaires, ceux-là ont fait confiance à l'homme ! »

(Mais ici le discours va obliquer) : « L'image de l'URSS que nous en donne sa littérature l'exprime-t-elle ? Dans les faits extérieurs, oui. Dans l'éthique et la psychologie, non. La confiance que vous faites à tous, vous ne la faites pas toujours assez aux écrivains... Si les écrivains sont les ingénieurs des âmes, n'oubliez pas que la plus haute fonction d'un ingénieur, c'est d'inventer ! L'art n'est pas une soumission, c'est une conquête... conquête sur l'inconscient presque toujours, sur la logique très souvent. Le marxisme est la conscience du social, la culture, la conscience du psychologique.

A la bourgeoisie qui disait *l'individu*, le communisme répondra *l'homme*...

Vous faites surgir ici la civilisation d'où sortent les Shakespeare. Qu'ils n'étouffent pas sous les photographies, si belles soient-elles! Le monde n'attend pas seulement de vous l'image de ce que vous êtes, mais aussi de ce qui vous dépasse, et que bientôt vous seuls pourrez lui donner[1]! »

Cet étrange et audacieux discours, où face à l'« establishment » soviétique, *marxisme* se trouvait par un biais opposé à *culture*, Staline implicitement accusé de n'être pas aussi génial en matière de poésie que de métallurgie, le réalisme socialiste ravalé au rang de l'artisanat photographique et suspecté d'être l'instrument d'une « soumission », ne suscite pas que des applaudissements.

C'est Karl Radek qui va lui répondre, avant un certain Nikouline. Assurant que le discours du « camarade Malraux était très avare » *(sic — selon la traduction de Commune)*, le vieux compagnon de Lénine ajouta :

« Notre vaste public ne connaît pas Malraux. Des extraits de ses œuvres ont été publiés dans la revue *Littérature internationale* qui, chez nous, ne touche qu'un nombre restreint de lecteurs (...). Malraux est un écrivain brillant. Il est reconnu par nos ennemis. Il suffit de lire l'article de l'académicien François Mauriac dans le journal de l'état-major français, *l'Écho de Paris*... Quant à la crainte de notre camarade Malraux de voir un jour étouffer dans notre crèche un Shakespeare naissant, elle prouve son manque de confiance en ceux qui soigneront l'enfant dans cette crèche. Que ce Shakespeare naisse! — et je suis certain qu'il naîtra — et nous prendrons soin de lui (...). A l'époque des Shakespeare du passé, la culture se nourrissait d'une très petite partie de la société... (Notre époque), en amenant à la culture des dizaines de millions (d'hommes) nous donne cent fois plus de chances de trouver des Shakespeare[2]... »

Radek, raconte Ehrenbourg, était un peu effrayé par les tics de Malraux. Il s'en inquiétait, persuadé que c'était chez lui le signe du plus profond mécontentement, quand le débat tournait à sa confusion. Ehrenbourg tenta en vain de le détromper, le visage de Malraux ne s'apaisant pas pendant l'intervention de Nikouline : « Je dois parler encore du camarade Malraux, (dont) une phrase a suscité de nombreuses interprétations :

1. *Commune*, septembre 1934.
2. J. Leiner, « Autour d'un discours de Malraux », art. cité, p. 59 et 144.

« Que tous ceux qui mettent les passions politiques au-dessus de l'amour de la vérité s'abstiennent de lire mon livre[1]. Il n'est pas écrit pour eux! »... Est-ce à dire qu'il s'incline devant les morts, sans penser aux vivants... La vérité de ce monde est la mort, écrivit Malraux. La vérité de ce monde est la vie, disons-nous! »

Malraux réclame à nouveau la parole, bondit à la tribune : « ... Si je pensais que la politique se trouve au-dessous de la littérature, je ne conduirais pas, avec André Gide, la campagne pour la défense du camarade Dimitrov en France, je ne me rendrais pas à Berlin, chargé par le Komintern de la défense du camarade Dimitrov; enfin, je ne serais pas ici! »

Il fut applaudi. Mais une ombre restait. Il n'est pas certain qu'elle ait été tout à fait dissipée par les réponses d'André Malraux aux questions que lui posa la *Pravda* sur « les aspects les plus intéressants du congrès » publiées le 3 septembre 1934. Parlant du « réalisme socialiste », le visiteur déclarait :

« Une société établie languit après le romantisme tandis qu'un monde nouveau, en formation, languit après le réalisme. C'est précisément pour cela qu'un tel réalisme est inévitablement très vaste; la construction du socialisme est le gage de sa puissance... La rapidité de l'évolution dans l'URSS transforme un type en quelques années. Je pense qu'en conséquence non seulement des types nouveaux émergeront, mais aussi une espèce nouvelle de types : les types d'une société en formation. Je pense que l'idée principale de Marx concernant l'homme est la suivante : l'homme doit être défini selon ce qu'il fait, non selon ce qu'il pense. Voilà qui nous indique la direction à suivre par l'art communiste; cette idée était d'ailleurs, sous-jacente, au cours du congrès, dans les discours des délégués[2]. »

Ce séjour en URSS fut émaillé d'incidents qui devaient bien marquer les frontières entre le visiteur et ses hôtes, sinon celles que l'on est accoutumé de tracer entre la réalité et l'imagination. André Malraux évoqua un jour pour nous avec une verve étonnante une réception dans la « datcha » de Gorki, où se retrouvèrent J.R. Bloch, Aragon, Anderson Nexö, Plievier, Becher et un rescapé des camps nazis nommé Bredel.

1. Il s'agissait de *la Condition humaine*.
2. Article ci-dessus cité, p. 130-131.

« *Alors qu'on en était aux zakouski, raconte-t-il, on entendit un pas, celui d'un homme botté. Les conversations s'arrêtèrent : c'était Staline, avec son air de capitaine de gendarmerie bien-veillant. Il me demande ce qui se passait d'intéressant à Paris. Et moi de répondre 'Un film de Laurel et Hardy', et de mimer un jeu de doigts entrecroisés que Stan Laurel y avait rendu fameux — chacun s'y essayant en sortant du cinéma... Staline s'assit, entouré de ses gardes du corps. Tout en mangeant, j'ai l'impression d'avoir perdu mon passeport, que je ne sens plus sur mon cœur. Impression désagréable à Moscou, hein? Je me penche pour chercher sous la table... Et là, que vois-je? Staline, Molotov et tutti quanti en train de tordre leurs doigts sous la nappe, pour tenter d'imiter Stan Laurel*[1]... » (André Malraux, bien sûr, est romancier.)

Clara, qui avait accompagné son mari à Moscou, rapporte pour sa part que, lors d'une réception où Leonov, pris d'un délire auto-accusateur presque dostoïevskien, se traitait de « barbare soviétique » dans un cadre très « nouvelle classe », André tint à lever son verre à un « grand absent, Léon Davi-dovitch Trotsky... »

Les heures les plus riches de ce séjour en URSS, ce furent pour lui celles qu'il passa avec Serge Eisenstein. Le projet de faire un film de *la Condition humaine* avait séduit à son tour l'auteur de *la Ligne générale*. Il travaillait à un découpage pour lequel Malraux se passionna. Collaborer avec le créateur du *Cuirassé Potemkine!* Le grand metteur en scène de théâtre Meyerhold, participa à leurs travaux. Il comptait, lui, monter une adaptation théâtrale du roman. On ne sait pourquoi ces projets tournèrent court. Peut-être en raison de l'attitude poli-tique de Malraux au congrès et pendant son séjour.

Bref, ce fut un voyage mouvementé, riche de contacts, où Malraux fut traité en hôte célèbre plus qu'en camarade, en artiste plus qu'en militant, mais où lui furent données toutes les occasions de s'exprimer, en public, dans la presse — occa-sions qu'il saisit avec fermeté et talent. C'est décidément sur le plan du « compagnon de route » qu'il se place, du révolution-naire antifasciste non marxiste. C'est à ce titre qu'il est consi-déré, admiré avec réserve, et utilisé à profusion.

1. Entretien d'André Malraux avec l'auteur, janvier 1972.

Mais le congrès n'était pas tout à fait achevé pour lui. Deux mois après son retour, le 23 novembre 1934, était organisée à la Mutualité, à Paris, une réunion dite de « compte rendu » des assises de Moscou. André Gide, Paul Vaillant-Couturier, Andrée Viollis étaient à la tribune. Malraux parle, sans notes. A propos des rapports entre marxisme et littérature soviétique, il assure que « prétendre qu'un art puisse être l'application d'une doctrine ne correspond jamais à la réalité... Entre eux, il y a des hommes vivants! »

Abordant le problème de « la liberté » de l'artiste vue sous l'angle de la liberté bourgeoise, il affirme :

« Depuis plus de soixante ans, (pour) les grandes œuvres de l'art occidental, il ne s'agit plus de peindre un monde mais d'exprimer à travers des images le développement d'un problème personnel... Une séparation s'est faite entre ceux qui s'accordent à leur civilisation et ceux qui ne s'y accordent pas... Il n'y a chez nous qu'un artiste qui, s'il était dans cette salle, pourrait, comme n'importe quel artiste soviétique à Moscou, dire : vous me connaissez et m'admirez chacun à votre façon : c'est Charlot. L'accord des hommes devant une œuvre d'art ne se fait plus en Occident que dans le comique et nous ne retrouverons de communion réelle que pour rire de nous-mêmes!

... A l'intérieur de la civilisation soviétique, le premier fait capital est l'affaiblissement de l'artiste comme objet d'intérêt à ses propres yeux; le monde lui semble plus intéressant que lui-même parce que là, le monde est à découvrir!

... On a beaucoup insisté sur la méfiance que la société russe en construction était obligée de faire peser sur l'homme. Prenons-y garde : cette méfiance ne pèse que sur l'individu!... La société soviétique peut créer un humanisme, attitude fondamentale de l'homme à l'égard de la société qu'il a acceptée... (où) l'important ne sera plus la particularité de chaque homme mais sa densité, et (où) il défendra non pas ce qui le sépare des autres hommes mais ce qui lui permet de les rejoindre au-delà d'eux-mêmes [1]... »

---

1. *Commune*, novembre 1934.

Quand il rentre d'URSS, à l'automne de 1934, Malraux semble plus séduit par ce qu'il a vécu de fraternel et de chaleureux aux côtés de ses hôtes soviétiques que rebuté par les violences policières et les conformismes néo-bourgeois de la société stalinienne. Que sait-il alors du sort d'Ossip Mandelstam (arrêté trois mois plus tôt), de Victor Serge ? Supposons, faute de preuve contraire, qu'il n'en est pas informé.

En tout cas, c'est avec une ardeur décuplée qu'il se prodigue dans les campagnes que mènent alors les animateurs extérieurs de la IIIe Internationale, sous l'impulsion de l'étonnant Willi Münzenberg, inspirateur et manipulateur de divers mouvements comme celui d'Amsterdam-Pleyel, ainsi nommé en souvenir de deux congrès tenus en Hollande en 1932 et à Paris en 1933, sous le signe d'un pacifisme antifasciste inspiré de l'esprit de Romain Rolland. C'est à Münzenberg qu'il faut attribuer le succès des campagnes pour Thaelmann et Dimitrov, chefs-d'œuvre de la propagande en un temps qui fut l'âge d'or de cet art ténébreux.

A vrai dire, Malraux n'avait pas attendu les *apparatchiki* de la « maison grise » — ainsi appela-t-il toujours le siège du Komintern — pour se lancer dans le combat en faveur de ces deux adversaires fameux du nazisme, le secrétaire général du parti communiste allemand Ernst Thaelmann et le Bulgare Georges Dimitrov, secrétaire de la IIIe Internationale. L'un et l'autre étaient tombés aux mains de la Gestapo, Thaelmann le 3 mars 1933, et Dimitrov dès le 27 février, après l'incendie du Reichstag dont les hitlériens avaient choisi de lui imputer la responsabilité : il remplissait alors en Allemagne, terrain périlleux entre tous, une mission que Jules Humbert-Droz, alors son collègue au Komintern, qualifie de « subalterne », : Staline, l'accusant alors de « droitisme », aurait voulu le compromettre, sinon le perdre[1].

C'est le 21 septembre 1933 que s'ouvrit le procès de Dimitrov et de ses trois compagnons Tanev, Popov et Torgler devant la « Cour suprême d'Empire » de Leipzig où, jouant les « témoins », Goering lui-même vint tenter d'impressionner les accusés. Malraux fit aussitôt connaître son soutien à la cause de la défense — notamment lors des « contre-procès » montés à Londres et à Paris par Münzenberg. Dimitrov fut acquitté

---

1. J. Humbert-Droz, *10 ans de luttes antifascistes*, La Baconnière, p. 112

à la fin de décembre, mais resta incarcéré. Un comité pour sa libération est constitué, que Malraux anime, aux côtés de Gide.

Au début de 1934, l'idée se forme de demander une entrevue à Hitler pour obtenir la libération de Dimitrov, détenu à la prison de Moabit, à Berlin, malgré le verdict d'acquittement. On demande à Malraux de porter la supplique ; André Gide accepte de l'accompagner. Ils partent le 4 janvier 1934. Ce voyage reste l'un des moments les moins connus de la carrière de Malraux. On sait en tout cas que Hitler refusa de recevoir les deux écrivains — ce qui était prévisible. Qui virent-ils, à Berlin ? Au cours d'un entretien, en février 1972, André Malraux nous contait une rencontre avec Goebbels qui ne rendait pas, avouons-le, un son d'irrécusable authenticité.

« Ce que vous cherchez ici, aurait dit le ministre hitlérien de la Propagande à ses deux visiteurs, c'est la justice mais ce qui nous intéresse, nous, c'est tout autre chose : c'est la justice allemande ! » Gide en serait resté pantois, murmurant simplement « C'est dommage ! » Quant à Malraux, il ne cite pas pour une fois sa réplique. Il se contente de s'interroger, encore aujourd'hui, sur l'étonnante inconséquence de ces gens qui, fabriquant l'incendie du Reichstag et y impliquant un de leurs ennemis les plus redoutables, Dimitrov (« aussi innocent du chef d'accusation proprement dit que coupable de *tout le reste...* » dit Malraux), lui intentent un procès presque régulier, bénéficiant d'une publicité internationale, et finissent par se trouver acculés à l'acquittement... Qu'on en attribue ou non le mérite à la démarche de Gide et Malraux, Dimitrov fut en tout cas libéré dès la fin de février 1934. Commentant ces gestes des maîtres du IIIe Reich, Malraux se demande aujourd'hui si l'acquittement puis la libération de Dimitrov n'indiquent pas que dès cette époque (1934) « *une connivence commençait à s'établir entre Hitler et Staline* [1] ». Hypothèse intéressante, car on est là à un tout autre niveau que celui des marchandages entre services spéciaux, à propos d'agents secrets qui, on le sait maintenant, furent monnaie courante à cette époque.

La campagne pour la libération de Thaelmann fut parallèle à celle menée pour Dimitrov. Elle s'était ouverte en novembre 1933 par un meeting présidé par Gide et Malraux, où fut

1. Entretien d'André Malraux avec l'auteur, janvier. 1972,

fondé le comité international pour la libération des antifascistes emprisonnés allemands, ou Comité Thaelmann. Malraux,
qui cite rarement ses contemporains, y reprit les formules de
Barbusse « Thaelmann a l'esprit rouge comme on a le sang!...
Il faut gagner Thaelmann comme une victoire! »

Julien Segnaire, qui devait devenir l'un de ses plus proches
compagnons en Espagne, raconte qu'il rencontra Malraux
pour la première fois lors d'un meeting pour Thaelmann à
Bruxelles en 1934. Il parlait, là encore, de l'Armée rouge, et
pour ces jeunes communistes belges, il était l'archange de la
Révolution. Ses plaidoyers pour la libération des communistes allemands, notamment celui qu'il prononça le 23 décembre 1935 à la salle Wagram pour le 2e anniversaire de l'acquittement de Dimitrov, étaient nourris, sinon d'expérience directe,
au moins des informations qu'il recevait de ces « camarades
allemands ». Il venait de faire la connaissance d'un émigré,
dépêché par la IIIe Internationale pour s'occuper à Paris de
l'« Institut pour l'étude du fascisme », qui allait jouer un rôle
important dans sa vie et devenir l'un de ses amis les plus
intimes : Manès Sperber. En 1937, quand il aura reçu des
informations établissant l'ignominie des procès de Moscou,
Sperber rompra avec la IIIe Internationale. Pour l'heure, il
est un militant ardent et informé, et contribue au premier chef
à entretenir la ferveur d'André Malraux.

Sperber vient de se joindre à l'équipe, réunie par Münzenberg, qui a créé l'Institut pour l'étude du fascisme, dans la
banlieue parisienne. L'autre animateur en est Arthur Koestler,
qui raconte ainsi sa première visite à l'auteur de *la Condition
humaine :* « Admirateur fervent de Malraux, j'étais horriblement
intimidé mais lui exposai bravement les vastes desseins de
l'INFA (Institut pour l'étude du fascisme) et ses besoins de
subsides. Il m'écouta avec de terribles petits reniflements qui
ressemblent à un cri de bête de la jungle blessée, et qui sont
suivis de tape de la paume contre son nez... Quand j'eus fini
mon exposé, Malraux s'arrêta, avança vers moi d'un air
menaçant jusqu'à ce que j'eusse le dos au mur et me dit :
' Oui, mon cher, mais que pensez-vous de l'Apocalypse! '
Sur quoi il me remit cinq francs et me souhaita bonne
chance[1]. »

---

1. *Hiéroglyphes*, p. 296.

C'est dans le cadre de la campagne pour Thaelmann qu'il faut situer le *Temps du mépris*, récit dédié en 1935 par Malraux « Aux camarades allemands, qui ont tenu à me faire transmettre ce qu'ils avaient souffert et ce qu'ils avaient maintenu ». S'aidant des souvenirs de Sperber, de Gustav Regler, de ce que lui a rapporté ce Bredel rescapé des prisons nazies qu'il a rencontré à Moscou, et des brèves notations qu'il a pu rapporter de son court voyage à Berlin en janvier 1934, il raconte l'histoire de Kassner, dirigeant communiste incarcéré, que fait libérer un camarade en assumant pour le service du Parti, son identité.

Écrivit-il ce texte pour répondre à une demande de Willi Münzenberg ou d'un autre représentant de ces organisations antifascistes qu'il préside ou anime, tel le Comité Thaelmann ? Il est difficile aujourd'hui de le préciser. Ce qui est vrai, c'est que, travail « sur commande » ou spontané, *le Temps du mépris* est la moins réussie des œuvres de sa maturité. Trente ans plus tard, il lui arriva d'en parler — à Roger Stéphane — comme d'« un navet[1] ».

Chose étrange, ce romancier si puissamment inspiré par l'horreur, la torture et la mort, et qui disposait de témoignages autrement précis sur les souffrances des militants de gauche allemands que sur celles des cadres ouvriers de Shanghai, ne parvient à faire « passer » totalement ni le scandale concentrationnaire, ni l'obsession cellulaire. Berlin, le fascisme, la bestialité répressive européenne lui sont tout proches — et son livre les fait plus lointains, semble-t-il, que les supplices de Canton et le cyanure de Katow.

Mais cette nouvelle un peu laborieuse, qui s'achève en fanfare par le récit du cyclone et du « retour à la vie » transposé des Aurès et de Bône aux Carpates et à Prague, puis sur un « finale » étrangement intimiste, où apparaissent un instant une mère et son enfant, est précédée d'une préface qui est à Malraux ce que *J'accuse* fut à Zola : le texte-charnière qui fait passer l'artiste, en bloc, dans l'arène du combat.

Certes, Malraux était depuis longtemps déjà, depuis quatre ou cinq ans, un écrivain « de gauche », associé à nombre d'organisations d'inspiration communiste. Mais avec ces six courtes pages, il s'affiche et se lie, se proclame et se résume combattant fraternel. Fidélité transitoire ? Il est facile de l'écrire trente-

---

1. *Fin d'une jeunesse*, p. 51.

sept ans plus tard. Au début de 1935, à l'approche d'une tour-
mente qui s'annonçait pire que celle dont ressuscitait Kassner
dans son avion de zinc, c'était un manifeste qui pesait son
poids de risques.

On ne citera de ce texte célèbre que le dernier paragraphe
qui le résume, et par quoi André Malraux semble rejeter trente-
cinq ans de sa vie pour n'appartenir plus qu'à la collectivité
où il entre, comme le batelier repousse du pied le quai pour
se confier à l'embarcation qui le porte : « Il est difficile d'être
un homme. Mais pas plus de le devenir en approfondissant
sa communion qu'en cultivant sa différence — et la première
nourrit avec autant de force au moins que la seconde ce par
quoi l'homme est homme, ce par quoi il se dépasse, crée, invente
ou se conçoit. »

Voici venu le temps de la fraternité virile : non pour dominer
les Stiengs, ou pour donner un sens à sa mort, ou pour abolir
l'angoisse existentielle — mais parce que la collectivité d'hommes auquel on est lié est menacée au plus profond.

Les communistes — ceux du moins qui osaient se servir de
leur intelligence — ne s'y trompèrent pas. Si *l'Humanité* publia
un article d'un certain Garmy, assez stupide pour reprocher
à Malraux le choix de son sujet (car « point n'est besoin de
pénétrer au cœur de la Chine ou dans les bagnes d'Hitler pour
découvrir l'action prolétarienne »), Aragon, négligeant ici
toute autre donnée que politique, écrivait dans *Commune*[1]
que le communiste du *Temps du mépris* avait une autre vérité
que les héros des précédents romans de Malraux, tandis que
Nizan assurait dans *Vendredi*[2] que ce dernier livre ouvrait la
voie à « une littérature responsable ». En URSS, un critique
de *la Littérature internationale*, V.L. Omitrevski, assurait
qu'André Malraux venait ainsi de « trouver sa vérité dans le
communisme[3] ».

Date décisive de la biographie politique de Malraux, *le
Temps du mépris* marquait aussi un moment de sa vie d'homme
et d'écrivain : l'apparition d'un enfant. C'est dans les toutes
dernières pages de ce récit que passe le seul personnage puéril

1. Septembre 1935.
2. 8 novembre 1935.
3. Cité par J.P.A. Bernard, *le Parti communiste français et la Question
littéraire*, p. 187.

de cette œuvre essentiellement adulte. La référence est ici biographique : Kassner, rentrant chez lui, évoque ces « *poissons
à fourrure* » qui appartiennent à l'univers farfelu et au folklore
commun d'André et de Clara. En mars 1933, ils ont eu une
fille qu'ils ont appelée Florence, pour tout ce que ce nom leur
rappelle de ferveurs communes. Leur couple n'en est pas moins
menacé.

Nino Frank les décrit pendant l'été pluvieux de cette année
1935, dans la Nièvre, s'en allant manger des écrevisses à Pouilly,
et se battant avec la petite cinq chevaux Rosengart que venait
d'acheter Clara : « Elle conduisait à sa manière, accompagnée
des remarques sardoniques de son partenaire » mais la petite
auto s'arrêtait dans les côtes « tant et si bien qu'il nous fallait
descendre et l'aider à avancer, nous en riant, Malraux patient
et cérémonieux envers Clara comme à l'accoutumée, mais avec
je ne sais quoi d'irrité dans les traits, d'autant plus qu'elle,
toujours royale à son volant, s'en prenait à lui des ahans de
la Rosengart [1]. »

15. Le maestro de la Mutualité

Ils arrivaient tout de même à bon port, les Malraux, car
cet été-là, entre deux gratins d'écrevisses, André trouva le
temps d'animer le Congrès international des écrivains qui
réunit à la Mutualité une extraordinaire cohorte d'intellectuels
européens épouvantés d'abord par l'hitlérisme — même ceux
qu'alertait déjà la cristallisation meurtrière du stalinisme. Ce
fut le congrès de « ceux pour qui l'avènement du fascisme était
une injure personnelle » — comme l'écrivait, dans un télégramme envoyé pour excuser son absence, Maxime Gorki.

Là encore, l'influence soviétique s'exerça sans retenue. Dans
ses mémoires, Ehrenbourg ne dissimule pas la part qu'il prit
à l'organisation, jouant souvent les médiateurs entre les divers

1. *Mémoire brisée*, p. 289.

courants de la gauche — libérale, marxiste, chrétienne, surréaliste, traditionaliste ou humanitaire — sachant même ne pas
faire trop obstacle à l'invitation de trotskystes.

On était en plein épanouissement de la stratégie de « Front
large », et la participation de libéraux comme Huxley, Forster,
Benda, Martin du Gard ou Sforza comblait les vœux de l'état-
major que formaient Ehrenbourg, Malraux, Moussinac, J.R.
Bloch, Aragon et Martin-Chauffier (qui, malade, céda le secrétariat à Louis Guilloux). Une exception pourtant : Montherlant
lui-même ayant envoyé son adhésion par écrit (« Front large »
ou front haut ?) il se trouva un ou des responsables pour décider
de ne pas la faire connaître. D'où une vive protestation de
l'auteur du *Songe* [1].

Enfin, le 21 juin 1935, André Gide s'installa devant la grande
table dressée sur la tribune de la Mutualité. Il faisait une chaleur étouffante et Forster, Benda et Heinrich Mann exceptés,
on « tombait la veste » comme dans un film de Renoir. Vaillant-
Couturier arborait pour sa part, sur un pimpant costume de
plage, une lavallière blanche. Sept débats étaient prévus, répartis en cinq journées. Parmi les orateurs inscrits, l'un notamment manquait déjà à l'appel : René Crevel, qui choisit de se
suicider au moment où s'ouvrait le congrès. Un hommage
lui fut rendu, que beaucoup trouvèrent trop discret.

Le thème général du colloque était « La défense de la culture
contre le fascisme ». Il était prévu que la question de « l'héritage culturel » serait notamment présentée par Forster, Brecht
et Benda ; celle posée par « l'écrivain dans la société » par Waldo
Franck, Aragon et Huxley ; que Gide, Musil, Max Brod et
Malraux parleraient de « l'individu ». Sur « l'humanisme »
on devait entendre Barbusse, Nizan, Ramon Sender ; sur
« nation et culture », Chamson, Guéhenno, Tristan Tzara ;
et à propos de « création et dignité de la pensée », Sforza,
Heinrich Mann, Gustav Regler... Enfin, la « défense de la
culture » appelait à la tribune Alexis Tolstoï, Gide, Barbusse,
Alfred Doblin et Malraux — qui, la veille, devait exposer les

---

1. La légende veut que le veto soit venu d'Aragon. André Malraux,
à qui je posais la question le 29 janvier 1973, répondit : « *Je connais cette
version. Je n'y crois pas. Aragon était alors par excellence l'homme du « Front
large »*, *de l'accueil à toutes les bonnes volontés. Qu'il ait rejeté par secta-
risme une adhésion comme celle de Montherlant, voilà qui m'étonnerait...* »

« questions d'organisation ». Chose étrange, ce programme fut dans l'ensemble respecté.

Nous sommes là au sommet de la carrière politique (au sens « professionnel » du mot) de Malraux. Flanqué de Gide, d'Aragon et d'Ehrenbourg, mais les dominant parce que seul d'entre eux il peut parler aussi bien sur le ton de Forster que sur celui de Regler, sur celui de Koltzov que sur celui de Sforza, il manipule avec un mélange de cynisme et de lyrisme ce parlement de l'Europe des compagnons de route, des militants et des grands bourgeois humanistes jetés par Hitler dans une alliance qui effarouche pourtant la plupart d'entre eux.

Gide avait le premier jour tendu tout son génie frileux pour opérer la synthèse entre cultures nationales et internationalisme, entre individualisme et sens de la communauté, puis, le second jour, rendu hommage au génie « plébéien » dont Jean-Jacques et Diderot donnent l'exemple.

Malraux prit la parole sur les thèmes de la préface du *Temps du mépris* (qui paraissait alors en librairie) : « Le communisme restitue à l'homme sa fertilité », « être homme, c'est réduire au maximum sa part de comédie » : ces formules qui allaient scander l'œuvre de Malraux furent jetées là, jaillissant d'un brouillon informe dans la fournaise de la Mutualité, à un public déconcerté, souvent conquis, parfois irrité. Il le retint en proposant sa réponse à une question posée par Gide et par Benda : « Y a-t-il communion possible dès maintenant entre les intellectuels que nous sommes et le peuple ? — Oui, la communion est possible avec le peuple, non dans sa nature, mais dans sa *finalité*, dans sa *volonté révolutionnaire*. » Et ne pouvant se retenir de jouer les prophètes de la volonté contre le destin, il concluait dans une sorte de cri : « La prochaine guerre, quelles qu'en soient les conséquences, impliquera sans doute la fin de l'Europe... A nous de maintenir pourtant et de grandir la volonté de l'homme occidental[1]. »

A ce discours, deux réactions. L'une de ses adversaires d'*Aux Écoutes* qui déclaraient que son « éloquence orageuse » n'avait pas eu son succès habituel; l'autre, des *Nouvelles littéraires*, où son ami Léon Pierre-Quint le décrit « véhément et passionnant ». Mais c'est de l'intérieur de la Mutualité que vint le plus judicieux commentaire des propos de Malraux — de son

1. D'après les notes et le récit d'un témoin.

vieil interlocuteur de Pontigny, André Chamson, résumant les débats du congrès en celui « de la communion et de la différence ».

Deux incidents élargirent ces affrontements. Le deuxième soir, 22 juin, était prévue la séance consacrée à « l'individu ». Elle donnait l'occasion aux adversaires du système stalinien de poser certaines questions gênantes. Au nom des populistes Henri Poulaille, au nom des surréalistes André Breton, avaient demandé à être inscrits pour poser la question de la répression en URSS et notamment du sort des internés tels que Victor Serge. Ehrenbourg et Aragon s'étaient arrangés pour qu'on la leur refuse. Mais quand Malraux accéda au fauteuil de la présidence, il ne put — Gide entre autres l'y poussant — refuser la parole aux amis de Serge présents dans la salle, notamment Magdeleine Paz, le socialiste italien Gaetano Salvemini et l'ancien communiste belge Charles Plisnier.

Vaillant-Couturier et Aragon, debout, tentèrent de faire taire les contradicteurs. Peine perdue. Magdeleine Paz réussit à exprimer les protestations de ceux à qui leur participation à la lutte antifasciste ne faisait pas oublier les crimes commis contre des socialistes dans « la patrie du socialisme ». Réclamant de répondre au nom de la délégation soviétique, Mikhaïl Koltzov assura que Serge a « trempé dans le complot qui a abouti à l'assassinat de Kirov[1] », et Nicolas Tikhonov s'écria : « Nous ne connaissons pas ce personnage... mais c'est un aigri contre-révolutionnaire que la police soviétique a mis hors d'état de nuire! » En fait, Tikhonov connaissait d'autant mieux Victor Serge que celui-ci était son traducteur. « Comment oubliait-il l'hymne au courage de ses admirables ballades épiques que j'avais traduites en français? » demande Serge dans ses *Mémoires d'un révolutionnaire*. Est-ce en raison de cette attitude sinistre? Ou parce qu'en l'absence de Gorki, la délégation soviétique leur paraissait intellectuellement indigne du pays de Lénine? Toujours est-il que, dès le troisième jour, Malraux et Gide décidèrent de faire en sorte que les lettres soviétiques fussent représentées par des artistes dignes d'elles.

André Malraux raconte ainsi cet épisode savoureux :

---

1. Commis deux ans après l'arrestation de Serge...

« *Gide et moi nous rendîmes à l'ambassade d'URSS pour exiger, étant donné l'importance du congrès, que le prolétariat français pût saluer les artistes qu'il admirait le plus, notamment Pasternak et Babel. (En fait, les ouvriers français se souciaient d'eux comme de Colin-tampon!...) L'ambassadeur câbla aussitôt à Moscou.*

Le lendemain matin, le téléphone sonne chez Pasternak, drelin, drelin... Sa petite compagne y court. ' Qui? Le Kremlin? ' Livide, elle se retourne vers lui enfoui au fond du lit, et lui tend l'appareil. Il entend, abasourdi : ' Staline vous ordonne d'aller de ce pas acheter des vêtements occidentaux, de prendre le train cette nuit pour Paris. Vous prononcez après-demain un discours sur la culture soviétique. ' Pasternak préféra d'abord retomber dans un sommeil fiévreux, peuplé de tchékistes et de travaux manuels. Puis il partit faire ses achats et débarqua à Paris vêtu d'une incroyable lévite de rabbin et d'une sorte de casquette genre Mao qui ne lui permettaient guère de passer inaperçu sur les boulevards... Heureusement, nous avions la même taille. (Pasternak avait une beauté étrange. En russe, on disait qu'il ressemble à la fois à l'Arabe et à son cheval).

Au congrès, il se dressa sur l'estrade, et déclama un poème fort beau dont je lus la traduction; la salle se dressa pour l'acclamer... Alors il prononça son discours, qui donna ceci : ' Parler politique? Futile, futile... Politique? Allez campagne, mes amis, allez campagne cueillir fleurs des champs... ' Le délégué de Staline [1] ! »

Selon une autre version, celle que publie *Commune*, l'allocution de Pasternak aurait été un peu plus consistante et tout aussi charmante : « La poésie sera toujours dans l'herbe. Elle est et restera la fonction organique d'un être heureux, reforgeant toute la félicité du langage, crispée dans le cœur natal... Plus il y aura d'hommes heureux, plus il sera facile d'être poète! »

C'est à Malraux qu'il revint de conclure, le 29 juin. Il était fatigué, tendu, plus secoué de tics qu'il ne le fut jamais, et l'incident Serge n'avait pas clarifié l'atmosphère. Pourtant les témoins ont gardé de cette intervention un souvenir très fort. Quelqu'un s'exprimait là, rauque et brûlant, impatient et rapace, quelqu'un qu'on écoutait :

1. Entretien d'André Malraux avec l'auteur, janvier 1972

« Nous avons fait ce congrès dans les pires conditions — notamment financières. Mais aux colères qu'il suscite, nous savons que ce congrès existe. Nous avons permis à des bâillonnés de s'exprimer, à une solidarité de se manifester. Il est de la nature du fascisme d'être dans la nation, de la nôtre d'être dans le monde! Nous avions pour objectif de défendre la culture. Mais ce congrès a montré que toute œuvre est morte quand l'amour s'en retire, que les œuvres ont besoin de nous pour revivre, de notre désir, de notre volonté (...) car l'héritage ne se transmet pas, il se conquiert! [...]

Camarades soviétiques, ce que nous attendons de votre civilisation qui a préservé ses vieilles figures dans le sang, le typhus et la famine, c'est que grâce à vous, leur nouvelle figure nous soit révélée (...). Mille différences jouent sous notre volonté commune, mais cette volonté *est*. Elle impose aux figures du passé leur nouvelle *métamorphose*. Car toute œuvre devient symbole et signe, tout art est possibilité de réincarnation... Chacun de nous doit recréer dans son domaine propre, par sa propre recherche, pour tous ceux qui cherchent eux-mêmes, ouvrir les yeux de toutes les statues aveugles et faire, d'espoirs en volontés, de jacqueries en révolutions, la conscience humaine avec la douleur millénaire des hommes [1]! »

Tous les thèmes y sont — et non seulement ceux du cycle « révolutionnaire » de 1933-1939, mais ceux du cycle esthétisant des années 50-60, de la lutte pour la transformation de la douleur en espoir et de l'expérience en conscience, mais aussi celui de la métamorphose, central entre tous. Malraux est là, à l'intersection du romantisme tragique de *la Condition humaine* et du réalisme lyrique de *l'Espoir*, le Malraux de 1935, celui de tous les possibles, de tous les chemins, engagé dans une stratégie, presque prisonnier d'elle, et en même temps follement libre en imagination et en rêves, accordé aux autres et plus lui-même que jamais.

Ce qui signale cette carrière de compagnon de route véhément (la véhémence est le propre des compagnons de route qui ont à se faire pardonner ainsi leur « différence » et leur refus de la discipline), c'est qu'elle ne se soit jamais ou presque déroulée dans le cadre national. « Il est de notre nature d'être

1. *Commune*, septembre 1935.

dans le monde » clamait l'orateur de la Mutualité. Certes. Mais
ce qui se passait en France, dans la deuxième partie des années
30, avait autant de raisons de mobiliser un artiste révolutionnaire que tout autre débat.

Or il se trouve que Malraux, alors si fougueusement engagé
dans les combats pour les Chinois (*la Condition humaine*), les
Vietnamiens (le grand article de *Marianne*, la préface au livre
d'Andrée Viollis), les Allemands et les Bulgares, et demain les
Espagnols, reste pratiquement absent de tous les débats qui
intéressent au premier chef le peuple français. Quand, au lendemain du 6 février 1934 — qui manifeste, à tous ceux qui
veulent voir, qu'un courant de type fasciste existe en France —
un « Comité de vigilance des intellectuels antifascistes » se
constitue sous la triple présidence de Paul Rivet, d'Alain et
de Langevin (trinôme préfigurant le Front populaire) et que
ce comité lance le 5 mars un « appel aux travailleurs » signé
en quelques jours par plusieurs milliers d'écrivains et d'artistes, on n'y trouve pas le nom de Malraux. (Mais il avait signé
« l'appel à la lutte » lancé par un groupe d'intellectuels, dès
le 7 février.)

Ce demi-silence n'est pas dû seulement à quelque incident
de son aventureuse et multiple carrière. Pendant toute la période,
riche pourtant de possibilités d'action, de risques de combats,
pendant ces « temps de troubles » qui vont de 1934 à la dislocation du Front populaire et à la guerre, on ne retrouve
plus guère Malraux sur d'autres tribunes que celles où l'on
parle de l'Espagne — sinon, le 14 juillet 1935, où il participe
à un meeting aux côtés de Daladier et de Thorez, de Rivet et
de Langevin [1].

On dirait que, tel le poète tragique de la tradition classique
française, André Malraux ne juge digne de son génie qu'un
sujet qui, faute d'éloignement dans le temps, est ennobli par
la distance : ainsi Racine versifiant sur *Bajazet*. (On retrouvera un peu de cette attitude dans le « tiersmondisme » de la
gauche des années 60 qui préférera se passionner pour les
Palestiniens ou les Vietnamiens que pour le prolétariat français, et sera plus compréhensive pour les rigueurs policières
d'un colonel d'Orient que pour les pesanteurs bureaucratiques de telle organisation de gauche européenne...)

1 Ehrenbourg, *Memoirs*, p. 317.

Malraux ne croyait pas au fascisme en France : son interview de décembre 1933 à *Marianne* en fait foi. Mais depuis lors, ce qui s'était passé en France pouvait appeler une révision de ce diagnostic. Le « francisme » était grotesque, Déat encore ambigu, les Croix-de-Feu empesés d'esprit bourgeois. Mais l'antiparlementarisme haineux, l'avidité d'ordre, l'inquiétude économique, certain esprit « ancien combattant », les turpitudes de la classe politique, cet amalgame faisait que la vie politique française était déjà lourde de quelque chose qui éclatera en 1940.

Ici, le hardi et pénétrant Malraux a-t-il manqué de lucidité ? Ou même de courage civique ? Il est difficile de décrire comme une « fuite » l'engagement aux côtés de ceux qui eurent alors, en Europe, à subir l'assaut le plus forcené du fascisme ! Il était plus exaltant en tout cas d'être un d'Annunzio révolutionnaire que de tenter laborieusement d'unir des forces et des gens que leur enracinement fait lourds, pointilleux, jaloux —, ces gens qui vont constituer, pour un court et magnifique été, le Front populaire.

Poser ainsi la question, est-ce demander à Malraux pourquoi il est Malraux ou faire grief à Byron de n'avoir pas milité dans les syndicats du Lancashire plutôt que de partir pour la Grèce ? Débat sans fin, et peut-être sans objet. Il y a des fantassins, et des cavaliers. Des nomades et des sédentaires. Des poètes et des prosateurs. Mais peut-être faut-il chercher à cette stratégie périphérique d'autres motifs, plus sérieux, et plus dignes de cet homme au courage indomptable et souvent plus lucide que ne le font croire ses *attitudes* flamboyantes.

Si Malraux se tient à l'écart des tribunes du Front populaire, c'est probablement parce que les thèses qu'on y entend exprimer sont trop ambiguës. Il a « marché » avec le mouvement « Amsterdam-Pleyel » quand il s'est agi d'arracher aux hitlériens Thaelmann ou Dimitrov. Non quand de pieux sophistes ont tenté d'y concilier pacifisme et résistance au nazisme. Pour un homme comme Malraux beaucoup plus que pour la plupart de ses amis, l'affrontement armé, violent, militaire, avec les nazis et leurs complices était inévitable dès 1933. Plusieurs des textes cités plus haut en témoignent.

Aussi répugna-t-il à s'associer à tout un courant d'esprit essentiellement antimilitariste, qui se défend de faire la distinction entre le grand « Kriegspiel » aux mécanismes minutieux

monté en 1914 par des orfèvres de la guerre et la menace mons-
trueuse, biologique, élémentaire du nazisme. Un complot,
ça se dénonce. Une inondation, ça se combat. Malraux va
combattre sur les terrains où l'inondation déferle d'abord.

Quand Malraux se manifeste à nouveau avec éclat au temps
du Front populaire, c'est, en attendant l'Espagne, à propos
de l'Éthiopie. Le 4 novembre 1935, l'Association internationale
des écrivains pour la défense de la culture créée à l'issue du
congrès de juin tient à la Mutualité un meeting consacré
à la défense de l'Éthiopie attaquée depuis un mois alors par
l'Italie fasciste. Mussolini a trouvé, pour défendre son entreprise, un groupe de soixante-quatre intellectuels animé par
Henri Massis, Henry Bordeaux, Gabriel Marcel [1], Thierry
Maulnier : ils s'en prennent aux « puissances de désordre
et d'anarchie... » appliquées à défendre des « sauvages » au
nom « d'obscurs intérêts » :

La riposte de Malraux, reprise six mois plus tard dans un
article du *Crapouillot* consacré aux problèmes coloniaux, est
virulente :

« ... Intellectuels réactionnaires, vous dites « quelques tribus
sauvages coalisées pour d'obscurs intérêts ». Assurément
ceux que poussent des *intérêts*, ici ce sont les Éthiopiens!
Encore un peu et ils vont vouloir civiliser les Italiens! A peine
insisterai-je sur l'ironie, l'injure ou la calomnie... qui doit
donner aux Éthiopiens une belle envie de planter des écri-
teaux : *Tirez sans cracher!*

La colonisation en fait n'est pas aussi simple qu'il y paraît
d'abord. On prend généralement un pays asiatique ou africain
à l'époque de sa conquête, on le compare à ce qu'il est devenu
beaucoup plus tard. Mais il ne s'agit pas de comparer la Cochinchine de Napoléon III à celle d'aujourd'hui mais bien l'Indochine et le Siam, le Maroc et la Turquie, le Beloutchistan et
la Perse. Sans parler d'un pays qui avait vers 1860, paraît-il,
un impérieux besoin d'être civilisé : le Japon...

Il est clair que, en fonction de votre idéologie même, ce
que vous appelez se civiliser, c'est s'européaniser. Ne dis-
cutons pas là-dessus. Mais quels peuples s'européanisent
aujourd'hui le plus vite? Précisément ceux que vous ne contrô-

---

1. Qu'on vit d'ordinaire en meilleure compagnie.

lez pas. Les femmes musulmanes marocaines, tunisiennes, indiennes sont voilées. Les Persanes ne le sont plus guère. Les Turques ne le sont plus du tout. Quel est le seul pays où le mandarinat existe encore ? Ni la Chine, ni le Japon, l'Annam...

... Lorsque Marco Polo trouve en Chine une ville de plus d'un million d'habitants, il n'a pas une très haute idée de Venise. Au XVIᵉ siècle qu'est-ce que la cour des Valois en comparaison de celle des rois de Perse, des empereurs de Chine et du Japon ? Paris est encore une confusion de ruelles quand les architectes persans tracent les grandes avenues d'Ispahan à quatre rangées d'arbres, dessinent la place Royale aussi grande que celle de la Concorde. Versailles même est un assez petit travail en face de la ville interdite de Pékin.

Seulement en cent ans, tout a changé. Pourquoi ? Parce que l'Occident a découvert que la fonction la plus efficace de l'intelligence n'était pas de conquérir les hommes mais de conquérir les choses... C'est précisément au moment où l'Abyssinie demande des spécialistes qu'on lui envoie des canons. Si elle triomphe, elle ne sera ni plus ni moins européanisée que si elle est vaincue. Tuer d'abord des multitudes est un moyen de les faire entrer dans les hôpitaux : il n'est pas sûr que ce soit le meilleur. Ah! quels paradis seraient les colonies si l'Occident devait y faire des hôpitaux pour tous ceux qu'il a tués, des jardins pour tous ceux qu'il a déportés! »

En ces années-là, tous ses coups portent — contre le colonialisme aussi bien que contre le fascisme et le capitalisme. L'auteur du *Temps du mépris* est alors un exemplaire compagnon de route. La haine que lui vouent les porte-parole de la droite militante en témoigne. Ainsi ce bref portrait de ce maître de la haine que fut Lucien Rebatet. Évoquant les « chien-lits » du Front populaire, il ajoute : « N'y manquait jamais, avec sa figure de maniaque sexuel dévorée de tics, le sieur André Malraux, espèce de sous-Barrès bolcheviste, rigoureusement illisible, et qui soulevait pourtant l'admiration à Saint-Germain-des-Prés, même chez les jeunes gogos de droite, grâce à un certain éréthisme du vocabulaire et une façon hermétique de raconter des faits divers chinois effilochés dans un bouillon d'adjectifs [1]. »

L'amitié qu'éprouve pour lui celui qui est également exem-

---

1. Lucien Rebatet, *Les Décombres*, Denoël, 1942, p. 38-39.

plaire, mais en tant que militant, Paul Nizan, n'est pas moins significative. Les références à Malraux que l'on trouve dans les lettres écrites et les articles publiés par Nizan ces années-là (dans *Intellectuel communiste* [1], par exemple) sont toutes empreintes de chaleur et de confiance. L'une d'elles est amusante. A la fin de l'été 1935, Nizan écrit à sa femme que, contraint de remettre un déjeuner prévu avec Malraux, il s'en va à la poste remettre un télégramme d'excuses à son ami. Le postier lisant le nom du destinataire : « Malraux? Le professeur Malraux? Alors vous êtes Paul Nizan... »

1. Maspero, 1967.

3
Trois hommes

16. Gide

Il entre dans sa vie vers 1922, précédé d'une brioche et s'en détache par lambeaux, sans éclat, dans un murmure de mélancolie. Malraux a raconté plusieurs fois son premier tête à tête avec l'auteur de *Paludes* qui lui avait donné rendez-vous devant le Vieux-Colombier. « Il tenait la sphère de la brioche dans sa bouche et il était surmonté de la brioche entière... Pour me serrer la main, il a arraché la brioche et m'a tendu la main... »

Il est toujours resté une brioche entre eux, quelque chose d'opaque et d'incongru. Pourquoi en effet celui de tous ses aînés qui, de 1923 à 1951, a été le plus lié à sa vie publique et aux côtés duquel il a mené le plus de combats politiques, aura-t-il été moins son ami que Drieu la Rochelle, à qui tant de choses l'opposaient, et moins son maître que Bernard Groethuysen dont le séparait d'abord l'appartenance du philosophe hollandais à l'univers du marxisme ?

Entre Malraux et Gide, il y aura toujours une différence essentielle d'attitudes devant l'histoire et devant l'art, les deux domaines où se meut le plus volontiers l'homme de l'*Espoir*. La phrase par laquelle s'ouvre ce livre, « ce qui nous distinguait de nos maîtres, à vingt ans, c'était la présence de l'histoire... », vise avant tous André Gide, dont Malraux nous disait, plus loin dans la conversation, qu'il avait « traversé la guerre sans la voir, même quand il s'occupait charitablement, au Foyer franco-belge, des réfugiés ». Vingt-cinq ans plus tôt, il s'indignait devant Gaëtan Picon que Gide pût préférer *Anna Karenine* à *Guerre et Paix*. Choix significatif...

C'est aussi dans le domaine esthétique que l'attitude d'André

Malraux s'oppose à celle d'André Gide. Ce qu'il résume ainsi : « La création m'a toujours intéressé plus que la perfection. D'où mon constant désaccord avec André Gide[1]... » Ce qui n'empêche pas leur commune ferveur pour Dostoïevski, pour Nietzsche, pour Baudelaire — ni ne retient Malraux d'aimer surtout en son aîné celui que Gide a dit parfois préférer lui-même en secret : l'auteur de *Paludes*. Ce qui n'empêche pas non plus qu'entre l'insidieux entrepreneur en introspections mélodieuses de *Si le grain ne meurt* et celui qui balaie d'un revers de bras ces « misérables petits tas de secrets », une alliance savoureuse et créatrice s'établit et s'amplifia trente années durant — aussi étrange peut-être que celle qui lia T.E. Lawrence et Bernard Shaw. Dissemblables et désaccordés, l'homme de la « différence » et celui de la « fraternité » ont fait hardiment route ensemble, de la *NRF* aux comités antifascistes. C'est une route qu'il faut suivre pour connaître André Malraux.

Le jeune Malraux, on l'a vu, reconnaît Gide pour l'un de ses premiers maîtres, après Apollinaire et Max Jacob.

Jusqu'en 1921, pourtant, il l'ignore. C'est, nous a-t-il dit[2], la publication cette année-là des *Morceaux choisis* de l'auteur des *Nourritures* qui révèle Gide au jeune homme. Ce petit livre en forme de missel blanc l'envoûte, comme il fera de tant de garçons de vingt ans dans le quart de siècle qui suit. Et c'est précisément à vingt ans qu'André Malraux écrit et donne à *Action* ses « Aspects d'André Gide », en quoi on peut voir mieux qu'un hommage, une sorte de déclaration d'allégeance :

« ... Gide, qui n'est pas un saint, enseigne l'amour... C'est un directeur de conscience... Alors que Barrès n'a su que donner des conseils, Gide a montré cette lutte entre nos désirs et notre dignité, entre nos aspirations et notre volonté de les dominer que j'appellerai le trouble intérieur. Par bonheur, le plus grand écrivain français vivant, un des hommes les plus importants d'aujourd'hui (...) a révélé à la moitié de ce qu'on appelle « les jeunes » la conscience intellectuelle[3]. »

Un an plus tard, c'est dans la revue *le Disque vert* que Malraux poursuit et amplifie son éloge. Sous le titre de « Ménalque »,

1. Préface des *Chênes qu'on abat*, p. 7.
2. Entretien d'André Malraux avec l'auteur, juin 1972.
3. *Action*, n° 12, mars-avril 1922, p. 17.

il module une sorte de chant à l'adresse du créateur à travers
le héros — celui-là explicitement préféré à celui-ci :

« A la vérité, vous n'avez pas d'influence; vous avez une
action. Cela est plus noble. Mais l'indifférence que vous faites
paraître à l'égard de ceux que vous avez guidés, le conseil que
vous leur donnez de vous quitter, sont les expressions d'un mensonge raffiné. Vous quittez ceux que vous avez un instant guidés,
cela est vrai; mais non comme ils le croient. Et vous souriez,
connaissant cette fatuité qui les pousse à se croire libres...
Car vous les quittez comme le joueur de boules quitte la boule
qu'il vient de lancer. Mais la boule a cette supériorité sur vos
disciples qu'elle ne se croit pas libre. Il me plaît beaucoup,
Ménalque, « à la face de pirate », de vous imaginer, sous la
figure d'un joueur de boules regardant machiavéliquement —
vous êtes démoniaque, ne l'oubliez pas — les boules que vous
avez lancées changer de direction... [1] »

D'André Malraux, on possède une troisième étude consacrée
à André Gide, écrite douze ans plus tard : une note de lecture
consacrée, dans la *NRF*, aux *Nouvelles Nourritures*. C'est
naturellement la plus intéressante — parce que l'intelligence
critique de l'auteur a mûri, et aussi sa connaissance de Gide
et de son œuvre et enfin sa liberté à l'égard de son aîné. Le thème
choisi par Malraux pour aborder l'essai-poème de Gide est
l'un de ceux qui l'ont le plus heureusement intéressé : le rapport
chez un écrivain entre le témoignage en vérité et la création
proprement imaginaire.

Observant que ce qui le retient avant tout, chez Gide comme
chez Montaigne et Pascal, comme chez la plupart des grands
moralistes français, c'est le « ton de la voix », il affirme que
« le monde de l'artiste moderne est celui de son affirmation »
qui, s'agissant de Gide « repose sur l'autre » : « Zarathoustra
se soucie peu de la foule anonyme de ses disciples... Ménalque
a besoin de Michel ou de Nathanaël. » C'est alors que Malraux
pose le problème du rapport du *Journal* à l'œuvre. Ce qui sépare
les premières *Nourritures* des nouvelles, dit-il, c'est moins l'adhésion au communisme que l'entreprise du *Journal* qui, ainsi
que celui de Jules Renard l'a fait pour l'auteur de *Monsieur
Vernet*, devient une « obsession » et en arrive à aspirer la plu-

_____
1. *Le Disque vert*, février-mars-avril 1923, p. 20-21.

part des facultés créatrices de l'écrivain, qui « se trouve contraint de préférer... le réel à la fiction ». Pour Malraux, ce poids fructueux du *Journal* aboutit à réorienter la courbe de l'œuvre « de Racine vers Stendhal ».

Certes, sous la plume de Malraux, passer « de Racine à Stendhal » est assurément s'élever. Mais le parallèle avec Jules Renard, venant après l'évocation rapide de Pascal et de Nietzsche, non retenus comme références, est un peu dédaigneux. On salue « l'oncle Gide », comme disait alors l'auteur de *la Condition humaine*, mais avec plus d'amitié que de ferveur — si l'on tient compte des liens étroits qui unissent alors les deux écrivains, aussi bien associés à la direction littéraire de la maison Gallimard qu'à la tête des organisations antifascistes. Quand on pense qu'il s'agit à la fois du « prince des lettres », du mandarin sublime de la rue Sébastien-Bottin et du chef de file moral de la gauche européenne, on peut trouver cette note mesurée. Depuis qu'il est devenu son « camarade », Malraux a pris, avec Gide, des distances esthétiques.

Toutes ces années-là, les échanges esthétiques entre les deux écrivains sont étroits et constants. Et pas seulement dans le cadre de la *NRF* et de la chapelle qu'elle signifie et détermine. L'un de leurs amis communs est Julien Green qui, comme Mauriac et Morand, vit dans la mouvance de Bernard Grasset. Les deux André se retrouvent pourtant chez l'auteur d'*Adrienne Mesurat* avec Emmanuel Berl, Jacques Schiffrin, Robert de Saint-Jean. Dans son *Journal*, Green évoqua un déjeuner qui les réunit en mai 1929 :

« Il est question d'érotisme. Malraux en parle d'une façon brillante, et soutient que l'érotisme ne paraît vraiment dans toute sa force que dans les pays où existe la notion du péché... Un peu plus tard, Gide à qui Malraux demande une définition du chrétien, nous regarde en disant : ' Je sens que je vais être recalé. ' Mais Malraux tient bon : ' Pourtant, dit-il, vous avez frôlé la question dans votre *Montaigne*. ' ' Oh! répond Gide, j'ai frôlé, je frôle tout [1]! ' »

Comment suggérer mieux l'ascendant intellectuel qu'exerce ce Malraux de vingt-huit ans sur l'illustre avatar de Goethe qu'est alors Gide ? Un autre soir, on discute du peu d'actualité du roman contemporain. Comme l'un des convives de Green

---

1. *Journal*, tome I, p. 45.

objecte qu'après tout Balzac écrivait en 1845 des romans qui se passent en 1820, Malraux coupe « Ne parlons pas de Balzac! » Et tout le monde d'obtempérer [1]... Dans son propre *Journal*, Gide évoque ainsi ses réactions au cours de ce même échange de vues : ' ... malgré l'extraordinaire éloquence de Berl et de Malraux... j'ai bien tâché de prendre part, mais j'avais le plus grand mal à les suivre et à bien saisir leurs pensées ' [2]... »

Dans bien d'autres pages de son *Journal*, Gide exprime ce sentiment d'infériorité, ou tout au moins de retard que lui fait éprouver le fulminant auteur des *Conquérants* : « André Malraux, de même que Valéry, sa grande force est de se soucier fort peu s'il essouffle, ou lasse, ou « sème » celui qui l'écoute et qui n'a guère d'autre souci (lorsque celui qui l'écoute, c'est moi) que de paraître suivre, plutôt que de suivre vraiment. C'est pourquoi toute conversation avec ces deux amis reste, pour moi du moins, quelque peu mortifiante et j'en ressors plutôt accablé qu'exalté [3]. »

En mars 1933 commence la période du compagnonnage : Gide et Malraux sont associés dans la campagne contre l'hitlérisme — qui prendra pour eux la forme la plus précise, celle du voyage à Berlin pour arracher Dimitrov à la prison nazie. Sur les tribunes de la Mutualité et de la salle Wagram, de tel cinéma de banlieue, de tel théâtre de province, on voit côte à côte le mandarin aux yeux plissés, mains de prélat, voix de nuit grelottante, et le pâle jeune homme à la mèche, aux phrases orageuses, au geste coupant. Le premier regarde l'autre, une sorte de sourire de jubilation errant sur ses lèvres sèches. Quand vient son tour de parole, Gide se hâte de conclure et s'excuse : « Pardonnez-moi d'être bref... Il me tarde trop d'écouter notre camarade Malraux! »

Il ne faudrait pourtant pas voir en ce couple qu'ils forment celui d'un adolescent forcené et d'un vieillard emporté par la fureur de l'autre. Gide a sa place, qui est grande, plus qu'on ne peut l'imaginer quarante ans après. En 1933, c'est lui qui a publié sur le fascisme, dans *Marianne*, le texte clé. Et au lendemain du 6 février 1934, Ramon Fernandez rapportait ce propos d'un ouvrier : « Il nous faudrait des fusils et descendre

1. *Journal*, p. 11.
2. *Ibid.*, p. 912 et 1254.
3. *Ibid.*

vers les quartiers riches!... Avec, à notre tête, un chef, un homme enfin : tenez, un type dans le genre de Gide [1]! »

Que pensent-ils pourtant l'un de l'autre, se contemplant sur l'estrade, devant la foule des militants surpris et des badauds sceptiques? Que pense Gide qui se prend volontiers pour Socrate de cet Alcibiade au poing levé? Et l'homme des *Conquérants*, de cet « oncle » qui serait à la fois Tcheng Daï et Gisors, un petit peu Clappique, et davantage l'Alvear qu'il porte déjà en lui, image de cette acceptation de la mort contre laquelle il cabre sa vie?

Compagnons de route mais cheminant de part et d'autre de la route — l'un, cardinal défroqué en quête d'une église où méditer et être « ensemble », sonnante de cantiques et murmurante de confessions exquises; et l'autre, prédicateur d'une fraternité abstraite et conquérante, apôtre Paul devenu conducteur de croisade. Avec ou sans clins d'œil complices et rires sous cape, leur expédition commune au pays de la révolution dure trois ans. Elle tourne court en 1936 : la ferveur gidienne, déjà endolorie, s'abîme au contact d'amères réalités en quoi il croit pouvoir résumer l'Union soviétique, au moment même où, en Espagne, celle de Malraux, nourrie de vrais risques et de gestes efficaces, accède à la grandeur.

Entre le vieillard qui s'esquive d'une aventure ambiguë mais vécue avec élan, et l'homme saisi en vérité par ses actes et la fraternité enfin découverte, la rupture prendra la forme de la comédie. Elle ne portera d'ailleurs pas tout à fait atteinte à l'amitié.

Il y a quelque chose d'étrange dans l'exacte symétrie des deux démarches : c'est pendant l'été 1936, tout fumant d'histoire, que les deux trajectoires politiques se heurtent. Personnages tragiques, leur destin s'accomplit sur les lieux les plus tragiques de ce temps-là, pour Gide en URSS et pour Malraux en Espagne. Les deux « retours » coïncident exactement, le 3 septembre 1936, mentionnés sur la même page du *Journal* [2]. En contrepoint de son « effroyable désarroi », le voyageur rentrant d'Union soviétique en compagnie de ses amis Dabit, Schiffrin et Guilloux, évoque le bouillonnant espoir du combattant d'Espagne.

1. R. Fernandez, *Littérature et Politique*, p. 283.
2. P. 1253.

« Hier, j'ai revu Malraux. Il arrive de Madrid, pour où il repart dans deux jours... Il ne me paraît pas trop fatigué. Il a même le visage moins couturé de tics qu'à l'ordinaire et ses mains ne sont pas trop fébriles. Il parle avec cette volubilité extraordinaire qui me le rend souvent si difficile à suivre. Il me peint leur situation qu'il estimerait désespérée si les forces de l'ennemi n'étaient pas si divisées. Son espoir est de rassembler celle des gouvernementaux; à présent, il a pouvoir de le faire. Son intention, sitôt de retour, est d'organiser l'attaque d'Oviedo. »

On passera sur l'aspect délirant de ces confidences, et le « pouvoir » que s'attribuerait Malraux. On retiendra plutôt que Gide, tout meurtri qu'il soit alors, relate ses faits et gestes avec sympathie, et continue de se situer par l'esprit dans le combat vécu et décrit par son ami. Quelques pages plus loin, il évoque avec chaleur l'engagement d'un de ses jeunes amis dans les Brigades internationales, à l'instigation d'une jeune femme « qui a une excellente influence sur lui [1] ».

Mais comment mieux saisir ce qui les sépare, essentiellement, qu'à travers cette page du *Journal* où Gide, retrouvant au plus profond d'une crise qui le secoue tout entier, un ami capable de lui apporter par ces récits les consolations ou le réconfort qu'il attend, s'empresse de relater d'abord, et beaucoup plus soigneusement que les informations politiques, des « potins » sur le ménage Malraux... Clara évoquant une réflexion bizarre d'André, le visiteur demande, avec une sorte de gourmandise sénile : « Cela veut dire qu'il y a eu une scène? » Et tout ce qui suit, que dit Clara, et qui sonne très juste, semble le passionner plus que ce que lui rapportera le combattant. Le voilà bien, le « misérable petit tas de secrets » que Gide ne fait pas profession de mépriser, lui [2]...

Leur amitié retrouvée n'est altérée ni par l'éloignement de la guerre, ni par les réactions diverses à la défaite (la résignation provisoire de Gide, l'étonnement de Malraux...), ni par les premières péripéties de l'Occupation.

Ils se retrouvent, peu après l'évasion de Malraux, au début de 1941, sur la Côte d'Azur, entre Nice et Menton, totalement repris par la littérature et l'art. Dans un article publié en 1945,

---

1. *Journal*, p. 1257.
2. *Ibid*. p. 1253.

Gide a évoqué le climat de ces rencontres : « Je me souviens de son agitation subite, au Cap-d'Ail où j'étais allé passer près de lui quelques jours exquis, lorsque les journaux du matin rapportèrent les échos d'une insurrection en Perse. Son travail passait aussitôt au second plan, cette *Lutte avec l'ange*, dont la veille, il m'avait lu de larges morceaux ébauchés... ' Et je pourrais y être! ' C'est ce qu'il ne disait pas, qu'il n'avait pas besoin de dire, tant cette obsession talonnante se lisait dans son regard dans ses traits aussitôt tendus, dans le frémissement de tout son être [1]... »

Des nuages, pourtant, traversent encore leur ciel. C'est l'époque où Gide confie à une amie commune cette réflexion qui ouvre une perspective si juste sur leurs rapports : « Je lui fais des confidences, il me rend des anecdotes... » Sartre et Simone de Beauvoir débarquent un jour de Paris. Les voilà chez Gide, disant leur intention de voir aussi Malraux : « Je vous souhaite un *bon* Malraux », glisse l'oncle Gide, dans un de ces murmures qu'il distille en virtuose.

A la Libération, le « colonel Berger » et le vieux monsieur de la rue Vaneau reprendront un commerce amical. Quand paraît un nouvel hebdomadaire intitulé *Terre des Hommes*, un des premiers articles qu'il publie est un hommage à Malraux, demandé à Gide. Le texte ému et fébrile de l'auteur de *Thésée* répond bien aux essais du jeune homme de 1921 sur le maître des *Nourritures* :

« Malraux reste offert à tout et à tous, sans cesse accueillant et j'allais dire : perméable, si je ne le savais d'autre part si résistant à ce qui pourrait incliner sa décision ou entamer sa volonté. Aussitôt il agit. Il assume et se compromet. Partout où quelque juste cause a besoin d'un défenseur, où s'engage quelque beau combat, on le voit premier sur la brèche. Il s'offre et se dévoue sans marchandage, et même avec je ne sais quoi de vaillant à la fois et de désespéré... C'est surtout un aventurier. Il semble même qu'il se lança dans son éblouissante carrière, par pétulance, avant d'avoir bien pris ses propres mesures, s'être assuré de sa valeur. Et le mot aventure reprend avec lui son plein sens, le plus beau, le plus riche, le plus humain.

Je ne suis pas plus surpris de le voir assumant aujourd'hui

---

1. *Terre des Hommes*, 1ᵉʳ décembre 1945.

d'importantes fonctions gouvernementales, qu'hier conducteur d'armée, aviateur, cinéaste ou leader révolutionnaire.
A dire vrai c'est devant une table de travail que je l'imagine
le moins volontiers... Son génie le harcèle avec impatience :
' Eh quoi! ne peut-il manquer de se dire, tandis que j'écris,
je pourrais vivre, agir... et prendre vite en horreur cette absence
de risque... ' »

En 1967, au moment de la sortie des *Antimémoires*, Roger
Stéphane interroge Malraux devant l'écran de la télévision :
« Gide a joué dans votre vie personnelle un grand rôle? » —
« Pas tellement... Nous nous sommes connus longtemps mais
en définitive, l'admiration que nous avions pour Gide avait
quelque chose de très bizarre... Nous l'admirions sur une œuvre
future... Nous attendions tous le prochain *Faux-Monnayeurs*.
Or, il n'y a pas eu de prochain *Faux-Monnayeurs*... »

Et pour préciser sa pensée, Malraux ajoutait un peu plus
tard, opposant l'auteur de *Paludes* à Roger Martin du Gard :
« Gide m'a toujours paru être un travailleur de la plume,
comme d'autres sont travailleurs de l'épée ou de la mitraillette... »
Est-il juste de clouer au pilori — à ce pilori-là — le voyageur
du Congo, l'interlocuteur des nazis, l'orateur de la Mutualité,
quand on est, soi-même, non seulement « travailleur de la
mitraillette » mais assez attentif à sa « plume »?

Ce procès Gide-Malraux, qui plane sur leur amitié, on le
trouve résumé par personnes interposées, au détour d'une
page du *Journal*. Dans une préface qu'il venait d'écrire (en
1936) pour un livre de son frère Claude, Pierre Naville faisait
grief à l'auteur de *l'Immoraliste* de ne pas s'être, avant sa
« conversion », laissé influencer par les grands événements
de son temps (c'est l'« absent à l'histoire » de Malraux). Riposte
de Gide — à Malraux à travers Naville :

« Les grandes œuvres littéraires du temps de Louis XIII et
Louis XIV porteraient-elles le reflet de la Fronde, y enten-
drions-nous l'écho de *la Dîme royale*, peut-être Pierre Naville
les considérerait-il davantage; mais elles y auraient perdu cette
sérénité supérieure qui leur a valu leur durée. Pour moi,
j'estime, bien au contraire, que lorsque les préoccupations
sociales ont commencé d'encombrer ma tête et mon cœur,
je n'ai plus rien écrit qui vaille. Il n'est pas juste de dire que je
demeurais insensible à ces questions; mais ma position à leur
égard était la seule que doive raisonnablement prendre un artiste

et qu'il doive chercher à garder. Le ' ne jugez point ' du Christ, c'est en artiste aussi que je l'entends [1]. »

Écrit au temps de *l'Espoir*. La contradiction ne saurait être plus totale. Vingt-cinq ans plus tard, Malraux écrit dans les *Antimémoires* :

« Quand Gide avait soixante-dix ans, on écrivait qu'il était le plus grand écrivain français... Il m'a raconté la visite de Bernard Lazare, résolu à s'engager dans le furieux combat qui allait devenir l'affaire Dreyfus : ' Il m'a épouvanté : c'était un homme qui mettait quelque chose au-dessus de la littérature... ' Le Purgatoire de Gide tient beaucoup à ce que l'histoire n'existait pas pour lui [2]... »

C'est encore le thème de la préface aux *Cahiers de la Petite Dame* écrite par André Malraux dans les dernières semaines de 1972, où on lit cette citation de l'auteur de *Paludes* que le préfacier a dû transcrire avec une horreur amusée : « N'est-ce pas à cette anti-historicité de mon esprit, que je dois mon bonheur [3] ? »

17. T.E. Lawrence

A Gaëtan Picon qui écrit de Malraux que la vie de Lawrence « fascine la sienne », il rétorque : « Elle ne me fascine pas, elle m'intrigue au plus haut degré. La vie de T.E. Lawrence est puissamment accusatrice, elle n'est pas exemplaire et ne veut pas l'être [4]. »

Exemplaire ou non, le personnage du colonel Lawrence fut pour le jeune André Malraux l'un de ces faiseurs de mythes dont se nourrit son imagination et s'avive son démon d'agir. Et il lui arriva de parler de Lawrence comme de « Nietzsche devenu Zarathoustra ». On lit dans les *Antimémoires* que la

---

1. *Journal*, p. 1255.
2. *Antimémoires*, p. 22.
3. *Cahiers de la Petite Dame*, préface p. 26.
4. *Malraux par lui-même*, p. 16.

gloire de Mayrena (l'aventurier hollandais devenu « roi des
Sedangs » qui fut, on l'a vu, le personnage clé de *la Voie royale*
et reste l'un des héros de son Panthéon imaginaire), éclatante
vers 1870, assourdie après sa mort en 1890, avait été ranimée
par celle de Lawrence[1] — laquelle commence à briller en
France à partir de 1925. Mais la publication de la traduction
des *Sept piliers* par Charles Mauron date de 1936, et Malraux
ne lisait guère l'anglais. Il avait déjà noté pourtant cette phrase
clé de l'homme du désert : « Les rêveurs de jour sont des hommes
dangereux, car ils peuvent jouer leur rêve les yeux ouverts
et le rendre possible[2]. »

En fait, le nom de Lawrence n'apparaît guère sous la plume
de Malraux qu'en 1929. Ce qui ne veut pas dire que le jeune
écrivain n'ait pas été hanté déjà par l'homme aux voiles clairs.
Il rêve très tôt à « la légende de Lawrence... légende éclatante
d'une armée de reine de Saba, avec ses partisans arabes déployés
sous les oriflammes au-dessus de toutes les gerboises du désert,
et les combats imaginaires dans les rouges défilés de Pétra
pleins de roses[3] ».

Mais dans les années 20, le maître d'aventure, le condot-
tière inspirant, ce n'est pas Lawrence, pour Malraux, c'est
d'Annunzio, poète conquérant de Fiume. On n'a pas oublié
qu'au plus fort de leurs épreuves indochinoises, André se
penche sur le lit d'hôpital de sa femme, lui murmurant qu'il
sera, qu'il est d'Annunzio...

Peu importe l'époque exacte où une « cristallisation » se
fait. Lawrence a posé sa marque sur lui. Et quand, vers 1933,
Malraux reprend la plume pour plaider la cause des Annamites, puis en 1936, celle de tous les colonisés, il peut penser
aux appels de « T.E.L. » en faveur de l'émancipation des
Arabes. A chacun son discours et sa cause. A chacun aussi
son refus. Celui de Lawrence est plus sélectif, et ne vise que
brièvement la stratégie britannique. Son proarabisme est
fortement teinté d'hostilité à la domination française, beaucoup
moins réservé vis-à-vis de celle de Londres — dont il est, à
de brèves périodes près, un intelligent exécutant. Il se rallie
d'enthousiasme aux formules néo-coloniales de 1922 qu'il

1. *Antimémoires*, p. 380, édition 1967.
2. Extrait d'une introduction supprimée des *Sept piliers*, citée par Claude
Mauriac, *Malraux ou le Mal du héros*, p. 170 (édition établie par Étiemble).
3. *Antimémoires*, p. 380.

a fortement contribué à accréditer, saluant en Churchill un sauveur. Il est vrai que Malraux n'est guère plus critique avec le de Gaulle des années 50...

En 1934, le départ pour Mareb et le survol des sites sabéens ne vont pas sans évocation de l'aventure lawrencienne. Elle est explicite dans les *Antimémoires* où, après avoir évoqué l'armée « de Reine de Saba » du compagnon de Rayçal, Malraux précise, dans le récit de l'aventure de 1934 rédigé pendant le voyage en Asie de 1965 : « Notre paquebot se dirige vers Aden, d'où Rimbaud partit pour l'Abyssinie. Il vient de Djeddah, d'où T.E. Lawrence partit pour le désert arabe [1]. »

La force d'une hantise, elle ne se mesure pas à ce qu'on dit de vrai, mais à ce qu'elle provoque de fabulation. La légende de Washington n'aurait-elle pas été si forte, Chateaubriand se fût gardé d'inventer sa visite au général-président. La rencontre de Malraux et de Lawrence est-elle aussi mythique ? Le récit qu'il en propose, de temps à autre, exprime-t-il un rêve, un désir, une nostalgie, plutôt qu'un fait ? Écoutons-le évoquer cette entrevue à l'occasion d'une interview recueillie après la parution des *Antimémoires* :

« Lawrence, je l'ai rencontré une fois. Une seule, dans le bar d'un grand hôtel, à Paris, je ne sais plus lequel [2]. Nous n'étions pas à égalité, vous savez. Lui, il avait dans sa poche les « Sept piliers », sa collaboration avec Churchill durant la conférence de la Paix, sa rupture avec le monde et ce halo de mystère que lui donnait l'Intelligence Service. Bien entendu, le vrai mystère n'était pas là. Je m'en doutais sans en être encore tout à fait sûr à l'époque. Moi, j'étais un petit écrivain français qui avait seulement un prix Goncourt dans sa poche. C'était léger. Il était extraordinairement élégant. D'une élégance d'aujourd'hui, pas de son époque. Un pull-over à col roulé, par exemple, une espèce de nonchalance et de distance.

J'ai du mal à me souvenir des sujets que nous avons abordés. Je me souviens simplement qu'il était alors dans sa passion des moteurs, ceux des motos et des bateaux. C'était relativement peu de temps avant sa mort. Est-ce qu'il voulait mourir ?

1. *Antimémoires*, p. 84.
2. Dans son *Malraux et le Gaullisme*, p. 275, J. Mossuz, faisant état d'une déclaration (antérieure) de Malraux, situe la rencontre à Londres. *Cf.* aussi *Antimémoires*, chapitre additionnel p. 140.

Je me suis souvent posé la question sans pouvoir y répondre [1]. »

Ici, la confidence au journaliste s'alourdit d'une étrange histoire, que Malraux a racontée à diverses reprises, notamment dans une interview avec Roger Stéphane — et qui manifeste semble-t-il plus d'attachement à Lawrence que de souci historique :

« Mais il y a une histoire qu'il faudrait bien élucider. Lorsqu'il s'est tué à moto, il semble bien qu'il allait porter une dépêche à une poste quelconque. Or je me suis laissé dire que c'était un document bien singulier. Texte : « Dites non à Hitler. » Non à quoi ? Et qui disait « non » ? En tout cas, le laconisme est bien de Lawrence. Est-ce que vous avez entendu parler de cette histoire [2] ? »

Non, le journaliste ne la connaissait pas — pas plus que les spécialistes de l'auteur des *Sept piliers*, dont on connaît la minutie et la ferveur, et qui aimeraient à coup sûr clore sur ce noble refus (à une invitation en Allemagne par les services de Goebbels, chose courante à l'époque ?) le haut destin de celui que Malraux devait appeler plus tard « le premier héros libéral de l'Occident ».

On n'a aucune trace des réactions suscitées chez Malraux par la mort de T.E. Lawrence, le 13 mai 1935. Il est alors au plus fort de ses campagnes de « compagnon de route » des communistes. Mais quand il s'engage comme 2e classe dans les chars, en 1939, ne songe-t-il pas un peu au précédent de T.E. Lawrence passé de son grade de colonel et de sa gloire de faiseur de royaume à l'humble condition de mécanicien d'avion, puis de tank, après sa rupture de 1922 avec tous les pouvoirs ? Le personnage en tout cas l'obsède de plus en plus — et cette obsession s'accroît quand, la défaite venue, le dernier rempart des libertés contre l'hitlérisme est ce petit groupe de chasseurs de la RAF qui disputent le ciel anglais aux bombardiers de Goering. Derniers héros libéraux de l'Occident... Et à partir de 1942, les contacts qu'il prend avec divers agents britanniques parachutés en France ne peuvent que le

1. *L'Express*, 22 mars 1971, p. 144. Toutes les tentatives de recoupements excluent que cette rencontre ait eu lieu.
2. *Ibid.*, p. 145.

rapprocher davantage de ce type d'aventuriers nobles produits par les collèges anglais, dont T.E.L. reste l'archétype.

En 1942, André Malraux travaille à deux livres — parallèlement à ses études sur l'art. Le premier est *la Lutte avec l'ange*, dont ne subsiste, on l'a dit, que la première partie, *les Noyers de l'Altenburg*. Le second est une étude sur Lawrence, dont il n'a gardé qu'un chapitre, publié en 1946. Mais le premier livre, dont la trame principale est faite du récit des aventures de Vincent Berger, est presque aussi clairement inspiré par Lawrence que le second.

Cet intellectuel alsacien qui, professeur à Constantinople, se passionne en 1909 pour la cause du pan-touranisme[1], s'attache à Enver pacha, part en mission à travers l'Afghanistan et l'Asie profonde pour rassembler les terres du Touran et découvre en fin de compte la vanité de son entreprise, comment ne pas lui trouver un modèle dans le conseiller de Fayçal? Même attitude d'esprit, même comportement, même emportement, même désespoir.

Du livre pleinement consacré à T.E. Lawrence auquel il travailla simultanément, il n'est plus possible de lire qu'un court essai, intitulé *N'était-ce donc que cela?*[2]. Y eut-il jamais un ouvrage plus ample? Malraux l'a affirmé à Janine Mossuz[3], précisant même qu'il l'aurait « détruit ». Gaëtan Picon, rendant visite à Malraux en Corrèze au printemps 1943, vit le manuscrit consacré à T.E. Lawrence sur la table de son hôte : un texte important. Il est en tout cas précisé, à la fin de ce bref essai, qu'il s'agit d'un extrait du *Démon de l'absolu*, ouvrage à paraître. Fragment ou pas, ce texte est extrêmement déconcertant.

N'était-ce donc que cela? c'est la conclusion que Lawrence attribue à un lecteur à l'issue d'une méditation sur sa vie et son œuvre au moment où, en 1922, il allait s'abîmer dans l'anonymat et l'esclavage militaire, et où il se sentait « plus engagé encore dans cette aventure intellectuelle qu'il ne l'avait été dans l'aventure arabe » (écrit Malraux), « emprisonné avec ce livre pour son combat décisif avec l'ange[4] ».

1. Rassemblement des terres d'Asie conquises autrefois par les Turcs.
2. Publié en tirage limité à 80 ex. par les Éd. du Pavois, en 1946, puis par la revue *Liberté de l'esprit*, avril-mai-juin 1949.
3. *Op. cit.*, p. 275.
4. P. 6. On note la formule finale, celle dont Malraux fait alors le titre de l'œuvre qu'il écrit lui-même.

« Un livre un peu meilleur que ceux qu'écrivent tant d'officiers supérieurs en retraite, avec quelques passages hystériques », écrivait à un ami l'auteur des *Sept piliers*, ajoutant qu'il avait voulu écrire une œuvre digne des *Karamazov*, de *Zarathoustra* et qu'il lui semblait relire « les mémoires d'un dynamiteur » — avec « une écriture de journaliste mais de second ordre ». Échec politique, échec artistique. D'où la conclusion : « Je ne me pardonne pas de ne pas être un artiste parce qu'il n'y a rien de plus noble au monde. »

L'étrange n'est pas que Lawrence, masochiste et si follement orgueilleux que l'humiliation était son état naturel, eût écrit ces lignes cruelles, c'est que Malraux qui l'aime et l'admire, et s'assimile à lui sur tant de points, y souscrive apparemment sans réserve. Rien, dans ce texte dense, heurté, crispé, ne vient porter le moindre correctif au titre désespérément autocritique de T.E. Lawrence. Rien ne laisse croire que l'auteur de *la Lutte avec l'ange* récuse ce constat d'échec.

Est-ce parce qu'il échoue lui-même à donner à son Vincent Berger la vigueur de Garine ou la force du Manuel de *l'Espoir* — pour ne pas parler du grand modèle qui est le sien comme celui de T.E. Lawrence, Dostoïevski — qu'il fait si complaisamment écho à cet aveu d'échec? Est-ce parce que la cause qui fut sept ans la sienne, celle du combat antifasciste aux côtés des communistes, vient de recevoir les affreuses atteintes que sont les procès de Moscou de la fin des années 30 et le pacte germano-soviétique, qu'il pousse lui aussi, à travers Lawrence vaincu par la force des choses, saisi par l'histoire en état de fraude, ce cri de désespoir?

N'était-ce donc que cela? ne se clôt pourtant pas sur le néant. Malraux veut y voir un « Ecce Homo », et ce qui lui apparaît, au-delà de l' « échec » esthétique et politique, c'est la dimension religieuse, métaphysique, du personnage.

« ... Lawrence, un des esprits les plus religieux de son temps, si l'on entend par esprit religieux celui qui ressent jusqu'au fond de l'âme l'angoisse d'être homme, Lawrence... qui appelait les « Karamazov » un cinquième évangile, n'a pas écrit... cinquante lignes sur le christianisme... Il semblait de ceux que Jésus éternellement en croix arrache entre tous à la dernière solitude. Mais il ne croyait pas plus à la religion des siens qu'il ne croyait maintenant à leur civilisation. Il y avait en lui un antichrétien au premier chef : il n'attendait que de lui-même sa propre rémission. Il ne cherchait pas un apaisement mais une victoire, une paix conquise. ' Il y a quelque part un absolu, il n'y a que cela qui compte : et je n'arrive pas à le trouver. De là cette impression d'existence sans but. ' »

Et Malraux, comme pour préciser l'identification, de plus en plus évidente au fil de cet étrange essai-confession, de cet auto-pamphlet nostalgique, conclut :

« L'absolu est la dernière instance de l'homme tragique, la seule efficace parce qu'elle seule peut brûler — fût-ce avec l'homme tout entier — le plus profond sentiment de dépendance, le remords d'être soi-même[1]. »

Ainsi, au moment où il paraît le rejeter, Malraux reprend-il son commerce avec Lawrence, au plus profond. Il le tire avec lui de l'univers de Nietzsche à celui de Pascal dont témoigne alors maint dialogue des *Noyers de l'Altenburg*.

Tout ce qui distingue la soif d'absolu de l'homme de remords et de refus qui rompit avec la gloire et celle d'André Malraux qui y fit sa vie, plus proche en son comportement de Barrès que de Rimbaud, est si évident qu'il n'est pas juste de mener trop loin le parallèle entre les deux grands « mythagogues » en qui Mounier pouvait voir les modèles de ce qu'il a appelé les « métapracticiens », individus hantés par une avidité métaphysique que seul l'activisme parvient à distraire, sinon à apaiser.

Il est un point cependant sur lequel il faut bien opposer Lawrence et Malraux : celui de la confiance faite à l'action comme voie d'accès à l'absolu.

« Le glissement, écrit Malraux, qui mène d'instinct le policien au ministère, le politique au rôle de chef, ne le menait pas à souhaiter diriger la politique coloniale de l'Angleterre, mais à transformer une fois de plus en lucidité la confusion de ce qui avait été jusque-là son destin[2]. »

Lawrence, lui, va encore plus loin dans le reniement de l'action :

« Je voyais s'étirer devant moi une longue perspective de

---

1. *N'était-ce donc que cela ?*, p. 18.
2. *Ibid.*, p. 6.

responsabilités et de commandements qui dégoûtaient mon
naturel méditatif. Je jugeais mesquin de prendre ainsi la place
d'un homme d'action, car ma table des valeurs s'opposait
nettement à celle des hommes d'action, et je méprisais leur
bonheur [1]... » Et encore : « La liberté ne pouvait être exercée
qu'en préférant le non-faire au faire... Pour le clairvoyant,
l'échec était le seul but [2]... »

On trouve certes chez Malraux de semblables « giclées »
d' « inespoir » ou de renoncement à l'acte. Garine dit des
choses voisines, et Perken, et Tchen, et surtout Alvear. Mais
la tension générale des récits et des personnages, et le comportement du chef d'escadrille, du maquisard, du militant, sinon
du ministre, témoignent pour l'action, et révèlent même un
sens parfois cynique de l'efficacité. Au plan le plus haut, cela
s'exprime ainsi : « Les hommes unis par l'espoir et par l'action
accèdent à des domaines auxquels ils n'accéderaient pas seuls. »

Lors d'une conversation, en juillet 1972, au cours de laquelle
j'amorçais devant André Malraux une comparaison entre
T.E. Lawrence et lui, il m'interrompait :

> « *Attention. Ce qui nous distingue, c'est que Lawrence m'a
> toujours dit qu'il était persuadé d'échouer dans tout ce qu'il
> entreprenait. Moi, j'ai toujours cru aux succès de mes tenta-
> tives! J'ai agi pour gagner [3]... »*

Passées la guerre, la méditation dans les retraites du Midi
ou du Périgord, la lutte commune avec les Anglais, le compagnon d'altitude solitaire et solaire s'estompe. La légende
continue tout de même d'associer, avec une sorte d'auto-
matisme, l'homme des *Sept piliers* et celui de *l'Espoir*. En
1946, préparant une étude sur Lawrence, Roger Stéphane
se rend à Londres où, entre autres rencontres avec des amis
du colonel, il obtient un rendez-vous avec E.M. Forster.
Celui-ci, raconte Stéphane, l'accueille cordialement :

« Bonjour, M. Malraux, je suis très heureux de faire votre
connaissance. » Je m'étonne et lui rappelle que ma lettre
était signée de mon nom : « Oui, oui, mais j'ai pensé que
Malraux était votre nom de guerre, parce que je savais qu'il
s'intéressait à Lawrence et je ne pensais pas que deux écri-

1. *Sept piliers*, p. 349.
2. *Ibid.*, VI, p. 74.
3. Entretien d'André Malraux avec l'auteur le 20 juillet 1972.

vains français puissent s'intéresser simultanément à T.E. [1]. »

Lawrence s'éloigne. Avec de Gaulle, Malraux a trouvé le personnage inspirant qui comble sa faim d'histoire, son goût du compagnonnage et ses exigences esthétiques. Le général rejette le colonel dans la pénombre. On retrouvera ici et là quelques références au héros des *Sept piliers*, dans des interviews comme celle qu'on a citée plus haut, ou dans un chapitre des *Antimémoires*.

Au cours d'une visite à Oxford où il devait recevoir le diplôme de docteur *honoris causa*, les amis qui l'hébergèrent demandent à André Malraux ce qu'il aurait plaisir à visiter. « La plaque apposée sur la porte de la chambre où a vécu Lawrence », répond-il. On cherche, on court à Jesus College où il a fait ses classes. Nulle trace du grand homme, sinon quelques photos à « All souls » où il a rédigé une partie des *Sept piliers*. D'où il ressort que les insignes de la gloire ne revêtent pas, de part et d'autre de la Manche, les mêmes formes.

T.E. Lawrence avait avoué son « désir passionné d'être célèbre ; et l'horreur que l'on connût (son) goût d'être connu [2] ». Moins histrion peut-être, Malraux ne dissimule pas son appétit de gloire. Sisyphe, pour l'un, se dissimule derrière son rocher. L'autre en fait le socle de sa statue.

Au bout du compte, ce qui converge en eux, ce en quoi Lawrence aura marqué Malraux — où est l'influence qui n'est pas d'abord similitude ? — c'est à la fois la présence de Nietzsche et celle de Dostoïevski, leurs références majeures. En Nietzsche ici, c'est surtout l'homme pour qui l'histoire est faite, non de faits, mais de mythes. Si Malraux avait pu chercher à dompter ce démon qui est en lui et le conduit à transfigurer en fiction tout ce qu'il touche et surtout les faits, à ne voir le monde qu'à travers les « embellissements pathétiques » qu'il lui impose (et pas seulement pour ce qui le concerne) Lawrence, imposteur tragique, l'aurait détourné mieux qu'aucun autre de ce vertueux effort.

De combien de mensonges sont faits les piliers de la « sagesse » sur lesquels bâtit l'un, et « l'espoir » que l'autre proclame ? Quelle vérité seconde est pourtant leur salaire ! Rêvant de façonner l'histoire, ils le font en la transfigurant par les mots,

1. *Fin d'une jeunesse*, p. 156.
2. *Sept piliers*, IX, p. 103.

plus que par les gestes, caricaturant à peine en cela les hommes qui leur servent de modèle, Fayçal et Churchill pour l'un, et pour l'autre de Gaulle. Histoire, histoires?

Et puis il y a ce « démon de l'absolu » qui, plus encore que celui de l'imposture créatrice, les harcèle. Le silence de Dieu est beaucoup plus sensible chez l'Anglais, d'autant plus qu'il situe son entreprise au cœur même de l'univers et du paysage prophétique, d'Arabie en Palestine. Au surplus, Louis Massignon, bon juge, et qui l'a bien connu, le décrit « étranger à toute intussusception de la foi mahométane [1] ».

Et pourtant, pourtant, la conclusion de l'essai de Malraux sur « T.E.L. » cité plus haut, nous conduit sur une piste où Claudel a peut-être abusivement cherché Rimbaud, mais où le mot de passe serait, pour le chef de bande d'Akaba comme pour le patron de la brigade Alsace-Lorraine, ce qu'Emmanuel Berl appelle « le refus du refus de Dieu ». Sur la porte du chalet où il a vécu les derniers mois de sa vie, T.E. Lawrence avait écrit en grec : « Qu'importe? » : Malraux le rapporte, dans le chapitre additionnel des *Antimémoires*. Mais il se répond à lui-même en citant Dostoïevski.

Et la conclusion de son chapitre, ce sont ces mots : « Chaque homme reflète l'Être. »

18. Trotsky

Quand les Allemands entrèrent à Paris, au mois de juin 1940, Gaston Gallimard prit soin avant de gagner le Languedoc, de brûler quelques papiers compromettants pour ses auteurs et notamment un extraordinaire document : le plan d'une expédition au Kazakhstan établi par André Malraux en 1929 pour délivrer Léon Trotsky, déporté à Alma-Ata sur ordre de Staline.

Malraux avait mis beaucoup de soin à la préparation de

1. R. Stéphane, *T.E. Lawrence*, p. 238.

ce pharamineux projet et prévu de créer une association chargée de recueillir les fonds nécessaires. Il avait fallu que Gaston Gallimard s'interposât et jetât le poids de son autorité bonhomme pour que l'auteur des *Conquérants* renonçât à cet exploit digne de Trois Mousquetaires qui auraient lu l'*Histoire des treize* — mais non l'histoire de la révolution revue par Staline.

André Malraux, alors, a vingt-sept ans. Il se confond en esprit avec ce Garine qu'il a si puissamment modelé à son image (rehaussée de celle de Lawrence). Il n'a pas prétendu en faire un reflet même lointain de Trotsky, mais dans les rares dialogues où il l'oppose à Borodine, et dans leurs portraits alternés, il a suggéré l'opposition entre le communiste « romain », entrepreneur et organisateur dont Staline offre le modèle, et le communiste « conquérant » dont l'avocat de la « révolution permanente » serait l'archétype. Le lien entre ce personnage et certains comportements politiques de Léon Davidovitch est peut-être inconscient : il existe.

Plus généralement, Malraux est déjà hanté par la légende rouge d'Octobre du palais d'Hiver, de la guerre civile, des marins révoltés, des partisans et des « Cent Noirs ». Quand il prétend résumer le XXe siècle en une image, celle d' « *un camion hérissé de fusils* [1] » il pense d'abord à la naissance de l'Armée rouge, aux patrouilles dans Petrograd enneigée, aux tentatives de putsch des cadets, à Odessa encerclée, aux foules ouvrières de Moscou. Une figure magique plane sur ces violentes images, casquette, lorgnons, barbiche, vareuse au col levé, éloquence fulgurante, une manière d'aigle noir aux serres puissantes, Léon Davidovitch Bronstein, dit Trotsky, commissaire du peuple à la guerre et créateur de l'Armée rouge. Quel personnage plus romantique que celui de vainqueur-vaincu — plus romanesque que le raisonnable, raisonnant, rationnel, persévérant Lénine à l'éloquence technicienne. Et personnage qui avait sur son illustre aîné l'avantage de poursuivre dans les années 30 une existence pourchassée de fantôme survivant au Thermidor russe.

Malraux ne rêvère pas seulement en Trotsky le constructeur d'histoire. Il l'admire aussi pour s'être préoccupé activement des droits de l'écrivain, avec Lounatcharsky, au plus

---

1. Entretien de Malraux avec l'auteur, juin 1972.

fort de la guerre civile. Ce stratège violent amateur de lumières
est bien le héros dont il rêve.

Bref, Trotsky fut le premier — avant, après Lawrence?
— de ces grands vivants qui relayèrent dans l'imagination
avide de Malraux les fantômes révérés de Saint-Just, de Rimbaud, de Nietzsche et d'Ivan Karamazov. Survivant légendaire
de l'événement le plus fabuleux du siècle dont Malraux se
veut le participant total, faiseur de mythes, inventeur d'actes,
inspirateur de gestes, il habite violemment le jeune homme
qui vient d'écrire *les Conquérants* et porte déjà en lui *la Condition humaine.*

Le plus étrange n'est pas qu'un jeune écrivain assoiffé
de défi épique soit hanté par le survivant des héros révolutionnaires d'Octobre 1917 qui est en même temps un historien. C'est que l'intérêt fut réciproque et que Léon Davidovitch
se montra très curieux de ce jeune écrivain aux velléités plus
révolutionnaires que l'engagement. Entre eux, il est vrai,
un lien personnel existe : Pierre Naville, écrivain marxiste
alors très proche des surréalistes, parent et ami de Gide, hardiment partisan de la « ligne oppositionnelle » de Trotsky
et qui est allé rejoindre « le Vieux » à Prinkipo, l'île aux Princes
proche d'Istanbul où le gouvernement de Kemal Ataturk a
donné l'hospitalité au proscrit.

Trotsky, passionné de littérature française (« ces livres
à couverture jaune », dit-il avec une sorte de révérence) interroge son ami sur « ce jeune Malraux qui lui, au moins, a de
la volonté, pas comme ces héros de Proust ou de Gide... Est-ce
quelqu'un qu'on peut gagner à notre cause [1]...? ». Il faudra
près de deux ans pourtant à Trotsky pour transformer ses
interrogations en critiques, des critiques qu'il faut lire dans
cette optique du leader politique soupesant une éventuelle
« recrue »... C'est en avril 1931 que parut dans la *NRF* l'article sur *les Conquérants* qui, repris plus tard dans *la Révolution étranglée*, lie décidément le révolutionnaire au romancier, offrant à celui-ci l'occasion d'un débat inespéré et donnant au bref récit imaginaire d'un épisode du soulèvement
cantonais la valeur presque authentique d'un chapitre de
l'histoire de la révolution mondiale.

Stupéfiant dialogue. D'abord parce que Léon Trotsky,

1. Entretien de Jean Rous avec l'auteur, 20 mars 1972.

le compagnon de Lénine, discute d'égal à égal avec un jeune écrivain peu connu qu'il tient naïvement pour protagoniste de la révolution chinoise, et qui riposte avec un imperturbable aplomb aux arguments de ce personnage quasi fabuleux. Ensuite parce que le débat s'instaure sur une trame romanesque dont les données sont partiellement exactes, mais les personnages, Borodine et Gallen exceptés, sont purement imaginaires. A l'homme de l'histoire, l'homme du roman répond comme s'ils étaient sur le même plan — Trotsky y ayant d'ailleurs incité Malraux avec une désarmante bonne grâce. Imaginons Napoléon à Sainte-Hélène discutant de stratégie avec Stendhal et celui-ci opposant Fabrice à Grouchy...

Trotsky situe d'emblée le livre très haut :

« Un style dense et beau, l'œil précis d'un artiste, l'observation originale et hardie — tout confère au roman une importance exceptionnelle. Si j'en parle ici, ce n'est pas parce que le livre est plein de talent, bien que ce fait ne soit pas négligeable, mais parce qu'il offre une source d'enseignements politiques de la plus haute valeur. Viennent-ils de Malraux ? Non, ils découlent du récit même, à l'insu de l'auteur et témoignent contre lui — ce qui fait honneur à l'observateur et à l'artiste, mais non au révolutionnaire. Cependant, nous sommes en droit d'apprécier également Malraux de ce point de vue : en son nom personnel et surtout au nom de Garine, son second moi, l'auteur ne marchande pas ses jugements sur la révolution... »

Ce qui importe surtout à Trotsky, c'est le procès qui est fait dans le livre, « à l'insu de l'auteur », et qu'il développe, lui, avec un acharnement avide, de la stratégie chinoise du Komintern et de Staline. Pour Léon Davidovitch — qui ne dédaigne pas de rectifier la biographie de Michel Borodine telle qu'elle est proposée par Malraux — tout le mal vient du choix que « cette petite bureaucratie étrangère » inféodée au Komintern et à Staline (Borodine, Garine, Gallen, Klein, Gérard) a fait de l'alliance avec l'aile droite du Kuomintang contre le peuple incarné par Hong.

Du point de vue de l'histoire du bolchevisme et de l'évolution des idées de Trotsky, c'est là un texte remarquable car il est empreint d'un « gauchisme » surprenant, même de la part de l'homme de la « révolution permanente ». Il est intéressant en effet de lire sous la plume de l'homme qui a fait écraser la révolte de Cronstadt l'éloge de ce prototype du ter-

roriste anarchisant qu'est Hong. « ... Si Hong ne trouve pas
sa juste voie, c'est la faute de Borodine et de Garine qui ont
placé la révolution à la remorque des banquiers et des
marchands. Hong reflète la masse qui déjà s'éveille, mais
qui ne s'est pas encore frotté les yeux ni amolli les mains.
Il essaie par le revolver et le poignard d'agir *pour* la masse
que paralysent les agents du Komintern. Telle est, sans fard,
la vérité sur la révolution chinoise.

Le dialogue de Borodine et de Hong (*cf.* p. 181-182) est
le plus effroyable réquisitoire contre Borodine et ses inspira-
teurs moscovites. Hong, comme toujours, est à la recherche
d'actions décisives. Il exige le châtiment des bourgeois les
plus en vue. Borodine trouve cette unique réplique : « Il ne
faut pas toucher à ceux qui paient... La révolution, c'est payer
l'armée... » Ces aphorismes contiennent tous les éléments
du nœud dans lequel la révolution chinoise fut étranglée...
L'armée de la révolution n'attend pas de gratification : elle
fait payer.

Entre (...) Canton et (...) Petrograd, il y a cette différence
tragique qu'en Chine, il n'exista pas, en fait, de bolchevisme :
sous le nom de trotskysme, il fut déclaré doctrine contre-
révolutionnaire et fut persécuté par tous les moyens de la
calomnie et de la répression. Où Kerensky n'avait pas réussi
pendant les journées de juillet, Staline en Chine réussit deux
ans plus tard... »

Et, déplorant que l'auteur ait manqué de la « bonne inoculation de marxisme (qui)... aurait pu le préserver de fatales
méprises », Léon Trotsky conclut rudement :

« Le livre s'intitule *les Conquérants*. Dans l'esprit de l'auteur,
ce titre à double sens où la révolution se farde d'impérialisme, se réfère aux bolcheviks russes ou plus exactement
à une certaine fraction d'entre eux. Les Conquérants ? Les
masses chinoises se sont soulevées pour une insurrection
révolutionnaire, sous l'influence indiscutable du coup d'État
d'Octobre comme exemple et du bolchevisme comme drapeau.
Mais les « Conquérants » n'ont rien conquis. Au contraire,
ils ont tout livré à l'ennemi. Si la révolution russe a provoqué
la révolution chinoise, les épigones russes l'ont étouffée. Malraux ne fait pas ces déductions. Il ne semble pas même y penser
Elles ne ressortent que plus clairement sur le fond de son
livre remarquable. »

Pour saisissant que soit cet article consacré par le compagnon de Lénine au roman d'un jeune écrivain étranger, la réponse de Malraux ne l'est pas moins. A l'homme d'Octobre, il riposte sur le ton intrépide de Saint-Just face à Danton. Loin de se confondre en hommages au grand homme qui lui fait l'honneur de l'interpeller, il contre-attaque d'entrée de jeu et marque un point. À Trotsky qui lui a prescrit durement « une bonne inoculation de marxisme », Malraux fait valoir que Borodine et les responsables de l'Internationale sont marxistes — et que pourtant...

Et, mêlant fiction et réalité, problèmes esthétiques et historiques avec plus de virtuosité que son interlocuteur, il écrit :

« Lorsque Trotsky ajoute qu'il n'y a pas d'affinité entre l'auteur et la révolution, que « les enseignements politiques découlent du livre à mon insu », je crains qu'il ne connaisse mal les conditions d'une création artistique : les révolutions ne se font pas toutes seules, mais les romans non plus. Ce livre n'est pas une « chronique romancée » de la révolution chinoise, parce que l'accent principal est mis sur le rapport entre des individus et une action collective seule. La documentation des *Conquérants* est justiciable des arguments qu'avance Trotsky; mais elle seule. Il trouve que Garine se trompe; mais Staline trouve que lui, Trotsky, se trompe à son tour. Lorsque, dans sa *Vie*, on lit le poignant récit de sa chute, on oublie qu'il est marxiste, et peut-être l'oublie-t-il lui-même. »

Le trait est fort, sinon généreux. Et le romancier d'enchaîner, avec aplomb : « Puisque Trotsky reconnaît à mes personnages la valeur de symboles sociaux, nous pouvons discuter maintenant de l'essentiel. »

L'essentiel, pour Malraux, c'est la thèse « possibiliste » fondée sur le fait qu'en 1925-1926, le parti communiste chinois ne peut rien entreprendre seul et qu'il n'a d'existence que dans l'alliance avec le Kuomintang. C'est la thèse que reprendra, presque mot pour mot, face à Kyo, le Vologuine de *la Condition humaine*. Tout au long de son article, ce jeune homme de vingt-neuf ans qui n'a jamais participé à une seule lutte politique d'envergure entreprend de donner à Léon Trotsky une leçon de stratégie politique. Et le plus fort est qu'il la donne... Non que ses arguments soient sans réplique. Mais ils sont forts — d'autant plus forts il est vrai qu'il les modèle

sur des personnages qu'il a lui-même modelés. Ah! que Balzac
eût été fort, discutant de la politique de Vautrin avec Vidocq...
    Il faut prêter l'oreille à son beau discours. Dans cet étrange
tournoi, c'est l'amateur qui use des armes du professionnel...

    « L'Internationale... n'eut pas le choix... J'ai dit que son
objectif était de donner au prolétariat chinois, le plus vite
possible, la conscience de classe dont il avait besoin pour tenter la prise du pouvoir; or l'obstacle le plus vigoureux que
rencontrât alors la conscience de classe était la conscience
de société. Tout militant chinois était membre d'une de ces
sociétés innombrables, dites secrètes, dont l'histoire est l'histoire de la Chine depuis 1911; le Kuomintang était la plus
puissante d'entre elles; toutes proportions gardées, il ressemble
bien plus à notre franc-maçonnerie qu'à notre radicalisme.
Avant la fusion, la doctrine communiste était celle d'une société
naissante; aussitôt après elle devenait une des doctrines de
la société la plus nombreuse.
    [...]
    ... En disant ' Parti d'abord ', Trotsky défend un principe
révolutionnaire dont on ne peut méconnaître la valeur ni la
primauté... Je ne puis d'ailleurs qu'admirer le rôle héroïque,
au sens le plus réaliste du mot, que Trotsky réclame du prolétariat. Mais je dois le confronter aux faits... »

    Et c'est la conclusion tranchante :

    « En faisant à mes personnages l'honneur de les tenir pour
des symboles, Trotsky les sort de la durée, ma défense et de
les y faire rentrer [1]. »

    Trotsky ne voulut pas en rester sur cette semonce. Il proposa
une réplique à la *NRF* qui ne la publia pas. Et c'est finalement
la revue trotskyste *la Lutte des classes* qui diffusa sa riposte
à l'homme des *Conquérants:* « *Je dois faire une rectification
après avoir lu l'article de Malraux. Dans mon article, j'ai émis
cette idée que l'inoculation du marxisme serait utile à Garine.
Maintenant, je ne le pense plus.* » Malraux lui ayant demandé
un rendez-vous peu après son installation en France, en juillet 1933, le compagnon de Lénine accepta pourtant de le

---

1. *NRF*, avril 1931, p. 488-507.

recevoir : selon Pierre Naville, parce que « le vieux » estimait que depuis l'accession d'Hitler au pouvoir, les divergences entre antifascistes s'estompaient.

Le romancier vient d'achever *la Condition humaine*, qui paraît dans la *Nouvelle Revue française*. Aux côtés de Gide, il s'est engagé en mars dans le combat antifasciste, au sein de l'Association des écrivains et artistes révolutionnaires. Quittant la Turquie, Trotsky a été accueilli en France par le gouvernement Herriot. Non autorisé à résider dans la région parisienne, il s'est installé près de Royan, dans une villa de la petite station de Saint-Palais. C'est là que Malraux, conduit par un jeune militant trotskyste, lui rend visite le 26 juillet 1933. Clara inquiète de la santé de la petite Florence, n'a pas pu, à son grand dépit, l'accompagner.

Le récit de l'entrevue, Malraux ne l'a publié que neuf mois plus tard dans *Marianne*, au moment où Léon Davidovitch venait d'être expulsé par le gouvernement Doumergue, après le 6 février. C'est un beau texte, frémissant d'admiration :

« ... Peu à peu avançant dans le rayon de nos phares, derrière un jeune camarade prudent qui portait une torche électrique, montèrent des souliers blancs, un pantalon blanc, une veste de pyjama, jusqu'au col... La tête demeurait dans l'ombre nocturne. J'ai vu quelques-uns des visages où devraient s'exprimer des vies capitales : presque tous sont des visages absents. J'attendais avec plus que de la curiosité ce masque marqué par l'un des derniers grands destins du monde et qui s'arrêtait, ébloui, au bord du phare.

Dès que se précisa cet éblouissant fantôme à lunettes, je sentis que toute la force de ses traits était dans sa bouche aux lèvres plates, tendues, extrêmement dessinées, de statue asiatique. Il riait pour mettre à l'aise un camarade, d'un rire de tête qui ne ressemblait pas à sa voix — un rire qui montrait des dents très petites et très écartées, des dents extraordinairement jeunes dans ce fin visage à la chevelure blanche...
[...]
Trotsky ne parlait pas sa langue; mais, même en français, le caractère principal de sa voix est la domination totale de ce qu'il dit — l'absence de l'insistance par quoi tant d'hommes laissent deviner qu'ils veulent en convaincre un autre pour se convaincre eux-mêmes, l'absence de volonté de séduction.

Les hommes supérieurs ont presque tous en commun, quelle que soit la maladresse de certains à s'exprimer, cette densité, ce centre mystérieux de l'esprit qui semble venir de la doctrine et qui dépasse de toutes parts, et que donne l'habitude de considérer la pensée comme chose à conquérir et non à répéter. Dans le domaine de l'esprit, cet homme s'était fait son propre monde et il y vivait. Je me souviens de la façon dont il me dit de Pasternak :

— Presque tous les jeunes Russes le suivent, en ce moment, mais je ne le goûte pas beaucoup. Je ne goûte pas beaucoup l'art des techniciens, l'art pour spécialistes.

— L'art est d'abord pour moi, répondis-je, l'expression la plus haute ou la plus intense d'une expérience humaine valable.

— Je pense que cet art-là va renaître sur toute l'Europe... En Russie, la littérature révolutionnaire n'a pas encore donné une très grande œuvre.

— La véritable expression de l'art communiste, n'est-ce pas non la littérature, mais le cinéma? Il y a le cinéma avant et après *Potemkine*, avant et après *la Mère*.

— Lénine pensait que le communisme s'exprimerait artistiquement par le cinéma. Pour le *Potemkine, la Mère*, on m'en a beaucoup parlé comme vous. Mais je vais vous dire : ces films, je ne les ai jamais vus. Quand on les a projetés au début, j'étais au front. Plus tard, on en a projeté d'autres; et, quand on les a repris, j'étais en exil... »

Le visiteur l'interroge sur « la persistance de l'individualisme dans le communisme... aussi différent de l'individualisme bourgeois... que celui-ci l'était de l'individualisme chrétien ». A quoi « Le Vieux » rétorque :

« Les chrétiens ont pu vivre en fonction de la vie éternelle et ne pas attacher une grande importance à l'individualisme, parce qu'ils étaient très pauvres. Les communistes du plan quinquennal sont un peu dans la même situation, pour d'autres raisons. Les périodes des plans, en Russie, sont nécessairement défavorables à tout individualisme, même communiste... »

Et comme le visiteur le harcèle sur ce point capital, il concède :

« Une idéologie purement collective, est inconciliable avec le minimum de liberté matérielle qu'impliquent le monde moderne et le communisme, à brève échéance. A très brève échéance... »

Plus tard, ils parlent encore de mille sujets, de Lénine et de ce qu'il attendait du communisme :

« — Un homme nouveau, certainement. Pour lui, les perspectives du communisme étaient infinies. »
Il réfléchit de nouveau. Je pensais à ce qu'il me disait le matin (à propos d'une certaine permanence de l'individualisme) et lui aussi, sans doute :
— Mais, dis-je, il me semble que pour vous...
— Non, au fond, je pense comme lui. »

Et puis Malraux évoqua la mort. Alors Trotsky :

« — Je crois que la mort est surtout un décalage d'usure. D'une part l'usure du corps, d'autre part celle de l'esprit. Si les deux se rejoignaient, ou se faisaient en même temps, la mort serait simple... Il n'y aurait pas de résistance. [Il avait soixante ans, il était gravement malade.] »

André Malraux, au moment où il écrit, c'est-à-dire alors que Trotsky est proscrit par un régime communiste qu'il a fondé, et chassé par un gouvernement français issu deux mois plus tôt d'une émeute préfasciste, ne saurait s'en tenir à un reportage et à une interview. La conclusion de son article oppose le souvenir du proscrit aux images d'un film présenté par le parti communiste qu'il vient de voir, celui d'une fête à Moscou « écrasée par les gigantesques portraits de Lénine et de Staline ». C'est en forme d'apostrophe, une adhésion à la cause du « Vieux » :

« Combien... parmi cette foule, pensaient à vous ? A coup sûr, beaucoup. Avant le film, il y avait eu des discours pour Thaelmann en particulier ; l'orateur qui eût osé parler de vous, le premier moment d'inquiétude passé, eût écrasé bien vite, à la fois l'hostilité bourgeoise et les prudences orthodoxes : cette multitude qui vous tait, vous l'habitez comme un remords... Contre le gouvernement qui vous chasse, tous sont avec vous :

vous êtes de ces proscrits dont on ne parvient pas à faire des émigrés.

Malgré tout ce qui sera dit, imprimé, crié, la révolution russe est pour eux un bloc, et quelque chose de l'héroïsme qui secoua le palais d'Hiver s'en va, humilié, avec votre solitude.

[...]

Je sais, Trotsky, que votre pensée n'attend que de la destinée implacable du monde son propre triomphe. Puisse votre ombre clandestine qui depuis presque dix ans s'en va d'exil en exil, faire comprendre aux ouvriers de France et à tous ceux qu'anime cette obscure volonté de liberté rendue assez claire par les expulsions, que s'unir dans un camp de concentration est s'unir un peu tard! Il y a trop de cercles communistes où être suspect de sympathie pour vous est aussi grave que de l'être pour le fascisme. Votre départ, les insultes des journaux montrent assez que la révolution est une [1]... »

André Malraux rêve-t-il alors d'un rôle d'unificateur? Au lendemain du 6 février 1934, il a contresigné un texte en faveur du « Front unique » désapprouvé par les communistes. Il intervient dans le même sens au cours des meetings organisés un peu partout contre l'expulsion de Trotsky. Le surlendemain du jour où a été publié l'article de *Marianne*, il prononce une allocution au cours d'une réunion tenue salle Albouy à l'initiative de la Ligue communiste (opposition de gauche) et du parti socialiste, aux côtés de Marceau Pivert, de Pierre Franck et d'Yvan Craipeau. *La Vérité*, organe de la Ligue, fait amplement écho à l'intervention de Malraux.

« L'orateur lance un vibrant appel à la réalisation de l'unité pour la tâche qui s'impose, la révolution en France. 'Sachons comprendre que la révolution est une.' Et revenant sur l'expulsion du chef des bolcheviks-léninistes, il conclut au milieu de très vifs applaudissements, en défendant 'qu'on humilie une part de la force révolutionnaire qui fit trembler Saint-Pétersbourg' [2]. »

Deux semaines plus tôt, Léon Trotsky avait manifesté sa sympathie au jeune écrivain en reprenant dans le même journal, où sévissait pourtant le dogmatisme, certains des arguments de son essai critique de 1931 dans la *NRF* :

1. *Marianne*, 25 avril 1934.
2. *La Vérité*, 27 avril 1934.

« Qu'on lise attentivement les deux romans de l'auteur français Malraux, *les Conquérants* et *la Condition humaine*. Sans se rendre compte des relations et des conséquences politiques, l'artiste formule ici un acte d'accusation foudroyant contre la politique de l'Internationale communiste en Chine et confirme par des tableaux et des personnages, de la façon la plus frappante, tout ce que l'opposition de gauche avait expliqué par des thèses et des formules [1]... »

Pendant toute cette période (1933-1934) Malraux se considère, sinon comme un trotskyste, en tout cas comme un sympathisant du grand proscrit. Moins pour les idées que défend « le Vieux » que pour les mythes qu'il incarne et la condition de Juif errant de la Révolution qu'on lui fait ? Peut-être. Mais sa sympathie va assez loin pour le conduire à des gestes plus crânes que de parler dans des meetings parisiens. On a fait allusion déjà à l'épisode du voyage en URSS de l'été 1934, raconté dans *les Combats et les Jeux* [2] par Clara Malraux, ce toast porté à Léon Davidovitch par l'invité de Maxime Gorki, en réponse à celui d'une personnalité officielle buvant à la « patrie socialiste ». Malraux crut-il vraiment alors que ce geste hardi, que ces propos incongrus, accueillis dans « un silence cendreux », leur vaudraient, à sa femme et à lui, d'être « coffrés » comme il en avertissait Clara ? En tout cas, il le fit.

En 1935, l'auteur de *la Condition humaine* va manifester à nouveau son attachement à Trotsky en lui donnant l'occasion de publier son article « Qu'est-ce que le national-socialisme ? » dans la *NRF*. Mais la période d'adhésion politique ne dure guère — si la fascination historique reste intacte. Malraux a vite mesuré l'impossibilité où il est — et où seraient de plus grands que lui — de « refaire l'unité de la révolution ». Entre ces pulsions historico-romantiques et le principe d'efficacité qu'il leur oppose, celui-ci l'emporte vite. Trotsky est grand, mais il est apparemment sans poids dans le combat contre le fascisme, le seul qui compte pour l'homme des *Conquérants*. Alors Malraux opte politiquement pour les proscripteurs contre le proscrit. Dès le mois d'avril 1935, il accomplit le geste de rupture, en refusant d'intervenir en faveur d'un homme qui se réclame alors du trotskysme, Victor Serge, déporté par les autorités soviéti-

1. *La Vérité*, 6 avril 1934.
2. *Op. cit.*, p. 125.

ques lors de la première grande purge qui suivit l'assassinat de Kirov. Dans *la Vérité*, Trotsky signale ce silence, non sans amertume [1].

Désormais, la faille va constamment s'élargir entre celui qui combat stratégiquement et celui qui accepte tactiquement le stalinisme. En Espagne, le créateur de l'escadrille *España* choisit de « jouer le jeu » avec les communistes, seuls capables selon lui de dresser une digue contre la poussée fasciste. Il dote — ou laisse doter — son escadrille d'un commissaire politique stalinien, et rompt toutes relations avec le P.O.U.M. (Parti ouvrier d'unification marxiste) dont le premier objectif est celui qu'il visait en 1934 — l'unité de la révolution — mais que la haine des agents du Komintern rejette de plus en plus vers le trotskysme. Et rien ne vient de son bord pour condamner la chasse aux trotskystes et aux anarchistes à laquelle se livrent les gens du NKVD et les patrons des Brigades internationales, pas plus que l'étrange procédure au terme de laquelle Zinoviev et Kamenev, les deux lieutenants de Staline, sont bientôt fusillés.

Alors la rupture intervient, éclatante de la part de Trotsky. En mars 1937, séjournant aux États-Unis où il recueille fonds et appuis pour les républicains espagnols, Malraux a fait diverses déclarations — notamment dans une interview au journal mexicain *El Nacional* — en faveur de l'URSS et de son rôle dans la lutte antifranquiste, qu'il oppose à la politique de non-intervention du gouvernement Blum. Le 2 avril, *la Lutte ouvrière*, organe du parti ouvrier internationaliste (trotskyste), publie un article sévère intitulé « Questions concrètes à M. Malraux », dicté par Léon Trotsky [2]. Une semaine plus tard, le vieux leader prend lui-même la plume pour dénoncer le romancier-militant :

« En 1926, Malraux se trouvait en Chine au service du Komintern-Kuomintang, et il est l'un de ceux qui portent la responsabilité de l'étranglement de la révolution chinoise... Malraux, comme André Gide, fait partie des amis de l'URSS. Mais il y a une énorme différence entre eux, et pas seulement dans l'envergure du talent. André Gide est un caractère absolu-

---

1. Dès le lendemain de la visite de Malraux à Royan, « L.D. » avait mis en garde ses compagnons contre un homme qui était en relations avec le PCF et se rendait à Moscou. Méfiance qui avait été qualifiée d' « exagérée » par son entourage.
2. Indication donnée par Pierre Naville à l'auteur.

ment indépendant, qui possède une très grande perspicacité et une honnêteté intellectuelle qui lui permet d'appeler chaque chose par son nom véritable... [1]

Malraux, au contraire de Gide, est organiquement incapable d'indépendance morale. Ses romans sont tous imprégnés d'héroïsme, mais lui-même ne possède pas cette qualité au moindre degré. Il est officieux de naissance. A New York, il lance un appel à oublier tout, sauf la révolution espagnole. L'intérêt pour la révolution espagnole, cependant, n'empêche pas Staline d'exterminer des dizaines de vieux révolutionnaires. Malraux lui-même quitta l'Espagne pour mener aux États-Unis une campagne de défense du travail judiciaire de Staline-Vichinsky. A cela il faut ajouter que la politique du Komintern en Espagne reflète complètement la politique fatale de celui-ci en Chine. Telle est la vérité sans voiles [2]. »

La violence du réquisitoire de Trotsky s'explique. Quelques semaines plus tôt, en février 1937, lors du deuxième des grands procès de Moscou, un journaliste russe, Wladimir Romm, avait déclaré avoir rencontré Trotsky à Paris, en juillet 1933, et reçu de lui des instructions pour le sabotage en URSS. Léon Davidovitch riposta aussitôt qu'il n'était pas à Paris, en juillet 1933, mais à Royan, où Malraux lui avait rendu visite — ce dont il pouvait témoigner. L'écrivain garda le silence, à la grande fureur du « Vieux », qui communiqua au *New York Times* les éléments de son article de *la Lutte ouvrière*.

Riposte de Malraux : « M. Trotsky est à ce point obsédé par tout ce qui le concerne personnellement que si un homme qui vient de combattre pendant sept mois en Espagne proclame que l'aide à la République espagnole doit passer avant tout, cette déclaration doit, pour M. Trotsky, cacher quelque chose [3]. » Quelques jours plus tard, à l'occasion d'un dîner offert en son honneur par le journal *The Nation*, Malraux déclarait que « pas plus que l'Inquisition n'a atteint la dignité fondamentale du christianisme, les procès de Moscou n'ont diminué la dignité fondamentale du communisme [4] ».

Ainsi le dialogue s'était-il aigri au point que Trotsky dénonçait en Malraux un agent stalinien et que Malraux en venait

---

1. Gide vient de publier son *Retour d'URSS*.
2. *La Lutte ouvrière*, 9 avril 1937.
3. *New York Times*, 17 mars 1937.
4. Voir un autre extrait de ce discours p. 200.

pratiquement à traiter le chef révolutionnaire d'ancien combattant replié dans l'obsession égocentrique. La mort même de Léon Davidovitch ne devait pas apaiser la querelle. Certes, au lendemain de la guerre (17 mai 1947), André Malraux évoquait son attachement au créateur de l'Armée rouge en déclarant au journaliste américain Cyrus Sulzberger que « s'il y avait aujourd'hui en France un mouvement trotskyste qui eût quelque chance de succès au lieu de la poignée de discuteurs qui se querellent avec les communistes, (je serais) trotskyste et non gaulliste[1] ». (Comme nous lui rappelions ce propos, vingt-cinq ans plus tard, André Malraux laissa tomber : « *C'est farfelu.* »)

Le 9 mars 1948, le grand quotidien new-yorkais publiait une lettre de Nathalie Sedova, dans laquelle la veuve de Trotsky s'indignait que Malraux « après des années de solidarité délibérée avec le stalinisme (prenne) le rôle de sympathisant trotskyste au moment où il fait alliance avec le centre de la réaction française », rappelait que c'est précisément dans le même *New York Times* que Malraux avait présenté la question du procès de Moscou comme « une querelle personnelle entre Trotsky et Staline », et assurait que, ministre de l'Information de De Gaulle en 1945-1946, l'auteur de *la Condition humaine* avait « supprimé la presse trotskyste française ».

Citant ce texte cruel, Maurice Merleau-Ponty l'accompagnait de commentaires non moins désobligeants pour l'écrivain qualifié de « paranoïaque », et qui, à force d'« ultra-subjectivisme » et de « vertige du moi » (qui lui fait confondre « son » quasi-trotskysme d'hier et « son » gaullisme d'aujourd'hui) « cesse d'être une cause en politique » et « devient chose et instrument[2] » (sous-entendu possible : de la politique américaine).

Cet article, publié dans une revue qui était éditée, comme la *NRF*, par Gaston Gallimard, provoqua la seule crise qui ait jamais opposé Malraux à son éditeur. L'auteur de *la Condition humaine* menaça de rompre avec la maison de Gide et de Valéry si la revue de Sartre continuait d'y paraître. Il fit même de pesantes allusions à l'attitude ambiguë de la *NRF* pendant la guerre : « Il y a des dossiers que l'on peut rouvrir », aurait-il

---

1. Cyrus Sulzberger, *Dans le tourbillon de l'histoire*, p. 256 (« A long row of candels », New York, Mac Millan.)
2. Traduit et cité par Maurice Merleau-Ponty dans *les Temps modernes*, n° 34, p. 180.

déclaré. Gaston Gallimard s'inclina : *les Temps modernes* émigrèrent de l'autre côté de la rue de l'Université, chez Julliard. Chassant les existentialistes, le « conquérant » occupait le terrain. Procédure peu digne de ce « héros libéral de l'Occident » dont il se réclamait alors.

Trotsky-Malraux... L'histoire ne devait pas s'achever avec ce triste règlement de comptes. Au moment de la publication des *Antimémoires*, l'auteur parlait de l'histoire contemporaine avec Roger Stéphane à la télévision française. Il n'a pas dans ce livre évoqué Trotsky, qu'il tient « avec de Gaulle, Mao et Nehru pour l'homme le plus remarquable (qu'il ait) rencontré ». Mais, ajoute-t-il, « j'en parlerai, j'en parlerai ». Comme son interlocuteur tente d'amorcer un parallèle entre Michelet et l'auteur de *l'Histoire de la révolution russe*, Malraux objecte : « Trotsky, c'est Michelet moins la générosité. Trotsky n'a pas les bras ouverts, lui... Il y a une fraternité profonde et assez belle, mais ce n'est pas la générosité [1]. »

Et c'est encore devant une caméra de télévision, aux côtés de Jean Vilar, pour la série d'entretiens intitulés « La légende du siècle » (1972), que Malraux évoquera le plus fortement Trotsky. Après avoir rappelé le conflit (« nous nous sommes fâchés... ») qui les avait opposés en 1936-1937, Malraux poursuit : « Trotsky avait dans son éloquence un côté Victor Hugo, Révolution française, cette éloquence qui va de Danton à Jaurès. Une éloquence verbale que Lénine ne possédait pas. Trotsky manifestait en permanence cette conviction que, quoi que nous ayons fait, le problème capital restait encore à résoudre. C'était la théorie de la « révolution permanente », tandis que Lénine pratiquait la théorie de l'escalier : chaque marche conquise était une victoire. Il avait un côté écureuil qui amasse des noisettes. Tandis que Trotsky, lorsqu'il avait gagné trois étages, disait : « Et maintenant nous nous retrouvons en face du problème révolutionnaire fondamental. » Le mot prophète lui convient donc certainement... Le grand prophète, c'est tout de même un prédicateur d'irrationnel [2]. »

Zarathoustra ? Malraux, pour l'évoquer, use des mêmes mots. Si peu marxiste qu'il soit, et si proche de celle de Nietzsche que paraisse sa conception de l'histoire accomplie par les mythes,

1. Interview diffusée le 9 septembre 1967.
2. Dans la version du *Magazine littéraire*, juillet 1971, n° 54.

Malraux se garde de confondre l'homme du *Gai Savoir* et celui de l'Armée rouge.

Il n'en reste pas moins persuadé que dans les deux grands débats qui l'opposèrent à Léon Davidovitch Trotsky, celui qui eut pour thème la révolution chinoise — les communistes devaient-ils s'allier au Kuomintang, pour s'insuffler d'abord sa force, ou tenter d'exister par eux-mêmes au risque d'être aussitôt écrasés ? — et celui dont la guerre d'Espagne fut l'occasion — le vrai combat était-il en Espagne, aux côtés des staliniens, ou en Union soviétique, où les procès dévoilaient les cruautés du stalinisme ? — c'est lui qui exprimait la politique rationnelle, et « le Vieux » des rêves prophétiques.

Mais Franco l'a emporté, tandis que l'intervention soviétique en Espagne a surtout permis à Staline de liquider tout ce qui n'était pas l'appareil de sa propre puissance. Quant à la Chine, les deux thèses se sont écroulées au bénéfice de la troisième, celle de l'appel à la paysannerie prolétaire que Kyo le néo-trotskyste ne fait qu'entrevoir. (Léon Trotsky lui-même avait-il pressenti ce que Mao découvrit — la force révolutionnaire qui couvait dans les campagnes chinoises ? Son meilleur biographe. Isaac Deutcher, le laisse entendre. Certains militants trotskystes l'affirment. La majorité des historiens en doutent.)

Restent, dans cette carrière à éclipses de révolutionnaire de roman, ces dialogues de Malraux avec l'homme d'Octobre. S'il faut s'en tenir aux mots, autant qu'ils viennent de haut, et aillent loin.

Mais voici venir pour Malraux le temps des actes.

4

Salud !

19. Le " coronel "

L'Espagne, André Malraux n'y atterrit pas comme un météore stupéfait, dans le tumulte des communiqués de guerre, de haine et de dérision qui martèlent les journées de juillet 1936 et les premières pages de *l'Espoir.* Depuis trois mois déjà, tandis que le Front populaire offre aux masses françaises la chance d'une victoire dont il néglige non sans quelque hauteur de partager l'ivresse banlieusarde, il a tourné les yeux vers un lieu de troubles et d'affrontement plus pathétique.

Voilà un théâtre à sa mesure, un pays où l'empereur d'Occident s'emmura vivant avec un troupeau de pendules, où un poète esclave réinventa la chevalerie, où des prêtres furieux créèrent le mot de *guérilla,* où Goya, à coup d'eaux-fortes clouées aux arbres de la sierra, pratiqua le premier, contre l'envahisseur, l'art troublant de la propagande politique. Un pays où la mort est prise au sérieux. Univers bizarrement symétrique en son esprit de celui de Dostoïevski et d'Eisenstein qui continue de le hanter. (« La Russie et l'Espagne, dit-il entre autres choses, ont ceci en commun : le chant spontané[1]... »).

Le *Frente Popular* avait triomphé aux élections de février 1936, trois mois avant son homologue français. Mais là-bas, la droite regimbe. Coups de main, grèves sauvages et assassinats se répondent sous l'œil navré des hommes du « juste milieu », Zamora, Azaña, Martinez Barrio. Au Congrès des intellectuels de juin 1935, José Bergamin, catholique anti-

1. « La légende du siècle », avril 1972.

fasciste proche des communistes, avait offert aux membres du Comité international (qui devait se réunir en juillet 1937), l'hospitalité de Madrid. C'est pour répondre à une invitation de Bergamin qu'André Malraux partit le 17 mai 1936 pour l'Espagne où le rejoignirent, le 20, deux compagnons de l'Association des écrivains, Henri Lenormand, auteur dramatique alors célèbre et Jean Cassou, hispanisant déjà réputé[1].

Le surlendemain, les trois écrivains français participent à un dîner offert par leurs hôtes après une réunion au cercle de l'*Ateneo*, lieu de rencontre favori des intellectuels démocrates madrilènes. José Bergamin devait évoquer dix-huit mois plus tard, dans un article de *Hora de España*, l'allocution alors prononcée par André Malraux : « Pour le plaisir et pour la peine, tel est le destin de l'artiste, celui qui lui arrache ses cris. Mais c'est le destin du monde de choisir le langage de ses cris. » Ainsi nous parlait André Malraux peu de temps avant que commence notre lutte vive...

Malraux rencontre alors la plupart des intellectuels plus ou moins libéraux ou progressistes — dont Ramon Gomez de la Serna (qu'il saluera d'un trait dans *l'Espoir*), Rafael Alberti, Leon Felipe, Antonio Machado — et des leaders politiques de gauche tels que Largo Caballero, qu'on appelle alors le « Lénine espagnol » et qui, fort de l'appui de la centrale syndicale socialiste-révolutionnaire UGT[2], paraît l'arbitre d'une situation déjà insurrectionnelle. Mais lorsque Malraux rentre à Paris, ce ne sont ni les grâces intellectuelles de l'*Ateneo*, ni l'éloquence râpeuse de Caballero qui occupent son esprit.

Nino Frank est venu avec son ami Jean Vidal lui parler d'un projet de films à présenter dans les usines; mais Malraux l'écoute à peine, tout à son nouvel engouement :

« Il me parla... comme d'une révélation, d'un courant politique qu'il avait découvert et en quoi il voyait ce qui se rapprochait le mieux de l'idéal que l'on pouvait avoir dans l'ordre de la politique : l'anarcho-syndicalisme[3]. »

La fièvre espagnole ne couve pas longtemps. Moins de deux mois après le retour à Paris d'André Malraux, le 17 juillet 1936, un *pronunciamiento* préparé depuis des mois par quatre des principaux chefs de l'armée espagnole, Sanjurjo, Mola,

1. *El Sol*, 20 mai 1936.
2. Union générale des travailleurs.
3. *Mémoire brisée*, p. 291.

Goded et Franco, est déclenché. Les garnisons marocaines de Melilla et de Tetouan se mettent en mouvement et le 18, cent quatre-vingt-cinq généraux sur les deux cents que compte l'armée espagnole entrent en dissidence.

Le Premier ministre Casarès Quiroga minimise l'affaire, refuse à Largo Caballero les armes qu'il réclame pour les syndicats, et démissionne le lendemain. Martinez Barrio tente le 19 de négocier avec l'un des chefs du putsch, Mola, franc-maçon comme lui. Il est éconduit et s'efface en faveur d'un autre modéré, José Giral, qui décide, lui, d'armer le peuple après avoir annoncé la « dissolution de l'armée ». En dépit de ces tergiversations, le *movimiento* est dans l'ensemble un échec : seules des grandes villes, Séville, Burgos et Saragosse ont suivi; la flotte, grâce aux équipages et aux techniciens, reste républicaine. Et les organisations ouvrières l'emportent à Madrid, à Barcelone, à Valence, à Malaga, et leurs alliés autonomistes contrôlent le Pays Basque. Le *pronunciamiento* en tant que tel a échoué, non seulement parce qu'il n'a pas permis au « quarteron » de généraux rebelles de se saisir en quelques heures du pouvoir comme ils l'espéraient, mais parce qu'il a provoqué le passage de la révolution politique à cette révolution sociale qu'ils prétendaient prévenir. La guerre civile commence. Elle durera trente mois.

André Malraux est aux aguets. Son ami Corniglion-Molinier lui annonce le 19 qu'il prévoit de partir en tant que reporter du côté républicain, comme Saint-Exupéry qu'a engagé *Paris-Soir*. Il n'y tient plus et, le 21, prend place dans un avion pour Madrid. Il va, dit-il, enquêter sur place pour faire rapport aux démocrates français. Mais cette « enquête » est déjà, dans son esprit, une campagne. Il s'assigne un rôle majeur dans l'événement qui s'offre à son imagination épique. Onze ans plus tôt, inconnu, un séjour d'une semaine à Hong-Kong avait suffi à faire de lui un chef mythique de la révolution chinoise : dix jours à Madrid en mai ne lui ouvrent-ils pas, célèbre, une belle carrière de révolutionnaire espagnol? Les propos qu'il tient à son amie Alice Alley sont frémissants : « Il se voyait déjà quelque chose comme le gouverneur de l'Espagne! »

Il atterrit le 21 juillet à Madrid en compagnie de Clara. Comme la plupart des amis d'André, comme Emmanuel Berl, par exemple, elle est persuadée qu'il s'agit d'un combat perdu d'avance, que leur geste n'a guère d'autre sens que celui de la sympathie. Pas lui. Ils sont accueillis par leur ami Bergamin et par le jeune écrivain Max Aub qui, trente-trois ans après, gardait de cette apparition un souvenir ébloui. « Il était déjà l'égal de sa légende! »

Malraux, le poing levé et le fraternel *Salud!* à la bouche, sillonne Madrid, se rend à Barcelone où il recueille, sur les premières journées des combats, les observations qui feront la matière de plusieurs chapitres de *l'Espoir.*

Sur l'aéroport de Barcelone, il rencontre un personnage en tempête qui réclame à cor et à cri un avion pour Madrid. C'est le leader anarchiste Durruti. Il l'emmène dans le sien et se prend d'une vive admiration pour ce combattant auquel le « Négus » de *l'Espoir* empruntera quelques traits.

Il a observé une chose que dix, cent interlocuteurs confirment : la faiblesse mortelle de la défense républicaine, c'est l'absence d'aviation. La moitié des cinquante appareils dont disposait le général Herrera, commandant (resté loyal) de l'armée de l'air, étaient basés au Maroc. Ils avaient atterri le 19 à Séville, ignorant que la ville était aux mains du putschiste Queipo de Llano — qui avait saisi les appareils et fait fusiller les pilotes.

Les franquistes ne disposaient pas encore de la flotte aérienne que rassemblaient pour eux Mussolini et Hitler. Mais ils avaient un tel avantage au sol dans le domaine des blindés que si aucune force aérienne n'intervenait, leurs colonnes venues soit du nord, où Mola tenait la Navarre et la Vieille-Castille, soit du sud, investiraient bientôt Madrid. Malraux rentra à Paris au début d'août, persuadé que le sort de la République espagnole dépendait de l'activité d'une aviation digne de ce nom. Il avait des relations dans ces milieux — dont ce Paul-Louis Weiler qui lui avait prêté son appareil pour l'équipée au Yémen. Et au gouvernement, un ami : Léo Lagrange, le jeune ministre socialiste des « Sports et Loisirs » — le seul peut-être, avec Pierre Cot, et Vincent Auriol, qui fût pleinement favorable à une aide déclarée au gouvernement de Madrid.

Léon Blum ne l'était guère moins. Mais ses deux ministres les plus influents, tous deux radicaux, Yvon Delbos, le responsable des Affaires étrangères, et Édouard Daladier, chargé de la Défense nationale, y étaient fort opposés. Dès le 25 juillet, en Conseil des ministres, ils avaient mis le holà aux premières livraisons d'armes outre-Pyrénées. Mais le gouvernement

Blum aida de diverses façons ses voisins du Sud, notamment en organisant le transfert du matériel soviétique outre-Pyrénées — ce dont les républicains espagnols lui surent gré. Quand un Messerschmidt fut capturé par les forces « rouges », les spécialistes français furent invités à en faire pour la première fois l'étude [1].

Le 8 août, le cabinet Blum avait dû signer le pacte de non-intervention, aux côtés de l'URSS qui hésitait à jeter son poids dans la balance, de la Grande-Bretagne, inspiratrice de la manœuvre et des deux puissances de l'Axe, l'Italie fasciste et l'Allemagne nazie, qui n'avaient signé l'accord que pour pouvoir le violer plus constamment et plus ouvertement. Dès le mois de mars 1934, d'ailleurs, Mussolini avait pris avec les représentants des factions d'extrême droite espagnoles un engagement de soutien militaire.

Dans une scène de *l'Espoir*, Malraux laisse entendre qu'il a découvert, en interrogeant un prisonnier italien, que des appareils étaient partis d'Italie pour le Maroc espagnol plusieurs jours avant le *pronunciamiento* [2]. La non-intervention, surtout pendant les trois premiers mois de la guerre, joua à plein en faveur des rebelles. Staline, alors préoccupé de la liquidation de ses adversaires (le troisième et dernier procès de Zinoviev et Kamenev, dit « procès des Seize » se déroule en août 1936) hésite à aider un régime où les communistes sont encore des comparses. Il ne prendra parti qu'en octobre. Hitler a déjà entrevu, lui, les enseignements et les avantages qu'il peut tirer de ce champ de manœuvres où ses spécialistes vont expérimenter les effets des attaques d'avions en piqué et des vagues de chars, des bombardements de villes ouvertes et de la propagande radiophonique sur l'ennemi.

Des avions pour l'Espagne ? Quelques-uns sont déjà à Toulouse. Pressé par Pierre Cot et Léo Lagrange, Léon Blum accepte jusqu'au début d'août de fermer les yeux : ils iront à bon port. Mais dès le 8 août, la règle de la non-intervention, qui signifie d'abord l'embargo sur les armes, est appliquée. On verra bien des camions de la FAI et de la CNT [3] franchir la frontière

---

1. Entretien avec Pierre Cot, 10 juin 1973.
2. Scène entre Scali et l'aviateur italien prisonnier qui a décollé de La Spezia le 15 juillet, p. 140.
3. Federacion anarquista iberica. Confederacion Nacional de Trabaiadores.

à Béhobie : l'auteur en fut témoin. Mais il s'agit d'armes légères, de vêtements, de vivres, que la solidarité basque propulse vers le front d'Irún.

A Paris, Malraux se démène. (« Ce Byron de l'époque, écrit Hugh Thomas, se fit l'acheteur du gouvernement espagnol [1]. ») L'un de ses beaux-frères ayant des relations chez Potez, il sert de guide et de conseiller à un envoyé d'Azaña, Corpus Barga, pour une transaction avec le ministre de l'Air Pierre Cot dont le directeur de cabinet s'appelle Jean Moulin. Ils obtiennent ainsi une vingtaine d'appareils, des Potez-540, qui pourront filer avec lui vers l'Espagne avant le 8 août, bientôt suivis par une dizaine de Bloch-200. Au cours de ses deux séjours suivants à Paris, Malraux arrachera encore de-ci de-là quelques avions pour la guerre, notamment des Bréguet « achetés au marché aux puces [2] ».

Dès le 8 août, il est à pied d'œuvre à Barajas, l'aérodrome de Madrid. Il a obtenu le droit de former et de commander une escadrille de combattants étrangers qui prendra d'abord l'appellation d'*España*. Le gouvernement espagnol lui octroie généreusement le grade de *coronel* (colonel) pour prix des efforts de mobilisation et d'équipement qu'il a déjà accomplis. Il y est très sensible et ne dédaignera certes pas d'en arborer les insignes — si bizarre soit-il, chapeauté d'une casquette plate à galons d'or.

On se référera souvent à *l'Espoir* pour décrire l'action de Malraux en Espagne du début d'août 1936 à la fin de février 1937. Ces sept mois de combats et de débats, tout indique que le mythomane, pris cette fois dans un bloc d'action réelle comme le filon dans son rocher, les a évoqués avec une surprenante fidélité. On marquera plus loin la diversité des jugements portés sur son action. Si prudent qu'incite à être le précédent chinois, on se gardera de parler d'une « Espagne rêvée ». Elle fut vécue pendant sept mois par le romancier, dans la plénitude de leur commune générosité.

Il faut se garder d'attribuer à Malraux tous les gestes et tous les propos de Magnin, le personnage de *l'Espoir* qui, en tant que patron de l'escadrille, le représente dans son activité matérielle — Garcia, Scali, Manuel et Hernandez étant

1. Hugh Thomas, *La Guerre d'Espagne*, p. 233.
2. Jannet Flanner, *Men and Monuments*, p. 39.

tour à tour ses porte-parole intellectuels et politiques. Mais l'enquête auprès des témoins les moins récusables et la lecture des trois ou quatre meilleures histoires de la guerre d'Espagne recoupent les principales indications du roman, pour ce qui touche à la vie et aux activités de l'escadrille. Reportage génial, certes, et par là sublimant la réalité. Mais reportage, et par là reflet de la vérité.

Que Malraux, aviateur de rencontre inapte au pilotage, sans aucune compétence en matière de bombardement ou de navigation, plutôt maladroit dans ses gestes, qui avait une manière très « artiste » de porter la vareuse ou même le serre-tête et la casquette galonnée, ait pu être un combattant efficace, on se gardera de l'affirmer. Mais ce qui est certain, c'est d'abord que son invraisemblable courage physique en imposait assez à ses compagnons pour lui assurer une réelle autorité morale. C'est aussi que sa faconde, la gentillesse et la drôlerie dont il est (il était alors) capable, lui attachaient pilotes et mécaniciens [1]. C'est enfin que la célébrité de l'écrivain, l'ampleur de ses relations, les témoignages d'amitié que lui donnaient bon nombre de dirigeants espagnols, de Caballero à Negrin, sans compter l'ambassadeur soviétique Rozenberg et des « officieux » aussi influents qu'Ehrenbourg ou Koltzov (le correspondant de *la Pravda*) lui conféraient une auréole et une influence qui ne laissaient pas d'impressionner ses subordonnés.

Sur les relations qu'entretenait Malraux avec les communistes combattant à ses côtés, on a non seulement le témoignage de certains d'entre eux, et notamment de Paul Nothomb (Julien Segnaire) qu'il a pris pour modèle de l'Attignies de *l'Espoir* [2] mais aussi le portrait du protagoniste d'un récit du même Segnaire, *la Rançon* [3]. Citons-le.

Deux communistes, Cacerès, membre du comité central du PCE et Grandel — autoportrait de l'auteur, comme lui militant communiste venu s'engager en Espagne sans autorisation de ses dirigeants qui attendaient alors la décision des Soviétiques, et également officier dans l'armée de l'Air belge — parlent de « Réaux » (qui est trait pour trait Malraux). Cacerès signifie à Grandel qu'il sera le responsable du parti dans

1. « Il était marrant avec les mécanos », nous disait l'un de ses compagnons.
2. Julien Segnaire a quitté le parti communiste dix ans plus tard.
3. Gallimard, 1952.

l'escadrille internationale (ce qui fut le cas de Segnaire) et
ajoute :

« Réaux, qui la commande, est un ami et nous sommes bien
contents de l'avoir. Mais il n'est pas des nôtres. Tu devras
moins le contrôler que l'aider et lui prouver que les communistes sont les meilleurs, dans l'aviation aussi. Ce dont il
n'est pas convaincu, je te préviens. » — « On le dit prêt à
adhérer au Parti... » — « Tu as lu ses livres!... L'action le
rapproche de nous et il est le contraire d'un intellectuel pur.
Il s'expose, il est toujours au premier rang, il admire notre efficacité, mais le Parti, tu comprends, le Parti... Bref, nous ne
pouvons pas lui donner de directives, et il faudra que tu le
convainques [1]... »

La participation effective de Malraux aux combats ? Elle n'est
pas contestable, et son courage physique aussi bien que sa volonté
frénétique de s'imposer, l'angoisse où il est de ne pas affirmer
suffisamment sa virilité, tout conduit à faire confiance aux témoignages qui le donnent pour un entraîneur d'hommes payant
de sa personne, en Espagne aussi bien qu'en Alsace en 1944-45.
A Jean-Jacques Brochier qui, pour un article du *Magazine
littéraire*, lui demande si l'auteur de *l'Espoir* avait réellement
participé aux combats contre les franquistes, Segnaire réplique :

« C'est bizarre qu'on en doute. J'étais avec lui au-dessus
de Teruel quand on avait la DCA en plein autour de nous.
Malraux s'est exposé comme les copains. Mais son rôle était
évidemment plus important, d'abord parce qu'il devait diriger l'escadrille, ensuite parce qu'il devait l'alimenter. S'il y
a eu des avions, c'est grâce à lui... » Quant au fait qu'il n'ait
jamais été blessé en Espagne — mis à part les quelques
contusions subies dans un accident en décembre 1936 — il ne
retire rien aux risques pris ni aux responsabilités assumées.

Ce que Malraux « était venu chercher » en Espagne ? Peut-
être le décèlera-t-on au cours du récit que nous allons en faire.
Il faut d'abord citer l'annotation qu'il écrivit en marge du livre
de Gaëtan Picon [2] :

En combattant avec les républicains et les communistes
espagnols, nous défendions des valeurs que nous tenions (que
je tiens) pour universelles. » Il faut y ajouter cette précision

---

1. *La Rançon*, p. 50.
2. *Malraux par lui-même*, p. 90.

de Segnaire [1] : « Ce qui a attiré Malraux dans la guerre d'Espagne c'est qu'il a senti qu'il pouvait jouer un rôle très important avec très peu de moyens. Avec quelques hommes, quelques appareils, il pouvait jouer un rôle décisif. » Car ce révolutionnaire est un élitiste, pour qui l'action est d'autant plus séduisante qu'elle est accomplie par quelques chevaliers de la Table ronde...

Bref, il fut reconnu pour chef par un groupe d'hommes peu banals ou des volontaires venus de bords très divers. Nicolas Chiaromonte, l'écrivain italien à qui l'on doit un très beau texte sur « Malraux et le démon de l'action », n'y fit qu'un bref passage, bien que Nenni signale qu'il prit part à des missions de bombardements [2]. Mais Segnaire, qui rejoignit l'escadrille à la fin d'août 1936, ne l'y a pas rencontré. Des communistes comme Paul Nothomb, des démocrates de gauche comme Viezzoli, Maréchal et Abel Guidez, des hommes simplement braves comme Laclocho et Spinelli — côtoyèrent pendant quatre mois d'étranges mercenaires avec lesquels se fit, jusqu'aux crises de novembre, une sorte d'amalgame.

La question des mercenaires n'a cessé d'être débattue. Jusqu'au moment où il réussit à découvrir parmi les volontaires des Brigades, en novembre, les hommes capables de s'aventurer sur ses Bréguet et Potez — moins lamentables, fait observer l'un des adjoints de Malraux, que le veut la légende — le patron de l'escadrille *España* estima que mieux valait confier l'un de ses irremplaçables appareils à un bon professionnel payé 50 000 pesetas par mois qu'à un archange inexpérimenté et « casseur de bois ». Argument d'efficacité qui est, en ce domaine comme en d'autres, un des leitmotive de *l'Espoir*.

L'escadrille fut formée à Barajas, l'aéroport de Madrid, avant d'émigrer tour à tour à Alcala de Henarès, à Alcantarilla non loin d'Albacete, et près de Valence, à La Señara. Malraux et ses compagnons vécurent pendant les deux premiers mois à l'hôtel Florida, sur la Gran Via madrilène. Pietro Nenni, le leader socialiste italien qui allait combattre dans les Brigades internationales, a évoqué ce Malraux-là et le climat dans lequel on vivait à Madrid en août 1936, entre « internationaux » :
« L'hôtel Florida est une sorte de tour de Babel... Il abrite

---

1. *Le Magazine littéraire*, n° 11, 1967.
2. Pietro Nenni, *La Guerre d'Espagne*, p. 163.

les aviateurs de Malraux, les journalistes, les hôtes d'honneur
de la République, et la bande d'aventuriers qui ne manque
jamais aux rendez-vous de la guerre ou de la révolution. Malraux
a organisé une aviation de fortune qui rend des services
inestimables. Maigre, presque chétif, son beau visage tout pétri
d'intelligence, Malraux se dépense de tout son cœur, en vrai
combattant [1]. »

Ce Florida était un étrange quartier général. On y avait
établi pour règle le secret militaire, et des fouilles y étaient
souvent pratiquées. Mais au restaurant où pouvaient entrer
les journalistes de tous bords, il y avait un tableau noir où,
nous a raconté un témoin, Malraux ou tel de ses adjoints
dessinait souvent les plans de l'opération du lendemain...

« ... L'Alcalà, la Puerta del Sol, poursuit Nenni, sont très
animées jusqu'à trois heures du matin. Les cafés sont archi-
pleins... Je vais parfois dans un restaurant basque avec Malraux
et sa femme, avec Teresa Alberti et son mari — le poète de
la milice —, le Russe Koltzov, Soria, l'intellectuel catholique
Bergamin, Corpus Barga, etc. On commente passionnément
les faits du jour. Nous sommes comme des arcs tendus par un
archer invisible et pourtant présent : la Révolution [2]. »

Georges Soria était à Madrid le correspondant de *l'Humanité* et de tout un groupe de journaux de gauche, de *Ce Soir*
à *Vendredi*. Le souvenir qu'il garde du Malraux d'août 36 est
étincelant : « Son abord était alors simple, direct et, une fois
le contact établi, relativement facile. Tendu comme un ressort,
la mèche sur l'œil, un mégot aux lèvres, bourré de tics phona-
toires, vêtu d'une manière négligée-élégante, sa conversation
quotidienne était faite d'un bouquet d'images et de propos
brillants qui fascinaient littéralement le petit cercle de gens
qui l'entouraient. Il usait de ce pouvoir avec une sorte de
tyrannie qu'on lui pardonnait aisément. Dans la petite société
internationale mouvante que constituaient les écrivains accou-
rus à Madrid pour témoigner leur solidarité au peuple espagnol,
André Malraux occupait une place de tout premier rang.
Tout le monde l'admirait d'affronter les dangers de la guerre
aérienne auxquels il n'était nullement préparé. Sa légende
grandit au fur et à mesure que la bataille pour Madrid enflam-
mait les consciences.

1. Pietro Nenni, *La Guerre d'Espagne*, p. 163. - 2. *Ibid.*, p. 165.

« Avant et après la formation de son escadrille internationale, Malraux était visible tous les jours à la fin de l'après-midi dans le hall de l'hôtel Florida, rasé depuis lors. C'était l'heure du commentaire des nouvelles. Chacun racontait ce qu'il avait vu sur le front ou en ville. Il y avait là les Russes Ehrenbourg et Koltzov, le Chilien Pablo Neruda, l'Américain John Dos Passos, le grand poète espagnol Rafaël Alberti. C'était le salon littéraire le plus brillant de l'époque. J'y ai entendu les dialogues les plus étonnants auxquels il m'ait été donné d'assister.

« Malraux parle mal l'anglais et l'allemand, et ni l'espagnol, ni l'italien, ni le russe, ni le chinois... Comment parvenait-il à être toujours au centre de l'attention et à agglutiner autour de lui les personnalités les plus prestigieuses ? Il s'exprimait en français dans une langue d'une grande complication syntaxique et dont le vocabulaire n'était jamais appauvri par le désir de se mettre à la portée des interlocuteurs. Pour les Français, c'était un régal. Pour les autres...

« Je me souviens de conversations entre Malraux et Hemingway au cours desquelles 'Ernie', regardant fixement son verre et ayant visiblement 'décroché', attendait avec résignation que Malraux ait achevé ses improvisations haletantes pour en 'placer une'. Les deux hommes, s'estimant, ne s'aimaient guère. 'Ernie' recherchait plutôt la compagnie des gens simples et silencieux et détestait disserter ou théoriser sur la politique ou la littérature. Il appelait — sans méchanceté — Malraux le 'camarade Malreux', mauvais jeu de mots qui traduisait son aversion pour ce type d'intellectualisme.

Dans notre petite société antifasciste internationale, André Malraux n'en jouissait pas moins de la sympathie générale. Son prestige était immense et quand il entrait au Florida, chacun s'empressait autour de lui, surtout quand il arrivait d'une de ces folles missions aériennes auxquelles il participait en qualité de... mitrailleur ! Il affichait ainsi, symboliquement, son engagement politique avec une simplicité qui n'avait d'égale que son ignorance des choses militaires [1]. »

---

1. Lettre inédite de Georges Soria à l'auteur. Dans *The Yoke and the Arrows*, Herbert L. Matthews, le correspondant du *New York Times* à Madrid, rend un hommage chaleureux à Malraux, « véritable idéaliste et homme brave — le meilleur de tous... », p. 28.

Le *Journal* de Mikhaïl Koltzov est émaillé de références à André Malraux et au rôle qu'il joue alors. Prenons deux exemples :

« *18 août* : On voit beaucoup de monde dans l'aérodrome, surtout des militaires. André va et vient — fatigué, maigre, irritable — il ne dort pas depuis plusieurs nuits; on l'appelle sans cesse d'un endroit à l'autre. Le commandement de l'escadrille s'effectue debout, en de hâtives conversations. »

« *19 août* : France, pays fou, qu'attends-tu? Les casques de fer des Allemands ont déjà fait leur apparition à Irún et à Saint-Sébastien. Voici que s'accomplit la menace de Bismarck qui voulait ' appliquer le sinapisme espagnol contre la nuque de la France '. Ici, tu n'as pas de ligne Maginot. Deux douzaines de cinglés, de chercheurs d'aventures de l'escadrille d'André, sans passeport, dans des appareils d'occasion, se sont lancés dans l'air pour te défendre, toi, France... »

Que Malraux ait visé sciemment l'objectif « national » que lui prête Koltzov, rien ne le prouve. Ses divers commentaires, jusqu'à l'époque la plus récente, font de lui le militant d'un combat idéologique : « Notre ennemi, là-bas, c'était le fascisme [1] » a-t-il souvent répété, n'essayant pas de se présenter, fût-ce en son âge gaulliste, comme le stratège prophétique d'une lutte patriotique sur le second front. Mais la réalité objective confond les deux projets.

Cette Espagne de l'été 1936, théâtre de ce qu'il a appelé dans son livre « l'illusion lyrique » et l'« apocalypse de la fraternité », il l'évoquait ainsi dans son interview télévisée de 1967 avec Roger Stéphane : « L'atmosphère du début était dantoniste... — Ou anarchiste? — Là, c'est la même chose... Et même un peu chrétienne, tout ça se mélangeant, fraternel et les bras ouverts. »

La référence à Danton est significative. On est là pour se battre. Malraux se bat. Et même avec une efficacité immédiate reconnue par tous les historiographes (non franquistes) de la guerre, notamment à propos du premier engagement sérieux de ses hommes, de ses appareils et de lui-même, qui restera aussi leur haut fait le moins contesté : l'opération de Medellin, dont Pierre Broué et Émile Temime [2] aussi bien que Hugh

---

1. Émission télévisée « La légende du siècle », avril 1972.
2. *La Révolution et la Guerre d'Espagne.*

Thomas [1] soulignent l'importance qu'elle eut dans le sauvetage de Madrid.

Quand on parle de l'escadrille *España* (qui, précisons-le, ne fit jamais partie des « Brigades internationales », bien qu'elle ait recruté nombre de volontaires dans leurs rangs à partir du mois de novembre à Albacete) il faut avoir en tête, sinon les chiffres, au moins les proportions. Jamais Malraux et les siens n'eurent à la fois, en vol, plus de six appareils. Jamais ils ne purent compter sur plus de neuf avions en état de marche : deux ou trois Potez, deux ou trois Bréguet, deux ou trois Douglas, un ou deux Bloch — tous appareils honorables pour l'époque, opposables aux Heinkel, sinon aux Fiat et aux Savoia-Marchetti, mais si peu préparés aux missions de bombardement qu'il fallut d'abord larguer les bombes par les fenêtres, et divers orifices d'évacuation...

Ces chiffres dérisoires, ces conditions de combat détestables ne sauraient minimiser, bien au contraire, ce qui fut accompli par trois douzaines d'hommes proprement héroïques — y compris ceux dont Pietro Nenni écrivait : « Ces soi-disant mercenaires qui risquent leur peau sont admirables [2]. » On le vit très vite, quand Malraux eut reçu mission de couper à la colonne franquiste du général Yagüe qui, remontant d'Andalousie à travers l'Estramadure, tentait de faire sa jonction, par Merida et Badajoz, avec les forces de Mola basées en Vieille-Castille et en Galice. Opération d'une importance capitale qui pouvait modifier le sort de la guerre — et le modifia en effet quand elle s'accomplit deux mois plus tard.

Malraux raconte (*l'Espoir*, p. 102-108) :

Le 14 août

« Dans l'exaltation générale et la chaleur à crever, six avions modernes prenaient leur ligne de départ. La colonne maure qui attaquait en Estramadure marchait de Merida sur Medellin. C'était une forte colonne motorisée, sans doute l'élite des troupes fascistes. De la direction des opérations on venait de téléphoner à Sembrano et à Magnin : Franco la commandait personnellement [3].

Sans chefs, sans armes, les miliciens d'Estramadure tentaient de résister. De Medellin, le bourrelier et le bistrot,

---

1. *La Guerre d'Espagne.* — 2. *Ibid*, p. 165.
3. Non. C'est le colonel Ascensio qui en était le chef.

l'aubergiste, les ouvriers agricoles, quelques milliers d'hommes parmi les plus misérables d'Espagne partaient avec leurs fusils de chasse contre les fusils-mitrailleurs de l'infanterie maure.

Trois Douglas et trois multiplaces de combat, à mitrailleuses 1913, tenaient en largeur la moitié du champ. Pas d'avions de chasse : tous à la Sierra. Sembrano, son ami Vallado, les pilotes de ligne espagnols, Magnin, Sibirsky, Darras, Karlitch, Gardet, Jaime, Scali... toute l'aviation était dans le jeu [1]. Jaime chantait un chant flamenco.

Les deux triangles des appareils partirent vers le sud-ouest.

... La route devant eux était piquée de points rouges à intervalles réguliers, toute droite, sur un kilomètre... Trop petits pour être des autos, d'un mouvement trop mécanique pour être des hommes. Et la route bougeait. Tout à coup, Darras comprit. Et, comme s'il se fût mis à voir avec sa pensée, et non avec ses yeux, il distingua les formes : la route était couverte de camions aux bâches jaunes de poussière. Les points rouges étaient les capots peints au minium, non camouflés.

Jusqu'à l'immense horizon silencieux de campagne et de paix, des routes autour de trois villes, en étoiles comme les traces d'énormes pattes d'oiseaux; et parmi ces trois routes immobiles, celle-ci. Le fascisme, pour Darras, c'était cette route qui tremblait.

Des deux côtés de la route, des bombes claquèrent. C'étaient des bombes de dix kilos : un éclatement rouge en fer de lance et de la fumée dans les champs. Rien ne montrait que la colonne fasciste allât plus vite; mais la route tremblait davantage... Tout à coup une partie de la route devint fixe... La colonne s'arrêtait. Une bombe avait touché un camion, tombé en travers du chemin...

Vus des avions, les camions semblaient fixés à la route, telles des mouches à un papier collant; comme si Scali, parce qu'il était dans un avion, se fût attendu à les voir s'envoler, ou partir à travers champs : mais la route était sans doute bordée de remblais. La colonne, si nette tout à l'heure, tentait de se diviser des deux côtés du camion tombé comme une rivière des deux côtés d'un rocher. Scali voyait distinctement les points blancs des turbans maures; il pensa aux fusils de chasse des pauvres types de Medellin et ouvrit d'un coup les deux caisses

1. Six appareils... Elle n'en comptera jamais plus volant de concert.

de bombes légères quand l'enchevêtrement des camions arriva dans le viseur. Puis il se pencha sur la trappe et attendit l'arrivée de ses bombes : neuf secondes de destin entre ces hommes et lui.

Deux, trois... Impossible de voir assez loin en arrière, par la trappe. Par un trou latéral : à terre, quelques types couraient, les bras en l'air — ils dévalaient un remblai, sûrement. Cinq, six... Des mitrailleuses en batterie tiraient sur les avions. Sept, huit, — comme ça courait en bas! Neuf : ça cessa de courir, sous vingt taches rouges claquant à la fois. L'avion continuait son chemin, comme si tout cela ne l'eût en rien concerné.

Quelques camions sautèrent encore dans les champs, roues en l'air. Dès que, rejetés de la route, ils n'étaient plus face au soleil, la lumière descendante allongeait derrière eux de longues ombres, si bien qu'ils n'apparaissaient que lorsqu'ils étaient détruits, comme les poissons morts pêchés à la dynamite ne montent à la surface que lorsqu'ils sont atteints... 'Franco en aura pour plus de cinq minutes à arranger ça', pensa Sembrano, lèvre inférieure en avant. A son tour, il fila sur Medellin... »

Une dépêche adressée le 23 août à *Paris-Soir* par son correspondant Louis Delaprée, grand journaliste qui, avant d'être tué en décembre, envoya à son journal des reportages sur le martyre de Madrid parmi les plus beaux qui aient jamais été écrits, évoque le même combat, vu du sol : «... A Medellin, le massacre de la colonne fut l'œuvre de l'aviation... Les aviateurs n'apercevaient pas d'hommes, seulement des insectes. L'ordre était donné de les disperser. Ils les anéantirent... Au milieu de la route, un camion est arrêté. Le chauffeur, la tête contre le volant, semble dormir. Mais le charroi de ce roulier terrassé par la fatigue n'est pas de ceux qu'on rencontre tous les jours : vingt morts frappés par la même rafale [1]... »

Que cette opération hardie fût pour les républicains la « première victoire de la guerre », comme Malraux le fait dire à Garcia dans *l'Espoir*, c'est tenir pour peu les opérations de Catalogne et la progression de la colonne Durruti en Aragon,

1. *Mort en Espagne*, p. 73.

par exemple. En tout cas le raid des Internationaux[1] avait fortement contribué à sauver Madrid et à gagner du temps pour « organiser l'Apocalypse ». Cet incontestable fait d'armes ne pouvait manquer de l'exalter. C'est quelques jours plus tard que se place l'étonnant entretien avec André Gide, à Paris, au cours duquel il prétend avoir désormais le « pouvoir » d'unifier les forces révolutionnaires et de préparer l'offensive sur Oviedo[2]...

Le « coronel » Malraux allait être confronté à d'autres dangers, ceux que Mola venait de résumer en une formule qui allait rester fameuse, parlant de la « 5e colonne », celle des partisans fascistes qui parachevant l'action des quatre colonnes venues de l'extérieur, devaient prendre Madrid de l'intérieur.

Combien d'éléments troubles, ou adverses, s'étaient-ils infiltrés dans l'escadrille ? Dans *l'Espoir*, Malraux parle de trois officiers allemands — au sujet desquels Magnin a avec le dirigeant communiste Enrique l'un des débats qui l'éloignent le plus durablement de la « ligne » du PCE. Le patron de l'escadrille *España* trouva assez de motifs de se défier de l'un de ses volontaires allemands, en tout cas, pour imaginer une singulière démarche. Clara Malraux raconte qu'André lui demanda (« puisque, dit-il, vous parlez allemand ») d'informer ce pilote de ses soupçons. Aborder dans un hall d'hôtel un grand escogriffe d'officier pour lui dire qu'on le tient pour un nazi et qu'il n'a qu'à aller se faire pendre ailleurs, voilà qui n'est pas simple pour une femme, fût-elle Clara Malraux et originaire de Magdeburg. Elle le fit[3].

Ce fut là leur dernière « opération combinée ». Clara venait (pour le ramener à elle ?) d'avoir une aventure avec un pilote de l'escadrille, et s'amusait à l'irriter en se faisant véhiculer dans des automobiles du POUM, l'organisation trotskysante d'Andrès Nin que haïssaient par-dessus tout les communistes orthodoxes dont s'entourait le chef de l'escadrille *España*. Rien ne pouvait alors le mettre en position plus fausse. Il s'emporta. A la fin d'août, Clara rentra à Paris — où quelques jours plus

---

1. Hugh Thomas, l'excellent historien de la guerre d'Espagne, parlant de l'intervention de l'escadrille España, la qualifie curieusement de « française ».
2. *Journal, op. cit.*, p. 1195.
3. *Les Combats et les Jeux*, p. 189.

tard, André Gide devait (on l'a vu) être le témoin gourmand de la tension qui régnait entre eux.

Le « coronel » dut bientôt faire face à d'autres problèmes que ceux de son ménage délabré. Tout au long du mois de septembre, à Tolède qu'elles ont reprise dès le lendemain du putsch, les milices populaires assiègent l'Alcazar où sont retranchés ceux qu'on appellera les « cadets ». En fait, les défenseurs de la citadelle sont pour les neuf dixièmes des gardes civils, et le colonel Moscardo, leur chef, y a entraîné plusieurs dizaines de femmes et d'enfants de militants de gauche, pris comme otages.

Pour Malraux, Tolède restera le symbole caricatural de l'« illusion lyrique », l'horrible impuissance d'une masse inorganisée. On pense aux réactions de colère du général de Gaulle traversant la France en déroute du début de juin 1940 — à ceci près que le peuple espagnol, lui, est désarmé, livré à peu près sans défense à l'intervention étrangère, et tout de même cabré dans un héroïsme fou — qui, à Tolède, se mue en débâcle dans la dernière semaine de septembre.

Rien, plus que cette panique qui crève et dégouline comme un abcès dans la cité où tout exprime au contraire la vertu castillane, ne contribuera mieux à rallier Malraux, pour un temps, aux dures disciplines communistes : évolution que symbolise dans *l'Espoir* celle de Manuel. C'est d'ailleurs le moment où Staline se décide enfin à apporter au mouvement populaire espagnol le soutien du « pays de la révolution » : le 7 octobre 1936, le gouvernement soviétique qui, le 31 août, avait interdit toute exportation d'armes, publie une note dénonçant « l'assistance militaire de certains pays aux rebelles » et se déclarant de ce fait « délié des engagements découlant de l'accord de non-intervention ». Attitude simplement logique. Quelles forces empêchèrent le gouvernement français de l'adopter ?

Au niveau de l'escadrille *España*, ce revirement s'exprime par un surcroît d'influence des éléments communistes, désormais prépondérants. Le 7 novembre, à Alcala de Henarès où elle est installée depuis quelques jours, l'unité commandée par André Malraux célèbre le dix-neuvième anniversaire de la prise du pouvoir par les bolcheviks en donnant un banquet où sont conviés les pilotes soviétiques qui viennent d'arriver d'URSS. Des toasts sont échangés.

Chose étrange (étant donné surtout le climat de l'époque :

on est entre la liquidation de Zinoviev et celle de Toukhatchevski),
aucun des visiteurs n'a rendu d'hommage nominal à Staline.
C'est Paul Nothomb, le commissaire politique de l'escadrille,
qui porte le premier toast au secrétaire général du PCUS —
précisant qu'en intervenant en Espagne, l'URSS se défend
elle-même : propos qui choque les Espagnols présents [1].
Autre conséquence de l'entrée en scène des Soviétiques :
l'apparition, sur la plate-forme d'un camion acheté et équipé
par l'Association des écrivains révolutionnaires, de Louis
Aragon et Elsa Triolet qui, au bord des routes et sur les places,
haranguent les combattants aux côtés du poète allemand
Gustav Regler [2]. Du haut de son avion, Malraux ne manque
pas de considérer ce camion d'un œil qu'Aragon ne cessera
jamais de trouver sarcastique...
La décision de Staline entraînait l'appel de la IIIe Internationale à former ces « brigades » que le parti communiste espagnol appelait de ses vœux, avec bon nombre de ses camarades,
et notamment des centaines de volontaires qui, depuis trois
mois, tentaient souvent sans succès de prendre part au combat.
C'est le 22 octobre, et en dépit de la méfiance des dirigeants
socialistes et anarchistes, de Largo Caballero, de l'UGT et
de la CNT [3], qu'est annoncée officiellement la mise sur pied
des « Brigades internationales ». Inspirées par le Komintern,
encadrées par 90 % d'officiers marxistes et calquées sur le
célèbre « 5e régiment » dont la discipline et les vertus techniques
font l'orgueil du PCE, elles décuplent l'influence et le prestige
des communistes. En juillet, le PCE comptait 35 000 membres
(la CNT anarchisante, 2 millions, l'UGT socialisante, un
million...). Il en recense 200 000 à la fin de l'année.
La formation des « brigades » ne coïncide pas seulement
pour Malraux avec la prise de conscience que les communistes
sont à peu près seuls capables d'« organiser l'Apocalypse ».
Elle survient au moment où ses rapports avec ses « mercenaires »
traversent une phase critique. On trouve une description de
cette crise, évidemment théâtralisée et caricaturée, dans l'admirable scène de *l'Espoir* où Leclerc, prototype du « mercenaire », crache devant le journaliste Nadal sa colère d'homme

---

1. Entretien entre l'auteur et J. Segnaire, 19 août 1972.
2. Qui va très vite rejoindre les Brigades internationales, où il sera blessé.
3. La centrale anarcho-syndicaliste.

mal dessaoulé qui a fui devant la chasse ennemie, et sa honte
de n'avoir plus en lui les ressources morales sans lesquelles,
primes ou pas, l'engagement physique total est intolérable.

« — Pourquoi es-tu venu ici? demande Nadal à Leclerc.
Pour la révolution? Leclerc le regarda obliquement, hargneux
cette fois.

— Ça te regarde? Je suis un mercenaire de gauche, tout le
monde le sait. Mais si je suis ici, c'est parce que je suis un dur.
J'suis un invétéré du manche. Le reste, c'est pour les nouilles
flexibles, déprimées et journalistes. Chacun son goût, excuse-
moi. Tu m'as compris? »

Attignies, témoin anxieux, souffle : « Si Magnin ne les balance
pas, ces gars-là vont pourrir l'escadrille. » Alors Leclerc,
d'un coup, pose la question des contrats des mercenaires :

« — J'suis pas un causeur... Mais quand même... j'aurais
été tué aujourd'hui, une supposition, qu'est-ce qu'ils deve-
naient, mes contrats?

[...]

En général, les dangers courus en commun rapprochaient
plus les volontaires des mercenaires que ne les séparaient les
« contrats ». Mais les volontaires, ce soir, commençaient à en
avoir assez.

[...]

— J'en ai marre des mitrailleuses de tir forain, reprit Leclerc.
Marre. J'ai des couilles, moi, et j'veux bien faire le taureau,
mais j'veux pas faire le pigeon. Tu m'as bien compris?

[...]

— *Salud!* cria Magnin, le poing en l'air comme un mouchoir,
une moustache rabattue par le vent dans l'encadrement de
la porte.

Il avança parmi des gueules hostiles, délivrées ou faussement
distraites jusqu'à Leclerc :

— Tu avais la thermos [1]?

— C'est pas vrai! Rien!

— Rien? Tu as eu tort, dit Magnin.

Il préférait le pilote saoul au pilote déprimé.

Leclerc hésita comme on cherche un chemin, ahuri.

---

1. D'alcool, bien sûr.

— L'équipage du *Pélican*[1] rentre à Albacete immédiatement, cria Magnin. Leclerc s'approche de Magnin... avec une expression saisissante de haine... 'Je t'emmerde, Magnin!' Les mains poilues frémissaient au bout des bras de singe. Les sourcils et les moustaches de Magnin avancèrent. Les prunelles devinrent curieusement immobiles. 'Tu pars demain pour la France, contrat réglé. Et tu ne remettras jamais les pieds en Espagne...' Magnin marche vers la porte, rapide, indifférent et voûté (...). Il ouvrit la porte, dit une phrase comme s'il eût parlé au vent qui balayait furieusement la grande place d'Alcala. Six gardes d'assaut entrèrent, armés. 'L'équipage!' appela Magnin. Décidé à rester le plus important, Leclerc passa le premier. »

Le commandant de l'escadrille a fait place nette :

« Quand les fascistes sont à Carabanchel[2], ceux qui se conduisent comme l'ont fait ici ceux qui viennent de partir se conduisent comme des contre-révolutionnaires. »

Ainsi finit, selon toute apparence, la tentative d'amalgame entre volontaires et mercenaires. Alors commença la deuxième vie de l'escadrille : l'intégration des volontaires des « brigades ».

20. Les volontaires d'Albacete

A la mi-novembre, voilà Malraux et les siens partis pour Albacete, tandis que le gouvernement de Largo Caballero quitte Madrid pour Valence, laissant la capitale aux mains d'une junte de défense présidée par le Général Miaja qui ne comporte guère qu'un élément du gouvernement : le sous-secrétaire d'État Fernando Valera[3].

Albacete, c'est une petite ville sèche et rose aux limites de la Manche et de l'Andalousie orientale, assez proche de Carthagène pour que l'acheminement des volontaires et des four-

1. Celui des mercenaires.
2. Faubourg de Madrid.
3. Le futur chef du gouvernement républicain en exil.

nitures soviétiques embarquées à Odessa ne soit pas trop prolongé. L'homme qui règne sur la petite cité et son peuple venu
de toute la terre, c'est André Marty, massif et coléreux, maniaque du soupçon, avec son visage « qui semble fait des débris
que l'on voit entre les pattes des vieux lions » (Hemingway),
ses gros yeux de faïence bleue à fleur de tête et le béret catalan
qui retombe sur sa lourde nuque.

L'embrigadement des volontaires donne lieu au plus étrange
des rites. On les rassemble, chaque après-midi, dans les arènes.
Là, au centre du « ruedo », se tiennent Marty et son adjoint
Gayman. Le « grand André » pousse un grand coup de gueule :
« Faut de la discipline! Ceux qui veulent partir se battre tout
de suite sont des criminels! » Puis intervient Gayman, qui fait
l'appel des officiers, des sous-officiers, des spécialistes, des
cavaliers [1]... A partir du début de décembre, il demandera
aussi s'il y a là des aviateurs ou des mécaniciens, pour l'escadrille de Malraux. Le recrutement n'est ni très rapide, ni très
bon. Mais la relève s'opère.

« On rencontre Malraux dans les rues d'Albacete, en uniforme de l'armée de l'Air espagnole, blouson à col de fourrure,
le visage blanc et crispé, une cigarette en mouvement au coin
de la bouche. Son problème : remplacer les mercenaires par
des volontaires internationaux... Dans l'un des convois, début
novembre, sont trois mécaniciens : Maurice Thomas, Ollier
et Galloni. Malraux les récupère à la sortie de la plaza, les
emmène au bar de son hôtel, les enrôle. Direction Alcantarilla
où est la base de l'escadrille : un simple pré avec des baraques
en tôle dont l'une sert de popote [2]. »

Malraux et ses compagnons font un peu bande à part à
Albacete où, quand ils quittent Alcantarilla, ils logent à l'hôtel
Regina. Ils sont les seuls de toute cette Arche de Noé à ne pas
appartenir aux « brigades », à ne pas dépendre de Marty.

Leurs relations avec les autorités espagnoles ne vont pas
sans accrochages. On leur reproche leur indiscipline, la lourdeur
de leurs pertes. Les rapports se gâteront surtout avec le colonel
Hidalgo de Cisneros devenu chef de l'aviation républicaine,
communiste d'autant plus sectaire qu'il est plus novice.

Au début de décembre, l'escadrille *España* émigre à nouveau.

---

1. J. Delperrie de Bayac, *Les Brigades internationales*, p. 92.
2. *Ibid.*, p. 93.

Cette fois, vers Valence, ville de vieilles traditions républicaines, où sont installés services gouvernementaux et représentations diplomatiques. Malraux et ses compagnons, désormais tous volontaires, dotés d'uniformes (approximatifs), d'une discipline (de bande), et de leurs derniers Potez et Bréguet — quatre peuvent encore voler de compagnie — s'installent dans un aimable domaine, une de ces orangeraies du Levant où la misère paysanne semble masquée par l'opulence de la terre. On l'appelle « La Señara » (de là le pseudonyme de Segnaire). Près de ces « vergers de Shakespeare » qui évoquent, pour Malraux, tel vers du *Marchand de Venise* (« C'est par une nuit pareille, Jessica [1]... »), s'élèvent les remparts de Sagunte.

Ce n'est pas là que l'escadrille accomplit ses hauts faits les plus utiles à la République : mais c'est là que Malraux couronne son entreprise de fraternité. Avant de se séparer, trois mois plus tard, les hommes qu'il avait rassemblés autour de lui y vécurent quelques semaines d'amitié qu'aucun n'a oubliées. Là, Malraux a eu de vrais amis, qui tinrent à donner à l'escadrille le nom de son chef. Un jour, à *La Señara*, Malraux vit apparaître le camion de ravitaillement sur les flancs duquel était badigeonné en lettres énormes : *Escadrille André Malraux*.

Ilya Ehrenbourg a décrit ainsi le Malraux de Valence :

« Durant l'hiver (1936-1937), je rencontrai souvent Malraux à Valence. Son escadrille était stationnée près de là. Il est un homme toujours absorbé par une passion unique. Je l'ai connu au temps où il était fasciné par l'Orient, puis par Dostoïevski et Faulkner, puis par la fraternité avec les ouvriers et la révolution. A Valence, il ne parlait que de bombarder les fascistes et quand je parlais de littérature, il boudait et se taisait [2]. »

Avec ou sans le correspondant des *Izvestia*, Malraux faisait alors de très fréquentes visites à l'ambassadeur soviétique Rozenberg. Tentait-il d'obtenir de nouveaux appareils, d'autres moyens d'action ? Est-ce là qu'il donna l'idée de ces compagnies de mitrailleurs motocyclistes qui devaient renforcer le « 5e régiment », fer de lance de l'organisation communiste en Espagne ? Ces rencontres en tout cas étaient mystérieuses et son chauffeur n'avait pas le droit d'en parler, fût-ce à ses amis.

Parmi ceux-ci s'affirmait chaque jour davantage la person-

1. *L'Espoir*, p. 481.
2. *Memoirs* (1921-1941), p. 395-396.

nalité de Raymond Maréchal (le Gardet de *l'Espoir*), étonnant casse-cou, le front bosselé par un terrible accident — il avait été trépané — d'une verve et d'une audace incomparables, amoureux de toutes les femmes et prêt à mourir à tout moment pour ses amis[1]. La réciproque était d'ailleurs vraie. L'un de leurs compagnons assure que, lors d'une mission, Maréchal étant parti sans parachute, Malraux le força à endosser le sien.

Dans les bistrots de la vieille ville de Valence, emplis comme d'une crème par l'odeur mêlée d'huile, de piment et de rougets, le « coronel », casquette en bataille et col de vareuse en l'air, emmitouflé dans un nuage de fumée, vaticinait sur la guerre imminente en Europe, face au pâle Segnaire, dit « Siegfried », à sa femme Margot et au tonitruant Maréchal.

Un jour, il les emmena à l'une des très rares corridas qui aient été données en zone « rouge » pendant la guerre civile[2]. Un autre jour, l'un de ses officiers lui proposa de lui faire connaître un journaliste français qui souhaitait l'interviewer, bien qu'il eût écrit des articles défavorables aux républicains. « Faites-le filer, siffla Malraux : je serais obligé de le faire fusiller... »

A la veille de Noël 1936, Malraux reçut l'ordre d'attaquer Teruel et la route de Saragosse avec au moins deux appareils. On lui envoyait un paysan de la région qui avait repéré l'emplacement d'un terrain d'aviation ennemi à détruire, et pourrait lui servir de guide. L'opération est prévue pour le 26. Mais l'appareil dans lequel le « coronel » a pris place capote peu après le décollage en direction de Teruel. L'avion est perdu. Lui n'est que légèrement contusionné. L'autre appareil a rempli sa mission, bombardé le champ camouflé — mais a été pris en chasse par les Heinkel ennemis et abattu dans la sierra : son mitrailleur est Raymond Maréchal.

Le 27, on apprend à *La Señara* que des occupants de l'appareil, l'un est mort, l'Algérien Belaïdi, et que quatre autres sont gravement blessés, dont Maréchal. Malraux part aussitôt pour organiser les secours et ramener ses camarades, abattus dans un secteur, celui de Mora de Rubielos et de Linarès, dont on ne sait pas trop s'il est sous le contrôle des fascistes ou des républicains.

1. Ce qu'il fit dans les maquis de Corrèze, où il avait rejoint Malraux.
2. La photo existe...

Escorté par une foule de porteurs fervents, il monte vers Valdelinarès d'où descendent les blessés, portant le cercueil sur lequel a été posée la mitrailleuse du Potez :

« En face, reparurent les taureaux. L'Espagne, c'était cette mitrailleuse tordue sur un cercueil d'Arabe, et ces oiseaux transis qui criaient dans les gorges [...]

Toute cette marche de paysans noirs, de femmes aux cheveux cachés sous les fichus sans époque, semblait moins suivre des blessés que descendre dans un triomphe austère... L'une après l'autre, les civières passaient. Comme au-dessus de la tête de Langlois, les branches s'étendaient au-dessus du roulis des brancards, au-dessus du sourire cadavérique de Taillefer, du visage enfantin de Mireaux, du pansement plat de Gardet, des lèvres fendues de Scali, de chaque corps ensanglanté porté dans un balancement fraternel.

[...]

Derrière les créneaux, tout Linarès était massé. Le jour était faible, mais ce n'était pas encore le soir. Bien qu'il n'eût pas plu, les pavés luisaient, et les porteurs avançaient avec soin. Dans les maisons dont les étages dépassaient les remparts, quelques faibles lumières étaient allumées.

[...]

Gardet ne regardait pas. Il était vivant : des remparts, la foule distinguait, derrière lui, le cercueil épais. Recouvert jusqu'au menton par la couverture, et, sous le serre-tête en casque, ce pansement si plat qu'il ne pouvait y avoir de nez dessous, ce blessé-là était l'image même que, depuis des siècles, les paysans se faisaient de la guerre. Et nul ne l'avait contraint à combattre. Un moment, ils hésitèrent, ne sachant que faire, résolus pourtant à faire quelque chose enfin, comme ceux de Valdelinarès, ils levèrent le poing en silence.

La bruine s'était mise à tomber. Les derniers brancards, les paysans des montagnes et les derniers mulets avançaient entre le grand paysage de roches où se formait la pluie du soir, et les centaines de paysans immobiles, le poing levé. Les femmes pleuraient sans un geste, et le cortège semblait fuir l'étrange silence des montagnes, avec son bruit de sabots, entre l'éternel cri des rapaces et ce bruit clandestin de sanglots [1]. »

_____

1. *L'Espoir*, p. 469-481.

Le seul des personnages du drame auquel Malraux ait laissé son nom, Camille Taillefer, est aujourd'hui guide-photographe à Padirac. Il marche en traînant la jambe brisée ce 27 décembre 1936 dans la sierra de Teruel : « On a voulu m'amputer à l'hôpital de Valence. Malraux a refusé. Il m'a fait transporter dans une clinique, puis à Paris. Il m'a sauvé mieux que la jambe — la peau [1]. »

L'escadrille allait vers sa fin. Madrid, certes, était sauvée, en ce début de février 1937, les positions d'ensemble stabilisées, la République gardait une chance de survivre et l'URSS poursuivait l'effort de sauvetage entrepris en octobre. Mais le développement même de ses livraisons d'appareils condamnait à l'effacement l'escadrille *André Malraux*, son pittoresque de suicidés sarcastiques et ses improvisations de bricoleurs abonnés à *l'Huma.* Aux taxis de la Marne succédaient les méthodes et la discipline d'un camarade Popov qui, étrangement, portait ici le nom de guerre de « Douglas ».

Dans *l'Espoir*, Malraux résume ainsi la situation de l'escadrille au début de février 1937 :

« Depuis deux mois, l'aviation internationale combattait sur le front du Levant : Baléares, Sud, Teruel. L'épopée pélicane était terminée. Avec deux missions par jour et une honnête proportion d'hôpital, l'escadrille, qui avait appuyé la Brigade internationale tout le long de la bataille de Teruel, combattait, réparait, photographiait ses bombardements pendant le combat; les aviateurs habitaient un château abandonné parmi les orangers, près d'un champ clandestin; ils avaient fait sauter, pendant la bataille, la gare et l'état-major de Teruel sous le tir antiaérien, et une photo agrandie de l'explosion était épinglée au mur de leur réfectoire [2]... »

Une tâche urgente s'impose encore, et ailleurs; Malaga est tombée, ce même 8 février 1937, aux mains des franquistes. Et tandis qu'Arthur Koestler, alors journaliste communiste, y est surpris par les assaillants et jeté dans une prison dont il croit bien ne jamais sortir vivant [3], une foule de plus de cent mille réfugiés se précipite hors de la ville, pourchassée et

1. *France-Soir*, avril 1972.
2. P. 488.
3. *Spanish Testament*, Left Book Club, Londres, 1937; *Un testament espagnol*, Calmann-Lévy, Paris, 1947.

mitraillée par la flotte et la chasse italiennes. L'état-major
de Valence demande à Malraux deux ou trois de ses appareils
pour s'opposer au massacre et faire face, sinon aux chasseurs
Fiat plus rapides et mieux armés, tout au moins aux camions
des fascistes qui participent eux aussi à la chasse aux réfugiés.
Il faut tenter de donner à ces malheureux une chance d'arriver
à Almeria, à 150 km au nord-est...

Malraux n'a pas pris part à cette opération du 11 février 1937,
la dernière où se soit illustrée l'escadrille. On donnera donc
la parole à l'historien.

« L'escadrille... que dirige André Malraux fait dans le secteur
de Malaga ses dernières sorties. Fin janvier et début février,
ses Potez-540 et ses Bloch-200 ont bombardé Cadix, le port
de Cadix, où débarquent les volontaires fascistes italiens... A
partir du 8, ses avions protègent l'exode. Le 11 février sera
son dernier combat... Au-dessus de Motril, le Potez-540 que
pilotent Santès — (dans *l'Espoir* : Sembrano) et Segnaire —
Attignies... est attaqué vers 10 heures par une quinzaine de
chasseurs italiens. Une rafale cingle l'avant du bombardier...
Santès est touché à l'avant-bras droit; le moteur droit s'arrête,
le moteur gauche prend feu. Le mitrailleur de cuve, Galloni,
a une balle dans le mollet. Le mécanicien Maurice Thomas,
le remplace. Santès pilote de la main gauche. Il s'efforce de
garder de l'altitude. Heureusement, le Potez-540 a une grande
surface portante, mais il perd de l'altitude et bientôt il faut
choisir : la mer ou la montagne : Santès choisit la mer [1]... »

La tentative de secours aux réfugiés de Malaga est considérée
par la plupart des historiens [2] comme la dernière des actions
de l'escadrille créée sept mois plus tôt à Barajas [3]. Dans l'une
des dernières pages de *l'Espoir*, Magnin survole dans son vieil
Orion les troupes républicaines qui culbutent les régiments
italiens à Guadalajara.

« Ses avions semés à tous les vents d'Espagne, ses camarades
semés à tous les cimetières, et pas en vain, il ne signifiait plus
guère que cet Orion extravagant rageusement ballotté par
un ouragan de neige, que ces avions dérisoires secoués comme

---

1. J. Delperrie de Bayac, *Les Brigades internationales*, p. 215.
2. Notamment par Broué et Temine, *op. cit.*, p. 348.
3. Bien que, dans *l'Espoir*, elle prenne place avant l'attaque sur Teruel
et la descente de la montagne, dont Malraux a voulu faire sa péroraison.

des feuilles, devant la flotte aérienne républicaine reconstituée. Les lignes efficaces et nettes des capuchons, au-dessous de la confusion des nuages, ne recouvraient pas seulement les positions italiennes de la veille, mais une époque révolue. Ce que Magnin, secoué par l'Orion comme par un ascenseur en délire, voyait aujourd'hui sous lui, il le reconnaissait : c'était la fin de la guérilla, la naissance de l'armée [1]. »

Et quand, quelques heures plus tard, il retrouve Garcia et que celui-ci, frappé par la puissance montante du Parti, lui demande : « Êtes-vous sûr que, parmi vos aviateurs, le type du communiste qui au début est mort en criant : Vive le prolétariat! ou : Vive le communisme! ne crie pas aujourd'hui, dans les mêmes circonstances : Vive le Parti!... ? » Magnin ne trouve guère que ceci à répondre : « Ils n'auront plus guère à crier, car ils sont à peu près tous à l'hôpital ou dans la terre [2]... »

La fin de la guérilla (aérienne aussi bien que terrestre), la naissance de l'armée, de la « flotte aérienne reconstituée », la mort ou l'indisponibilité de ses meilleurs compagnons — Maréchal, Segnaire, Guidez, Lacloche —, la destruction des appareils qu'il a patiemment rassemblés, tout contribue, vers la fin de février 1937, à mettre un terme à l'aventure de l'escadrille *André Malraux*. Non que « sa guerre » d'Espagne soit achevée : restent les tournées de propagande à l'étranger, le congrès des écrivains, le livre qu'il porte en lui, le film qu'il va faire, tout ce par quoi cet artiste agira pour la cause qu'il défend, en tant qu'artiste —, sur un plan où il s'affirme incomparable.

Évidence qu'il n'aurait jamais dû perdre de vue, disent certains [3]. Leur thèse trouve des arguments dans l'ouvrage du colonel Hidalgo de Cisneros, chef de l'aviation républicaine qui, d'origine patricienne et ami du leader social-démocrate Indalecio Prieto, s'était rallié au parti communiste espagnol. Dans son livre de souvenirs *Virage sur l'aile* [4] il porte sur Malraux, chef de l'escarrille *España*, un jugement cruel :
« Je ne doute pas que Malraux fût à sa manière un progressiste, ou qu'il ne cherchât de bonne foi à nous aider. Peut-être

---

1. P. 488.-2. P. 498-499.
3. Alfred Fabre-Luce par exemple dans un article du *Monde*, 21 octobre 1971.
4. P. 316-317.

aspirait-il à tenir chez nous un rôle analogue à celui que joua lord Byron en Grèce ? Je ne sais, mais ce que je peux affirmer c'est que si l'adhésion de Malraux, écrivain de grand renom, pouvait utilement servir notre cause, sa contribution en tant que chef d'escadrille s'avéra tout à fait négative.

« André Malraux n'avait pas la moindre idée de ce qu'était un avion, et il ne se rendait, je crois, pas compte qu'on ne s'improvise pas aviateur, surtout en temps de guerre. Quant à l'équipe qu'il amena avec lui, je regrette d'avoir à décevoir ceux qui virent en eux des héros romantiques, des combattants de la liberté, dont le geste aurait racheté l'inqualifiable conduite d'un gouvernement dont la tartuferie égalait la scélératesse. Certes, dans le nombre, il y en eut trois ou quatre qui étaient des antifascistes sincères, venus en Espagne animés par leur idéal, et qui firent preuve d'un incontestable héroïsme. Les autres n'étaient que de simples mercenaires, attirés par l'appât du gain... Malraux, ignorant des problèmes de l'aviation, ne jouissait auprès d'eux d'aucune autorité et on peut facilement imaginer de quoi sont capables des gens de cette sorte, livrés à eux-mêmes. Loin d'être une aide, ils sont une charge.

« A plusieurs reprises, je demandai leur licenciement mais le gouvernement espagnol s'y opposa, prétextant de la mauvaise impression que cela causerait en France, si nous renvoyions les hommes qu'une propagande maladroite présentait comme les ' héroïques défenseurs de la liberté... ' ».

C'est le jugement que portent aujourd'hui sur Malraux les franquistes. L'historien de ce bord que j'ai consulté [1] s'est empressé de citer les propos accusateurs de Hidalgo de Cisneros, ajoutant que « Malraux, qui n'a pas la moindre estime pour l'Espagne ni pour les Espagnols, n'a trouvé dans cette guerre que l'occasion de se faire de la publicité personnelle » et que « son livre ne suscite pas le moindre intérêt en Espagne ». Que le franquiste ajoute une touche de mépris à un réquisitoire contre Malraux est dans l'ordre des choses. Qu'il n'ait pour exprimer sa haine qu'à nuancer un portrait tracé par un communiste n'est pas à l'honneur de l'homme qui commanda les avions chargés, comme ceux de Malraux, et *après eux*, de protéger le peuple espagnol contre les aviateurs nazis.

En février 1937, la revue *Hora de España*, qui exprimait le

---

1. Il m'a prié de ne pas divulguer son nom.

point de vue des intellectuels antifascistes (Antonio Machado, Léon Felipe, Rafaël Alberti, Pablo Neruda, José Bergamin) — publiait ces lignes : « André Malraux affirme une volonté héroïque et met sa foi — avec espoir ou désespoir — dans la fraternité virile... Ce n'est pas seulement un impératif formel, une passion qu'il convient de louer mais plutôt un sens de l'éthique... Ainsi s'exprime l'Europe des hommes dignes de ce nom, qui lie son sort à celui de l'Espagne... » Trente-six ans plus tard, en octobre 1973, à Moscou où elle vit depuis la fin de la guerre civile, Dolorès Ibarruri, « la Pasionaria », me disait de Malraux : « Je le respecte. C'est mon ami. Parce qu'il aime l'Espagne et nous a rendu de grands services! »

Quant aux historiens (Thomas, Broué et Temime, Delperrie de Bayac, par exemple) qui n'expriment ni les thèses franquistes, ni celles qu'ont adoptées, dix ans après, les communistes, ils écrivent que s'agissant de l'aide étrangère à l'Espagne, « le premier exemple d'une organisation sérieuse est celui de l'aviation internationale mise sur pied par André Malraux. L'escadrille *España* (rend) d'énormes services, au moins dans les premiers mois de la guerre, à une époque où l'aviation de bombardement gouvernementale est totalement inexistante... Les internationaux sont les seuls à agir avec quelque efficacité, comme dans le bombardement de la colonne nationaliste de Medellin [1]... » On peut en manière de conclusion retenir ce propos de Malraux « Nous avons au moins donné aux Brigades internationales le temps d'arriver [2]... »

Ayant accompli cela, il se dresse, en février 1937, à la tribune de la Mutualité. Une fois encore... Mais cette fois, ce n'est plus le lauréat du prix Goncourt « qui a le cœur à gauche », l'hypothétique aventurier d'Asie, bien assis entre Gide et Benda. C'est un combattant qui a sur les mains le sang des soldats de Franco. Et la bourgeoisie le lui fait bien voir. On ne vient plus regarder avec un frisson délicieux ce chimérique compagnon de route des révolutions exotiques. Le Frente Popular que la presse de droite appelle le *Frente crapular*, c'est le front populaire qui fait feu. Les échos de ces combats-là, on les entend à travers les Pyrénées. Cette fois-ci, Malraux a transgressé les règles du jeu. Il fait peur.

1. Broué et Temime, *op. cit.*, p. 348.
2. Interview avec Roger Stéphane, octobre 1967.

De cette peur, de la haine qu'elle féconde chez les uns, de l'angoisse qu'elle fait naître chez d'autres, on trouve une trace saisissante sous la plume d'un homme qui saura bientôt (après le massacre de Guernica, en avril) prendre lui aussi de grands risques moraux du même côté, et qui suscitera plus tard des haines aussi vives. François Mauriac est alors un collaborateur de *l'Écho de Paris*, le journal où, sept jours après le déclenchement du *pronunciamiento*, Raymond Cartier sommait le cabinet Blum de ne pas commettre le « crime contre la nation » que serait toute livraison d'armes au gouvernement légal de l'Espagne (auquel Paris était pourtant lié par un accord assurant à la France le monopole de l'équipement de l'armée de Madrid).

Mauriac est là, à la Mutualité, guettant l'autre : « Sur un fond rougeâtre, le pâle Malraux s'offre, hiératique, aux ovations. L'avant-bras qu'il replie, le poing serré, va-t-il se multiplier et faire la roue autour de sa tête d'idole? Les Indes et la Chine ont curieusement marqué ce Saint-Just (...). Dès que Malraux ouvre la bouche, son magnétisme faiblit... on y sent la mise au point laborieuse de l'homme de lettres (...). Le problème de Malraux, futur commissaire du peuple, sera de passer du style écrit au style parlé. M'avait-il aperçu au fond de la salle? A travers cette forêt de poings tendus, il reprenait un dialogue interrompu depuis des années, du temps que ce petit rapace hérissé, à l'œil magnifique, venait se poser au bord de ma table, sous la lampe...

« Le point faible de Malraux, c'est le mépris de l'homme — cette idée qu'on peut entonner n'importe quoi aux bipèdes qui écoutent bouche bée... Il y a de l'esbroufeur dans cet audacieux, mais un esbroufeur myope, qui n'a pas d'antenne, qui se fie trop à notre bêtise. Par exemple lorsqu'il affirma (...) que le général Queipo de Llano avait ordonné par radio de bombarder des hôpitaux et des ambulances « pour atteindre le moral de la canaille »[1]... Il ne sait pas mentir, voilà le vrai... Il ne sait pas plaire non plus, ce Malraux, en dépit des folles acclamations qui l'accueillent (...). Lorsque le héros quitta l'estrade, la température de la salle avait baissé. Les acclamations tournèrent court. Malraux rentra dans sa solitude[2]. » Littérature de classe...

1. Mauriac peut hausser les épaules. Cette fois, Malraux ne fabule pas Queipo avait osé dire cela, et bien d'autres choses...
2. *Mémoires politiques*, p. 78-80.

21. Ce qu'il reste d'espoir

Au début de mars 1937, André Malraux débarque aux États-Unis, invité par plusieurs universités (Berkeley, Princeton, Harvard...), par les organisations d'acteurs et de cinéastes de gauche d'Hollywood, et par la revue alors communisante *The Nation*, de New York, animée par son ami Louis Fisher, qui mène une action parallèle à la sienne en vue d'équiper les forces républicaines : il a transformé sa chambre de l'hôtel Lutetia, boulevard Raspail, en officine de trafiquant d'armes.

C'est le second séjour de Malraux aux États-Unis, mais le premier voyage qu'il fait avec Josette Clotis, dont — après sa rupture avec Clara à la fin de 1936 — il partage désormais la vie. Le charme de la jeune femme ne laissera pas de contribuer à la chaleur de l'accueil qui lui est fait presque partout. Il a déjà une légende qu'il partage avec Hemingway, celle de l'écrivain à la mitraillette. Mais son engagement politique est jugé par les jeunes intellectuels américains — et par d'autres — beaucoup plus sérieux que celui de l'homme du Kilimandjaro.

Sitôt débarqué à New York, Malraux entreprit de prophétiser sur la guerre. Certains de ses arguments gardent une certaine saveur — tels ceux qu'il donne à un quotidien new-yorkais, le *World Telegram* en mars 1937 :

« Le problème le plus important est celui des paysans. Franco a fait des promesses contradictoires aux propriétaires et aux paysans. Mais quand viendra l'époque de la moisson, les paysans exigeront le droit et les moyens de cultiver les terres, et Franco, lié par ses alliés conservateurs, devra les leur refuser et perdra les seuls appuis qu'il ait du côté du peuple. »

Son intervention la plus marquante aux États-Unis fut le discours qu'il prononça à New York à l'issue d'un dîner donné à l'hôtel en son honneur et en celui de Louis Fisher par *The*

Nation, le 13 mars 1937. Ne parlant que quelques mots d'anglais, il était gêné plus qu'aucun autre orateur par les exigences de la traduction phrase par phrase. Mais son texte est assez dense pour mériter quelques citations.

« Pourquoi tant d'écrivains et d'artistes espagnols soutiennent-ils le gouvernement légal, pourquoi tant d'intellectuels étrangers se tiennent-ils aujourd'hui derrière les barricades de Madrid, alors que le seul grand écrivain qui ait d'abord pris le parti des fascistes, Unamuno, est mort à Salamanque, renié par eux, seul et désespéré ? »

Il fit alors le récit de la descente des blessés dans la sierra de Teruel — première ébauche de la grande scène de *l'Espoir*, puis raconta que ce soir-là, pendant son retour, les échos de la musique jouée par une unité de Maures près de la route où passait l'ambulance de l'escadrille lui avait suggéré que quelque chose d'immense se passait, sans précédent depuis la Révolution française : « La guerre civile mondiale avait commencé. » Et d'enchaîner :

« Qu'apporte le fascisme ? L'exaltation des différences essentielles, irréductibles, constantes — telles que la race et la nation... Par nature, le fascisme est statique et particulariste. La démocratie et le communisme diffèrent sur la question de la dictature du prolétariat, non sur les valeurs fondamentales... Nous, nous avons pour objectif de préserver ou de recréer, non des valeurs particulières ou statiques, mais à l'échelle humaine — non l'Allemand ou le Nordique, le Romain ou l'Italien, mais simplement l'homme... (...) Entre un kolkhozien et un soldat de l'Armée rouge, il n'y a pas de différence essentielle... Entre un combattant des commandos allemand et un paysan allemand, il y a une différence de nature. Le paysan vit dans le système capitaliste, le soldat hors de ce système. La communion authentiquement fasciste n'existe que dans l'ordre militaire. C'est pourquoi la civilisation fasciste mène à la militarisation totale de la nation, comme l'art fasciste, s'il en est, conduit à l'esthétisation de la guerre [1]. »

Alfred Kazin, l'un des plus grands critiques américains, a évoqué cette conférence avec enthousiasme : « Il parlait avec

---

1. *The Nation*, 20 mars 1937.

un tel feu que c'est son corps lui-même qui semblait nous interpeller... Les phrases faisaient pénétrer les souffrances de l'Espagne comme des clous dans notre chair[1]. »

A Hollywood, où il débarqua de l'avion serrant sous son bras un livre qu'il venait de découvrir avec admiration pendant le temps du vol, *le Faucon maltais*[2] de Dashiell Hammet (qu'il persuada Gaston Gallimard de publier quelques années plus tard), il fut amicalement accueilli par William Saroyan et Clifford Oddets, par Myriam Hopkins et Marlène Dietrich, par quelques Français comme le metteur en scène Robert Florey et Maurice Chevalier et prit la parole dans l'énorme « Mecca Temple Auditorium ». Il fut pendant quelques jours un « must », celui que l'on s'arrache. Il eut naturellement des trouvailles. Comme on lui demandait, lors d'un débat, pourquoi un homme aussi en vue que lui était allé risquer sa vie en Espagne, il rétorqua en anglais « Because I do not like myself » (parce que je ne m'aime pas) ce qui émut vivement l'auditoire[3]. Il était venu, entre autres objectifs, afin d'obtenir des fonds pour les hôpitaux espagnols, et il en obtint. A San Francisco, il présida un dîner auquel était convié Yehudi Menuhin. A Berkeley l'attendait impatiemment son traducteur de *la Condition humaine* et du *Temps du mépris*, Haakon Chevalier, qui était l'animateur de plusieurs des organisations « rouges » de la côte ouest.

Ce voyage, qui satisfaisait son goût de la gloire et lui offrait des satisfactions en tant que « frère quêteur » fut pourtant assombri par la réserve des milieux officiels. Bien que l'on fût aux beaux jours du « New Deal » rooseveltien et que la cause de la République espagnole dût être en apparence mieux considérée par les milieux dirigeants américains que par leurs homologues anglais, par exemple[4], il ne fut reçu à Washington par aucune personnalité ayant des responsabilités publiques, et il fut même question de lui retirer son visa d'entrée, en tant que révolutionnaire « menaçant la sécurité des États-Unis ».

Ces menaces ne pouvaient, le concernant, avoir de graves

1. *Starting off in the thirties*, p. 107-108.
2. Jannet Flanner, *Men and Monuments*, p. 51.
3. *Ibid.*, p. 40.
4. On peut comparer à cet effet les souvenirs de l'ambassadeur des États-Unis à Madrid, Claude Bowers, *My Mission to Spain*, avec ce qu'écrivirent ses collègues britanniques comme Sir Henry Chilton.

conséquences. Mais la légende qui se créa alors devait avoir de fâcheuses retombées. En mai 1953, la commission nationale de Sécurité des États-Unis publiait un rapport d'enquête relatif à Robert Oppenheimer, où étaient mentionnés des « aveux » du grand savant mettant en cause Malraux : « Le Dr Oppenheimer a ensuite déclaré qu'en décembre 1953, au moment où il se trouvait à Paris avec Mme Oppenheimer, il dîna avec Haakon Chevalier et sa femme, et le jour suivant il alla, en leur compagnie, rendre visite à un Dr Malraux. Selon le Dr Oppenheimer, le Dr Malraux aurait prononcé un discours, en 1938, au cours d'une réunion organisée en Californie pour le secours à l'Espagne, et qui était présidée par Chevalier. »

Il fait un bref séjour au Canada, à Toronto, puis à Montréal, où un vieil ouvrier, s'avançant vers lui, lui met dans la main sa montre en or. (« Pourquoi ? — Je n'ai rien de plus précieux à donner aux camarades espagnols... ») Il rentre en France au milieu d'avril.

Ce Soir, le quotidien communiste qu'Aragon vient de créer, fait grand cas de son voyage aux États-Unis. « André Malraux nous raconte comment il a touché le cœur de l'Amérique! » Tel est le titre d'une brève interview de l'écrivain par Edith Thomas :

« Il a maintenant en tête le souvenir des foules qu'il a fallu convaincre, qui ont été convaincues. Devant les Babbit des cercles des études étrangères, devant les ouvriers des usines, devant les paysans du Canada, devant les stars de Hollywood, Malraux a parlé de l'Espagne... (...). Quand un pays entier se couvre de blessés, dit-il, aucun service médical antérieur n'est suffisant. Quand on soigne une jambe blessée après un examen radiologique, la jambe guérie redevient normale. Sans plaque, elle reste presque toujours plus courte. Quand je suis parti de Valence, il n'y avait plus de plaque radiographique.

« Quand un homme est blessé au bras par des balles, on nettoie ses blessures en passant une mèche dans chaque blessure. Avec les anesthésiants, ça n'a presque plus d'importance. Sans anesthésiants, il faut se faire reblesser chaque jour lentement. Quand je suis parti il n'y avait presque plus d'anesthésiants...

« Alors s'adossant à la cheminée, montant sur une table, un homme criait à la foule : 'Allons! qui donnera les premiers dollars? Vous, madame, vous..." pointant du doigt et la femme donnait et les autres suivaient[1]... ».

Du milieu d'avril au début de juillet 1937, entre une conférence, un meeting et un nouveau voyage en Espagne pour remettre au président Azaña les fruits de sa tournée américaine, Malraux travaille à son livre dont il porte souvent sur lui quelques feuillets griffonnés.

Le 3 juillet, il est à Valence, où doit s'ouvrir le lendemain le 2e Congrès international des écrivains, conformément au vœu exprimé par José Bergamin au lendemain de celui de juin 1935 à la Mutualité. Le président Azaña reçoit les participants, auxquels se mêle Alvarez del Vayo, ministre des Affaires étrangères du cabinet Negrin, qui a remplacé en mai celui de Largo Caballero.

La « ligne » pro-soviétique s'impose de plus en plus. Ehrenbourg, Fadeev et Alexis Tolstoï sont les personnages majeurs d'un congrès que Malraux anime de son talent, aux côtés de Stephen Spender dont il a facilité la venue, d'Hemingway, de Tristan Tzara, de Nicolas Guillen, de José Bergamin, d'Antonio Machado, d'Anna Seghers... Ehrenbourg qualifie[2] ce congrès de « cirque ambulant » : commencé le 4 juillet à Valence, poursuivi le 6 à Madrid, il se transporte ensuite à Barcelone et s'achève deux semaines plus tard à Paris, au théâtre de la Porte Saint-Martin — où interviennent notamment André Chamson, Julien Benda et Paul Vaillant-Couturier.

Les Soviétiques avaient voulu faire de ce congrès le procès d'André Gide — d'abord parce que le *Retour d'URSS* était une rude épine dans leur pied, ensuite parce qu'il fallait à tout prix faire diversion le plus bruyamment possible au scandale international provoqué par l'assassinat d'Andrès Nin, le leader du POUM (de sympathies trotskystes, donc « hitléro-fasciste »), dont chacun disait déjà qu'il avait été enlevé et liquidé par les soins des agents en Espagne du NKVD. On parla très peu de Nin, sur la piste du « cirque ambulant », et beaucoup plus de Gide, cet autre « hitléro-fasciste ».

Quant à Malraux, qui, selon Spender, avait « dominé les débats avec son terrible petit reniflement et aussi son extraordinaire lyrisme[3] », il faillit se tuer en auto, aux côtés d'Ilya Ehren-

1. *Ce Soir*, 21 avril 1937.
2. *Memoirs, op. cit.*, p. 408.
3. *World within World*, Londres, 1951, p. 496.

bourg, sur la route entre Valence et Madrid. Leur voiture heurta un camion qui transportait des munitions. « La catastrophe a été évitée de justesse », écrit Koltzov. Ce qui ne put qu'amplifier l'ovation qui, lors de son apparition à la tribune de Madrid, salua Malraux comme les autres « écrivains combattants », Gustav Regler et surtout Ludwig Renn, qui assumaient des commandements à la tête de leurs brigades et payèrent plus que tous les autres de leur personne. Mais cette ovation suffit-elle à couvrir ce qu'il ne pouvait ressentir que comme une honte acceptée, le silence autour de l'assassinat d'Andrès Nin ? L'écrivain qui traçait alors les portraits de Puig et du Negus, magnifiques combattants anarchistes, et des socialistes Magnin et Scali, comment pouvait-il taire la liquidation d'un révolutionnaire tel que le leader du POUM ?

Ces problèmes des exigences de l'action face à celles de la pureté, des contradictions entre la spontanéité et l'efficacité, du prix à payer pour assurer la mutation de « l'illusion lyrique » à l'espoir et de l'Apocalypse à la victoire, forment la trame du plus beau livre de Malraux. Il l'écrit en six mois, après son retour des États-Unis, pendant le printemps et l'été de 1937, alors qu'autour de Brunete, l'armée républicaine enfin formée perd ses meilleurs cadres, ceux dont *l'Espoir* conte les épreuves et le mûrissement.

Historiquement, *l'Espoir* est écrit dans les perspectives ouvertes par la victoire de Guadalajara et par la formation du gouvernement de Juan Negrin, qui signifie la saisie des responsabilités concrètes par les communistes — responsabilités qui impliquent l'élimination des courants révolutionnaires pour lesquels la guerre contre Franco n'a de sens que si elle accomplit en même temps la révolution sociale, et l'exercice du pouvoir politico-militaire par ceux qui donnent priorité absolue à l'effort de guerre. Cette stratégie qui, avec la substitution de Negrin à Caballero, devient la ligne officielle du régime républicain, impose l'alliance avec la bourgeoisie, donc la protection de la propriété, la discipline du combat, donc la dissolution des groupements spontanéistes, enfin l'alliance inconditionnelle avec l'URSS, seule puissance décidée à soutenir la République et capable de le faire.

Parti pour l'Espagne en juillet 1936 envoûté par l'anarcho-syndicalisme, Malraux en revient un an plus tard pour décrire son échec pratique et mettre en lumière les exigences d'une discipline partisane. « Toute la question est de savoir si nous arrive-rons à transformer la ferveur révolutionnaire en discipline révolutionnaire », déclarait-il en février 1937 lors de ce meeting qui avait tant fait frissonner François Mauriac.

L'Espoir signifie, dans l'œuvre de Malraux, le triomphe de la vérité objective sur l'imaginaire, et du « faire » sur « l'être ». Avec *la Condition humaine*, il avait voulu créer un nouveau type de roman métaphysique à l'image des *Frères Karamazov*. Son livre sur l'Espagne, pour des raisons multiples, dont l'une est une nouvelle lecture de Tolstoï qu'il fit en 1935 (après son voyage en URSS où il constata que l'œuvre de l'auteur de *la Mort d'Ivan Ilitch* était privilégiée dans la « patrie du socialisme » par rapport à celle de Dostoïevski qui jusqu'alors le hantait par-dessus toutes), il voulut le placer dans la lumière de *Guerre et Paix* — à un niveau digne en tout cas du créateur du prince André.

Une autre influence avait joué sur lui pour l'inciter à faire plus grand cas des données objectives de la réalité : l'admiration qu'il avait conçue pour un certain journalisme, et qu'il exprime dans la préface d'*Indochine S.O.S.* d'Andrée Viollis dont il cite un trait admirable : au cours d'une visite dans la prison de Saigon, le directeur conduit l'auteur dans la cellule d'un jeune homme condamné à mort pour tentative d'assassinat, qu'il décrit à la visiteuse comme un monstre. Puis, lui tapotant pater-nellement la joue : « Sale gosse! ». Il y a là, écrit Malraux, un « grand roman à l'état brut » — et c'est de cette matière brute qui abonde tout au long de son aventure espagnole qu'il veut faire un grand roman tout court. Dans *l'Espoir*, il utilise des fragments de dépêches d'un autre grand journaliste, Louis Delaprée, de *Paris-Soir*. Plusieurs des scènes les plus déchiran-tes de l'écrasement de Madrid par l'aviation franquiste sont inspirées des reportages de Delaprée, ou leur sont directement empruntées.

Troisième école de vérité : celle qu'il affronte, sept mois durant, comme responsable politico-militaire de l'organisation de l'Apocalypse. Écrivant sur la Chine, il s'attache d'autant plus aux âmes qu'il n'a pas connu les corps. En Espagne, l'évidence des corps, l'exigence des faits, s'imposent à lui, et donnent à son récit et à ses héros l'« épaisseur » (c'est son mot) dont il a toujours rêvé.

On ne tentera pas de démêler l'écheveau thématique de

l'Espoir, ni d'éclairer le jeu savant des tableaux et des croquis, des changements de rythme et de perspectives, des mélodies, des fugues, des parties qui s'entrecroisent. On ne s'attardera pas non plus à rechercher longuement les « clés » du livre, si passionnant soit ce jeu qui conduit à l'étude des données historiques sur lesquelles se dresse l'édifice romanesque, et dont il est pétri. On rêve pourtant de savoir ce qu'il y a, dans Magnin, de Malraux [1] et de Serre (l'ancien patron d'une des grandes compagnies d'aviation françaises qui servit en Espagne), ce qu'il y a aussi de Malraux dans Garcia qui est le plus souvent son porte-parole, celui en tout cas qui emprunte le plus constamment son style fulgurant; dans Attignies de Segnaire et dans Gardet de Maréchal; dans Manuel de Gustavo Duran le musicien, dans Shade de Matthews (le correspondant du *New York Times*), dans Puig d'Ascaso, le leader anarchiste, dans Enrique de Miguel Martinez le Mexicain, dans Ximenès du colonel Escobar, dans Scali de Koltzov et de Nicolas Chiaromonte, et dans Guernico de José Bergamin.

Du point de vue historique, et du point de vue de la formation de la conscience politique de Malraux — de sa conscience tout court — ce livre multiple, foisonnant, riche comme la vie et débordant de générosité esthétique et humaine est tendu, centré, ordonné autour de l'histoire de Manuel, le combattant qui sacrifie de jour en jour à l'efficacité révolutionnaire ce à quoi il tenait le plus en tant qu'homme : « Il n'est pas un des échelons que j'ai gravis dans le sens d'une efficacité plus grande... qui ne m'écarte davantage des hommes. Je suis chaque jour un peu moins humain. »

De ce point de vue, la scène clé du roman — parce que toute création chez Malraux, de *la Condition humaine* aux *Antimémoires*, se résout tôt ou tard à un problème de communication — est celle où deux soldats de la brigade de Manuel accusés de trahison implorent sa grâce, s'agrippent à ses jarrets. Parce qu'il faut, pense-t-il, choisir entre la victoire et la pitié, il se tait. Et l'un des hommes de lui jeter : « Alors, t'as plus de voix pour nous maintenant ? » Kyo s'épouvantait de ne pas percevoir la voix des autres par les mêmes moyens que la sienne propre.

---

1. Réponse de Malraux à cette question (29 janvier 73) : « *N'importe quel psychanalyste vous dira que quand un romancier met des moustaches à un héros qui le représente plus ou moins, c'est qu'il cherche un masque...* »

Manuel, lui, en vient à ne plus vouloir même percevoir la sienne.

Ce livre immense et brûlant, orageux et exact, ce livre qui par sa force emplit d'ambition, et par son éclat accable tous ceux qui prétendent, par le reportage, rendre la vérité plus vraie que le fait, est un livre de combat. Quelques mois après sa publication, recevant pour la première fois Gaëtan Picon étonné de la réserve que la critique (qui avait accueilli avec enthousiasme *la Condition humaine*) gardait, à propos de *l'Espoir*, Malraux (qui place lui-même ce dernier livre au-dessus de tous ceux qu'il a écrits avant les *Antimémoires*) répondait : « C'est que pour aimer *l'Espoir*, il faut être de gauche — je ne dis pas communiste... »

Ce sont les communistes et leurs sympathisants pourtant, qui avaient fourni son premier public à *l'Espoir*, publié dans *Ce Soir* par larges fragments, du 3 novembre au 3 décembre 1937. Aragon étant directeur de la publication, c'est probablement lui qui rédigea la présentation (anonyme) de l'ouvrage, publiée sous une grande photographie de Malraux :

« Nous commençons aujourd'hui la publication des fragments du nouveau roman d'André Malraux : *l'Espoir*. On sait que le grand écrivain qui reçut le prix Goncourt en 1933 pour *la Condition humaine*, a voulu dès le début des événements d'Espagne défendre activement les idées qui sont les siennes et qu'il créa et commanda une escadrille d'aviation républicaine. Son nouveau livre est né de cette expérience vivante et traduit celle-ci avec toutes les ressources de l'auteur du *Temps du mépris*. Comme jadis *le Feu* en pleine guerre fit entendre la voix du combattant, *l'Espoir* lève au milieu des champs de bataille d'Espagne [1]. »

L'Espoir sortit en librairie à la fin de novembre 1937. Les amis espagnols de Malraux en furent décontenancés. La plupart admiraient le livre mais auraient volontiers dit, comme le président Azaña à Max Aub : « Ah! ces Français! Il n'y a qu'eux pour faire philosopher un officier de la Guardia Civil! » Qu'ils ne se soient pas reconnus en ces personnages qui incarnent les lobes du cerveau de Malraux, hormis peut-être Guer-

---

1. Une curieuse note faisait savoir au public que l'ordre des scènes avait été modifié pour des raisons d'actualité.

nico et le Négus, n'a rien de surprenant. Il est facile de reconnaître M. Micawber, non le capitaine Achab.

En France, les critiques de droite furent nettement hostiles.
Certaines ne le furent pas sans talent. Ainsi Robert Brasillach
qui, dans *l'Action française*, soutenait que le vrai titre du livre
aurait dû être « le Désespoir ». On peut, écrivait-il, « tirer de ce
livre, que l'auteur l'ait voulu ou non, le lot le plus impression-
nant d'arguments contre les mythes marxistes, et leur application en Espagne. Je ne connais pas, en réalité, de pamphlet plus
dur contre la cause de la Révolution ». Thèse recevable à coup
sûr de la part d'un non-violent, d'un libertaire, d'un démocrate
quarante-huitard. Mais surprenante chez cet admirateur du
fascisme, de la volonté de puissance et de l'ordre victorieux —
car *l'Espoir* supporte, pour le cynique, ce type de lecture et
d'interprétation.

A gauche, on fut généralement favorable, parfois même d'une
enthousiaste naïveté, comme André Billy qui, dans *l'Œuvre*,
écrivait qu'avec le livre de Malraux « Le Front populaire vient,
grâce au talent d'un écrivain français, de gagner littérairement
la guerre civile ! » Dans *l'Humanité*, Georges Friedmann adhérait sans réserve, mais non sans lourdeur, au point de vue de
l'auteur : « Prenant nettement parti pour la nécessité de la discipline... Malraux... demeure juge lucide dans le feu même des
combats. »

Mais sur *l'Espoir*, on retiendra surtout deux textes. Le premier est dû à un écrivain que bien des choses séparaient et séparent de Malraux, sinon ce qu'ils ont tous deux hérité de Nietzsche et de Barrès, et leur passion commune du geste et de la
cambrure — Montherlant. Dans ses *Cahiers* il y a ceci, sur
l'Espoir, qui ne fut publié que dix ans plus tard : « On entend
dire sur ce livre des choses monstrueuses : c'est du journalisme !... L'attention chez Malraux. C'est une règle que la beauté
de l'art descriptif provient en grande partie de la précision,
c'est-à-dire de l'attention. Est-ce qu'il notait ? Est-ce qu'il
notait sur le moment même [1] ? L'absence de littérature, en cela,

---

1. A cette question, André Malraux, m'a fait le 29 janvier 1973, cette
réponse : « *Non. Dans le sens que je ne suis pas le type qui se balade avec
un carnet dans sa poche pour pouvoir noter sur-le-champ. Mais de temps
en temps je griffonnais. Vous savez que le livre a été écrit très vite. Entre
l'événement vécu et la publication du roman, il y a eu des rédactions de relais
des brouillons, des remords...* »

fait songer souvent à Tolstoï... Les pages sur les fusillés (p. 184) sont le comble de l'art d'écrire... En Malraux se réconcilient l'intelligence et l'action, fait des plus rares. [...]

« L'accueil fait à *l'Espoir*, qui n'a pas été en proportion de sa valeur, a pour source le désir que l'on a d'empêcher Malraux de prendre une trop grande place. Je le flairais, et on me l'a confirmé [1]. »

Quant à l'article largement consacré à *l'Espoir* que publia Louis Aragon dans la revue américaine *New Republic* [2], on le cite d'autant plus volontiers qu'interrogeant en 1972 le poète du *Paysan de Paris* sur le compte de Malraux, l'auteur s'est entendu renvoyer à « un texte publié en 1938 à propos de l'*Espoir*, qui dit tout ».

« *L'Espoir* est un livre fondamental de notre temps, un livre où nos idéaux les plus élevés sont confrontés aux réalités les plus pressantes... Il exprime notre temps, et de quel autre livre pourrions-nous en dire autant ? La grandeur de Malraux ne consiste pas à expliquer la guerre d'Espagne, mais à s'y plonger. Depuis *la Condition humaine*, un changement profond s'est produit en Malraux. L'événement ne lui sert plus de prétexte ou de cadre, mais le porte. Malraux est réaliste en ce qu'il transcende la réalité... Je tiens de l'auteur lui-même que *l'Espoir* est un livre totalement nouveau dans son œuvre car 'pour la première fois, me dit-il alors qu'il écrivait, j'ai plus de matériau que je n'en puis utiliser'. »

Sur quoi Aragon oppose à Malraux cette formule du premier fragment de la *Psychologie de l'art* qui venait de paraître dans *Verve* [3] : « Le matériau de l'art n'est pas la vie mais toujours une autre œuvre d'art. » Alors ? « Dans cette contradiction, assure Aragon, je trouve la tragédie de l'homme moderne, l'*ecce homo* de ce temps de guerres et de révolutions. L'homme qui risque sa vie pour le peuple espagnol écrit en même temps que le seul peuple au monde qui soit digne d'être sauvé est le peuple des statues. »

« Un article qui dit tout », nous disait Aragon. Qui dit beaucoup de choses, en tout cas.

---

1. *Carnets*, La Table ronde, Paris, 1947.
2. Août 1938.
3. Décembre 1937.

Le 27 mai 1938, *Ce Soir* publie, sous le titre « Le retour d'André Malraux », une interview de l'auteur de *l'Espoir* qui revient une fois de plus de Valence et de Madrid :

« — L'Espagne ?

— J'en parlerai ce soir à la Mutualité. Pour le moment, faites-moi grâce, je n'en puis plus. Depuis 78 heures, je n'ai pas dormi. (...) Je reviens du front de Madrid. L'armée républicaine est créée. La discipline révolutionnaire existe ; elle est admirable. La République vaincra. Le nouveau gouvernement est décidé à « faire la guerre ».

— L'Espoir ?...

— Non, la certitude. »

Mais déjà Malraux est moins préoccupé de stratégie que d'une nouvelle passion : le cinéma. Non qu'il en vienne ainsi à abandonner ses compagnons de lutte. Le film qu'il prépare lui a été suggéré, raconte Max Aub [1], pendant son séjour aux États-Unis, où des amis lui ont donné à espérer qu'un film de lui, sur la guerre, pourrait être présenté dans 1 800 salles, et produire un choc profond sur l'opinion américaine, peut-être l'arracher à sa neutralité... A l'occasion du Congrès des écrivains, en juillet, à Valence, divers dirigeants espagnols (Azaña ? Negrin ? Alvarez del Vayo ?) se montrent intéressés par cette possibilité de secouer l'opinion internationale. Malraux reçoit l'assurance qu'il sera aidé.

Peu après la fin de la rédaction de son livre, au début de 1938, André Malraux s'attaque à la préparation du film dont son ami Édouard Corniglion-Molinier sera le producteur, associé à Roland Tual. Il réunit d'abord une équipe de première valeur — l'opérateur Louis Page, le cameraman Thomas, le spécialiste du découpage Boris Pesquine, Max Aub l'écrivain espagnol, pour l'adaptation du texte, et Denis Marion comme assistant. Tous, comme dans l'escadrille à partir de novembre 1936, sont des volontaires : il le faut pour courir les risques qu'implique ce travail dans une ville comme Barcelone constamment attaquée par les bombardiers ennemis basés à Majorque.

Nouvel engouement de Malraux, le cinéma ? Oui et non. Oui, si l'on considère qu'il est l'homme de la concentration

---

1. *Sierra de Teruel*, Éd. Era, Mexico, 1968, p. 8.

totale sur le sujet qui retient son attention. En 1936-1937 il est impossible de lui parler d'autre chose que de bombardement — Ehrenbourg l'a noté non sans ironie. Mais, faute d'avions, faute de combattants, faute de mission peut-être, le voilà qui redécouvre brusquement un art qui n'a cessé de l'intéresser, et va le passionner parce qu'aucun autre n'est si proche de l'action.

A 13 ans *les Deux Orphelines*, à 16 Chaplin, à 20 *le Docteur Caligari*, à 25 les premiers Stroheim l'ont envoûté. En 1934, à Moscou, ses heures les plus passionnantes ont été celles qu'il passait avec Eisenstein. Et, en 1936, il s'est enthousiasmé pour le *Napoléon* d'Abel Gance, qui ne cessera de le hanter. Il est plus qu'un grand amateur, un esthéticien du film ; ses réflexions sur la « Psychologie du cinéma », rédigées l'année suivante, en témoignent. Il a toujours rêvé — au moins depuis dix ans — de tourner des films. Le voilà à pied d'œuvre.

Il a très vite décidé, d'accord avec Corniglion, Marion et Aub, de ne pas tenter d'adapter l'ensemble de son livre — dont les proportions, la diversité, les ambitions ne sont pas traduisibles en images, ne serait-ce qu'en raison de la maigreur des moyens dont ils disposent. On s'en tiendra donc à quelques épisodes significatifs : recrutement populaire, rôle de la « 5e colonne », attaque d'un canon par une auto, bombardement d'un champ d'aviation ennemi, scènes de fraternisation dans la montagne.

La « généralité[1] » de Barcelone met à leur disposition un appartement, deux secrétaires, l'un des trois studios de cinéma de la ville, celui de Montjuich, des figurants civils — la plupart recrutés dans le petit village catalan proche de l'aéroport de Prat de Llobregat — et militaires (environ 2 500 hommes pour les deux ou trois scènes de masses prévues).

Le film qu'a réalisé Malraux n'est pas tout à fait celui qu'il avait voulu faire. Au cours d'une conversation — non datée — avec Claude Mauriac[2], le romancier-cinéaste a raconté le film qu'il avait rêvé. Il devait s'ouvrir avec l'image d'un taureau de combat dont le beuglement se serait achevé sur celui d'une sirène d'alerte : mais, assure Malraux, dans l'Espagne républicaine, on ne trouvait plus de taureaux[3]. Le film devait

1. Gouvernement autonome.
2. *Petite Littérature du cinéma*, p. 30-31.
3. On les avait mangés...

se poursuivre par l'image de troupeaux chassés par les blindés franquistes et qui se jettent, comme une marée, sur les positions républicaines. Enfin, un groupe de paysans devaient emplir de dynamite la cloche de l'église du village et, la plaçant sur une carriole, la jeter sur les chars ennemis... Belles idées.

En fait, Malraux voulait faire un film crépitant de symboles et de métaphores, un film aussi chargé d'images poétiques et allégoriques que *le Cuirassé Potemkine* ou *les Rapaces*. C'est moins la maigreur des moyens dont il a disposé que la force même des choses et la passion du combat qui l'ont conduit à faire un film plus nu, plus dépouillé. *Espoir* est moins l'œuvre d'un disciple d'Eisenstein que celle d'un précurseur de Rossellini.

Des trente-neuf séquences que comporte le scénario écrit par Malraux — avec l'aide technique de Denis Marion et Boris Pesquine — et traduit par Max Aub, seules vingt-huit furent tournées, et dans des conditions qui ajoutent un prix incomparable à ce film sans précédent ni héritier. Les auteurs, les techniciens et les acteurs se transportèrent tour à tour de Barcelone à Prat de Llobregat, puis à Tarragone, à Cervera, au village de Collbato, dans la sierra de Montserrat — où fut tournée la grande scène finale de la descente des victimes — et enfin en France, à Villefranche-de-Rouergue, dont l'admirable cloître est si profondément espagnol, et dans les studios de Joinville.

On commença le tournage le 20 juillet 1938, au moment où débutait la bataille de l'Èbre, qui après les premiers succès républicains, devait décider du sort de la guerre. Dans deux mois ce sera Munich... Barcelone est bombardée depuis cinq mois par les Italiens. Étrange tournage que celui-là, où réalité et fiction se mêlent sans cesse. La chaleur de juillet est lourde en Catalogne, et dans la calle de Santa Ana comme à Prat, Malraux ressemble, avec ses pantalons blancs et ses sandales, à un tennisman maigre flanqué d'une jolie partenaire à la robe de toile, aux bras nus et aux boucles fauves, Josette Clotis.

Les incidents abondent. Un jour, raconte Boris Pesquine, l'aviation fasciste transforme le studio de Montjuich « en une vraie passoire : les éclats de bombes tombaient dans les pots de peinture[1] ». Denis Marion a raconté, dans un article du

---

1. Pierre Galante, *Malraux*, p. 163.

Magazine littéraire qu'il fallut faire venir de France des lampes, les produits de maquillage, la pellicule. Le négatif impressionné était renvoyé dans un laboratoire parisien pour être développé. Le directeur de la photographie, Louis Page, travaillait à l'aveuglette : un mois se passait avant qu'il pût voir les bouts tournés. L'installation sonore était très défectueuse : il fallut réenregistrer tout le son en France. « Chaque fois qu'il y avait alerte — et il y avait alerte au moins une fois par jour, précise-t-il —, le courant électrique était coupé à la centrale, aussi bien pour le studio que pour l'usage domestique, et il n'était rétabli que cinquante minutes après la fin de l'alerte. (...) Pendant toute une nuit, on travailla sur le sommet de la colline de Montjuich, les projecteurs illuminant le ciel dans cette ville soumise au plus rigoureux black-out. Par chance, ce fut une des rares nuits où les avions italiens ne vinrent pas des Baléares [1]. »

Et Page a évoqué lui aussi quelques-unes de ses « astuces » : par exemple, lorsqu'il s'agit, au début de la grande séquence de la sierra de Teruel, de montrer l'avion percutant la montagne, on mit la caméra dans une cabine de téléphérique qui frôle les rochers près de Montserrat : l'impression de choc est saisissante [2].

Le tournage du film n'était pas tout à fait achevé quand, en janvier 1938, les forces franquistes du général Yagüe investirent Barcelone. Il fallut décamper alors que plusieurs séquences restaient à tourner. Quelques heures avant l'entrée dans la ville de l'avant-garde maure, Malraux et son équipe s'entassèrent dans trois autos et passèrent la frontière à Port-Bou. A Banyuls, ils retrouvèrent Boris Pesquine et sa femme, qui y campaient, formant la base arrière de l'entreprise. Et tout le monde mit le cap sur Paris.

Les dernières scènes tournées le furent au studio de Joinville. Malraux improvisa un nouveau montage — qu'il recommença dix fois — et le film fut achevé au mois de juillet 1939 et intitulé d'abord *Sierra de Teruel*. Trois semaines plus tard, une présentation en était organisée au cinéma *Le Paris* sur les Champs-Élysées, pour le président Negrin qui s'était réfugié en France. Une deuxième projection devait avoir lieu la semaine

1. *Le Magazine littéraire*, n° 11, 1967.
2. P. Galante, *op. cit.*, p. 167.

suivante dans un cinéma des grands boulevards, où se retrouvèrent sans se connaître bon nombre des amis connus et inconnus de Malraux : notamment Claude Mauriac et Roger Stéphane. Le film fit grande impression.

Les producteurs avaient prévu la sortie dans les salles pour le mois de septembre. Mais entre-temps étaient intervenues la signature du pacte germano-soviétique, la déclaration de guerre, l'instauration de la censure. *Sierra de Teruel*, film révolutionnaire, fut interdit par le gouvernement d'Édouard Daladier, aux côtés duquel Malraux avait figuré sur les estrades du Front populaire. C'est par suite d'une erreur que l'unique copie du film ne fut pas détruite sous l'Occupation. Les censeurs allemands disposaient d'une liste où il était spécifié que la copie du film était étiquetée au nom de Corniglion-Molinier. Celle qu'ils détruisirent était le double d'un autre film produit par Corniglion, *Drôle de drame* — dont d'autres copies existaient heureusement. Ainsi *Espoir* doit-il à Marcel Carné de survivre. A la Libération, Édouard Corniglion-Molinier, devenu général, mais toujours producteur et propriétaire du film, le vendit à un distributeur qui l'intitula *Espoir*, coupa un bon tiers de la scène finale et dota l'ouvrage d'un prologue de Maurice Schumann dont la voix, celle du porte-parole de la « France libre », était alors populaire.

Le film que Malraux, à peine démobilisé et toujours « coronel », présentait devant certaines salles comme « une œuvre typiquement prolétarienne [1] », obtint un bon succès. Trois scènes s'imposèrent irrésistiblement : celle où, dans leur auto armée d'une mitrailleuse, Agustin et Carral se jettent sur le canon des fascistes (dans le roman, c'est Puig l'anarchiste qui le fait), et au moment où ils percutent, un vol d'oiseau emplit l'écran; celle du paysan José qui, du haut d'un avion, n'arrive pas à retrouver son village, scène magnifique du roman que le cinéma rend plus belle encore; et celle, enfin, de la descente de la montagne, sommet du livre et sommet du film, apothéose de la fraternité multiple.

Déchiqueté par les circonstances de sa création, bégayant souvent, misérable et nu, gauche, discontinu, parfois prétentieux et emphatique, *Espoir* reste un film admirable, digne des grands modèles de Malraux : Eisenstein et Dovjenko, et surtout

---

1. Formule que l'auteur a alors entendue.

digne du grand livre qu'il prolonge. En octobre 1945, il obtenait le prix Louis Delluc, qui récompense le film le plus original, le plus créateur de l'année.

Deux ans après sa présentation en France, *Espoir* était présenté aux États-Unis. Il n'y eut aucun succès, mais le grand critique James Agee écrivit sans timidité : « Homère pourrait reconnaître là, me semble-t-il, la seule œuvre de notre époque qui soit totalement en consonance avec la sienne. » On assure qu'André Malraux goûta fort cette comparaison, oubliant d'objecter qu'il s'agissait d'un poète aveugle.

5

Métier des armes

22. Le camp

Vaincu. Il est du parti des vaincus, avec le peuple espagnol
écrasé par la coalition des puissances de l'Axe, des bataillons maures, du régime de Salazar, de la grande bourgeoisie
et de l'Église espagnoles — et la complicité d'une France
imbécile et d'une Angleterre qui — Winston Churchill compris — se préoccupe des dangers qu'une victoire des « rouges »
ferait courir à l'exploitation des mines du Rio Tinto plus que
des risques mortels de la montée du fascisme.

Quand on a si fort et si souvent proclamé, par le truchement de Garine ou de Garcia, sa volonté de réconcilier le
peuple et la victoire et d'être enfin du parti des vainqueurs;
quand on a fait pour cela, comme Manuel, le dur chemin
de l'adhésion à la discipline du parti de Staline et choisi avec
lui de faire passer la guerre avant la révolution, la défaite prend
un visage plus horrible encore. Lorsqu'il repasse la frontière
catalane en hâte, le 26 janvier 1939, pour fuir les troupes de ce
même Yagüe dont il a stoppé la progression à Medellin trente
mois plus tôt, lorsqu'il entend les coups de feu des dernières
batailles fratricides entre Casado et les communistes dans
Madrid assiégée par les franquistes, lorsqu'il lit les récits
de l'entrée du Caudillo dans la capitale de l'Espagne, que
peut penser André Malraux? « La générosité, c'est d'être
vainqueur... » songe Hernandez devant le peloton d'exécution
de Tolède. Et Durruti lui-même a dit : « Nous renoncerons
à tout, sauf à la victoire... »

C'est fini. Il y a encore ce film à achever pourtant — ce film
qui devait arracher les Américains à leur neutralité... Et puis

il y a surtout cette guerre qui approche, dont on a le souffle chaud sur la face pendant l'été 1939, un été qui ne passe pas sans que soit assené encore à Malraux et à ses camarades un autre coup épouvantable : la signature, le 23 août 1939, du pacte germano-soviétique. Staline avec Hitler... Ce soir-là Malraux dîne avec Max Aub, le bon collaborateur de *Sierra de Teruel*, qui vient de présenter avec lui le film à Juan Negrin. Ils parlent du pacte : « La révolution à ce prix-là, non... », fait Malraux [1].

Malraux se garde pourtant de rompre avec ses alliés d'Espagne. La défaite ne lui a pas donné à croire que les horreurs de l'hitlérisme pouvaient être mises en balance avec celles du stalinisme. En mai 1939, encore, il prenait part à une conférence internationale antifasciste, à Paris, aux côtés d'Aragon, de Langevin, de Cachin. Il continue de penser que c'est à leurs côtés que peut être mené le plus efficacement le combat contre le nazisme.

Au pacte, Malraux n'a pas réagi comme son ami Paul Nizan : n'étant pas membre du Parti, il n'avait pas à rompre avec lui. Aurait-il fait siennes les réflexions de l'auteur d'*Antoine Bloyé* telles que les rapporte Sartre dans sa préface d'*Aden-Arabie* ? Que si l'URSS avait le droit d'adopter une stratégie aussi cynique pour sauver « la patrie de la révolution », le Parti français devait, lui, définir sa propre « ligne » et non se rallier comme il le fit en majorité [2] à partir du 20 septembre à celle de Staline, après avoir tenté pendant trois semaines de concilier approbation du Pacte et appels à la défense nationale.

Trente ans plus tard, André Malraux rappelait ainsi devant nous son analyse d'alors :

« *Je n'étais pas assez naïf pour ne pas comprendre les raisons de Staline, et à la rigueur pour les approuver, d'un point de vue idéologique. Mais voilà, il y avait le peuple français mobilisé, jeté dans cette guerre dont le pacte de Moscou accélérait et aggravait le déclenchement en permettant à Hitler de jeter toutes ses forces sur nous... Si la défaite rapide, que nous ne*

---

1. Entretien de Max Aub avec l'auteur, octobre 1971. En fait, précisent plusieurs de ses amis de cette époque, tel Gaëtan Picon, Malraux s'était éloigné des communistes dès 1938.
2. Mais 21 députés du PCF sur 72 firent un autre choix.

pouvions pas prévoir, n'était pas intervenue, notre prolétariat aurait subi le même holocauste que vingt-cinq ans plus tôt. Imaginez un de Gaulle à la tête de l'armée, galvanisant le combat sur le sol national dès 1939... Il aurait « dérouillé », le prolétariat français...! Alors vous comprenez, les calculs de Staline, ça ne pesait pas aussi lourd que cette probabilité-là[1]*... »*

Si sévère qu'il fût pour le Pacte et ce qu'il impliquait à court terme pour les masses françaises, l'auteur de *l'Espoir* — en qui l'on voit l'internationalisme un peu abstrait faire place à un patriotisme alors plus concret — se refusa à toute condamnation publique. A son ami Raymond Aron qui, en octobre 1939, le poussait à mettre son prestige et son influence au service d'une nécessaire clarification, il répondait : « Je ne dirai, je ne ferai rien contre les communistes tant qu'ils seront en prison... »[2]

Malraux se refusera aussi à rompre avec ses amis soviétiques en ces temps où ils étaient non seulement dénoncés par la droite mais vilipendés dans presque tous les milieux de gauche : Ilya Ehrenbourg rapporte non sans émotion que séjournant en France pendant l'hiver 1939-1940 (il rédigeait son roman *la Chute de Paris*) il n'y reçut pas beaucoup de visites — sauf celles d'Alberti, de Jean-Richard Bloch (tous deux communistes) et de Malraux[3]...

Au lendemain de la signature du pacte, André Malraux et Josette Clotis sont partis pour la Corrèze. A Beaulieu-sur-Dordogne, il y a un hôtel où ils se trouvent bien, « Le Bordeaux » que dirige Madame Fournier, une amie. Il y a surtout une admirable église romane, dotée d'un des plus beaux tympans qui soient, « le seul où le sculpteur ait figuré derrière les bras du Christ ouverts sur le monde, ceux du crucifix comme une ombre prophétique[4] ». C'est à portée de regard de ce chef-d'œuvre que Malraux s'est retiré, pour écrire enfin cette *Psychologie de l'art* qui le hantait déjà avant son départ pour l'Espagne — et que les préoccupations mêmes du combat ne lui avaient pas fait oublier (comme en témoigne le dialogue entre Scali et le vieil Alvear). Sa défaite d'homme d'action

1. Entretien d'André Malraux avec l'auteur, 20 juillet 1972.
2. Entretien de R. Aron avec l'auteur, 28 décembre 1971.
3. *Memoirs*, p. 476.
4. *Antimémoires*, p. 302.

lui rendait plus pressante et nécessaire encore la réalisation de ce projet.

Le 1er septembre, pourtant, il sait qu'il n'est plus temps. Dans l'escalier de l'hôtel, les vieilles servantes montent à petits pas pressés. « Des larmes ruisselaient sur leurs faces patientes[1] » : la Pologne a été attaquée par Hitler — et sur la statue de la Vierge, devant l'église de Beaulieu, sont déjà placardées les affiches de la mobilisation. « Décidément, chaque fois que je vais achever la *Psychologie de l'art*, une nouvelle guerre commence », écrit-il alors à un ami. Ils regagnent Paris, en passant par Moulins où ils entendent les nouvelles des premiers combats. Ils sont le 8 à Paris : Simone de Beauvoir, qui est alors l'amie de Josette et d'André, signale que le chef de l'escadrille *España* « s'efforce de venir en aide aux étrangers qu'on enrôle de force dans la Légion[2] ». Il se préoccupe aussi d'amis espagnols que le gouvernement français jette alors dans des camps comme celui du Vernet, et s'arrange pour faire parvenir une aide, à Londres, au fils de Juan Negrin.

« Quand on a écrit ce que j'ai écrit et qu'il y a une guerre en France, on la fait[3]. » Ainsi Malraux a-t-il résumé son état d'esprit de septembre 1939. Il cherche donc à s'engager, et de préférence dans l'aviation : il vient après tout d'y faire ses preuves — que son expérience de Medellin et de Teruel soit ou non transposable dans le cadre du conflit qui s'ouvre. Apparemment, elle ne l'est pas. Pourquoi un « coronel » d'Espagne n'est-il pas bon à faire un lieutenant du côté de Reims ou d'Amiens ? Parce que l'armée française est ce grand corps hébété et stupide qui sera bousculé huit mois plus tard par les chars de Rommel et de Guderian. Et pour la même raison André Malraux qui, peu pressé de jouer les hussards dans une cour de caserne en 1922, s'était fait réformer à l'issue de manœuvres banales mais peu convaincantes, se voit refuser dix-sept ans plus tard le droit de se battre.

Refoulé par le ministère de l'Air, il envisage un moment de s'engager dans l'armée polonaise. (« Tu me verras avec une *chapka* » écrit-il à son ami Louis Chevasson). Mais il tente d'abord une démarche auprès de la direction des chars — arme qui se pare pour lui du double prestige de son père,

1. *Antimémoires*, p. 302.
2. *La Force de l'âge*, p. 398.
3. R. Stéphane, *Fin d'une jeunesse*, p. 82.

pour lequel il éprouve toujours une certaine admiration, et de T.E. Lawrence, qui y servit — en précisant qu'il veut y être affecté à titre de deuxième classe. (On peut encore voir là une référence à l'auteur des *Sept piliers de la sagesse*. Comme le colonel Lawrence s'est voulu au rang du plus humble des tankistes, le « coronel » Malraux choisit d'être simple soldat dans un char.)

Il est enfin admis dans les chars de combat. Et ce n'est pas le plus banal de ses innombrables avatars. Il faut imaginer cet écrivain célèbre, qui va avoir quarante ans, qui vient de porter les galons et d'assumer les charges d'un commandement prestigieux sinon important, qui traite de pair à compagnon avec quelques ministres, une douzaine d'académiciens et dîne chez ce que Paris compte de plus snob, entrer dans la cour de la caserne de Provins pour s'aligner, capote kaki, casque bosselé, bandes molletières, face à un sous-officier de quartier.

Il est « repéré », bien sûr. Et d'autant mieux que pour rejoindre son unité il s'est tout de même fait faire une vareuse chez Lanvin... Il y a là un sous-officier qui a « vu venir » Malraux-le-rouge, l'écrivain révolutionnaire et naturellement antimilitariste (il n'a pas lu *l'Espoir*). Albert Beuret — c'est le nom du « sous-off » — convoque l'homme à la mèche pour une marche de nuit de 30 km. On part, sac au dos : le révolutionnaire va demander grâce... Eh! non. Malraux tient le coup. A l'aube, c'est le « sous-off » qui s'arrête et tend la main à l'écrivain. On deviendra les meilleurs amis du monde, pour le meilleur et pour le pire...

L'unité de chars où a été affecté Malraux est intitulée D.C. 41 - Ei 1. Faite d'un amalgame de régiments divers, elle est basée à Provins, ville charmante, proche de Paris et accueillante aux militaires. Il y reste du milieu de novembre 1939 au 14 mai 1940. Pour quoi faire? On va au bistrot, on démonte les mitrailleuses de tourelle, on graisse les chenilles. Les officiers ont même trouvé une occupation passionnante pour leurs hommes — dont Malraux, l'homme de Teruel : la recherche des trèfles à quatre feuilles [1]...

Drôle d'équipage que celui où est affecté l'ami d'André Gide et de Paul Valéry. Il y avait là Bonneau, le maquereau,

---

1. « La légende du siècle », mai 1972.

fausse « terreur » et vrai bien-pensant; Léonard, le pompier du Casino de Paris qui avait, un soir, un seul soir, couché avec la vedette; et Pradé, le paysan lorrain dont le frère était revenu d'Espagne où il avait fait partie des Brigades internationales (« Et quand on revient de là, c'est Pradé qui vous le dit, pas la peine de chercher du travail! »). Ça le change des bureaux de la *NRF*, Malraux, ça le change même des petits restaurants de Valence et du studio de Montjuich... Mais enfin, nous l'avons vu « rigolo » avec les mécaniciens de l'escadrille *España*. Il a bien dû faire rigoler Bonneau et Léonard, sinon Pradé qui lui rappelle tant, avec sa face plate et ses yeux obliques, les Asiatiques.

Dans la chambrée de Provins, il écrit quelques lettres à des amis, se définissant comme « apprenti-tankeur », et assurant que « l'expérience est d'un singulier intérêt. Pas toujours marrante... Quel décalage entre ceux-ci et ceux de mon autre guerre! Mais c'est matière à conversation [1]... ». Et un autre jour, il indique que « tout va bien, sauf la possibilité d'écrire... ». En sept mois de séjour à Provins, où on a vu le sous-officier Beuret l'interpeller et le « repérer », il ne se trouva pas le moindre aspirant, capitaine ou colonel pour s'intéresser à ce personnage fameux, lui proposer quelque échange de vues, un meilleur emploi de ses dons. Ce qui donne une haute idée de l'encadrement de l'armée française en 1940!

Cherchent-ils encore des trèfles à quatre feuilles, Malraux, Bonneau, Léonard, le 10 mai, quand von Manstein jette ses blindés à travers les Ardennes, initiative à laquelle Gamelin riposte étrangement en lançant, lui, vers la Belgique ses propres divisions cuirassées, rassemblées de bric et de broc contre l'avis de tout ce que l'armée compte de notables?

De cette armada dont les chenilles broient lentement les routes des Flandres, Malraux ne sera pas. Le beau récit des *Noyers de l'Altenburg*, repris dans les *Antimémoires* — le chauffeur du char conduisant guidé par les ficelles attachées à ses bras, la hantise de la fosse, la chute, la mortelle stupeur, le retour à la vie — tout cela, tenu par le lecteur pour auto-biographique, est œuvre de romancier, inspiré par une aventure du même ordre vécue par son père le capitaine Malraux en

1. Correspondance avec des amis qui préfèrent garder l'anonymat.

1918, par son propre « retour » à la vie de 1934 et par sa découverte du monde paysan et des petites gens, en 1940.

« *Ma guerre de quarante ?* dit-il aujourd'hui. *Dérisoire...*
Nos chars de Provins étaient hors d'état de nous porter hors
du polygone d'entraînement. En mai, nous avons fait mouvement
à pied, avec des antichars. Nous avons un peu tiraillé. J'ai été
très légèrement blessé le 15 juin. Et le 16, nous étions faits pri-
sonniers comme des fantassins, à mi-distance à peu près de Provins
et de Sens, où l'on nous conduisit [1]*... »*

Le voici sous les tours de la haute cathédrale où, le premier
soir, on couche les captifs, en attendant de les parquer dans un
entrepôt de matériaux de construction : c'est là qu'il plonge dans
le troupeau amorphe des vaincus dont la fatigue étouffe la colère.
Ce n'est pas le préau où Katow et Kyo serrent dans leurs poings
le cyanure. C'est comme une cour des miracles, un marché aux
bestiaux fourbus entouré de barbelés. Ils sont là plus de dix
mille « affamés, hagards, tenaillés par la dysenterie [2] » — en proie
à un chagrin biologique.

De cette épreuve, André Malraux n'a pas cherché à donner
une description apocalyptique. Il écrit à un ami, le 27 juillet,
après six semaines d'internement : « Les conditions du camp
sont tolérables... Ce n'est pas à recommander comme vacances,
mais il ne faut rien exagérer... » On n'entend parler que de
deux sujets : date de libération (« Un mois ? Tu es fou. Dans
une ou deux semaines, ils nous lâchent. Qu'est-ce qu'ils peuvent bien faire de nous ici ? ») et gastronomie. Tous les affamés
sont comme ça. Ils croient tromper leur faim en rêvant à des
festins, en composant des menus fabuleux. (« Moi, tu vois,
ce que je préfère, c'est la perdrix fourrée au foie gras... Chez
moi... »)

Quelques-uns se refusent à ces jeux. Parmi eux, Jean Grosjean [3] qui erre à travers le camp, enjambe les corps étendus
ruminant des histoires de crème fraîche et de pâtés chauds.
Il tombe sur un type qui semble lui-même en quête d'interlocuteur et qui lui jette tout à trac : « Pourquoi avons-nous
perdu la guerre ? » On parle. On se revoit. L'homme aime
Tête d'or, comme Grosjean, qui est frappé de ce que son inter-

1. Entretien d'André Malraux avec l'auteur, 29 janvier 1973.
2. J.B. Jeener, *Télé-7 Jours*, 29 avril 1972.
3. Qui dirige maintenant la *NRF*.

locuteur ne réduise pas la guerre aux territoires européens, parle d'Asie, du Proche-Orient, des États-Unis. Trois jours plus tard, il apprend qu'il s'agit de Malraux. Dans les derniers jours du mois tombe sous leurs yeux l'un des premiers textes de De Gaulle — que la presse de l'armistice publia pendant une semaine [1]. Malraux trouve ça bon. Pas Grosjean.

On demande des volontaires pour la moisson. Plusieurs, dont Malraux, y voient l'occasion de bénéficier d'un relâchement de surveillance. Ils se retrouvent onze, dont André Malraux, Jean Grosjean, l'abbé Magnet, le futur journaliste du *Figaro* Jean-Baptiste Jeener et le sous-officier Albert Beuret, affectés à une ferme dans le petit village de Collemiers (à sept kilomètres de Sens), dont le maire est un brave homme de radical nommé Courgenet. Ils sont placés sous la surveillance d'un fringant lieutenant Metternich... Le confort n'est pas grand : ils couchent dans la paille. « Je n'en voudrais pas pour mes chevaux! » jette le lieutenant, qui leur obtient des lits. Mais le problème, pour la plupart d'entre eux, est évidemment de s'évader.

Pour Malraux s'y mêle une préoccupation particulière. Son frère Roland est venu le prévenir à la fin de septembre que les Allemands avaient décidé de rendre leur liberté au moins formelle à quelques écrivains pour démontrer à l'opinion américaine leur « libéralisme » et que son nom est, avec celui de Gide, sur la liste de ces personnages test. On le recherche. Plutôt que de servir à une telle opération, il faut filer [2].

Clara, séparée définitivement d'André, fut mêlée encore une fois, dit-elle, à cette péripétie aux côtés de son beau-frère Roland, chargé d'apporter au prisonnier vêtements, chaussures et quelques fonds [3]. Bien que les souliers dus à ce complot familial fussent trop petits (Malraux y fait allusion dans les *Antimémoires*, ayant traversé des épreuves assez périlleuses pour en signaler aussi de dérisoires), il prit le large sans encombre, flanqué de l'abbé Magnet, qui lui offrait une hospitalité provisoire chez lui, dans la Drôme. Épisode au petit trot par lequel il ouvre, non sans esprit, les *Antimémoires* si chargés de gloire, de sang et de cymbales. « Je me suis évadé en 1940 avec le

---

1. Jean Grosjean se souvient seulement que ce n'était pas « l'appel du 18 juin ».
2. Entretien de Jean Grosjean avec l'auteur, octobre 1972.
3. *Les Combats et les Jeux*, p. 193.

futur aumônier du Vercors... » — ce prêtre mort dans le maquis
des Glières qui, des enseignements tirés de la confession, retient
cette conclusion : « Le fond de tout, c'est qu'il n'y a pas de
grandes personnes [1]... »

23. L'attente

Pendant qu'André Malraux courait en octobre 1940 vers
la zone libre, Josette accouchait dans une clinique de la région
parisienne — si démunie d'argent qu'elle dut y laisser, dit-on,
le bébé en gage... L'enfant s'appelle Pierre-Gauthier. Ils le
retrouveront très vite, pour s'installer sur la côte méditerranéenne. Selon Jean Grosjean, ce point de chute n'était pas
celui qu'André avait prévu. Dans leur dernière conversation
à Collemiers, il n'était question que de passage en Afrique
pour continuer le combat, du côté de la « France libre » :
et pendant plusieurs mois, les néo-paysans de l'Yonne, réduits
à cinq, attendirent la carte postale d'Afrique qui devait les
avertir de l'accomplissement du projet [2].

Raisons familiales ? Position d'attente ? Malraux renonça
vite à ce plan militant, quitte à en former d'autres — pour
s'installer vers le 20 novembre dans la famille de Josette à
Hyères. Clara refusant de divorcer, la situation n'était pas
de celles qui enchantent une famille provinciale : un enfant
adultérin, un ménage irrégulier... Et Malraux se retrouve
dans un climat comparable à celui qu'il a connu en 1922 chez
les Goldschmidt à Auteuil. Le confort en moins, car la zone
méditerranéenne est alors fort démunie de ravitaillement
comme d'équipement — et le blocage des fonds de Malraux chez
Gallimard, entreprise alors contrôlée par l'occupant, les
réduit à la pauvreté.

En décembre 1940, André Malraux part pour Nice, à la

---

1. *Antimémoires*, p. 10.
2. Entretien de Jean Grosjean avec l'auteur, octobre 1972.

recherche de ses amis Gide et Martin du Gard, et peut-être aussi — étant donné l'humeur de la mère de Josette — d'un logement à bonne distance d'Hyères. Un jour, dans un tramway niçois, il sent que quelqu'un lui tapote le bras. C'était un jeune Américain nommé Varian Fry, qui dirigeait alors à Marseille l'*Emergency Rescue Committee* chargé de secourir des réfugiés en difficulté et surtout d'organiser le départ de France des personnalités les plus menacées. Fry l'avait rencontré en mars 1937 à New York pendant son voyage de propagande pour la république espagnole. Malraux lui dit qu'il venait de s'évader d'un camp de prisonniers. Fry lui offrit de le faire partir pour l'étranger — à quoi Malraux fit une réponse évasive et parla plutôt de ses besoins d'argent[1]. Qu'à cela ne tienne, l'obligeant M. Fry servit d'intermédiaire avec Random House, l'éditeur américain de Malraux, qui put lui verser régulièrement de quoi vivre décemment.

Mais ses contacts avec Varian Fry, qui se poursuivirent régulièrement à Marseille dans les bureaux du Comité d'aide, rue Grignan, prirent des formes plus politiques, et pas seulement celle de dîners amicaux avec Victor Serge, autre réfugié « intéressant », qui accepta, lui, de traverser l'Atlantique grâce à Fry. Brouillé avec Malraux depuis que celui-ci avait refusé d'intervenir au temps où il était détenu en URSS, en 1937, Serge avait accepté de se réconcilier avec l'auteur de *l'Espoir*.

On ne pensait pas seulement au passé. L'agent américain ayant le moyen de communiquer avec Londres, Malraux lui remit une lettre pour le général de Gaulle. Il offrait ses services aux FFL, indique-t-il dans les *Antimémoires*, qui ne devaient pas disposer de beaucoup d'aviateurs. Ne recevant pas de réponse, il supposa que, comme Pierre Cot, il avait été récusé par le chef de la France libre en raison de ses engagements politiques. D'où les jugements, plutôt réservés, qu'il devait porter des années durant sur le général de Gaulle dont il avait pourtant goûté, on l'a dit, l'une des premières interventions, à la fin de juin 1940.

Il ajoute que c'est seulement vingt ans plus tard qu'il eut l'explication véritable du silence de Londres : la messagère choisie par Fry (sa secrétaire, Mme Bénédite) appréhendée par la

---

1. Varian Fry, *Surrender on demand*, Random House, New York, p. 9-10.

police dans une rafle, avait avalé le message dans le « panier à salade » pour éviter les risques de fouille[1]. Ainsi avorta par malchance la première tentative de Malraux d'entrer en relation avec de Gaulle. On retiendra que, dans son esprit, elle avait été repoussée ou négligée.

Aussi bien se retourna-t-il vers la littérature. Il était depuis plus de quatre ans en correspondance avec Robert Haas, codirecteur de Random House, la maison d'éditions qui publiait ses livres aux États-Unis. Devenu l'ami de cet éditeur pendant son voyage en Amérique, en mars 1937[2], il lui adressait, en janvier 1941, quelques fragments du livre qu'il avait entrepris d'écrire depuis huit ou neuf mois, sous le titre *la Lutte avec l'ange*. C'étaient « la fosse », le récit de la chute de l'équipage dans le piège à chars et de son « retour à la vie »; et « le camp », évocation de la vie des prisonniers à Sens en juin 1940, qu'il devait situer en tête de son livre.

Depuis la fin de janvier 1941, Josette, André et leur petit garçon ont échappé à l'hospitalité chamailleuse de madame Clotis et élu domicile en un lieu ravissant : Roquebrune-Cap-Martin, où un ami d'André Gide, le peintre Simon Bussy, a mis à leur disposition sa villa, où avaient été reçus, raconte-t-on, Rudyard Kipling et T.E. Lawrence[3]. Le monde, cette taupinière... Leur séjour à « la Souco », (c'est le nom que Bussy a donné à sa villa) — sera provisoirement interrompu par le retour du propriétaire, d'avril à octobre 1941. Josette et André purent pendant ces six mois louer une villa, très voisine, « Les Camélias » au Cap d'Ail, près de Saint-Jean-Cap-Ferrat.

Le 15 juillet, Malraux a un long entretien à Monte-Carlo avec le jeune écrivain Roger Stéphane qui le dépeint moins déprimé qu'optimiste et combatif. Il surprend son interlocuteur en abordant les problèmes de la guerre sous l'angle technique, parlant de la qualité des bombes anglaises : « Il croit au déclin de la force allemande qui d'après lui a atteint son plafond » et pense que « la défaite allemande sera une

---

1. *Antimémoires*, p. 126.
2. W.G. Langlois, « A. Malraux 1939-1942, d'après une correspondance inédite », *Revue des lettres modernes*, Paris, 1972, p. 95-127.
3. La femme de Simon Bussy, Dorothy, excellent écrivain anglais, devait notamment publier le très beau récit intitulé *Olivia*, traduit par son ami Roger Martin du Gard.

victoire des Anglo-Saxons... qui coloniseront le monde et probablement la France ».

S'agissant de l'URSS, que les armées nazies ont envahie trois semaines plus tôt, il assure qu'« aucun succès allemand en Russie n'est définitif car un beau jour les antichars vaincront les chars » et croit « à la solidité du régime soviétique, un peu grâce à la Guépéou... ». La police, assure-t-il « ne joue pas en URSS le rôle répressif qu'elle joue dans les régimes fascistes : elle constitue au contraire l'armature de la résistance ».

« Malraux ne cache pas son désir de rentrer dans la guerre », ajoute Stéphane, qui le présente comme fort sceptique à l'égard du marxisme. Mais pourquoi l'auteur de *l'Espoir* est-il plus près du communisme que du fascisme ? Parce que « le communisme est ouvert sur l'univers, le fascisme est clos[1] ».

Deux mois et demi plus tard, le 30 septembre 1941, Stéphane, qui se rend à Montpellier où il a rendez-vous avec P.H. Teitgen pour lui donner son adhésion au mouvement de résistance « Combat », revoit Malraux, qui réside toujours au Cap d'Ail. Il n'est pas question, semble-t-il, d'action commune. Malraux exprime la crainte que son jeune interlocuteur « déjà surveillé, ne (se) fasse boucler » mais « approuve (son) désir d'agir », lui dit le peu de cas qu'il fait du nationalisme qui « est un sentiment, une idée, pas un régime », et émet quelques doutes sur les chances d'une révolution qui ferait seulement que « le prolétariat mangerait moins mais serait plus digne ». En fait, Malraux d'après, Stéphane, croit à une victoire américaine qui entraînera un « *New Deal* européen, une Europe fédérée, l'URSS en dehors[2] ».

Quelques jours auparavant, au milieu de septembre 1941, Jean-Paul Sartre, venu de Paris (à bicyclette) en compagnie de Simone de Beauvoir, à la recherche d'alliés pour constituer, assure l'auteur de *la Force de l'âge*[3], un mouvement de résistance baptisé « Socialisme et liberté », retrouva, non sans mal, l'auteur de *l'Espoir*. Les voyageurs avaient pensé à faire appel à Martin du Gard, à Gide, à Malraux. Gide, premier pressenti, fut des plus évasifs, dirigeant les visiteurs sur son compagnon

---

1. *Chaque homme est lié au monde*, p. 72-73.
2. *Ibid.*, p. 84.
3. *La Force de l'âge*, p. 507.

des comités antifascistes de 1936-1939. Il écrit à ce propos à Martin du Gard : « Je ne sais ce que cela donnera, car Malraux n'aime pas du tout la littérature de Sartre. Mais Sartre est averti [1]... »

Simone de Beauvoir donne de la rencontre cette version laconique : « Malraux reçut Sartre dans une belle villa de Saint-Jean-Cap-Ferrat où il vivait avec Josette Clotis. Ils déjeunèrent d'un poulet grillé à l'américaine, fastueusement servi. Malraux écouta Sartre avec politesse mais, pour l'instant, aucune action ne lui paraissait efficace : il comptait sur les tanks russes, sur les avions américains pour gagner la guerre [2]. »

Les tanks russes ? En se jetant sur l'Union soviétique, Hitler a donné à la guerre les dimensions planétaires que l'auteur de *l'Espoir* entrevoyait en juin 1940 dans ses conversations du camp de Sens avec Jean Grosjean. Du point de vue personnel, André Malraux sent bien que le piège se referme sur lui et sur tous ceux qui sont tenus pour des amis des Soviétiques. Lui qui, au début de juin, avait écrit à Robert Haas : « Il est bien possible que j'aie l'occasion de vous serrer la main avant la fin de l'année [3] », le prévenait un mois plus tard que « bientôt il ne sera plus possible de rien faire pour personne [4] ».

Malraux s'est-il vu, dès cette époque, sollicité de prendre une part active à la Résistance par des dirigeants de réseaux instruits de son passé antifasciste et des preuves qu'il a données en Espagne de son aptitude — ou de son goût — pour l'action ? Dès la fin de 1940, il a été approché par un délégué du réseau du musée de l'Homme, Boris Wildé, qu'il a éconduit gentiment. Peu après à Roquebrune, Emmanuel d'Astier (qui fait équipe avec leur ami commun Corniglion-Molinier) est venu le trouver. avant de s'embarquer pour Londres en sous-marin. Malraux lui a répondu : « Je marche, mais je marche seul [5]. »

Une autre tentative fut faite auprès de Malraux par Claude Bourdet à une date que le cofondateur du mouvement « Combat » n'a pas pu nous préciser. Cette fois encore, l'auteur de *l'Espoir* exprima sympathie et intérêt, ajoutant : « Avez-vous des armes, de l'argent ? Si oui, je marche. Sinon, ce n'est

1. *Correspondance Gide-Martin du Gard*, p. 237.
2. *La Force de l'âge*, p. 508.
3. Projet de départ pour les États-Unis qui n'apparaît nulle part ailleurs.
4. W. Langlois, *op. cit.*, p. 116.
5. *L'Événement*, septembre 1967, p. 53.

pas sérieux... » Bourdet ne pouvait promettre fermement ni les armes, ni l'argent.

Le Malraux de ces années 40-42 s'est retrouvé avant tout écrivain. Depuis cinq ans il avait beaucoup milité, beaucoup harangué, beaucoup agi même. Il avait combattu en Espagne pour gagner. Il avait perdu. Il s'était battu en France et il avait perdu. L'action ne lui apparaissait pas pour autant avilie, mais il en était las, déconcerté, plus lourd d'interrogations que de certitudes. Et ce qu'il avait fait, c'était aux côtés de ceux qui lui avaient paru les plus utiles au succès, dussent leur doctrine, leurs thèses, et surtout leurs méthodes le rebuter, parfois l'indigner : la défaite avait fait paraître moins admirable l'efficacité, plus cruelles les méthodes.

Alors il ressent la nécessité d'un retour au métier d'écrivain. C'est avec fureur qu'il s'y jette.

Entre 1940 et 1943, il y a sur sa table trois manuscrits à la fois. D'abord, cette *Lutte avec l'ange* dont les premiers chapitres, « le camp » et « la fosse » écrits dès 1940, ont été refusés par la revue américaine *Life* (« Je suis moins connu que M. Hitler, et moins d'actualité » commente sèchement Malraux[1]).

La Lutte avec l'ange n'accapare pourtant pas tout son temps, ni toute son attention. Est-ce parce que l'Angleterre est restée, jusqu'en juin 1941, seule dépositaire de ses espoirs, le bastion de la liberté ? Ou parce que son héros de *la Lutte avec l'ange*, Vincent Berger, naît, spontanément, comme une sorte d'avatar de Lawrence d'Arabie ? Ou plutôt parce que les problèmes de l'action politico-militaire, des fruits qu'elle porte, des amertumes qu'elle suscite, des mensonges et des fraudes qu'elle provoque, le hantent depuis l'Espagne, où il a lui aussi combattu pour ce qui n'est plus que cendres entre ses mains ?

Toujours est-il que vers le milieu de 1942, il a entrepris une œuvre nouvelle, qu'il annonce ainsi à son correspondant américain :

« Avant d'achever le tome II *(de la Lutte avec l'ange)*, et pour reprendre haleine, j'écris autre chose. Ça s'appelle *le Démon de l'absolu* et c'est un livre sur le colonel Lawrence. Il n'est guère résumable, mais je ne crois pas être ivre d'orgueil en disant que ce sera le livre le plus important qu'on ait publié sur lui ; car on n'a rien publié de bien important. Il sera fini

1. W. Langlois, *op. cit.*, p. 114.

en août... Le livre est susceptible d'une grande vente, je crois...
Je me remettrai ensuite au tome II de *la Lutte avec l'ange*[1]. »

Un troisième manuscrit occupait aussi l'hôte de « la Souco » :
celui de la *Psychologie de l'art*, dont il parlait depuis 1935,
et qui semblait être, en 1939, son projet le plus cher. Mais
il était là coupé de ses sources, loin de tout musée digne de
ce nom, de sa bibliothèque, de ses interlocuteurs favoris —
Valéry, Drieu, Groethuysen, du Perron, Pia. Il n'est de bon
« Musée imaginaire » qui ne s'élabore à partir d'un musée
véritable.

Malraux n'allait pas être beaucoup plus chanceux comme
écrivain du début des années 40 que comme homme d'action
de la fin des années 30. Il avait pratiquement mis sur pied
un système d'acheminement aux États-Unis par la voie diplo-
matique de *la Lutte avec l'ange* et du *Démon de l'absolu* en
précisant à Robert Haas qu'il faisait don à la bibliothèque
du Congrès (dirigée par son ami Archibald Mac Leish) de
ses manuscrits, « dignes d'une bibliothèque d'État ». Mais
il n'avait pas plus tôt annoncé la bonne nouvelle à son éditeur que, le 11 novembre 1942, les Allemands envahissaient
la zone libre, coupant toute communication entre la France
et les pays anglo-saxons. Les manuscrits de Malraux ne par-
vinrent donc jamais à Random House ni à la bibliothèque du
Congrès. Seule une copie des *Noyers de l'Altenburg*[2] avait
pu être envoyée en Suisse.

Pourquoi le tome II de *la Lutte avec l'ange* auquel travaillait Malraux depuis le mois d'août, et *le Démon de l'absolu*
qu'il disait avoir alors terminé, sont-ils restés inédits — à
l'exception du chapitre de l'essai sur Lawrence *N'était-ce
donc que cela ?* dont on a déjà parlé ? Ces textes ont-ils été
« détruits par la Gestapo », comme Malraux l'a souvent déclaré ?
Son départ de « la Souco » pour l'Allier, chez les Chevasson,
puis pour la Corrèze, à la fin de 1942, n'ont pas été si pré-
cipités qu'il n'ait pu mettre à l'abri des textes auxquels il
devait être d'autant plus attaché que sa vie y était investie
tout entière, à l'exclusion de tout ce qui la peuplait naguère.
Et nous savons au surplus que le « Lawrence » l'avait suivi

1. W. Langlois, *op. cit.*, p. 119-120.
2. C'est le titre qu'il a choisi de donner à la première partie de *la Lutte
avec l'ange*.

en Corrèze. Son passage à la clandestinité du maquis, au début de 1944, fut plus mouvementé. Mais les amis très fidèles auprès desquels Josette et lui vivaient alors, les Delclaux, auraient pu, s'il les en avait priés, mettre ces manuscrits à l'abri.

Détruisit-il lui-même des œuvres qu'il jugeait trop imparfaites? On peut observer qu'il a toujours refusé à Gaston Gallimard la publication à grand tirage des fragments épargnés par cet autodafé — reprenant pourtant des morceaux des *Noyers* dans ses *Scènes choisies* publiées en 1947 et refondant enfin de larges pans de son roman inachevé dans les *Antimémoires*. (De la page 26 à la page 109, les pages sur le suicide du père, la folie de Nietzsche, le colloque de l'Altenburg, le musée du Caire et celui d'Aden...)

Les Noyers de l'Altenburg ne sont jamais sortis de cette humble condition de temple effondré où le bâtisseur vient se fournir en pierres. Souvenir de Banteai-Srey... Malraux a repris, pour ouvrir son *Lazare*, la scène, à vrai dire admirable, où les soldats allemands ramènent dans leurs lignes les corps de leurs ennemis russes gazés. Le souffle et quelque chose de l'esprit de Tolstoï animent ces pages. Il republiera tôt ou tard d'autres scènes aussi belles, et d'abord la chevauchée de Vincent Berger vers Samarcande, cette odeur d'Asie infinie qui s'en dégage, cette lenteur énorme et fabuleuse par quoi Malraux atteint au légendaire.

Premier lecteur ou premier critique de *la Lutte avec l'ange* — Malraux lui en avait lu des fragments à « la Souco », en 1942 — Gide ne cacha pas sa déception due tout autant à l'œuvre elle-même qu'au peu de cas que fit Malraux de ses critiques. « Je reconnais ce qu'il me lisait au Cap-Martin, écrit-il sèchement en juin 1944, après la lecture de la version publiée à Lausanne. Je retrouve toutes les faiblesses de forme que je lui avais signalées... » Il est vrai que la véhémence n'emportant pas ici le récit comme dans *l'Espoir*, les défauts de ce style haletant, comminatoire et solennel s'accusent plus lourdement. Mais dans le débat entre achèvement de la forme et jaillissement créateur qui, au dire de Malraux, l'opposa si souvent à Gide, on prendra volontiers ici parti pour l'auteur des *Noyers*.

Quant au fond, une autre critique fut faite de *la Lutte avec l'ange* par un très intelligent critique marxiste, qui mérite attention. Pour Georges Mounin, le Malraux des *Noyers*

n'est plus celui, si plein de sève politique, de sens du « faire »,
de fraternité active et de volonté d'accomplissements concrets
qu'il admirait dans *l'Espoir*. Voilà, écrit-il, que « Pascal a
repris nommément possession de Malraux tout entier[1] » —
ce Pascal qui inspire si puissamment *la Condition humaine*.
Si le beau livre inachevé de 1942 ne vaut pas celui de 1937,
faut-il en incriminer Pascal et la métaphysique ou en déduire
que Malraux n'est jamais si grand qu'aiguillonné, saisi, pris
à la gorge par le fait et l'objet, par les foules, les choses, les
hommes — engagé ?

L'occupation de la zone sud par l'armée allemande, à partir de novembre 1942, condamne Malraux et les siens à une
vie plus que précaire. On n'est pas impunément l'ancien avocat
de Dimitrov et de Thaelmann, l'ancien combattant d'Espagne. Il faut quitter une région où il est trop connu, une installation qui fait des jaloux. Il a, du 15 septembre à la fin d'octobre passé plusieurs semaines chez ses amis Germaine et
Louis Chevasson au Colombier, dans l'Allier. Là, au château
du Bon, à quelques kilomètres de Commentry, son ancien
condisciple dirige une usine de matériel de précision qui appartenait à un de ses amis juifs : ainsi Chevasson évite-t-il que
l'entreprise ne soit placée sous un séquestre allemand.

Ce séjour chez les Chevasson avec Josette, aux abords
de la ligne de démarcation, lui a donné l'occasion d'entrer
en relation à Montluçon avec un officier britannique représentant dans le département le réseau Buckmaster. Est-ce
le premier de ces contacts ? On ne dispose pas d'indication
antérieure en ce sens. On peut croire que, dès cette date de
septembre 1942, Malraux est regardé à Londres comme un
allié potentiel. Ce qui ne signifie pas qu'il soit passé à l'action
dès cette époque.

Dans les derniers jours de novembre 1942, Josette, André
et le petit Gauthier quittaient « la Souco » et la Côte d'Azur
pour les confins de la Corrèze, du Périgord et du Lot, secteur
où abondaient, disait-on, les refuges discrets et où l'on pouvait aisément « passer au maquis ». C'était aussi une région
où plusieurs de ses amis s'étaient rassemblés autour d'une
ravissante petite ville appelée Argentat, sur la Dordogne :
il y avait là Emmanuel Berl, sa femme Mireille et ses amis

---

1. « Les chemins de Malraux » dans *les Lettres françaises*, 7 juin 1946.

Emmanuel Arago et Bertrand de Jouvenel. Les Malraux firent très vite la connaissance du notaire de Saint-Chamant, village voisin, qui leur proposa de louer le « château » juché sur la falaise surplombant « la Souvigne », rivière de poupée, la gare et l'agglomération.

Qu'un homme aussi préoccupé d'esthétique qu'André Malraux ait pu vivre plus d'un an et demi dans cette espèce de castel de Disneyland, mi-forteresse pour un Barbe-Bleue d'opérette, mi-ferme lorraine égarée dans un paysage gascon, a quelque chose d'ironique. Mais il y a derrière la maison une énorme tour, dite « de César », qui ne manque pas d'allure, il y a une manière de parc à la française où se dresse un drôle de petit curé de pierre moussue; il y a surtout, alentour, des arbres admirables — châtaigniers, sapins, bouleaux, noyers (comme à l'Altenburg). Bref une campagne escarpée et feuillue qui enchantait Josette, paysanne dans l'âme et aussi André qui s'était mis à aimer la nature, lui qui, vingt ans plus tôt « n'aimait un arbre que peint », assure Marcel Arland. Si peu porté qu'il fût aux attendrissements paternels (Josette lui en faisait de plus en plus souvent reproche) il partait souvent escalader la colline qui fait face à la « tour de César », tenant par la main Gauthier, dit Bimbo. L'enfant se plaisait là. Lui aussi.

Son bureau était installé (comme celui du général de Gaulle à Colombey) dans une assez ridicule tour d'angle. Pièce circulaire, plutôt agréable, où il poursuivait son travail entre deux discussions à Argentat avec Emmanuel Berl et ses amis. Il avait repris depuis peu le manuscrit de la *Psychologie de l'art*, et retravaillait ceux du *Démon de l'absolu* et de *la Lutte avec l'ange*.

Il fit en 1943 au moins un voyage à Paris. Un ami l'aperçut dans un café de la place Sainte-Clotilde, se cachant avec une sorte de naïveté de mélodrame (Ne voyez-vous pas que je suis celui qui complote? Je vous en prie, ne me reconnaissez pas...!). Il rencontra alors Drieu la Rochelle, qui le trouva « destitué depuis qu'il n'est plus dans le bolchevisme » et médiocrement « gaullisant [1] ». Cela signifie-t-il que Drieu le savait en contact avec Londres?

Les Malraux voyaient chaque jour les Delclaux, le notaire

---

1. « Malraux et Drieu la Rochelle », *art. cité*, p. 88-89.

de Saint-Chamant et sa femme Rosine, vive, pétulante, amie chaleureuse. Frank Delclaux, quand Malraux s'était présenté à lui en novembre 1942, lui avait demandé : « Quelle est votre profession ? » Ce qui n'avait pas fait plaisir à l'auteur de *l'Espoir*. Quant à Rosine Delclaux, elle lui disait souvent ne pouvoir comprendre ses livres qu'en les lisant à haute voix, ce qui le faisait rire. Mais ce furent des amis sûrs, dans une période où rien n'était plus précieux.

Entre beaucoup d'autres, la naissance du second fils de Josette, Vincent, en novembre 1943, posa quelques problèmes. Le divorce avec Clara n'était toujours pas intervenu — non seulement parce qu'elle ne le souhaitait pas, mais parce qu'André jugeait que le moment n'était pas opportun de séparer officiellement son sort de celui d'une femme que ses origines juives rendaient particulièrement vulnérable. Leur fils aîné ne portait donc le nom de Malraux que parce que Roland, l'aîné de ses demi-frères, l'avait reconnu officiellement pour son fils. Quand naquit Vincent, le jeune homme proposa de faire le même geste. Mais Josette, cette fois, refusa, estimant que c'était encourager André Malraux à ne jamais l'épouser...

On n'était pourtant pas préoccupé, au château de Saint-Chamant, que de problèmes littéraires et familiaux, alors que les armées du IIIe Reich et de ses alliés reculaient partout, de l'Ukraine à la Tunisie — et que montait la rumeur piétinante des maquis sous les châtaigniers de Corrèze. Tout au long de l'année 1943, André Malraux fut en relations avec des réseaux britanniques, pour la bonne raison que son frère Roland, adjoint du major Harry Peulevé, parachuté par Londres, était à Brive l'antenne du SOE *(Spécial Operations Executive)* du général Gubbins. Sans assumer lui-même aucune responsabilité, l'ancien chef de l'escadrille *España* recevait très souvent son frère et ses compagnons, échangeant les informations et les idées d'opérations. Mais on peut le considérer comme en marge de la résistance active jusqu'au début de 1944.

24. Un maquisard à antennes

Le 21 mars 1944, à Brive, un détachement de la Gestapo conduit par un agent local de la Milice, pénétrait chez Armand Lamory, employé de Maurice Arnouil, l'un des dirigeants de la résistance en Corrèze, propriétaire de la firme « Bloc-Gazo » qui servait de couverture à nombre d'opérations clandestines. Les policiers allemands trouvèrent là quatre hommes : le major britannique Harry Peulevé, son adjoint Roland Malraux, Charles Delsanti, ancien commissaire de police à Ussel et le radio Louis Bertheau [1]. Ils étaient en train de communiquer avec Londres et ne purent offrir aucune résistance ni opposer aucune dénégation. Ils furent d'abord incarcérés à la prison de Tulle, puis envoyés soit à Neungamme, soit à Buchenwald d'où Peulevé revint épuisé, pour mourir dix ans plus tard.

Les patrons du SOE, avertis de la capture de leurs agents du réseau « Nestor » par un adjoint d'Arnouil — qui n'étant pas directement visé par le coup de filet, avait pu prendre le large — désignèrent, pour remplacer Harry Peulevé, un certain Jacques-Auguste Poirier, qui se faisait appeler le «capitaine Jack » : c'est lui qui devint le représentant, pour la zone Périgord-Corrèze, du réseau Buckmaster.

C'est alors qu'André Malraux entre dans le combat. Les jeunes gens qu'il recevait à Saint-Chamant, qu'il encourageait en s'exposant certes, mais sans agir directement lui-même, et parmi eux son jeune frère, comment pourrait-il maintenant ne pas courir tous les risques qui viennent de les envoyer à la mort? « Quand on a écrit ce que j'ai écrit, disait-il quelques mois plus tôt, on se bat. » Ce qu'il a déjà fait, ce qu'il va faire encore.

Dans les derniers jours de mars 1944, il quitte discrètement Saint-Chamant (Gaëtan Picon reçoit peu après une lettre où est seulement spécifié : je n'ai plus d'adresse...) et gagne la vallée de la Dordogne, où il sait que se trouvent plusieurs

1. Georges Beau et Léopold Gaubusseau, « *R5* » (*Les SS en Limousin, Périgord et Quercy*), p. 204.

sites propres à l'action clandestine. Il a d'abord jeté son dévolu
sur le château de Castelnaud qui domine l'une des courbes
de la Dordogne, près de ceux, plus beaux encore, de Beynac
et de la Roche-Gageac. C'est là que Josette et ses fils, partis
deux jours après lui de Saint-Chamant, viennent le rejoindre.
A ses amis Delclaux qui lui demandent où elle va, la jeune
femme répond seulement : « Moins vous en saurez, mieux
cela vaudra, si la police vous interroge... »

Les Malraux, passant par Domme, l'admirable village surplombant la vallée, au sud de Sarlat, ont pris contact avec
leur belle-sœur Madeleine, qui est depuis un an la femme de
Roland et que l'arrestation de son mari a jetée dans le plus
grand désarroi. Elle y attend la naissance prochaine de son
fils Alain. Ils resteront en contact avec elle jusqu'à la capture
d'André.

Castelnaud n'est que le premier des gîtes périgourdins
d'André Malraux, qui a désormais choisi de se faire appeler
le « colonel Berger » — du nom de son héros des *Noyers de
l'Altenburg* (la présence de l'homme des lettres, à ce point-là,
au plus fort des dangers...). Il ira, pendant les quatre mois de
cette vie de maquisard, « d'un château l'autre », de Castelnaud
à Urval notamment : la Dordogne en compte plus de mille.
Cette région-là s'appelle le Périgord noir; c'est un polygone
déterminé par les vallées de la Dordogne et de la Vézère — dont
le confluent se situe à Limeuil, autre point d'attache du « colonel
Berger » — les Eyzies, Lascaux et Souillac. Il y a là un village
qui s'appelle Rastignac, un autre Salignac, où est né Fénelon.
Souvenirs littéraires et sites préhistoriques en font un théâtre
au goût de l'auteur de *la Lutte avec l'ange*.

Une inconnue demeure : comment André Malraux, personnage célèbre mais marginal au regard d'une résistance qui tient
non sans quelques raisons l'ancienneté pour une valeur suprême,
et qui n'a pas que des amis du fait de son passé politique, réussit-
il à se glisser dans ce tissu conjonctif, puis à émerger comme un
unificateur, en moins de trois mois ? En histoire, la volonté
d'être compte pour beaucoup, et aussi ce don du « chaman »,
du sorcier meneur d'hommes, doté de « pouvoirs » qui mènent
parfois au pouvoir, dont il vient de faire un portrait brillant
dans *les Noyers de l'Altenburg* : celui, précisément, de Vincent
Berger.

Le fait est qu'il s'impose, non certes à tous, mais à bon

nombre de ces chefs de maquis plus ou moins spontanés ou autonomes, plus ou moins ralliés à l'une ou l'autre des grandes organisations « FTP » (francs-tireurs et partisans, d'obédience généralement communiste) et « AS » (armée secrète, d'obédience gaulliste) sans parler des réseaux britanniques SOE, dépendant du major Buckmaster.

C'est à cette organisation que dit se rattacher à l'origine André Malraux, sinon depuis les contacts pris dans l'Allier en septembre 1942, au moins depuis qu'à l'automne 1943, son frère et Harry Peulevé sont entrés en relation avec lui, à Saint-Chamant. Le colonel Buckmaster a démenti après la guerre que l'aîné des Malraux ait jamais été inscrit sur les listes du SOE [1]. C'est par cette voie pourtant que, grâce à son frère, il dispose d'informations exceptionnellement sûres quant à la texture compliquée de la résistance dans la zone dite « R5 », qui couvre *grosso modo* la Corrèze, le Périgord, le Lot et le Bas-Limousin. Pays du châtaignier, de la truffe et du seigle.

Une ambition le tenaille, qui est à sa mesure : fédérer, puis diriger cette constellation de maquis. Il y a là, au début du printemps 1944, une quinzaine de milliers d'hommes à peu près armés et équipés : une force potentielle, et même assez réelle pour accrocher souvent les occupants, du Bugue à Brantôme (où fut fusillé Georges Dumas, responsable du NAP [2], père de Roland Dumas) et de Vergt à Terrasson. Mais ces forces ont leurs chefs. Malraux ne réussira jamais à s'imposer à la plupart d'entre eux : les colonels Rivier, Vaujour et Guédin pour l'AS, les colonels Godefroy et Lescure pour les FTP, sans parler des représentants des réseaux « Alliance » et naturellement de Georges Guingouin, le puissant fondateur et patron communiste des organisations FTP du Limousin.

La tactique de Malraux — qui s'avéra « payante » pour la collectivité des maquis de « R5 », on le verra — consista à jouer de la pluralité de ses relations, aussi bien du point de vue territorial que national et idéologique. Dans toute cette zone, il est le dernier arrivé. Mais il est aussi le seul personnage d'envergure qui (peut-être parce qu'il est « neuf » et non mêlé aux querelles qui sévissent entre réseaux et maquis) a des attaches à la fois avec les Anglais et les Français, à la fois avec

1. Entretien de René Jugie (Gao) avec l'auteur, 24 novembre 1972.
2. Noyautage des administrations publiques.

certains communistes et la plupart des gaullistes, à la fois avec
des groupes du Lot, de la Corrèze et du Périgord. Il peut aussi
bien s'inviter chez des maquisards communistes lotois comme
les frères Brouel, près de Cazals [1] que chez des combattants
de l'AS corrézienne comme Baillely (Bonnet) et Jugie (Gao)
ou encore des unités périgourdines (rattachées assez vaguement
à l'ORA, l'Organisation de résistance de l'armée, liée à l'AS)
du lieutenant Diener, un instituteur qui a regroupé non loin
du Bugue, à Durestal, autour de la ferme des Mazaud, une
centaine d'Alsaciens-Lorrains.

Vers le 15 avril, Diener, qui a pris le nom de guerre d'Ancel,
entend parler d'un « officier interallié » qui en raison de ses
liens avec Londres pourrait l'aider à obtenir des armes. Il
se rend au château d'Urval, où il est reçu par un grand type
froid, portant l'uniforme de colonel, qui l'impressionne fort,
et qui, ne parlant que de technique, de chiffres, de moyens
de communication et de transport, se présente comme le « colonel
Berger ». Le visiteur reçoit l'assurance que son unité sera béné-
ficiaire de « prochaines » livraisons d'armes.

Un mois plus tard, vers le 20 mai 1944, Diener-Ancel voit
arriver le grand colonel en uniforme, nommé « Berger »;
le visiteur vient s'informer des moyens dont il disposerait
pour assurer éventuellement la protection d'un parachutage
d'armes dans la région de Domme, et puis demande à inspecter
sa troupe. On aligne les types, on hisse le drapeau tricolore,
on joue tant bien que mal *la Marseillaise* : et voilà « Berger »
qui salue le drapeau le poing levé.

Diener-Ancel, racontant l'histoire aujourd'hui, redit la
surprise qu'il en éprouva. Non qu'il en ressentît la moindre
gêne : mais on n'était pas en zone FTP, où ces gestes avaient
cours. Et des hommes comme Rivier, ou surtout Vaujour,
patrons régionaux de l'AS, eussent fort mal pris de telles
manifestations. Poing levé ou pas, « Berger » a imposé son
magnétisme. Et quand il convoque Diener-Ancel à Urval,
dix jours plus tard, le chef de maquis trouve très naturel ce
geste d'autorité et se rend sans hésiter à l'appel de celui
en qui il voit désormais, il ne sait trop pourquoi, son chef de
file [2].

1. P. Galante, *op. cit.*, p. 183.
2. Entretien de Diener-Ancel avec l'auteur, 21 novembre 1972.

En dépit de ces attitudes, en dépit de sa légende, en dépit d'un passé révolutionnaire que rien n'était venu remettre en question publiquement, pas même à propos du pacte d'août 1939, Malraux allait s'orienter de plus en plus vers le courant gaulliste des maquis. Qu'il ait été ou non en mesure de téléguider certains parachutages du printemps 1944 — il convient volontiers aujourd'hui que son influence à Londres était surfaite — Berger-Malraux s'acquit vite auprès des communistes et plus généralement des FTP la double réputation de s'efforcer de fédérer contre eux les forces militaires de la résistance dans le Sud-Ouest, et de favoriser la dotation en armes des maquis de l'AS au détriment de leurs propres unités.

Aussi bien les évocations du maquisard Malraux sont franchement hostiles quand il s'agit de textes émanant de l'extrême gauche, tel *Maquis de Corrèze*, qui contestent jusqu'à sa participation à l'action. Dans la zone FTP du Limousin où il combattait, Luc Estang n'entendit jamais parler de « Berger » pendant ces mois décisifs. Il est clair que les dirigeants des réseaux communistes d'action et de propagande tenaient d'ores et déjà Malraux pour un transfuge et préféraient taire sa participation à l'ultime phase du combat.

Elles sont beaucoup plus chaleureuses quand elles émanent de résistants rattachés à l'AS, comme les auteurs de *Messages personnels*, Bergeret et Grégoire : « J'ai toujours été frappé de la façon téméraire dont Malraux vivait dans la clandestinité. Pendant tout le temps de l'action, il s'est installé dans des châteaux avec une garde insignifiante et il parcourait les routes sans aucune précaution. Nous étions encore aux Eyzies quand André Malraux nous fit convoquer avec Martial, le colonel Louis, son chef d'état-major Philibert et Alberte. Il avait son P.C. près de Limeuil et n'avait pas changé ses habitudes. On pouvait demander à n'importe qui, au premier gosse venu dans la rue : ' Où est le P.C. interallié ? ' Il répondait : ' Il est au château, monsieur [1] ! ' » (Ce jour-là, si l'on en croit Bergeret, Malraux réussit habilement à trancher un débat de compétences entre lui et son voisin de l'est périgourdin Martial.)

C'est un troisième type de témoignage, ironiquement amical, que l'on trouve chez Pierre Viansson-Ponté, brillant obser-

---

1. Éd. Bière, Bordeaux, 1945.

vateur qui ne se cantonnait pas, en ce temps-là, dans un rôle de témoin :

« Qui a rencontré alors cet étrange Berger ne peut l'oublier. Le feutre à la Scarface ou le béret vissé sur la tête, allumant l'une à l'autre les cigarettes anglaises trouvées dans la pointe des ' containers ' parachutés — signe extérieur d'importance dans la clandestinité — il monologuait, gouailleur et piaffant, sur ' les copains ', ' le père Churchill ' et ' le gars de Gaulle ', terminant chaque période par un ' à vous de jouer ', qu'il fallait se garder de prendre au pied de la lettre pour une invitation à donner la réplique [1]. »

Étrange chef : à des compagnons qui se plaignent de ne pas recevoir tout l'armement qu'ils réclament, Berger-Malraux, haranguant « ses » troupes, lance : « Le prochain parachutage comportera un lot de gants blancs pour vous permettre de rendre les honneurs à ceux qui combattent! » Propos qui eut un effet psychologique déplorable, précise celui de ses compagnons qui nous a rapporté ce trait...

Un des atouts de Malraux, dans cette période difficile de juillet 1944 où il essaie non plus d'exister — c'est fait — mais de se faire reconnaître pour fédérateur et intercesseur auprès de Londres d'un dixième environ de la résistance rurale française, sera la présence à ses côtés à partir du 9 juillet, d'un professionnel très supérieur à ses rivaux : le commandant Jacquot, qui avait été membre du cabinet du ministre de la Défense nationale — alors Daladier — et connaissait mieux que personne le corps des officiers, ceux qui étaient entrés dans la résistance — et aussi les autres. Homme intelligent, au surplus, et bon tacticien.

L'autorité de Berger, dans ces courtes semaines qui, avant sa capture, affirment sa présence, repose sur une invention — celle du « P.C. interallié » sorti tout armé de son cerveau fertile. Ni de Gaulle, ni les Anglais, ni les Américains, ni bien sûr les communistes ne sont au courant de l'existence d'un tel commandement « interallié ». Mais du fait de la présence d'officiers anglais comme George Hiller, Cyril Watney (Michel) ou Jacques Poirier (Jack) et un peu plus tard américains comme les lieutenants Atkinson et « Guy », Malraux donne à son P.C. d'Urval puis de Carennac ce titre ronflant, vite accepté par les courants de la résistance qui souhaitent que les Anglo-Saxons les aident à faire contrepoids aux FTP après la Libération. Quant aux « corps francs de la libération», ils sont une création qui permet à Malraux de proposer une issue aux groupes trop rudement pris en tenaille entre « AS » anticommuniste et « FTP » communiste et refusant de se plier aux exigences des uns ou des autres, également intolérants.

Ces inventions de romancier n'auraient été que des fables si le débarquement en Normandie et la progression des forces de Patton, de Montgomery puis de Leclerc n'avait donné créance au thème de l'état-major « interallié » et si la réaction de l'ennemi, mettant en mouvement la division SS *Das Reich* à travers les maquis du centre-ouest (« R5 ») n'avait fait sentir à tous le besoin d'un appui extérieur, de plus importantes fournitures d'armes et d'une stratégie coordonnée. Non que Malraux ait été précisément capable de fournir ceci ou cela. Mais à partir de la fin de juin, il sert tout de même de plaque tournante et ceux dont il s'occupe s'en trouvent bien.

Dans *Mettez l'Europe à feu* (*Inside SOE*) E.H. Cookridge, historiographe des services spéciaux britanniques, décrit ainsi la situation : « ... le 7 juin, la division *Das Reich* passa à Cahors puis atteignit la Dordogne à Souillac. Le commandant Collignon, André Malraux, et d'autres commandants d'unités FFI passèrent alors à l'action. Leurs troupes harcelèrent les colonnes allemandes, mais elles ne purent empêcher les abominables massacres de Tulle et d'Oradour-sur-Glane. La division *Das Reich* arriva cependant en Normandie avec dix jours de retard sur son horaire, elle était complètement désorganisée, avait laissé sur son parcours un grand nombre de chars détruits, et ses effectifs n'étaient guère aptes à combattre. On peut sans exagération expliquer par ce fait que Rundstedt et Rommel ne la firent pas figurer sur leurs dispositifs de défense. Sur la demande de Malraux, Cyril Watney avait beaucoup insisté auprès de Londres pour que des bombardiers fussent envoyés contre cette division, et effectivement elle eut à subir de très nombreuses attaques aériennes au cours de sa marche vers le nord [1]. »

Malraux a parlé à diverses reprises, notamment dans l'allocution qu'il prononça le 13 mai 1972 à Durestal, base de l'unité

1. P. 328-329.

de Diener-Ancel, de cette mise en application par les siens du « plan-fer » qui, provoquant le harcèlement de la division SS et le sabotage des voies ferrées, joua un rôle stratégique utile dans la bataille de Normandie.

Retenons pourtant un nouveau témoignage contradictoire qui atténue avec aigreur, mais non sans quelque motif semble-t-il, l'éclat de l'auréole de Berger-Malraux. C'est l'écrivain Francis Crémieux qui parle, en militant communiste d'une époque d'intolérance :

« Je retrouvai Malraux en juillet 1944 dans le Lot. Le débarquement m'avait surpris à Souillac, et j'avais rallié le maquis le plus proche. Sans le savoir, j'étais sous les ordres de notre aventurier.

« A cette époque, FTP et Veny [1] étaient les formations les plus importantes du département. Quelques détachements de l'AS de Corrèze et de l'ORA faisaient une guerre individuelle. Les « Veny » abondamment ravitaillés en armes, en argent et en viande fraîche, jouaient de grosses sommes au poker. Quelques sorties rompaient de temps à autre la monotonie de l'existence. Les francs-tireurs partisans se battaient et libéraient le département.

« Malraux, qui se disait interrégional FFI, voulut unifier le commandement militaire du département, en le confiant naturellement à ses créatures encadrées comme à l'habitude de George l'Anglais. Grâce à Ravanel, chef régional FFI de « R4 » et à Jean Cassou, commissaire de la République, l'opération échoua [2]. »

Il faut tenir compte du ton « d'époque » et des conflits qui sévissaient alors. On saisit en tout cas à travers ces lignes à quel point le personnage fut contesté, et que l'ambiguïté de son rôle n'est pas épuisée par les différents apports historiques dont on dispose jusqu'ici.

Ce qui est certain, en revanche, c'est que, par le truchement de ses compagnons Cyril Watney, George Hiller, « Jack » et Dick Atkinson, Malraux-Berger contribua à organiser et faire aboutir ce que le général Gubbins, chef du SOE, a qualifié de « plus important parachutage réalisé de la Nor-

---

1. Organisation autonome dirigée par le général Vincent, soutenue par les Britanniques.
2. *La Marseillaise*, 23 avril 1947.

vège à l'Indochine pendant la guerre ». C'est le 9 juillet, au cours d'une réunion où Malraux et Jacquot unirent leurs forces et leurs desseins, au P.C. de l'AS-Corrèze de Chenaillers-Muscheix, que les délégués du SOE furent convaincus de réclamer à Londres le déclenchement de cette opération qui transforma les données militaires dans la région [1].

Trois jours plus tard, c'est en tant qu'organisateur de ce « coup » sans égal que Berger-Malraux réunit autour de lui, à Urval, plusieurs des chefs de maquis dont il n'était hier encore que le partenaire contesté et auxquels il apparaît aujourd'hui sinon comme un chef de file, au moins comme un porte-drapeau. Lui qui depuis quatre ans ne cessait de répondre à ceux qui cherchaient à l'entraîner dans la résistance (d'Astier, Bourdet, Crémieux...) « Avez-vous des armes ? », il les a enfin obtenues, et en masse. Il a gagné son pari.

S'il n'a pas été de « ces quelques centaines d'hommes à quatre pattes dans les bois (avec) quelques revolvers et un drapeau fait de trois mousselines nouées » qu'il évoquait dans son allocution du 13 mai 1972 à Durestal, de ces hommes qui ont maintenu la France avec leurs mains nues », il aura été l'un de ceux qui ont pointé en 1944 les bazookas contre les chars nazis et transformé la Résistance « en un combat entre le sous-marin et le cuirassé ».

« L'état-major interallié » a-t-il pour autant cessé d'être un mythe ? Disons qu'il s'agit d'un organisme vaporeux où se côtoient des alliés, et qui pourra servir à l'occasion. Autour de Malraux et de Jacquot n'existent pas de structures : mais leur P.C. de Carennac ou de Magnague, près de Martel dans le Lot, est devenu une « gare de triage » de la zone « R5 », où l'on ne voit que rarement un officier FTP, mais où se retrouvent des cadres AS comme les commandants Collignon, « Pernod » et « Vincent », les animateurs du « groupement Gao » (Jugie et Puybaraud), le patron de « Veny » (le général Vincent) et les officiers anglo-saxons du SOE et de l'OSS, Lake, Watney, Hiller, Poirier, Atkinson et « Guy ». Fiction commode vis-à-vis de Londres comme des chefs de maquis trop particularistes et qui « pourra servir » au moment des grands règlements de comptes ? Chacun, et Malraux le premier, a son idée.

---

1. Entretien de René Jugie (Gao) avec l'auteur.

25. Le dossier de la Gestapo

Au moment où l'événement l'arrache au combat, la légende dit que Malraux est l'un des chefs de la Résistance.

En temps de guerre et de trouble, la légende compte plus que jamais. Celle-ci est assez forte, en ce début d'été 1944, pour que bon nombre de jeunes gens que les tentatives d'embrigadement allemandes dans le STO[1] ont rejetés vers les maquis inorganisés autour des villes du Sud-Ouest (Bordeaux, Toulouse, Périgueux, Agen) entendent dire que Berger-Malraux commande par là, et s'efforcent tardivement de rejoindre celles des unités qui sont supposées dépendre de lui[2].

Écoutons André Rudelle, un des derniers hommes qui aient vu Malraux avant sa capture à Gramat. C'est lui qui lui prêta sa voiture et essaya de lui conseiller de passer par des chemins de campagne de préférence à la route nationale, s'attirant cette réplique qui parut sublime et s'avéra stupide : « Les nationales sont faites pour qu'on y passe! » Elles étaient alors surtout faites pour les Allemands....

« Le 22 juillet ils s'étaient retrouvés dans le bois de Villelongue, près de Rodez. Le « colonel Berger » et le général Vincent étaient venus inspecter une antenne du maquis « Veny » et organiser ses rapports avec les FTP.

« C'était le type à prêcher l'évangile Sainte-Carabine à longueur de conversation, la révolution avec des références à la Chine et à l'Espagne. Je n'ai su son identité véritable que le 18 août, à la libération de Toulouse. Mais par ses attitudes par son physique et son style, j'avais bien vu qu'il n'était pas militaire. Trop intelligent. Il portait un uniforme bidon. Son physique n'allait pas avec.

« Il était comme maintenant : maigre, le front bombé, on ne voyait que son front et ses yeux. Déjà voûté. Il parlait

---

1. Service du travail obligatoire.
2. Ce fut le cas de l'auteur.

et c'était le tour de la planète qu'il faisait. Collignon, un soldat de carrière, acquiesçait vaguement. Un commandant anglais, George, ne comprenait rien. Le général Vincent, un vieux militaire, était sidéré. Moi, je me suis tu pour la première fois de ma vie. Berger refaisait le monde seul. »

Le 22 juillet 1944 donc, il roule dans la vieille traction avant de Rudelle. Sur les sièges avant sont deux maquisards dont le chauffeur ; sur les sièges arrière le commandant Collignon, le major George Hiller et lui, en uniforme. La route est la N 677. Au moment d'entrer dans Gramat (Lot), peu après 15 heures, le véhicule, qui arbore les insignes de la « France libre » et un drapeau tricolore, croise une colonne motorisée allemande. Une fusillade éclate. Le chauffeur et le garde du corps sont gravement atteints. Le major Hiller a reçu une balle explosive dans le bas-ventre. L'auto bascule dans le fossé.

Les trois officiers et l'un des maquisards sautent dans le champ. Hiller réussit à se glisser, couvert de sang, derrière une meule de paille (c'est l'époque de la moisson). Malraux court dans le pré. Une balle atteint l'une de ses jambières. Il trébuche et alors un autre projectile traverse la jambe droite. Il s'évanouit. Ni Collignon ni le garde du corps ne sont poursuivis, et Hiller passe pour mort. Les Allemands ne s'occupent que de Malraux, peut-être parce qu'il est en uniforme.

Hiller passera huit heures derrière sa meule, le ventre ouvert, tentant de limiter l'hémorragie en bourrant la blessure de sa cravate et de deux mouchoirs. Il sera retrouvé au cours de la nuit, râlant, par le capitaine Watney qui, prévenu par Collignon, a amené avec lui un étudiant en médecine passé au maquis, Georges Lachaize. Ils réussissent à ramener Hiller au presbytère de Magnagues où un chirurgien de Cahors, requis revolver au point, l'opère [1].

Et Malraux ? Ouvrons les *Antimémoires* :

« Mes prisons commencent dans un champ. Je revenais à moi dans une civière étendue sur l'herbe, que deux soldats allemands empoignaient. Sous mes jambes, elle était couverte de sang. On avait fait sur mon pantalon un pansement de fortune. Le corps de l'officier anglais avait disparu... Mes porteurs

---

1. George Hiller, qui ne s'était jamais remis tout à fait de sa blessure, est mort le 27 novembre 1972, conseiller à l'ambassade de Grande-Bretagne à Bruxelles.

entrèrent dans le bureau d'un garage. Un sous-officier interrogea celui qui m'accompagnait, puis :

— Vos papiers!

Ils étaient dans la poche de ma vareuse, et je les atteignais sans peine. Je lui tendis le portefeuille, et dis :

— Ils sont faux.

Il ne prit pas le portefeuille.

[...]

Un sous-officier me fit signe de sortir; la cour était pleine de soldats. Je pouvais faire quelques pas. Il me tourna vers le mur, les mains appuyées sur les pierres au-dessus de ma tête. J'entendis un commandement : *Achtung*, je me retournai : j'étais en face d'un peloton d'exécution. »

[Dans un entretien avec Roger Stéphane [1], il rapporte ce trait, qui n'est pas dans les *Antimémoires*: « Alors je les ai engueulés : Tout de même je ne suis pas un con. Je savais bien qu'ils ne me fusilleraient pas avant de m'avoir interrogé. »]

En tout cas le simulacre est bref. On le transporte à l'Hôtel de France de Gramat où il subit un premier interrogatoire:

« — Vos nom, prénom, qualité?

— Lieutenant-colonel Malraux, André, dit colonel Berger. Je suis le chef militaire de cette région.

Il regarda, perplexe, ma vareuse d'officier sans galons.Quelle affabulation attendait-il? J'avais été pris dans une voiture qui portait un drapeau tricolore à croix de Lorraine.

— Quelle est votre profession civile?

— Professeur, et écrivain. J'ai parlé dans vos universités. A Marburg, à Leipzig, à Berlin.

Professeur, ça faisait sérieux. »

Et comme l'officier de la Wehrmacht commence à lui demander des informations sur les maquis, le prisonnier lui fait valoir avec des apparences de raison que l'alerte étant maintenant donnée, tous les dispositifs dépendant de son adjoint, « un breveté d'état-major », tient-il à préciser, sont remaniés en fonction du principe que personne ne sait ce que fera un être humain devant la torture.

Deux heures plus tard, Berger se trouve face à un colonel, dont il note qu'il a les cheveux blancs mais leur échange est

1. *Fin d'une jeunesse*, p. 52.

vague. Va-t-on le juger, le tuer? Que la patronne de l'hôtel lui apporte un petit déjeuner qu'elle refuse aux officiers allemands; qu'un vieil homme à Figeac lui offre une canne; que la supérieure du couvent lui offre une Bible — dans les marges de laquelle il notera ses préoccupations relatives à Josette et aux enfants, et une référence à un « colonel Nietzsche » (!) — ce sont là certes autant d'affirmations d'une vivante fraternité. Mais son sort reste des plus précaires. On le met, du côté de Revel, en présence d'un général qui l'assure, comme l'a fait le colonel, que « la Wehrmacht ne torture pas » et ajoute :

« Je vous plains. Vous les gaullistes, vous êtes un peu des SS français. Vous serez les plus malheureux. Si nous finissions par perdre la guerre, vous retrouveriez un gouvernement de Juifs et de Francs-Maçons, au service de l'Angleterre. Et il se ferait manger par les communistes. »

Le voilà à Toulouse. On le conduit d'abord dans un hôtel qui ressemble trop à une maison de santé pour ne pas dissimuler quelque bourreau — puis à la prison Saint-Michel, où il est enfermé avec une dizaine de détenus cordiaux qui tous racontent des histoires de torture...

La porte s'ouvre. « Malraux, six heures. » C'était l'heure d'interrogatoire de la Gestapo :

« On me passa les menottes, les bras dans le dos. Nous entrâmes dans la pièce suivante. A droite et à gauche, des portes ouvertes sur deux hommes attachés les mains aux pieds et que l'on martelait à coups de bottes et d'une sorte de matraque que je ne distinguais pas. Malgré le fracas, il me semblait entendre le bruit mat des coups sur les corps nus. J'avais déjà ramené les yeux devant moi, de honte plus que de peur, peut-être. Un blondinet frisé, assis derrière un bureau, laissait errer sur moi un regard sans expression : j'attendais d'abord un interrogatoire d'identité.

— Inutile de répondre des conneries : la Galitzina, maintenant, travaille pour nous!

De quoi s'agissait-il? Qu'il fît fausse route pouvait être bon. L'important était de rester lucide, malgré l'atmosphère, le chahut, et le sentiment d'être manchot.

— Vous avez passé dix-huit mois en Russie soviétique?

— Je n'ai jamais passé plus de trois mois hors de France depuis dix ans[1]. Il est facile de faire contrôler par le service des passeports.

— Vous avez passé un an chez nous ?

Il était obligé de crier et moi aussi.

— Jamais plus de quinze jours. J'ai donné les dates...

[...]

— Vous avez dit depuis dix ans ?

— Oui.

— Et vous en avez trente-trois ?

— Quarante-deux.

— Vous prétendez que vous n'êtes pas le fils de Malraux, Fernand et de Lamy, Berthe, décédés ?

— Si.

L'homme de la Gestapo a l'air stupéfait.

Lui, « Malraux, André » commence à comprendre.

« Trente-trois ans, c'était l'âge de mon frère Roland. Lui avait passé un an en Allemagne avant Hitler, dix-huit mois en Union soviétique. La soi-disant princesse Galitzine était sa maîtresse. C'était son dossier que Paris avait envoyé. Roland était entre leurs mains. Et s'ils n'avaient pas encore trouvé mon dossier, c'est que j'oublie toujours que je ne m'appelle pas André. On ne m'a jamais appelé autrement. Pourtant, à l'état civil, je m'appelle Georges. »

L'autre lance exaspéré : « Il faut reprendre tout ça ! » et le renvoie entre deux gardes.

Il n'a pas eu à affronter la torture.

« Ce n'est que partie remise, dit-il à ses camarades de chambrée. Ils n'avaient pas le bon dossier. »

Non, ce n'est pas partie remise. Il ne sait pas que s'il n'a été ni fusillé, ni torturé, c'est aussi parce que d'autres ont agi pour lui.

Dès qu'ils avaient été prévenus de sa capture, ses amis s'étaient préoccupés d'éviter soit une exécution sommaire, soit un interrogatoire du type de ceux que pratiquait la Gestapo. René Jugie (Gao) assura être en mesure de faire prévenir le colonel Böhmer, commandant de la garnison de Brive (avec lequel il avait déjà pris contact par le truchement du professeur

---

1. Les séjours en Espagne ne duraient pas plus de deux mois.

Fontaine, de Strasbourg, médecin-chef de la Maison de Santé voisine de Clairvivre) que si Berger-Malraux était passé par les armes, les quarante-huit prisonniers aux mains de l'AS-Corrèze le seraient aussi. Et il appuya cet ultimatum en remettant la liste des prisonniers en question à Böhmer.

Puis le même Jugie-Gao amorça une seconde démarche. Le *Journal officiel* du 18 décembre 1952 indique qu'à la date du 9 août 1944, la somme de 4 millions avait été « versée pour la libération du colonel Berger ». Cette somme avait été en effet débloquée par « Léonie », trésorier de l'AS-Corrèze, pour « arroser » miliciens ou agents de la Gestapo sensibles à ce genre d'initiatives. Il est établi que ce ne sont pas ces tentatives qui ont entraîné la libération de Malraux. Peut-être ont-elles pourtant contribué à lui assurer un traitement assez exceptionnel, de la part d'hommes qui n'étaient pas portés à la clémence, et n'avaient pas tous lu *la Condition humaine*.

Sa libération de la prison de Saint-Michel à Toulouse, Malraux l'a contée avec une verve où l'air méridional qui flotte entre Languedoc et Gascogne a peut-être sa part. Mais rien n'impose de douter pour l'essentiel de son récit :

« Toute la nuit, des troupes passèrent. Une des routes principales longeait la façade de la prison. Le matin pas de soupe. Mais vers dix heures, au bruit des camions succéda le martèlement précipité des chars. Ou bien on se battait au nord de Toulouse (mais nous n'entendions ni le canon, ni l'aviation de bombardement) ou bien les Allemands abandonnaient la ville.

Et tout à coup nous nous regardâmes, tous gestes suspendus : dans la cour de la prison, des voix de femmes hurlaient *la Marseillaise*. Ce n'était pas le chant solennel des prisonnières au moment du départ pour le camp d'extermination, c'était le hurlement que l'on entendit peut-être quand les femmes de Paris marchèrent sur Versailles. Sans aucun doute, les Allemands étaient partis. Avaient-elles trouvé quelques clefs ? Des hommes couraient dans le couloir, en criant : « Sortez, sortez! » Au rez-de-chaussée, un colossal gong de bois sonna longuement, se prolongea en tam-tam. Nous avions compris. Dans chaque chambrée, il n'y a qu'un meuble : la table. C'est celle des vieilles prisons, du second Empire peut-être, épaisse et lourde. Nous empoignâmes la nôtre, tous à la fois, la pla-

çâmes debout en face de la porte, reculâmes jusqu'aux fenêtres
(...) au cinquième coup, notre porte éclata. (...) Partout la
liberté battait son gong acharné. (...) Nous arrivâmes dans la
cour pour entendre quelques hurlements de douleur, et la porte
de la prison refermée à toute volée, avec un fracas énorme
au-dessus du bruit des chars et des mitrailleuses qui s'éloi-
gnaient. Une dizaine de prisonniers rentraient, ensanglantés ou
se tenant le ventre avant de s'écrouler. Là-haut, *la Marseillaise*
lointaine, et les béliers; en bas, un silence irréel. Dehors, des
cris. Sauf les blessés tombés, tous s'étaient réfugiés dans la
grande salle : trois ou quatre cents.

— Berger au commandement! Berger! Berger!

Le cri venait sans doute des occupants des cellules voisines
de la nôtre; tous voulaient échapper à cette liberté informe,
agir ensemble : ils étaient désarmés, et les chars allemands
de l'autre côté de la porte. J'étais le seul prisonnier en uniforme, ce qui me donnait une autorité bizarre...

— Les médecins, à moi! »

Il distribue les tâches dans l'éventualité d'un retour offensif.

Les chars passent devant la prison en « envoyant une rafale
d'adieu, histoire de rire ». Le fracas des chenilles cesse.

« ... Ouvrez la porte! Les premiers prisonniers sortirent,
presque comme des promeneurs; mais la fureur de la liberté fit
jaillir les autres du porche comme des écoliers sinistres. Si
des chars arrivaient, le massacre recommencerait.

Il ne devait plus arriver de chars[1]. »

26. La très chrétienne brigade de brigands

Pendant que la prison Saint-Michel de Toulouse éclatait
comme un abcès, Paris recouvrait sa liberté dans une folie
de joie. Comment attendre plus longtemps pour revoir la
rue du Bac et le Louvre et les Champs-Élysées et les Tuileries

1. *Antimémoires*, p. 219-263.

sans croix gammée, pour retrouver « l'oncle Gide » et Groethuysen, et Gaston Gallimard — et Josette aussi, qui a quitté
Saint-Chamant où elle s'était repliée après l'embuscade
de Gramat pour retrouver Paris? André y court donc. De ce
très court séjour à Paris dans les derniers jours d'août 1944,
nous avons un curieux écho, le récit d'une rencontre avec
Ernest Hemingway, arrivé dès le 25 dans les fourgons de
la 2e DB et qui s'était installé au Ritz.

« Ernest avait retiré ses chaussures et portait l' 'une des
deux chemises' qu'il possédait. Il ne s'attendait pas à voir
surgir le personnage resplendissant qui fit alors son entrée.
C'était André Malraux en uniforme de colonel, chaussé d'étincelantes bottes de cheval.

— Bonjour, André, dit Ernest.
— Bonjour, Ernest, répondit Malraux. Combien en avez-
vous commandé?
— Dix ou douze, dit Ernest avec une insouciance étudiée.
Au plus deux cents.

Le visage de Malraux tressaillit, parcouru par un de ses tics
bien connus.

— Moi, dit-il, deux mille.

Hemingway fixa sur lui un regard glacé et répliqua d'un ton
impassible :

— Quel dommage que nous n'ayons pas eu votre aide quand
nous avons pris cette petite ville de Paris.

L'histoire ne raconte pas ce que rétorqua Malraux. Mais
l'un des FFI fit alors signe à Ernest de venir dans la salle de
bains.

— Papa, chuchota-t-il, on peut fusiller ce con [1]? »

Mais les compagnons dont l'avait séparé l'embuscade
de Gramat réclamaient à nouveau l'homme « qui en avait
commandé deux mille... » Le 1er septembre, il retrouve à
Aubazine, près de Brive, son adjoint le lieutenant-colonel
Jacquot, qui a entre-temps signé en son nom, face au colonel
Böhmer, l'acte de reddition de la garnison allemande
de Brive. Le « commandement interallié » de la zone Périgord-
Corrèze-Lot, pour fantomatique qu'il fût, a justifié ainsi, en
l'absence de son inventeur, sa création. Nietzsche avait raison :
les mythes font l'histoire.

1. Carlos Baker, *Hemingway, histoire d'une vie* II. *1936-1961*, p. 183-184.

Un projet mûrissait cependant entre Toulouse et Périgueux, dans les cerveaux de quelques Alsaciens et Lorrains dès long-temps engagés dans le combat : un médecin, Bernard Metz, un prêtre, Pierre Bockel, un instituteur, Antoine Diener-Ancel que l'on a déjà rencontré dans la forêt de Durestal et au château d'Urval, face à Berger-Malraux et leurs compatriotes Streicher, Riedinger, Muller, Fischer, Sigrist, Pleis.

Bockel, originaire de Thann, n'a cessé depuis 1940 de lutter contre l'occupant, un temps aux côtés de l'ancien cagoulard Paul Dingler, puis dans divers groupes plus ou moins proches de l'ORA, à Lyon d'abord, puis dans la région toulousaine; Bernard Metz a transformé une clinique de Villeurbanne en P.C. d'un réseau de résistance et multiplié les contacts de Cahors à Montauban et Périgueux; Diener-Ancel émerge de l'occupation à la tête de plus d'un demi-millier d'Alsaciens-Lorrains repliés dans le Périgord. C'est une force.

Tous trois songent à une unité autonome de compatriotes, qui aurait pour objectif essentiel la libération de l'Alsace. Metz, pour sa part, met l'accent sur l'idée de « rachat » que doit prendre l'entreprise — compensant trop d'acceptations, de résignation de ses compatriotes à la loi de l'occupant [1]. Diener a ses gens du Périgord, Bockel dont le P.C. est à l'Isle-Jourdain, dans le Gers, peut en réunir plusieurs centaines d'Agen à Auch et à Muret. On peut compter là sur près de 1 500 hommes, très bien encadrés. Il leur faudrait un patron capable à la fois de faire reconnaître en haut lieu l'idée de l'unité autonome, et de la commander. Pierre Bockel a un nom à proposer, celui du colonel Detinger, qui a été récemment parachuté à Figeac, et qui est Alsacien. Mais ne risque-t-on pas de jouer trop systématiquement la carte alsacienne, observe Metz? Ne vaudrait-il pas mieux un maquisard? ajoute-t-il. Il y a ce colonel Jacquot, à Brive, qui a du prestige. Mais la plupart des officiers lui reprochent d'être « de gauche », anti-clérical... Alors Diener lance son idée.

« Berger, qui a commandé l'ensemble de notre secteur, est bien avec Londres et vient d'être libéré de la prison de Toulouse. En fait, Berger, c'est Malraux... » Si on vient de récuser Jacquot en tant qu'homme de gauche, que dire de Malraux... ? Ce « rouge », pour commander des Alsaciens catholiques? Mais

1. *L'Alsace française*, p. 9.

Metz est un admirateur passionné de *l'Espoir* — et Bockel aime *la Condition humaine*. Ils se laissent fléchir, obtiennent du colonel Detinger qu'il renonce à ce commandement, et partent pour Aubazine retrouver Malraux et Jacquot qui tombent d'accord tous deux pour que l'un soit le patron et l'autre son adjoint [1].

Malraux, Flamand de Paris que la vie a si profondément mêlé aux Indochinois, aux Russes, aux Espagnols, chef de file d'une croisade alsacienne ? L'idée le subjugue. Lui qui croit si fort aux signes, aux prémonitions, qui joue volontiers les sorciers, se passionne pour Nostradamus et vient de tracer, avec celui du « chaman » Vincent Berger, une manière d'auto-portrait, le voilà appelé par l'Alsace alors qu'il s'est fait Alsa-cien, quatre ans plus tôt, dans *les Noyers de l'Altenburg*. « Je fabule, dit-il parfois, mais la vie se met à ressembler à mes fables... » Le poète invente la vérité. Cette idée d'appartenance à l'Alsace surgie en lui entre le camp de Sens et les châtaigne-raies de Saint-Chamant, la voilà qui s'accomplit en cette offre qui fait de lui un chef de lansquenets sans-culottes du Haut-Rhin.

Où s'arrête le rêve, et la littérature ? Au rendez-vous d'Auba-zine, le 3 septembre 1944, il y a encore un autre conjuré : André Chamson, l'ancien interlocuteur de Pontigny et des meetings antifascistes, le directeur de *Vendredi*. Il a pris le maquis dans le Lot, où il était chargé en tant que conservateur des musées nationaux de mettre les trésors de plusieurs d'entre eux à l'abri des occupants. Au début de 1944, il a reçu un message du général de Lattre de Tassigny — il a été en 1939-1940 officier de liaison à son état-major — lui demandant de rassembler « de l'infanterie » qui se joindrait aux troupes appelées à débarquer en Provence. Quand, le 15 août, la pre-mière armée prend pied à Saint-Raphaël, Chamson sait qu'il peut compter sur quelques centaines d'hommes — ce qu'il annonce à de Lattre, à Aix, avant de regagner le Sud-Ouest. C'est alors qu'il croise à nouveau la route de Malraux [2] : « J'ai deux bataillons, fait celui-ci, vous en avez un. Trois bataillons réunis, c'est une force. Séparés, c'est de la piétaille... »

1. Entretien du général Jacquot avec l'auteur, 19 novembre 1972.
Le général ajoutait que ses idées de gauche étaient beaucoup plus répré-hensibles, aux yeux de ses pairs, que celles de Malraux. Un intellectuel...
2. Entretien d'André Chamson avec l'auteur, 23 février 1972.

Bref, on se retrouve à Aubazine, où l'on décide d'unir ces divers éléments en une « brigade ». Malraux a fait prévaloir cette idée, qui fait écho aux combats d'Espagne. « Le mot nous plut d'autant plus qu'il avait un effet corrosif dans certains états-majors et dans certains bureaux », écrit Bernard Metz [1]. États-majors et bureaux ne se contentent d'ailleurs pas de maugréer. Celui de Limoges, que commande le colonel Rivier, refuse de laisser partir l'unité de Diener-Ancel, la meilleure de la région, observant que si ces troupes-là s'éloignent, les communistes resteront sans contrepoids militaire dans le Centre-Ouest. Celui de Toulouse, commandé par Ravanel, est aussi défavorable, pour des raisons opposées. Il faut l'intervention du général Chevance-Bertin, responsable militaire de tout le Midi, et de son adjoint le colonel Pfister, un Alsacien, pour qu'aboutisse la conjuration d'Aubazine.

Dans les camions envoyés par de Lattre à Chamson, où dans les gazogènes poussifs frétés à Brive par le patron de « Bloc-Gazo », Arnouil, l'ami des frères Malraux, la brigade dite Alsace-Lorraine (bien qu'elle fût commandée par le Parisien Malraux, le Vosgien Jacquot et le Provençal Chamson) s'achemine vers le Rhône à la rencontre de la Iʳᵉ armée. Chamson s'est fait annoncer, entre Autun et Lyon, à de Lattre. « C'est Chamson qui m'amène ses 300 pouilleux [2]! » jette le « roi Jean ». Et voilà de Lattre stupéfait de l'unité qu'on lui fournit, et de trouver à sa tête non pas un écrivain, mais deux...

« J'ai constitué la brigade, Jacquot l'a fait marcher, Malraux lui a donné une âme! » André Chamson résume ainsi, sans modestie excessive, ce qui fut fait [3]. En tout cas, à la fin du mois de septembre, à Besançon, la brigade « Alsace-Lorraine » groupait un peu plus de 2 000 hommes formés en trois bataillons, dits « Strasbourg », « Metz », et « Mulhouse ». Le premier est fait des volontaires du Périgord et commandé par Ancel. Le second formé des maquisards de la Garonne rassemblés par Bockel est commandé par le capitaine Pleis; les effectifs du troisième viennent eux, de Savoie, où s'étaient groupés bon nombre d'originaires de l'Est, sous les ordres du commandant Dopf qui, capitaine de l'armée régulière, a servi

1. *L'Alsace française*, p. 13.
2. Entretien d'André Chamson avec l'auteur, 23 février 1972.
3. *Idem.*

comme lieutenant dans un maquis FTP — exemple peut-être unique d'une telle modestie hiérarchique! Cette troisième unité va se grossir des rescapés d'un maquis de la région de Belfort. La fusion de ces divers éléments se fait à Dijon le 10 septembre.

Malraux, à la tête de la « brigade » de la reconquête, se forge un nouveau personnage. Pierre Bockel l'avait d'abord rencontré dans la cour du groupe scolaire de Tulle, la ville aux cent fusillés, et il lui était apparu hiératique, cassant et fermé. Deux semaines plus tard, à Besançon, le colonel Berger prend soudain par le bras le prêtre dont il a mesuré l'ascendant, et sur lequel il lui faut exercer le sien propre. Des heures durant, dans une rue de la vieille ville, il se confie, s'explique, interroge : « Quelle signification peut avoir l'histoire de l'homme s'il n'y a pas de Dieu? » Et Pierre Bockel évoque ainsi cette rencontre passionnée où naquit leur amitié : « Aussi extraordinaire que cela puisse paraître, j'ai depuis cette nuit-là toujours eu le sentiment que c'est en quelque sorte à travers ce que me disait Malraux que j'ai ressenti ce que pouvait être ma propre foi [1]... »

Les volontaires de la « brigade » se sont engagés « jusqu'à la libération du territoire national [2] ». On ne leur marchandera pas les occasions de remplir leur contrat. Dès le 26 septembre, ils sont rattachés, du point de vue « opérationnel », à la 1re division blindée (général Sudre) qui est engagée dans les Vosges, en direction de la Moselle. Pendant plus d'une semaine, Malraux dont le P.C. est installé à Froideconche et ses hommes à partir de Luxeuil, livrent des combats coûteux dans la région dite du « Bois-le-Prince », où face aux cadets de l'école des sous-officiers de Colmar, « hitlériens fanatisés [3] », ils perdent une centaine des leurs. Le 7 octobre, ils s'emparent d'une position bien défendue, les Hauts-de-la-Parère, opération qui leur vaut encore des pertes. Le colonel Jacquot y est blessé une première fois.

Ils sont peu armés, mal équipés, vêtus de la façon la plus hétéroclite. Certains d'entre eux, jusqu'au mois d'octobre alsacien, porteront encore leurs shorts de l'été aquitain. Mais

---

1. Entretien de Pierre Bockel avec l'auteur, 19 novembre 1972.
2. Formule qui ne leur est proposée que le 20 octobre. Auparavant ils étaient pratiquement des francs-tireurs.
3. *L'Alsace française*, p. 16.

ils sont animés par une fureur du terroir qui, sur les collines
vosgiennes de Luxeuil aux abords des crêtes qui commandent
l'entrée en Alsace, leur donne une valeur combative peu banale.
Et ils sont encadrés par des hommes d'une intrépidité qui frise
parfois la provocation.

Le colonel Jacquot, blessé trois fois en deux mois, reçoit le
sobriquet de « passoire ». Malraux n'aime rien tant que de se
montrer sur une hauteur au moment du feu le plus nourri,
affichant ce courage dont il disait un jour à Saint-Exupéry qu'il
n'était qu'une « expression du sentiment d'invulnérabilité »,
mais qui produit toujours sur des compagnons d'armes un effet
prodigieux. Enquêtant pour *Combat* dans le secteur de la brigade, en novembre 1944, Jacques-Laurent Bost, surpris de
voir tant d'officiers sur la ligne de feu, s'entendait répondre
que c'était une des exigences de ce type de combat fondé sur
les valeurs morales.

Les rapports entre chefs et subordonnés, dans cette unité,
ne sont pas banals. Le recrutement a été pour le moins varié,
et on ne s'est pas beaucoup préoccupé des casiers judiciaires.
On trouve parmi les volontaires bon nombre de ceux que l'on
appelle « les vanniers du Rhin » : selon les gens comme il faut,
ils ont de la propriété privée une idée assez vague. Après l'une
de ses blessures, Jacquot, transporté par deux hommes de
troupe, s'aperçoit en arrivant à l'hôpital que sa montre a disparu. Ce qui ne l'empêche pas — bien au contraire, en ferme
anticlérical qu'il est — de qualifier l'unité qu'il commande
en second de « très chrétienne brigade du colonel Malraux ».
Il est de fait que les aumôniers catholiques et protestant, Bockel,
Frantz et Weiss, jouent dans cette « brigade de brigands »,
comme aime à l'appeler Malraux, ravi des vertus « sauvages »
de ses hommes, un rôle assez exceptionnel. Il fallait que Malraux-Berger ait un sens assez particulier de son rôle pour
s'adresser ainsi au soir d'un combat, à ses hommes : « Je salur
ceux qui sont tombés hier, et ceux qui tomberont demain[1]. »

Du point de vue militaire, l'activité de la brigade s'étale sur
cinq mois (septembre 1944 - février 1945) et se répartit en quatre
périodes : *a*) l'opération vosgienne du Bois-le-Prince, qui est
son rude baptême du feu; *b*) la marche sur Dannemarie et la
prise de la ville (20-28 novembre); *c*) la participation à la défense

_____

1. Entretien de Pierre Bockel avec l'auteur, novembre 1972.

de Strasbourg contre l'offensive de von Rundstedt (20 décembre 1944 - 10 janvier 1945) ; *d*) la poussée sur Colmar et Sainte-Odile (février 1945). Après quoi la brigade marche sans coup férir à travers le Bade-Wurtemberg, jusqu'à Stuttgart (mars 1945).

On a dit un mot déjà de l'opération du Bois-le-Prince. Elle fut assez dure pour que l'unité soit retirée du front après deux semaines et envoyée au repos à Remiremont, le 10 octobre. Au début de novembre, la brigade Alsace-Lorraine est dirigée sur Altkirch, pour préparer sa participation à une nouvelle opération, dans la mouvance cette fois de la 5ᵉ division blindée, auprès de laquelle elle devait remplir le rôle peu envié d'infanterie d'appui.

C'est là, le 11 novembre 1944, qu'André Malraux apprit la nouvelle qui le frappa plus cruellement que toute autre, au cours d'une vie que les drames n'ont pas épargnée : la mort de Josette Clotis. La jeune femme, après deux brefs séjours à Paris au mois d'août puis à la fin d'octobre — où André, accompagné de Pierre Bockel, l'avait revue — s'était à nouveau installée en Corrèze, à Saint-Chamant avec ses deux fils auprès de ses amis Delclaux. Sa mère était venue l'y rejoindre. L'atmosphère au « château » n'était pas très paisible, Mme Clotis menant la vie dure à sa fille, tant en ce qui concernait l'éducation et la garde des enfants que sa situation légale vis-à-vis d'André.

Le 11, la visiteuse prenait le petit train départemental, en gare de Saint-Chamant, pour regagner Hyères. Josette et son amie Rosine Delclaux montèrent dans le compartiment, portant les bagages de Mme Clotis. Quand fut donné le signal du départ, les deux jeunes femmes s'attardèrent. Le train avait démarré quand elles s'élancèrent. Mme Delclaux sut habilement sauter dans le sens de la marche. Mais Josette, gênée au surplus par les lourdes semelles de bois que l'on portait à l'époque, se lança à contresens, trébucha et glissa sous les roues du train. Transportée dans une clinique de Tulle, à une demi-heure d'auto, elle devait y succomber dix heures plus tard, horriblement mutilée mais ayant gardé sa connaissance jusqu'à la fin [1].

André Malraux n'arriva à Tulle que le lendemain soir

1. Dans les *Antimémoires*, André Malraux situe l'agonie de Josette Clotis à Brive. Il confond avec le séjour que sa femme avait fait dans une clinique de cette ville un an plus tôt au moment de la naissance de son second fils.

12 novembre, bien qu'un télégramme ait pu l'atteindre dès le
premier jour, fait très rare à cette époque : le séjour que faisait alors Winston Churchill en Alsace avait provoqué une
amélioration des communications. Il était persuadé de revoir
Josette vivante et ne chercha pas à cacher son désespoir à ses
amis de Saint-Chamant, auxquels il confia la garde des deux
enfants. Trois jours après, il regagnait l'Alsace, après une brève
escale à Paris. Une photo de lui, prise à la sortie de la rédaction
de *Combat* où il était allé rendre visite à Albert Camus et à son
vieil ami Pascal Pia, montre son visage ravagé, dévasté.

C'est dans cet état d'esprit qu'il va assumer ses responsabilités dans la plus dure des opérations confiées à la brigade :
la prise de Dannemarie, du 21 au 28 novembre, tandis que,
filant à marches forcées de Baccarat à Dabo et de Schirmeck
à Molsheim, la 2e D.B. du général Leclerc se saisit, le 23, de
Strasbourg. D'Altkirch à Dannemarie, la résistance adverse
fut acharnée. Le 25, la brigade atteint et occupe Carspach.
Le 26 commence la progression sur Burnhaupt : la brigade se
heurta à une défense intraitable de deux bataillons allemands
dont l'un, retranché à Ballersdorf, dernier village couvrant Dannemarie, lui infligea des pertes évaluées à plus de 50 hommes.

Il faisait un froid terrible, et progressant sur le sol gelé ou
juchés sur les chars de la 5e D.B. — position exposée entre
toutes — les hommes de la brigade souffrirent plus qu'ils ne
devaient jamais le faire. Ils mirent sept longues journées pour
conquérir une dizaine de kilomètres, et atteindre Dannemarie
où l'assaut fut donné le 27 novembre. Le commandant Ancel
fut blessé au début de l'action. Un train blindé défendait la
petite ville. Il se retira au cours de la nuit et les hommes de
Malraux qui avaient pénétré dans la place la veille, la contrô-
laient le 28 au matin. La route de Belfort était ouverte.

Deux mois plus tard, sollicité de le faire par un visiteur,
Malraux évoquait ainsi la bataille de Dannemarie : « Ce qui
me frappe, observait le visiteur, c'est que Malraux admire
ses hommes. Il les admire même plus qu'il ne les aime. On
sent qu'ils l'ont épaté. Il me raconte comment des hommes
épuisés ont été volontaires pour rester aux côtés de ceux qui
venaient les relever, pour augmenter la puissance de combat
du groupe [1]... »

---

1. Roger Stéphane, *Fin d'une jeunesse*, p. 55.

Au début de décembre, André Malraux peut gagner Strasbourg, où il s'installe au Roseneck. Il pousse jusqu'à Sainte-Odile, non loin de ces « noyers de l'Altenburg » qu'il a créés. Ce que l'excellent catholique qu'était Leclerc n'avait pas fait, Malraux allait l'obtenir : la réouverture au culte de la cathédrale de Strasbourg, dont il chargea Pierre Bockel. Et il put aussi ramener au jour le merveilleux retable de Grünewald qu'il admirait entre tous, caché dans les caves du Haut-Kœnigsburg. Il foule la terre d'Alsace, surmontant son désarroi[1]. Le temps est-il venu de souffler, de regarder, de détailler les retables et les chaires du XVe siècle, de fouiller le vieux musée ?

Il n'est pas depuis plus de dix jours à Strasbourg que le maréchal von Rundstedt déclenche ce qui restera pour l'histoire l'offensive des Ardennes, le « dernier coup de dés de Hitler[2] ». Pour contenir la poussée allemande au point où, en 1940, von Manstein avait crevé le dispositif de Gamelin, Eisenhower décide de raccourcir son front et de s'accrocher aux Vosges, ce qui doit entraîner l'évacuation de Strasbourg ; Strasbourg, où le peuple d'Alsace fête depuis un mois sa libération : Strasbourg livré de nouveau à l'ennemi, à ses représailles ! Ce qui semble raisonnable à un stratège américain — et l'est, en effet — paraît intolérable à la plupart des Français et pas seulement à l'intolérant de Gaulle, qui somme Churchill de l'aider à convaincre Eisenhower. Avant même que le commandant interallié ait modifié sa décision, de Gaulle a pris la sienne et, la division de Leclerc ayant été depuis deux semaines transférée de ce front à celui des Ardennes, confie la défense de Strasbourg à de Lattre.

C'est ainsi que la brigade alsacienne, rattachée à la 1re D.F.L.[3], se vit chargée à partir du 28 décembre de couvrir les approches de la ville, au sud, entre les villages de Plobsheim et de Daubensand et le Rhin, sur une quinzaine de kilomètres. Elle était épaulée à l'ouest par une unité avancée de la VIIe armée du général Patch et au sud par la 1re D.F.L. Mais dans la nuit

1. Mais c'est alors qu'il écrit à son amie Rosine Delclaux que la musique fêtant l'entrée de la brigade dans un village « lui semblait avoir été jouée pour Josette ».
2. Jacques Nobécourt, *Le Dernier Coup de dés de Hitler, la bataille des Ardennes*, Robert Laffont, 1963.
3. Division française libre.

du 2 au 3 janvier, le régiment américain voisin décroche, se repliant vers le sud-ouest, non sans laisser à la disposition de l'unité de Malraux un groupe d'artillerie de 105 et une batterie antichars.

Le 5 janvier, la pression ennemie s'accroît encore ; elle s'exerce à la fois de l'est, le long du Rhin, et du sud, où les Allemands tiennent encore solidement Colmar et en font une base de départ pour prendre les défenseurs de Strasbourg en tenaille. Le général von Maur lance un ordre du jour : « La croix gammée va flotter à nouveau sur Strasbourg. » Le lieutenant Landwerlin note dans son carnet ces consignes reçues du colonel Malraux commandant la brigade :

« Vous tiendrez vos positions coûte que coûte, jusqu'à l'épuisement des munitions. Dans le cas où votre situation deviendrait impossible, vous vous retirerez dans la ville de Strasbourg où nous nous battrons quoi qu'il arrive, rue par rue, maison par maison. Strasbourg ne sera abandonnée en aucun cas. » Des barricades avaient été mises en place, faites entre autres de voitures de tramways emplies de pavés [1].

A partir du 7, la pression de l'ennemi, qui dispose de chars « Tigre », est terrible. Le 9, manquant de munitions, par moins 18 degrés, sur les bras gelés du Rhin, un bataillon de la brigade semble perdu. Le franchissement du fleuve, sur un gué où roule un courant glacé, permet d'éviter l'encerclement. Épisode dans le style de la « Longue Marche » dont Malraux tirera justement gloire.

La défense de Strasbourg — les assaillants commencèrent à se replier à partir du début de février — fut assurée par de nombreuses unités. Mais le rôle joué par la brigade Alsace-Lorraine, au sud de la ville, dans les secteurs de Plobsheim, d'Obenheim et de Gerstheim, fut à coup sûr important, et reconnu pour tel par le commandant de la 1re armée. Et cependant Roger Stéphane arrivant à Strasbourg le 25 janvier pour y rencontrer Malraux, constate que « personne ne connaît la brigade Alsace-Lorraine » et a bien du mal à la retrouver dans un village voisin, Illkirch [2].

La « brigade » n'a pas encore rempli tout à fait sa mission. Ses hommes, on l'a vu, se sont engagés pour la durée de la

---

1. P. Galante, *op. cit.*, p. 212-213.
2. *Fin d'une jeunesse*, p. 34.

lutte jusqu'à la libération complète du territoire national. Pour ces Alsaciens — beaucoup d'entre eux sont du Haut-Rhin, c'est Thann qui fut le vrai foyer de l'entreprise — la reprise de Colmar est un objectif majeur. Ce fut, de toutes leurs opérations, la plus simple. Elle se fit au milieu de février. Et puis c'est, plus facile encore, la traversée du pays de Bade, au début de mars, l'entrée au Wurtemberg, la cérémonie de Stuttgart où, en avril, le général de Lattre décore Malraux et ses compagnons.

Le commandement de la « brigade », comment le situer, l'évaluer, dans la vie d'André Malraux ? Quatre mois de combats très périlleux, d'abord. (« Son » Espagne a duré sept mois, « son » maquis un peu plus de quatre mois.) Mais cette fois, ce fervent de la victoire, ce théoricien de l'efficacité a gagné. Il est enfin du côté des vainqueurs, et non par hasard. Cette fois-ci, l'aventure ne se termine pas dans une auto franchissant la frontière à Port-Bou au milieu d'une marée de réfugiés éperdus, ni sur une civière, sous l'œil d'un officier SS. Sans la civière, pourtant et même sans l'auto de Catalogne, il n'y aurait peut-être pas eu de « brigade », pas de colonel Malraux-Berger passant le Rhin sous un béret noir galonné.

Mais l'aventure alsacienne occupe, dans sa flamboyante carrière, une place à part : celle de l'âge solaire, du triomphe concret. S'il y a dans de telles vies des époques, comme dans la vie des sociétés, celle-ci est pour lui l'âge classique, le « siècle d'or ». La prise de Dannemarie, la défense de Strasbourg, l'entrée à Colmar, bien que chacun de ces actes (et tous ensemble) ait pu être accompli par un quelconque colonel breveté d'état-major ou par un heureux capitaine d'aventure issu de la Résistance, composent le moment où, comme Clemenceau au soir de l'armistice de 1918, Malraux pourrait dire « Je voudrais mourir ce soir ».

Chez un intellectuel, l'apogée ne pourrait être le fait seulement de l'action, quand bien même celle-ci est ce à quoi il tend d'abord, ne trouvant en son art que les revanches de ses échecs de manipulateur d'histoire. En cette minute d'apogée, un témoignage reste de l'admirable agilité, fermeté, clarté de son intelligence : le récit par Roger Stéphane de l'entretien qu'il eut avec le colonel commandant la brigade Alsace-Lorraine à Illkirch, près de Strasbourg, le 2 février 1945. Sept heures durant, Malraux parla. Le compte rendu évidemment fidèle qu'en donne Stéphane [1] témoigne des positions intellectuelles, morales, esthétiques, politiques, qui étaient alors celles de Malraux. On ne saurait ici en retenir que quelques traits. Les voici :

« L'intelligence, c'est la destruction de la comédie, plus le jugement, plus l'esprit hypothétique...

« Il y a une date importante dans l'histoire de l'Europe libérale, c'est celle où un monsieur n'a plus dit : ' je prends le pouvoir parce que j'ai la majorité ', mais : ' je prends le pouvoir parce que je détiens les leviers de commande. ' Ce monsieur n'était ni Hitler, ni Franco, ni Mussolini, c'était Lénine...

« Quand on a écrit ce que j'ai écrit et qu'il y a le fascisme quelque part, on se bat contre le fascisme... Je sais que je ne serai pas fasciste parce que je sais ce que je suis et cela me suffit...

« Marxiste ? [Je le suis] comme Pascal était catholique. Il est mort à temps... Philosophiquement, je ne suis pas du tout marxiste... Ce qui compte essentiellement pour moi, c'est l'art. Je suis en art comme on est en religion... (mais) l'art ne résout rien. Il transcende seulement... Si l'art c'est seulement de la beauté, alors Goya n'est pas un artiste. Il y a quelque chose à dire sur les laideurs en art. Et on le dira. »

Mais les deux traits les plus curieux de la conversation du Malraux de février 1945 sont politiques. Quand Stéphane lui parle du *Temps du mépris* (dont Malraux dit que « c'est un navet ») et lui objecte sa préface, expression d'une sorte d'adhésion au communisme, il le coupe : « De cette préface, je ne retirerais pas aujourd'hui une virgule. » Le visiteur s'étonnant ensuite que Maurras n'ait pas été condamné à mort [2], Malraux a ce mot sur de Gaulle, qui ne prépare pas aux développements qui vont suivre : « On ne peut pas faire la politique de Bainville et condamner Maurras à mort [3]... »

---

1. *Fin d'une jeunesse*, p. 40-69.
2. Le procès du directeur de *l'Action française* accusé de collaboration avec l'ennemi venait de se terminer par une condamnation à la réclusion perpétuelle.
3. Jacques Bainville était alors l'historien monarchiste le plus célèbre et passait pour inspirer le nationalisme de De Gaulle.

3

Les métamorphoses

1

La fascination

27. Un congrès-frontière

Malraux qui déclare en février 1945 qu'il « ne retirerait pas une virgule » au texte par lequel il adhérait dix ans plus tôt, non au parti communiste, mais à ses valeurs, vient pourtant d'accomplir contre les communistes le geste le plus important de sa vie politique; sinon pour lui, son image et son mythe, mais pour l'orientation politique de la France au lendemain de la Libération. André Malraux a passé beaucoup d'heures de sa vie sur les tribunes et devant les micros. Aucune d'entre elles n'aura eu autant d'influence sur le cours des choses que celle qu'il consacra aux congressistes du MLN (Mouvement de Libération nationale) réunis à la Mutualité le 25 janvier 1945.

Trente-sept ans plus tard, parlant de la visite de de Gaulle à Staline en décembre 1944, il nous disait : « *Si de Gaulle peut aller alors à Moscou, c'est parce que je prends l'attitude que je prends avec les communistes* [1]... » Fabulation. Mais comme toujours à partir d'une certaine dose de vérité. Le voyage de de Gaulle en URSS se présente comme une opération d'indépendance vis-à-vis des Américains : il ne l'est que si le gouvernement de la France est libre de ses mouvements par rapport aux communistes. Sinon, il n'est qu'un tribut payé par le vassal au suzerain. Or de Gaulle est libre, quand il choisit d'aller en URSS. S'il l'est, ce n'est pas parce que Malraux, un mois et demi plus tard, refuse de se laisser « cambrioler » par le PCF. C'est surtout parce que lui, de Gaulle, a dissous les milices communistes — avec la tolérance, d'ailleurs, des dirigeants

---

1. Entretien d'André Malraux avec l'auteur, 20 juillet 1972.

du PCF les plus attentifs aux vœux des Soviétiques. Mais il est vrai que le comportement de Malraux au maquis, à la brigade et au congrès de janvier exprime ou peut-être sublime l'attitude d'un large courant de la Résistance qui permet à de Gaulle d'agir comme il le fait.

Dans cette interview avec Stéphane que l'on a déjà largement citée, il y a, à propos du projet communiste de fusion des organismes de la Résistance, cette riposte de Malraux : « Je veux bien m'allier, je ne veux pas être cambriolé[1]. » Formule qui peut étonner, venant de l'homme de 1935-1936, du compagnon de route, du patron de l'escadrille *España* qui avait choisi de doter son unité, faite aux deux tiers de militants ou de sympathisants communistes, d'un commissaire politique du Parti. Pour la comprendre, il faut tenir compte de trois choses.

D'abord d'une prise de conscience patriotique très forte due au choc de la défaite, de l'Occupation, de la répression nazie, chez cet internationaliste sincère des années 30. Ensuite des péripéties de la Résistance qui, plus peut-être qu'un choix délibéré, l'ont inséré dans le camp anglo-gaulliste et mis en conflit, objectivement, avec des organisations communistes (atterrissant à Barcelone en juillet 1936, il eût peut-être, par la force des choses, épousé la cause du POUM, comme Orwell, et rompu dès cette époque avec Moscou et ses amis). Enfin, parce qu'il a mesuré dans la lutte clandestine jusqu'où peuvent aller les techniques de noyautage du Parti. Une histoire qu'il raconte dans les *Antimémoires* donne une idée de son état d'esprit à l'époque de la Libération.

« Six mois plus tôt, j'avais déjeuné clandestinement en province, chez un bistrot complice, avec quatre délégués non communistes dont les Mouvements allaient bientôt former les Forces françaises de l'Intérieur. Le travail fixé — sans obstacle — nous avions discuté de l'autonomie future de la Résistance, puis nous nous étions quittés. Je marchais à côté du délégué de Paris, dans la pluie d'une rue de la Gare provinciale. Nous avions un peu combattu ensemble. Il dit, sans me regarder : ' J'ai lu vos livres. Sachez bien qu'à l'échelon national, les mouvements de résistance sont entièrement noyautés par le

---

1. *Fin d'une jeunesse*, p. 43.

parti communiste... (il posa sa main sur mon épaule, me regarda et s'arrêta) — auquel j'appartiens depuis dix-sept ans [1] '. »

Ce MLN qui convoque son premier congrès en janvier 1945, alors que la guerre se poursuit sur quelques portions du territoire, qu'est-il? C'est surtout une constellation des mouvements de la zone sud, « Libération », « Combat », « Franc-tireur », regroupés quinze mois plus tôt sous le vocable de « M.U.R. » (mouvements unifiés de résistance) et de quelques autres organisations (Défense de la France, O.C.M., Libération-Nord). La Résistance a une autre expression, le Front national, issue pour l'essentiel des FTP qui en sont « l'expression militaire » et assez solidement contrôlée par le parti communiste pour englober des personnalités « rassurantes » telles que François Mauriac, le R.P. Philippe et Mgr Chevrot.

L'objectif du PCF est de recouvrir l'ensemble de la Résistance de l'ample manteau du Front national. Si complexe que celui-ci devienne de ce fait, tout se ramènerait, pensent certains de ses dirigeants, à un problème de noyautage. D'où la stratégie d'unification des mouvements de résistance que vont présenter ses amis et délégués au congrès du MLN — où le PCF dispose de quelques « sous-marins ».

Quand, le 26 janvier 1945, deux mille délégués environ représentant un million d'adhérents et une réelle force morale se rassemblent à la Mutualité, deux tendances principales s'opposent donc. L'une est celle des partisans de la fusion avec le Front national. Trois progressistes non communistes, Emmanuel d'Astier, Pascal Copeau et Albert Bayet, et deux membres plus ou moins clandestins du PCF, Pierre Hervé et Maurice Kriegel-Valrimont, en sont les avocats. Ce qu'ils ont en tête est-il une simple opération de recrutement pour le parti de Maurice Thorez? Ce n'est pas si simple. Certains, y compris Hervé et Kriegel, pensent à rénover le Parti par la greffe de la Résistance, à l'infléchir par cet apport massif de forces essentiellement patriotiques. Comme Charles Tillon, chef des FTP, ils songent probablement à un PCF où la lettre « F » serait soulignée de rouge et où renaîtrait le sens du débat — d'accord en cela avec un d'Astier, ou un Copeau. Il s'agit peut-être

---

1. *Antimémoires*, p. 118-119. Nous reproduisons l'histoire pour ce qu'elle est : un specimen de l'utilisation du mythe.

autant de noyauter le Parti par la Résistance que de noyauter les autres par le Parti.

L'autre tendance se définit à la fois par un refus et un espoir. Refus de la fusion qui, selon eux, ferait passer l'ensemble de la Résistance sous la coupe des communistes; et espoir de créer, pour contrebalancer la puissance du PCF, un « travaillisme français » : vieux rêve... Les leaders de cette tendance son Philippe Vianney, Yvon Morandat, André Philip, Claudius-Petit, Henri Frenay. D'autres, proches d'eux, comme Daniel Mayer, secrétaire général de la SFIO, proposent tout simplement que le MLN adhère en bloc à leur parti. Certains encore, comme Jacques Baumel, préparent déjà d'autres formules, plus ouvertement axées que celle du « travaillisme » sur la personne du général de Gaulle. D'autres enfin, tel François Mitterrand, cherchent leur voie.

Et puis il y a Malraux, surgi là tout soudain comme dans la Résistance, et qui apparaît en uniforme, mèche en bataille, geste péremptoire, propos tranchants, du type technicien agacé par les amateurs (« Soyons sérieux, nous n'avons pas de temps à perdre, nous autres au front, etc... »). Que veut-il? « Ne pas se laisser cambrioler », certes : c'est ce qui va le conduire d'emblée dans les rangs des adversaires de la fusion. Mais il est aussi un personnage en quête d'un rôle. Les images d'Épinal du maquisard, du prisonnier de la Gestapo, du colonel, venant en surimpression de celles du leader antifasciste et du combattant d'Espagne — cela commence à faire une panoplie. C'est ce qui va le porter — sans oublier son talent — à la tête des opposants aux projets du PCF.

Il lui manque une métamorphose : devenir l'homme qui, après avoir défié Hitler, dit non à Staline. Rien en lui de ces complexes d'infériorité qu'il décrit ainsi dans les *Antimémoires* [1] :

« Bien que la plupart des membres du Congrès fussent des survivants, leurs actions d'éclat ne les délivraient pas du sentiment d'infériorité du Girondin devant le Montagnard, du libéral devant l'extrémiste, du menchevik devant quiconque se proclame bolchevik. »

C'est le troisième jour qu'il monte à la tribune. Les deux

1. P. 119.

thèmes antagonistes ont été présentées notamment par Pascal Copeau et Jacques Baumel. « L'esprit même de la Résistance est en danger, a dit Copeau. N'oublions pas que ce n'est qu'une minorité — réformiste et révolutionnaire — de la population qui constitue la Résistance. Pour se faire respecter du gouvernement du général de Gaulle, pour s'opposer à la lente cristallisation hostile qui les menace, toutes les forces de la Résistance doivent s'unir. »

Pour Baumel, « une unité organique supprimerait nos originalités, altérerait nos personnalités, ferait disparaître dans une uniformité artificielle les grandes tendances spirituelles qui se sont manifestées dans la Résistance et font les richesses de la France. C'est pour clarifier le climat politique de ce pays qu'il faut crever ce confusionnisme généralisé [1] ».

Voici Malraux, dressé encore une fois sur cette tribune où il a défendu Thaelmann, Dimitrov et une République espagnole dominée (en 1938) par les communistes. Vareuse kaki à cinq galons, baudrier, bottes de cheval. Il est très pâle et, note le reporter de *Combat* (à côté d'un titre annonçant que l'Armée rouge précipite son avance et investit Breslau) « animé de la même passion avec laquelle il commande sur le front la brigade Alsace-Lorraine ». Il se prend alors pour Saint-Just et Hoche à la fois et lance de sa voix de crépuscule :

« Le MLN est une des formes de la conscience de ce pays, mais il est aussi autre chose de vulnérable et par bien des points de mourant... Dans ce qu'il a eu d'actif et de véritable, c'était un certain nombre d'hommes qui se sont souvenus par hasard d'une phrase de M. Hitler, la phrase la plus intelligente qu'il ait dite de sa vie : ' Quand des hommes veulent se battre et qu'ils n'ont pas d'armes, il leur en pousse au bout des bras... '

Le gouvernement du général de Gaulle est non seulement le gouvernement de la France mais le gouvernement de la Libération et de la Résistance. Il ne s'agit donc pas pour nous de le mettre en question... Il est juste que le gouvernement dise : la guerre et la révolution sont antinomiques. Lorsqu'il y a tous les problèmes de la politique extérieure, lorsque la France doit nourrir les armées alliées ou mettre ses trains à leur disposition, il est inévitable et indispensable que toutes les énergies soient

---

1. Documents inédits du secrétariat du MLN.

d'abord tendues vers le triomphe militaire et que le problème
révolutionnaire vienne ensuite [1].

Mais il est un point sur quoi nous ne transigerons pas, c'est-à-
dire que si ce point était écarté, quiconque d'entre nous est au
gouvernement doit s'en aller, quiconque d'entre nous combat
doit quitter son combat — s'il n'est pas dans l'armée — quiconque prétend représenter le gouvernement doit cesser de le
représenter. Ce point c'est la donnée essentielle de la volonté
révolutionnaire, c'est la fin du capitalisme : la nationalisation
du crédit en est la clé... On peut détruire le système de crédit
capitaliste dans l'ordre, si c'est l'ordre qu'exige le gouvernement de la France... »

Alors Malraux en vient à l'essentiel, et le dit sans ambages :

« Il s'agit de faire une réforme profonde de l'esprit du mouvement. Le parti communiste par exemple n'est pas un ensemble
de moyens de persuasion, mais un ensemble de moyens d'action.
Or, n'oubliez pas, nous tous ici, nous sommes aussi un ensemble de moyens d'action... Si nous voulons maintenir ce qui a
été notre mobilisation d'énergie, c'est bien par une technique
semblable à celle des communistes que nous devons agir, c'est-à-
dire que nous devons observer à l'intérieur de notre mouvement une discipline égale à celle du parti communiste, avec ce
qu'elle implique d'héroïque et avec ce qu'elle implique de dur et
de difficile.

S'il me semble que l'immense majorité d'entre nous est
contre l'idée de fusion, je crois également que cette même majorité désire trouver le point sur lequel une unité d'action des
groupes de la Résistance peut s'établir... Le problème initial
de la Résistance me paraît recommencer aujourd'hui exactement sous les mêmes formes, avec les mêmes misères que jadis.
Nous devons reprendre à pied d'œuvre un travail nouveau, ou
bien nous ne voudrons pas reprendre ce travail et nous irons
tranquillement négocier, auquel cas nous ajouterons de nouveaux cadavres aux anciens cadavres. Ou bien nous voulons
sérieusement agir. Alors nous devons sans illusion nous
dire dès maintenant ensemble : ' Une nouvelle résistance
commence. ' Et je vous dis à tous qui avez été capables, quand

---

1. C'est, mot pour mot, la thèse des communistes en Espagne, qu'il avait
faite sienne.

vous n'aviez rien, d'en faire une première, vous serez, oui ou non — et je dis oui — capable de la refaire quand vous avez tout entre les mains [1]. »

Il est très applaudi. C'est son intervention qui porte le coup de grâce aux champions de l'unification. Cette « nouvelle résistance » à laquelle il convie ses camarades, est-ce contre le parti communiste ? L'hommage rendu à la valeur de ses anciens frères d'armes ne modifie guère l'intention qui se profile. Les commentaires de Pierre Hervé, dans *Action*, ne seront pas plus lénifiants que son propre discours : « S'agit-il d'un nouveau parti qui, unissant idéologie planiste et thèmes d'autorité, avec recrutement dans les classes moyennes, serait néo-socialiste pour finir dans le néo-fascisme ? Est-ce cela qu'on veut faire de la Résistance ?... Provoquer la démagogie et l'anarchie, c'est entraîner en définitive... le règne du sauveur : la dictature [2]. »

Quelques jours plus tard, le même Pierre Hervé revenait à la charge, sur un ton d'ailleurs moins agressif que nostalgique : « Quelle condamnation pour Malraux que d'avoir à subir aujourd'hui les éloges des politiciens qui sortent de leurs tanières. On a les avocats qu'on mérite... On a le cœur serré quand on songe à ses livres magnifiques qui nous enseignaient une morale de grandeur... Les belles âmes ont une légèreté dans l'aventure qui leur fait croire qu'une sincérité d'un jour est tout ce qui importe [3]... »

Lui-même n'est pas sans ressentir l'amertume de la situation :

« Pendant mon retour au front à travers la Champagne couverte de neige, je pensais à mes camarades communistes d'Espagne, à l'épopée de la création soviétique, malgré le Guépéou ; à l'Armée rouge, aux fermiers communistes de Corrèze toujours prêts à nous accueillir malgré la milice, pour ce Parti qui semblait ne plus croire à d'autres victoires que celles du camouflage. Je pensais à la main sur mon épaule dans la rue de la Gare où les ardoises brillaient sous la pluie [4]. »

Le congrès s'était prononcé pour la « motion Malraux » contre la fusion du MLN et du FN, par 250 voix contre 119.

1. *Combat*, 28 janvier 1945.
2. *Action*, 28 janvier 1945.
3. *Action*, 16 février 1945.
4. *Antimémoires*, p. 120.

Parlant avec Stéphane, quelques jours plus tard, en Alsace, Malraux disait : « J'aurais été président du MLN, si je l'avais voulu. » A quoi son visiteur réplique, avec la noble impertinence de la jeunesse : « Et après ? », non sans demander à Malraux s'il a des projets politiques. Et le colonel Berger de riposter : « Je n'ai pas envie d'être Léon Blum (vous comprenez ce que je veux dire). » Ne pas vouloir être Léon Blum, c'est vouloir être beaucoup. Peut-être trop pour que les autres vous y convient, quand ils ne sont pas des désespérés, des aventuriers ou des saints.

Le 25 janvier 1945, André Malraux ne s'est pas imposé à la résistance non communiste comme un sauveur, ou l'inventeur d'un travaillisme à la française. Un militaire, même FFI, dans un congrès politique, même composé d'une majorité de gens simples, ça ne s'impose que si tout paraît perdu.

Mais Malraux a défié la puissance du communisme français, dont on sait qu'il n'est pas sans force, ni sans alliés. Il a allumé un contre-feu. Il a attiré l'attention de ceux qui cherchent des forces et du courage pour une certaine stratégie. Et il a rompu, sans retour, avec le camp qui fut celui de sa jeunesse.

Pour être un chef, ou pour trouver un chef ?

Cette rupture avec le passé, cette aventure peut-être qu'il cherche, c'est un homme blessé qui en prend l'initiative comme pour cautériser ses plaies par le risque. La guerre qui s'achève pour la France du côté des vainqueurs, et pour lui dans l'exaltation de ces valeurs d'action collective dont il rêve depuis vingt ans, il la quitte dans un désarroi profond. Le 8 mai 1945, alors que le peuple français salue bruyamment la capitulation ennemie, il marche dans Paris, sombre et presque sans voix, avec son ami Claude Gallimard[1]. Il voit, dit-il, venir une autre guerre. La « nouvelle résistance » qu'il évoquait à la tribune du congrès du MLN ? L'Armée rouge aux frontières ? Il n'est pas seulement un « homme pour l'histoire ». Il pense aussi à ceux que lui coûte cette guerre, aux êtres qui sont morts, pour quoi ? Pour que ses alliés, ses compagnons d'hier ne soient plus pour lui que la pire des menaces ?

Josette Clotis, d'abord. Il l'a rencontrée douze ans plus

1. Entretien de Claude Gallimard avec l'auteur, 21 novembre 1972.

tôt à *Marianne* où elle publiait des reportages « au jour le
jour », des « choses vues » à vrai dire sans grand intérêt. Elle
avait publié deux ou trois petits romans dont l'un, *le Temps
vert*, ne manque pas d'un certain charme. Elle était très grande,
mince, le teint clair et les cheveux entre le fauve et le roux.
Ses yeux gris-vert, sa silhouette, son rire : elle était belle,
sans en tirer trop ouvertement gloire. Elle pouvait être drôle
aussi, et racontait bien les histoires. Mais elle savait aussi se
taire, étant intelligente, avec Malraux...

Elle n'était pas une admiratrice naïve ou aveugle : « Je lirai
les livres d'André quand il y aura moins de petits Chinois,
et plus de gosses du quartier », disait-elle. Et pour ce qui est
de l'idéologie : « En fait de politique, répétait-elle, je ne connais
que celle de l'aubépine... » Elle était d'origine catalane, de la
région de Banyuls — et son père, fonctionnaire de l'administra-
tration des finances, avait été nommé à Hyères où il faisait
figure de notable.

Elle avait le goût de la terre, des plantes et des animaux,
et fut à coup sûr heureuse à Saint-Chamant : elle tentait de
persuader André d'acheter un château aux environs de Paris
pour y vivre. Et lui qui, à vingt-cinq ans, aurait dit comme
Jarry : « La campagne? Ah oui! Là où les poulets rôtis se
promènent tout vivants », il s'était pris à aimer la terre —
en même temps qu'il devenait patriote.

La mort de Josette — mort horrible, solitaire, avant qu'il
ait pu même lui faire la joie de l'épouser — le frappa plus qu'il
n'aurait imaginé qu'un misérable événement personnel pût
l'atteindre. (« Que m'importe ce qui n'importe qu'à moi? »)
D'aucune autre des épreuves qu'il a subies, il n'a laissé croire
à quiconque qu'il en avait souffert. Mais cette douleur-là,
il l'a laissée s'exprimer par bouffées brutales. Ainsi quand,
dans les *Antimémoires*, parlant de Lawrence, il dit : « Il ne
semble pas avoir connu la mort d'une femme aimée. C'est...
la foudre [1]... »

Il vient de perdre ses deux frères. Le plus jeune, Claude,
étonnant personnage d'aventurier-né, à l'état pur, presque fou
de témérité, membre d'un réseau dont l'occupation principale
était de faire sauter des bateaux allemands dans l'estuaire
de la Seine, a été pris le 12 mars 1944 (on ne connaît pas la

1. *Antimémoires* (chapitre additionnel dans l'édition « Folio »), p. 466.

date de son exécution). Très peu de jours plus tard, on l'a
vu, c'était le tour de Roland, le compagnon de Corrèze, arrêté
le 21 mars à Brive, incarcéré et probablement torturé à Tulle
déporté à Nuengamme avec ses camarades Peulevé [1], Delsant
et Bertheau.

Roland était mort dans des conditions d'une absurdité
si tragique que l'auteur du *Chateau* semble les avoir inventées
En avril 1945, certains nazis (dont était vraisemblablement
Himmler) eurent l'idée de se servir des déportés comme d'une
monnaie d'échange pour obtenir des Alliés quelque avantage
ou possibilité d'évasion. Une vingtaine de milliers de survivants furent ainsi dirigés vers Lübeck et embarqués sur trois
cargos afin d'être transportés en Suède si la négociation abou-
tissait. Roland Malraux et ses codétenus, après avoir fait
la route à pied, avaient été entassés au fond de la cale du
Cap Arcona, le plus gros des trois cargos qui jetèrent l'ancre
à quelque trois milles au large de Lübeck.

Le 4 mai, l'aviation américaine repéra ces navires arborant
le drapeau à croix gammée et lança ses sommations lors d'un
premier survol. Au lieu de hisser le drapeau blanc, les gardiens
nazis mirent les canots à la mer et tentèrent de s'enfuir. Alors
les bombardiers américains déclenchèrent le tir. Des quelque
dix mille malheureux entassés dans les cales et les entreponts
des trois navires, seuls deux cents survécurent, souffrant de
terribles brûlures de mazout. Les geôliers furent fusillés. Quatre
jours plus tard, c'était l'armistice.

André eut plus que de l'affection pour ce cadet qui joua
un rôle décisif dans sa vie. D'abord en 1939, quand il revint
de Moscou où il avait été correspondant de *Ce soir*, (le journal
d'Aragon,) en révolte totale contre ce qu'il avait vu. « Retour
d'URSS » qui semble avoir eu, sur André Malraux, un impact
beaucoup plus fort que celui de Gide. Ensuite quand en
1943-1944, l'engagement de Roland dans la résistance active
contribua, on l'a dit, à préciser celui d'André.

Un de ses compagnons de déportation l'a décrit, stoïque,
dévoué, se multipliant pour obtenir à tel ami médecin un poste
qui lui sauva la vie. « Il se disait communiste. Il était surtout
un aristocrate » rapporte cet ami, dans une lettre adressée à
André Malraux.

---

1. Qui fut ensuite transféré à Buchenwald et en revint vivant.

Roland était très beau — un regard de ciel d'hiver dans un visage aux traits dessinés par Botticelli. Il était généreux : on a vu qu'il avait reconnu le fils aîné de son frère pour qu'il pût porter leur nom, et s'était offert à le faire aussi pour le second. Qu'arriva-t-il entre eux pour qu'au début de 1944 Roland en vînt à dire de son frère à Clara, réfugiée dans le Lot non loin de leur base de résistance corrézienne — et avec laquelle les deux jeunes Malraux s'étaient toujours bien entendus : « Tu ne t'es donc pas aperçue qu'il est complètement inhumain [1] ! »

Le ton sur lequel l'auteur des *Antimémoires* parle de son frère donne à penser qu'au moment de l'arrestation de Roland, rien n'entachait leur affection. On sait par ailleurs qu'André Malraux devait en 1948 épouser sa belle-sœur Madeleine.

Les combats de la Résistance lui avaient arraché un autre compagnon qu'il tenait aussi pour un frère : Raymond Maréchal. On n'a pas oublié le rôle joué à ses côtés, en Espagne, de Medellin à la sierra de Teruel, par celui qui restera le « Gardet » de *l'Espoir*. Il l'avait connu au début de la guerre à Madrid : un type qui se promenait avec un Baudelaire sous le bras. « Qu'est-ce que tu fais avec ça ? — Je l'ai emporté avec moi, en partant de Paris... — Bon, ça va, on travaille ensemble [2]... » Maréchal était devenu le chef des mitrailleurs de l'escadrille. Rentré en France en 1937 après sa terrible blessure dans la sierra, il avait naturellement rejoint les maquis parmi les premiers et Malraux l'y avait retrouvé sans surprise, dans un secteur voisin du sien, en Haute-Corrèze, à la lisière du Périgord, entre Beaumont et Durestal.

Il était devenu maître dans le harcèlement des convois allemands. En juillet 1944, alors qu'il vient de mettre à mal deux colonnes ennemies, à partir des escarpements qu'il occupe avec ses hommes, les paysans autour de lui se plaignent de manquer de sucre. Il apprend qu'un convoi de ravitaillement va passer par là, avec un camion chargé de sucre. Il se poste en embuscade. Mais les Allemands disposent d'un engin blindé qui jette dans le fossé la voiture de Maréchal. Il saute, court dans le champ avec trois compagnons. Les autres ont une mitrailleuse et les tirent comme des lapins. L'enterrement aura lieu de nuit.

1. *Nos vingt ans*, p. 92.
2. Entretien d'André Malraux avec l'auteur, 29 janvier 1973.

C'est là que les femmes de Corrèze veillent la nuit auprès des tombes, jusqu'à l'aube, ces femmes noires qui reviendront si souvent dans les évocations guerrières de Malraux. Et le lendemain, quand les tombes furent refermées, on découvrit auprès de chacune des croix un petit tas de sucre...

Maréchal était-il communiste? anarchiste?

« Comme la plupart des Français, plutôt ' anar ', dit Malraux. Mais son goût du travail bien fait le rapprochait des communistes. C'était surtout un combattant d'un incomparable courage. Un être bon et drôle, très drôle et très sensible — mais fait pour se battre, comme d'autres pour peindre ou pour chanter. Le courage fait homme[1]. »

C'est en ses débuts que la guerre lui avait enlevé l'ami le plus intime qu'il ait eu dans les années 30, l'écrivain hollandais Charles-Edgar du Perron, auquel il avait dédié *la Condition humaine.* Du Perron, de deux ans l'aîné de Malraux, était né à Java d'une famille d'origine française enrichie par la colonie et où, raconte Clara Malraux, « on fouettait les domestiques[2] ». En 1921, il avait quitté l'île et était venu bientôt s'installer à Paris où en dépit de sa fortune, il vivait très modestement. Il rencontra Malraux en 1926, au temps de *la Tentation de l'Occident* : l'Asie les obsédait tous deux.

L'œuvre clé de Du Perron, *le Pays d'origine*, porte en épigraphe une formule de Malraux : « Il faut chercher en soi-même autre chose que soi-même pour pouvoir se regarder longtemps. » Eddy du Perron avait regardé longtemps Malraux qui, sous le nom d'Héverlé, est un des personnages centraux du roman, clairement autobiographique. Pour proches que soient les deux écrivains, ce qui les différencie, c'est la nature de leur pessimisme. Celui de Malraux est actif et, si l'on peut dire, « optimiste » : au-delà du désespoir est l'action, et notamment l'action politique. Du Perron s'y refuse, tout occupé à ne pas trahir son libre arbitre et sa vérité propre. Sceptique ou désespéré? « Pour moi, écrivait du Perron, il n'y a de place dans aucune société. » Malraux l'évoque dans les *Antimémoires*, au moment de quitter Singapour :

« Par là, il y a une île appelée Balé-Kambang, que m'a donnée

---

1. Entretien d'André Malraux avec l'auteur, 29 janvier 1973.
2. Entretien de Clara Malraux avec l'auteur, février 1972.

Eddy du Perron quand je lui ai dédié *la Condition humaine*...
Il tenait toute politique pour non avenue, et l'histoire aussi,
je crois. C'était mon meilleur ami... Que sont devenues les
plantations de sa famille ? Et sa *Lettre au Libérateur*, adressée
à Sharir[1] ? Il ne croyait pas à la politique, mais il croyait à
la justice[2]... »

Soucieux de ne jamais quitter son poste d'observateur du
monde et de lui-même, habité du sentiment d'être le jouet
de forces obscures et humiliantes, vivant, dit encore Malraux,
« dans un constant détachement d'un monde d'apparences »,
il fut l'un des hommes les plus parfaitement désespérés de
son temps, plus radicalement même que Drieu la Rochelle
qui tenta de trouver une raison de vivre dans l'aventure du
fascisme.

Ce personnage noble, chaleureux en dépit de son pessimisme, et d'une totale générosité malgré son égotisme doulou-
reux, trouva la mort qu'appelait son personnage : au moment
où les nazis entraient en Hollande, en mai 1940, il fut foudroyé
par une crise cardiaque, le 14 mai 1940[3]. La légende courut
d'un suicide. Et ce qu'a écrit Malraux sur la grandeur du suicide — dans les *Antimémoires* notamment, le fut, dit-il, en
pensant à Eddy du Perron autant qu'à Fernand Malraux.
Mais plus encore peut-être à Drieu la Rochelle.

On a évoqué déjà l'étrange amitié qui unit l'auteur de *l'Espoir*
et celui de *Gilles*, les deux livres symétriques du combat contre
et pour le fascisme. Que Drieu n'ait pas pris part au combat
espagnol ne change rien à la ferveur de son engagement du
côté de Franco. Malraux observe à ce propos, un peu abusivement que « Pour la France, Drieu s'est battu. Jusqu'à la mort.
Pas pour l'Espagne[4]. » Le parti pris de Drieu pour le fascisme
était assez fort pour lui faire parler d'« agents russes » à propos
de Malraux comme d'Aragon, et ne voir dans *l'Espoir* que « du
reportage... sacrifiant à la mode soviétique... ».

L'un et l'autre devaient surmonter ces contradictions. Même
sous l'Occupation. Ils se voient en juillet 1941 au Cap-d'Ail

1. L'un des leaders du mouvement d'indépendance indonésien.
2. *Antimémoires*, p. 478.
3. Eugène van Itterbeek : « Une amitié d'intellectuels : du Perron et
Malraux », *Septentrion*, n° 1.
4. Gaëtan Picon, *Malraux par lui-même*, p. 91.

où Malraux reproche (sans violence) à Drieu d'avoir pris la direction de la *NRF* dans Paris occupé et lui refuse nettement toute collaboration à la revue. En décembre 1942, l'auteur de *Gilles* publie un article dans lequel il rappelle qu'en 1936 il avait répondu affirmativement à un journaliste qui lui avait demandé s'il pourrait en venir à tuer Malraux. Il précise, évoquant son état d'esprit d'alors : « Si je le rencontrais dans un combat, je devrais tirer sur lui et peut-être n'aurais-je pas le droit d'empêcher qu'on le fusille, prisonnier, dans certaines circonstances extrêmes. Si je ne pense pas cela, je ne prends pas M. au sérieux, je lui fais injure... » En cette fin de 1942, il ajoute pourtant : « Mais lui et moi nous en sommes restés à la polémique intime, dans des conversations de vieux amis qui ne peuvent se séparer. Jusques à quand [1] ? »

Le 8 mai 1943, il signale dans son journal qu'il a vu Malraux à Paris, un Malraux « qui ne croit plus à rien, nie la force russe, pense que le monde n'a aucun sens et va au plus sordide : la solution américaine. Mais c'est que lui-même a renoncé à être quelque chose pour n'être qu'un littérateur [2]... » Quatre mois plus tard, il note que Malraux « tout à fait destitué depuis qu'il n'est plus dans le bolchevisme... vit à la campagne, fait des enfants à sa femme et écrit une vie de Lawrence, sans doute pour justifier sa désertion du communisme et sa neutralité gaullisante [3] ». Mais il est fort ému que son ami lui demande d'être le parrain de son deuxième fils. Et quand, en avril 1944, il médite sur une vie qu'il prévoit d'abréger peu après, et fait le bilan de ses amitiés, il écrit : « Je meurs sans ami » mais ajoute : « Malraux, je l'ai estimé. Il n'est pas dupe, ni des autres, ni même de lui. Frère en Nietzsche et en Dostoïevski [4]. »

A-t-il vraiment demandé à son ami de le laisser s'engager à ses côtés dans la brigade Alsace-Lorraine ? Malraux a parfois laissé entendre qu'il l'aurait accueilli si ses compagnons en étaient tombés d'accord. (Mais ceux d'entre eux auxquels nous avons posé la question n'avaient jamais entendu parler de ce projet.) Au début de mars 1945, Drieu — qui avait déjà tenté de se suicider en août 1944 — se tuait. Dans son testament, il faisait de Malraux l'exécuteur de ses volontés, et pré-

1. *NRF*, décembre 1942, cité par Frederik Grover, « Malraux et Drieu », art. cité, p. 8.
2. *Ibid.*, p. 87. — 3. *Ibid.*, p. 90. — 4. *Ibid.*, p. 90.

cisait qu'il ne voulait à ses obsèques que des femmes, sauf deux amis : Bernier [1] et Malraux.

La tâche que lui avait confiée Drieu, par-delà la mort, Malraux s'en acquitta avec une conscience, une minutie qui font l'admiration de leur éditeur commun.

28. La rencontre

Une chose est certaine : ce ne fut pas dans la neige d'Alsace, à la fin de 1944, qu'ils se connurent. Une autre histoire (non moins imaginaire ?) sied mieux encore à ces faiseurs de mythes : de Gaulle et Malraux auraient assisté côte à côte à la présentation du formidable *Napoléon* sur triple écran d'Abel Gance, en 1936, où « tous deux se levaient pour acclamer ensemble le spectacle — et eux-mêmes — dans un certain délire [2] ».

Bon — dirait Malraux. Mais le tête-à-tête qui a provoqué l'alliance, il faut le situer au début d'août 1945, dans le bureau solennel et banal du ministre de la Défense nationale qu'occupe alors de Gaulle et à l'issue d'une intrigue pirandellienne dont Malraux donne, dans les *Antimémoires*, une version assez confuse pour être vraisemblable.

Corniglion-Molinier, le compagnon du Yémen devenu général d'aviation, membre de l'« entourage », présente son ami aux plus proches collaborateurs du général, Gaston Palewski et le capitaine Claude Guy. Suit un dîner chez Palewski. Malraux traite de l'enseignement de masse par la radio, des sondages d'opinion, de l'Indochine aussi : nous sommes en mars 1945, les Japonais viennent d'abattre le système colonial français, et d'après les *Antimémoires*, il parle à Palewski et à Corniglion d'Hô Chi Minh, dont personne encore ne connaît le nom, sinon ses camarades et deux ou trois spécialistes du ministère des Colonies.

Malraux éblouit. On parle de lui. Un soir d'été, il reçoit la

---

1. Écrivain venu du groupe surréaliste.
2. E. d'Astier citant Abel Gance, *l'Événement*, septembre 1967.

visite de « l'un des collaborateurs habituels » de Charles de Gaulle [1] qui dit seulement : « Le général de Gaulle vous fait demander, au nom de la France, si vous voulez l'aider. — La question ne se pose évidemment pas », répond-il, usant d'une formule dont l'impropriété ne semble pas troubler le mémorialiste. « J'étais étonné. Pas trop : j'ai tendance à me croire utile... [2] »

Ce n'est que cinq mois plus tard, au détour d'une conversation, qu'il devinera « sans aucune raison » que de Gaulle ne « l'avait jamais appelé » — qu'ils avaient été « les personnages d'une curieuse intrigue qu'il pressentit sans doute avant moi... Quand on me transmit son appel supposé, on lui transmit le mien, qui ne l'était pas moins [3]... » Mais il y avait eu le discours au congrès du MLN qui, venant d'un personnage politiquement si marqué, pouvait passer pour un appel et fut tenu pour tel par des conseillers du général comme René Brouillet.

Les premières apparitions de Malraux au cabinet de Gaulle furent discrètes. Claude Mauriac, alors partiellement chargé du secrétariat du général qu'il assumera plus tard, note qu'il y entrevit le 9 août ce Malraux sur lequel il écrit alors un livre [4]. « Sa jeunesse m'étonne, écrit-il, et son air 'comme les autres'. Naïvement, j'attendais que son prestige et son génie illuminent son visage. » Onze jours plus tard, il revoit Malraux qui dans le bureau des officiers d'ordonnance de De Gaulle, soupire avec une ironie un peu gênée : « Que de généraux! » et précise : « C'est au général, à lui personnellement, que je suis attaché [5] ...»

La rencontre a eu lieu le 10 août. Malraux écrit :

« J'avais conservé un souvenir précis de son visage : vers 1943, Ravanel, alors chef des groupes francs, m'avait montré sa photo parachutée. En buste; nous ne savions même pas que le général de Gaulle était très grand... Je ne le découvrais pas, ie découvrais ce par quoi il ne ressemblait pas à ses photos. La vraie bouche était un peu plus petite, la moustache un peu plus noire (...), le regard dense et lourd...

' D'abord, le passé ', me dit-il. Surprenante introduction... »

---

1. Claude Guy, aide de camp du général et personnage de Malraux, à sa manière...
2. *Antimémoires*, p. 125-126.
3. *Ibid.*, p. 143.
4. *Malraux ou le Mal du héros.*
5. *Un autre de Gaulle*, p. 144.

Pas surprenante du tout. Entre l'auteur du *Fil de l'épée* et celui du *Temps du mépris*, il pouvait y avoir quelques vieux malentendus à éclaircir... Le « passé » pour cet historien au pouvoir, et faisant face à ses alliés communistes, cela veut dire : « Où en êtes-vous avec eux ? Jusqu'où êtes-vous allé ? Qu'en reste-t-il ? » Question cruciale. Au surplus, ce « le passé », c'est un salut, un hommage. Le « Vous existez pour moi » (en bien ou en mal) et le « racontez-vous » qui ne peut que séduire un homme tel que Malraux, car pour de Gaulle il ne peut évidemment s'agir du « misérable petit tas de secrets », mais de ce qu'il y eut de grand ou de grave. Coup de génie que cette question, qui les lie...

Cette évocation de la vie de Malraux en vingt lignes (« Je me suis engagé dans un combat pour, disons, la justice sociale. Peut-être, plus exactement, pour donner aux hommes leurs chances... Lorsqu'une France faible se trouve en face d'une puissante Russie, je ne crois plus un mot de ce que je croyais lorsqu'une France puissante se trouvait en face d'une faible Union soviétique. Une Russie faible veut des fronts populaires, une Russie forte des démocraties populaires... ») est un peu iréniste. Mais c'est une interprétation.

Et puis il dit à de Gaulle exactement ce que de Gaulle souhaitait entendre d'un homme tel que lui — que le « fait capital des vingt dernières années, c'est le primat de la nation »; que « dans ce domaine, ce n'est pas Marx qui a été prophète, c'est Nietzsche... »; que la Résistance est « contre ce qu'il y a de russe dans le communisme français »; que la France « qui pressent la plus violente métamorphose que l'Occident ait connue depuis la fin de l'Empire romain... n'a pas envie de l'affronter sous la conduite de M. Herriot ». Vingt sur vingt ! Pour plaire ? Surtout parce qu'il le pense, lui aussi.

Et puis ils parlent de la Révolution, de Mirabeau, de Hoche, dont le général dit drôlement « quand on l'a empoisonné, il filait un mauvais coton... » Malraux fait semblant d'être étonné. « La dictature... » achève le général qui ajoute, l'index levé : « Ne vous y trompez pas : la France ne veut plus la Révolution. L'heure est passée. » Ceci posé, qui n'est plus pour désespérer le Malraux de 1945, on parle des intellectuels avec une égale ironie. « A l'heure actuelle, dit Malraux, ils ne vous *entendent* pas. » Et le général, pour conclure son numéro de confesseur : « Qu'est-ce qui vous a frappé, en retrouvant Paris ? — Le mensonge » fait l'écrivain — à moins qu'il ne faille préciser ici : le romancier.

Malraux foudroyé ? Pas encore. Il médite d'abord sur celui qui vient moins de le recevoir que de l'écouter — lui paraissant ainsi fort intelligent. Il s'étonne d'une

« ... distance singulière (qui) n'apparaissait pas seulement entre son interlocuteur et lui, mais encore entre ce qu'il disait et ce qu'il était. J'avais déjà rencontré cette présence intense, que les paroles n'expriment pas. Ni chez des militaires, ni chez des politiques, ni chez des artistes : chez des grands esprits religieux, dont les paroles affablement banales semblent sans relation avec leur vie intérieure. C'est pourquoi j'avais pensé aux mystiques lorsqu'il avait parlé de Révolution... Contact dû d'abord à ce qu'il imposait le sentiment d'une personnalité totale. [...]

Je tentais de tirer au clair une impression complexe. Il était égal à son mythe, mais *par quoi ?* Valéry l'était parce qu'il parlait avec autant de rigueur et de pénétration que *Monsieur Teste* — argot et fantaisie en plus. Einstein était digne d'Einstein par une simplicité de franciscain ébouriffé que ne connaissent d'ailleurs pas les franciscains. Les grands peintres ne se ressemblent que lorsqu'ils parlent de peinture. Le seul personnage que le général de Gaulle appelât alors dans ma mémoire, non par ressemblance mais par opposition, à la façon dont Ingres appelle Delacroix, c'était Trotski[1]. »

Quelques semaines plus tard, le 6 novembre, avec Claude Mauriac, son collègue — Malraux venait d'être appelé lui aussi au cabinet du général — il évoque ce premier tête-à-tête et son interlocuteur :

« Ruminant prodigieux... inébranlable comme un roc. Fasciné par des principes et pour cela invulnérable dans un monde sans principe... Positif : les soins extraordinaires qu'il apporte à reconstituer les cadres de l'État... Négatif : cette fascination du Rhin, exigence dépassée... Et cette ignorance où il est du peuple... Quelle faiblesse de n'avoir jamais pris un repas avec un ouvrier[3]!... »

---

1. *Antimémoires*, p. 127-137. (L'orthographe du nom du leader soviétique choisie par Malraux est conservée.)
3. Cl. Mauriac, *Un autre de Gaulle*, p. 148-149.

En somme, à cet instant, Malraux n'est pas subjugué, pas plus en tout cas que ne l'ont été peu auparavant Gide ou Bernanos. Et bien moins que François Mauriac. Il admire, mais juge, non sans jouer « à fond » le jeu de la participation aux responsabilités du pouvoir. Gaston Palewski a gardé le souvenir de son intervention aux « réunions du matin » où l'on préparait le travail pour le général. Loin de se cantonner dans son domaine culturel, il entrait dans le débat politique avec passion. Mais l'« opposant », le « mal-pensant » du groupe ce n'était pas lui, c'était un professeur amené là par René Brouillet et qui s'appelait Georges Pompidou [1].

Le plus intéressant de ce qu'il avait dit le 6 novembre à son jeune collègue avait trait à son attitude à lui, Malraux : « Il faut oser tenir tête aux communistes... Cela va barder, dans les jours qui viennent. Il y aura du sport. C'est ma seule excuse, ma seule raison d'être dans ce bureau [2]. »

Le « sport », il va s'y livrer comme ministre. Le 21 novembre 1945, après avoir donné sa démission, de Gaulle est chargé par la chambre unanime de former un gouvernement tripartite (MRP, SFIO, PCF) « équitablement » constitué. André Malraux en fait partie, comme ministre de l'Information — poste où il succède à Jacques Soustelle. Il a cessé d'être un officieux. L'homme du procès de Phnom-Penh et celui du *Temps du mépris*, le créateur de Garine et l'auteur de *l'Espoir*, l'avocat de Thaelmann et l'admirateur de Trotsky prend ses responsabilités au niveau le plus voyant : il devient le porte-parole du général de Gaulle. Et, quand on est Malraux, nulle charge ne saurait obliger, lier à ce point.

Pourquoi? On ne négligera pas tout à fait, dans un noble mouvement de dédain, le goût qu'il a d'être ministre (de Charles de Gaulle, bien sûr, pas de n'importe qui). Cet homme qui fut pauvre aime maintenant l'aisance. Cet homme qui fut marginal aime la respectabilité. Cet homme qui fut pourchassé et condamné aime le pouvoir. Un être qui pense haut — dans tous les sens de ces mots et qui place si haut les valeurs d'action et d'efficacité, souhaite naturellement prendre part au pouvoir, pour peu que l'on n'exige pas de lui, à cette fin, de renoncer à

---

1. Entretien de Gaston Palewski avec l'auteur, 23 novembre 1972.
2. C. Mauriac, *Un autre de Gaulle*, p. 148.

ses idées. Celles du Malraux de 1935, on les a vues s'effriter, se remodeler, se transformer en fonction de la lutte en Espagne, de la stratégie stalinienne, des tactiques de noyautage de la Résistance, du rapport de forces dans le monde et en France à la fin de la guerre.

Le gouvernement dans lequel il entre compte une majorité de socialistes et de communistes; c'est le plus « à gauche » que la France ait connu. Le PCF y contrôle l'ensemble de la production, y compris celle des armements (confiée à Charles Tillon, le chef des FTP dans les maquis). Et déjà l'œuvre sociale du premier gouvernement de Gaulle va au-delà de celle du Front populaire. C'est le programme de la Résistance qui est appliqué — et, partiellement, cette nationalisation du crédit dont l'orateur du congrès du MLN, le 27 janvier, faisait le préalable de toute politique dans la France de la Libération.

Il va de soi que le contrat soudain qui vient de lier Malraux à de Gaulle va bien au-delà, sur le plan humain, de la volonté de réaliser un certain programme. Et s'il est possible d'expliquer en termes rationnels l'entrée d'André Malraux dans le deuxième cabinet de Gaulle [1], il faudrait aller au-delà et chercher pourquoi l'auteur de *l'Espoir* vient de faire allégeance à celui du *Fil de l'épée*. Est-ce parce qu'il a trouvé en lui l'incarnation d'une histoire en fusion, comme chez Trotsky (auquel, on l'a vu, il le compare fugitivement)? Est-ce parce qu'il a senti que bien qu'il n'ait jamais dîné avec un ouvrier (il dit plutôt « bouffé avec un plombier ») de Gaulle appartenait tout de même — par le détour du cousinage de Hoche — à cette « famille Michelet » qui sert de plus en plus souvent de référence à Malraux, se substituant aux concepts de « classe » ou de « masse » (dont il n'a d'ailleurs jamais fait grand cas)? Est-ce parce qu'il a entrevu en de Gaulle (il connaît ses livres, ses discours de Londres et de la Libération) la synthèse de l'homme d'action et de l'artiste qui réplique à celle — de l'artiste et de l'homme d'action — à quoi il tend depuis toujours?

Est-ce parce qu'il est aussi un joueur, un homme de défi, et qu'à l'heure où le seul défi digne de lui est celui qu'on peut lancer à Staline, de Gaulle est le seul partenaire aux côtés duquel une telle aventure puisse être tentée? Est-ce parce que,

---

1. Sans compter le gouvernement provisoire.

tels Lawrence et Vincent Berger, cet aventurier de la fraternité a besoin d'un chef de file, d'une figure de proue, d'un « Prince », d'un frère aîné lourd d'un grand dessein ? Pour éclairer son choix, il y a cette confidence qu'il fait un peu plus tard à Nino Frank : « L'aventure n'existe plus qu'au niveau des gouvernements [1]. » Combinée avec le « il est trop tard pour agir sur les choses, il faut agir sur quelqu'un », et avec le propos d'Hamlet : « Être grand, c'est soutenir une grande querelle », on a là en trois formules, d'assez bonnes clés pour le Malraux de l'après-guerre.

Bref, il s'inféode au général. Lequel accepte avec élan ce compagnon. La route est si peu sûre que ceux qui s'offrent sont les bienvenus. Mais pour de Gaulle, il y a plus et mieux que cela. Si haut qu'il place *la Condition humaine*, Malraux n'est pas l'écrivain qu'il aime entre tous : il lui préfère souvent Montherlant et Bernanos, sinon Claudel ou Mauriac. Mais nul ralliement à sa cause ne peut le toucher davantage, parce que Malraux est non seulement un grand artiste, de réputation internationale, dont le rayonnement l'emporte sur celui de ses rivaux, Gide et Claudel exceptés ; mais aussi un homme d'action (un amateur, certes...) et mieux encore un personnage symbolique de cette résistance intérieure qu'il n'a jamais pu s'attacher vraiment (d'Astier et Copeau se sont opposés à lui, Vianney, Frenay, Farge et Bourdet n'ont pas caché leurs réserves, et au gouvernement Bidault, Teitgen, Pineau ne sont pas des inconditionnels).

Et voilà que cet écrivain d'extrême gauche ou réputé tel, ce maquisard, vient à lui et s'offre à servir de porte-voix et de semeur d'idées. Il lui restera à le connaître et à lier avec lui une manière d'amitié pour mémorialiste noble ou poète tragique. En attendant, ce Malraux a du bon : de l'horizon d'où il vient, le vent souffle le plus souvent d'autre façon — et ce que les autres lui disent n'a pas la même qualité de style, la même nouveauté.

L'anticommunisme est-il le ciment de leur entente ? Leur horizon commun de 1945 ne se limite pas là. De Gaulle n'a pas tout à fait abandonné encore le mythe unitaire. Les communistes ne sont pas encore pour lui les « séparatistes » et le seul de « ses »

---

1. *Mémoire brisée*, p. 286.

ministres qu'il estime, semble-t-il, est Maurice Thorez. La querelle qui l'oppose à eux est à la fois : celle de la « double appartenance » qu'il déplore, non sans raison, l'occasion de prendre leur autonomie par rapport à Moscou (Nizan l'avait vue lors du pacte germano-soviétique, Tillon dans les hauts faits de la Résistance) ayant été perdue pour longtemps semble-t-il; et celle de l'authenticité — car il ne leur pardonne pas de camoufler sous le rappel constant d'actes héroïques leur actuelle volonté de révolution sociale, dont il ne méconnaît d'ailleurs pas totalement le bien-fondé. En fait, il ne les juge alors ni haïssables, ni méprisables, mais exotiques et anachroniques. (« La France ne veut plus de Révolution. L'heure est passée », a-t-il dit à Malraux.)

L'auteur de *l'Espoir* garde son admiration au système, au machiavélisme stalinien, à l'Armée rouge. Mais il pense que le nouveau rapport des forces en Europe modifie jusqu'à la nature du communisme, et que le poids de l'URSS émergeant de la guerre la rend objectivement impérialiste. Au cours d'une conversation avec Léon Blum, en présence de De Gaulle, quelques jours après son entrée au ministère, il lance au leader socialiste :

« Comment voulez-vous que de vrais communistes ne nous prennent pas pour un gouvernement Kerenski ou un gouvernement Pilsudski? Il ne peut s'agir que de savoir qui tirera le premier : ce n'est plus un État, c'est un duel à l'américaine. Souvenez-vous du Front populaire... — Le Front populaire a tenu... — Parce que l'Union soviétique était faible. Avec l'Armée rouge et le Staline d'aujourd'hui [1]... »

Il reste attaché à la sauvegarde de l'Union soviétique mais craint ses débordements : « Tout pour la Russie, rien par la Russie », dit-il à Stéphane en Alsace [2]. Il est hanté par la soudaine révélation, au printemps de 1945, de la surpuissance de cette Armée rouge qu'il a tant vantée en 1935, tant appelée de ses vœux en Espagne, et souhaité rejoindre (en paroles tout au moins) en 1942... Il est non moins hanté par les techniques de noyautage des communistes, avant, pendant et après la Résistance. Dans les *Antimémoires*, à propos du congrès du

1. *Antimémoires*, p. 139.
2. *Fin d'une jeunesse*, p. 43.

MLN, il écrit que la plupart des délégués officiellement non communistes auxquels il eut à faire pendant la préparation des travaux se révélèrent ensuite membres du Parti : ce qui comporte 90 % d'exagération si l'on parle d'appartenance formelle.

Une autre obsession l'habite : celle de la fascination que le PCF exerce sur les intellectuels. Il dit cela brillamment à de Gaulle au cours de leur entretien du mois d'août. « La littérature est pleine d'âmes sensibles dont les prolétaires sont les bons sauvages. Mais il n'est pas facile de comprendre comment Diderot a pu croire que Catherine II ressemblait à la liberté... [1] » Et sa conversation avec Stéphane, en Alsace, est émaillée de flèches contre les intellectuels de gauche, de ceux « du café de Flore » (à cette époque, et de sa part, cette formule vise précisément Camus) à ceux des *Temps modernes*, Sartre et Merleau-Ponty, auxquels il vient de refuser sa collaboration.

Une fois de plus, Malraux pose le problème en termes de style, et de « virilité » : il y a plus de courage à s'opposer aux communistes puissants qu'à combattre leurs ennemis intimidés, comme il y avait plus de courage à s'opposer dix ans plus tôt au fascisme qu'à dénoncer ses adversaires divisés. Sa stratégie politique commence à ressembler à cette phrase dite à Claude Mauriac, et déjà citée : « Il faut oser tenir tête aux communistes... Il y aura du sport... C'est ma raison d'être dans ce bureau... » Le moins qu'on puisse dire est que ce type de propos ne reflète pas une minutieuse analyse des facteurs économiques ou idéologiques : mais la « politique » de Malraux s'est souvent fondée sur ce type d'arguments mi-éthiques, mi-esthétiques, comme celles de d'Annunzio, de Jünger ou de Péguy.

Bref, il est moins anticommuniste alors qu'hostile à l'hégémonie des forts. Et le Parti, si peu accommodant avec ses adversaires et si intolérant surtout vis-à-vis de ceux qui peuvent passer pour transfuges, le ménage quelque temps encore. On a vu qu'au lendemain du congrès du MLN, Pierre Hervé qui a le croc mordant — François Mauriac l'éprouve alors — le prend avec lui sur un ton plus mélancolique que vindicatif. On ne lui fait grief, dans la véhémente presse du Parti, ni de sa tardive entrée dans la résistance active, ni des gestes généreux accomplis pour Drieu la Rochelle, ni de son amitié pour Paul Nizan (qu'il affiche moins, à vrai dire, que ne le fait Sartre).

1. *Antimémoires*, p. 134.

Anticommunistes ? Ni de Gaulle ni lui ne le sont alors comme le sont déjà Winston Churchill ou Arthur Koestler. En alerte vis-à-vis du Parti, cabré contre ses empiétements, ses prétentions à incarner *toute* la Résistance et à assumer les charges essentielles du pouvoir ? Oui. La pente est prise, certes, qui mène à des excès — et Stéphane (comme Claude Mauriac d'ailleurs) lui pose à ce sujet des questions pénétrantes, presque prophétiques. Pour nous, il est trop facile de juger ces attitudes vingt-huit ans après...

Le couple de Gaulle-Malraux ne se forme pas sur un thème négatif, ou défensif, mais sur la base de conceptions voisines de l'histoire, d'une éthique et plus encore d'une esthétique communes de la vie publique, d'une estime venue de solitudes également impatientes d'une « grande querelle » à soutenir. C'est plus tard que les unira la chasse aux sorcières.

Depuis le 21 novembre 1945, le voilà donc ministre.

« Je devenais ministre de l'Information. Tâche instructive : il s'agissait surtout d'empêcher chaque parti de tirer la couverture à lui. Thorez observait la règle du jeu : mettre le parti communiste au service de la reconstruction de la France. Mais en même temps, le Parti noyautait, noyautait ; les rapports de Marcel Paul étaient insolemment faux. Et dans ce gouvernement tripartite, les faux exposés communistes commençaient à susciter les faux exposés socialistes et MRP [1]... »

Pour cette tâche de clarification objective, dont on ne saurait dire s'il était homme à la mener à bien, le temps qui lui fut imparti ayant été trop bref, André Malraux s'était adjoint deux collaborateurs notoires : le secrétaire général du ministère était Jacques Chaban-Delmas, jeune général FFI qui avait été l'un des principaux délégués militaires de la « France libre » en territoire occupé et commençait à faire parler de lui en tentant sa chance dans l'ombre énorme d'Édouard Herriot, cardinal du radicalisme ; le directeur de son cabinet était Raymond Aron, l'un des rares hommes au monde qui ne

---

1. *Antimémoires*, p 136 — Marcel Paul (PCF) était ministre de la Production industrielle.

disaient pas comme Gide que « quand on est devant Malraux, on ne se sent pas très intelligent ». Ils s'étaient connus dès 1927 chez les Halévy; puis à Pontigny, où le jeune Aron, professeur de philosophie, animait brillamment les décades que Paul Desjardins et Charles du Bos confiaient à ses soins. Les livres d'Aron sur la philosophie allemande en avaient fait un maître de la jeune génération. Nous l'avons vu assez lié à Malraux pour lui conseiller à la fin de 1939, de condamner publiquement le pacte germano-soviétique. Et depuis lors, Raymond Aron avait dirigé à Londres — aux côtés d'André Labarthe — la revue *France libre* qui ne pratiquait pas un gaullisme très orthodoxe et qu'abominait le général... Bref, ce ministère ne risquait pas de sombrer dans la somnolence.

Malraux donna le ton quand il eut à paraître devant la Chambre pour défendre son budget :

« Le budget de l'Information avait été soumis au feu des critiques lorsque le ministre, M. Malraux, monta à la tribune pour répondre aux questions... Que disait Malraux? ' Un orateur a parlé d'influences occultes qui s'exerceraient au ministère de l'Information... Eh bien!... oui... Il y a une influence occulte qui s'exerce : c'est celle de la Résistance, dont la presse n'est pas une presse de justice parce qu'elle est une presse de combat. ' Et, à un interrupteur de l'extrême droite qui lui jetait le mot 'liberté' dans les jambes, le ministre répondit : 'La liberté appartient à ceux qui l'ont conquise [1]! »

Bigre! Revoilà le ton de Garine et de Garcia. Mais Monsieur le ministre de l'Information du général de Gaulle n'avait pas tous les jours l'occasion de jouer une scène des *Conquérants*. Ses deux tâches principales consistaient à transmettre à l'opinion publique les décisions et intentions prises ou exprimées en Conseil des ministres — responsabilité simplifiée (ou compliquée, pour lui) par la présence d'un personnage tel que le général de Gaulle, qui n'était pas précisément frappé d'aphasie; et à répartir les rations de papier entre les journaux. A vrai dire, cette deuxième tâche aurait dû en principe l'occuper beaucoup plus que la première. De divers usagers de l'époque, on recueille l'impression qu'il n'y mit ni beaucoup de compétence, ni beaucoup d'application — s'en remettant plutôt à Chaban de ce soin.

1. *Combat*, 1er janvier 1946.

Un peu brimé dans son rôle de porte-parole officiel par son monumental patron, peu attiré par les fonctions distributrices, médiocrement alléché par les contacts parlementaires — mais on le voit, dans la salle des 4 colonnes du Palais-Bourbon, s'entretenir longuement avec Vincent Auriol, augure de la SFIO, qui confie à ses amis : « Je lui donne des conseils [1] » — il trouve certaines consolations en transformant son ministère en l'ébauche de ce que serait treize ans plus tard celui des Affaires culturelles. Il pense déjà aux maisons de la culture (une étude est entamée en janvier 1946) et tente de mettre en application les trois idées qu'il a en tête — si tant est qu'on puisse limiter à une humble trinité les fruits foisonnant de ce cerveau en fusion : la culture populaire par l'image, l'enseignement de masse par la radio, et la généralisation des sondages d'opinion. Ainsi fit-il accorder au sociologue Jean Stoetzel les premiers crédits dégagés en France pour une telle entreprise, et porte-t-il la responsabilité partielle d'une épidémie qui n'a pas fini d'orienter la vie publique de ce pays.

Il suggérait de transformer l'enseignement par le recours systématique à la radio : « — Vous voulez, lui disait Palewski, faire enregistrer le cours d'Alain, et le diffuser dans tous les lycées? — Et remplacer le cours sur la Garonne par un film sur la Garonne. — Mais c'est excellent! Seulement, je crains que vous ne connaissiez pas encore le ministère de l'Éducation nationale... » Cet homme avisé était dans le vrai, et ce n'est pas sous André Malraux — qui n'en avait d'ailleurs ni le devoir, ni le pouvoir — que fut développée cette méthode d'enseignement.

Quant au « musée imaginaire » qu'il voulait créer de l'usine au village en multipliant les reproductions des chefs-d'œuvre selon le procédé de son ami Fautrier, il ne put qu'en donner l'avant-goût. Une première série d'œuvres fut mise en chantier : *le Moulin de la Galette* de Renoir, la *Pieta d'Avignon*, *l'Enseigne de Gersaint* de Watteau, le *Château noir* de Cézanne. Seul le premier fut tiré et reçut un début de diffusion : les visiteurs de la villa d'André Malraux à Boulogne, à partir de 1946, ont vu près de l'entrée la belle reproduction grandeur nature de l'œuvre de Renoir.

Mais c'est la politique qui occupe surtout ce ministre de

1. G. Elgey, *La République des illusions*, p. 38.

l'Information. Il se mêle aux débats sur la Constitution et propose un système de type présidentiel, directement inspiré de celui des États-Unis, sans responsabilité du chef de l'exécutif devant le Parlement[1]. Reçu par lui le 8 janvier 1946, Cyrus Sulzberger, correspondant du *New York Times*, rapporte un entretien où s'exprime avec beaucoup d'audace cet homme qu'il trouve « très sûr de ses opinions » mais dont les informations sur l'histoire contemporaine lui paraissent douteuses (Malraux lui dit avoir connu Tito en Espagne — où le leader yougoslave n'a, semble-t-il, jamais mis les pieds, étant chargé d'organiser en France, à Marseille notamment, le recrutement et l'acheminement des Brigades internationales).

« André Malraux, écrit Sulzberger, le brillant ministre de l'Information de De Gaulle, est extrêmement nerveux et semble plutôt distrait. Il est très mince avec des yeux cernés, le nez et le visage allongés. Il fume des cigarettes américaines l'une sur l'autre, et fait les cent pas sans vouloir s'asseoir. (...) A son avis (...) la puissance des communistes en France est fortement exagérée...

Malraux ne pense pas que les communistes veulent vraiment le pouvoir. Il ne prévoit aucun effort de leur part dans le sens d'un coup d'État. (...) Il s'attend à une crise très grave bien avant mai, date à laquelle la Constitution devra être complétée. Il ne sait pas si de Gaulle démissionnera et s'il créera son propre parti. (...) Pour Malraux, il y a très peu de marxisme dans la France d'aujourd'hui : *l'Humanité* est un journal jacobin militant de gauche qui n'a rien de marxiste[2]. »

« Il ne sait si de Gaulle démissionnera... » C'est peu après que le porte-parole du général allait être informé, car il fut l'un des premiers à connaître la décision annoncée par de Gaulle au gouvernement le dimanche 20 janvier. Malraux présente ainsi les choses :

« Après les conseils des ministres, je restais avec lui, selon l'usage, pour rédiger le communiqué. Un jour[3], pendant que nous descendions l'escalier en faux marbre de l'hôtel Matignon, il me dit :
— Que comptez-vous faire maintenant, à l'Information ?

1. *La République des illusions*, p. 52.
2. Cyrus Sulzberger, *Dans le tourbillon de l'histoire*, p. 251.
3. Le mercredi 9 janvier, probablement.

— Le ministère, mon général : il n'y en a pas. Ce sera terminé dans six semaines.

— Je serai parti[1]. »

Et ce fut, dans la salle des armures du ministère de la rue Saint-Dominique, l'annonce faite aux ministres de son départ. Le seul commentaire immédiat fut celui de Maurice Thorez : « Voilà qui ne manque pas de grandeur », où il ne faudrait pas voir l'hypocrite hommage de la satisfaction, cet homme sagace connaissant fort bien les risques de la situation ainsi créée — pour lui et ses amis comme pour l'ensemble de la collectivité.

La plupart des amis de De Gaulle n'ont pas la même réaction. Malraux et Claude Mauriac, par exemple, déplorent qu'il ait pris congé sur un ton bénisseur et satisfait : « L'ennuyeux n'a pas été son départ, disait quelques jours plus tard André Malraux à son jeune collègue, mais la lettre dont il l'accompagna... ce paragraphe déplorable... Je me suis permis de lui dire que l'homme du 18 juin ne pouvait s'en aller sur une lettre au président Gouin. Il en tomba d'accord, mais rien ne vint [2]... »

Le départ — que de Gaulle croit de pure tactique, persuadé qu'il est qu'on va le rappeler — provoque un séisme politique. Faut-il changer de gouvernement, de régime ? Faut-il tenter simplement de replâtrer en désignant, à la tête d'un ministère à peu près inchangé, un « successeur » à de Gaulle ? Edmond Michelet plaide pour cette formule, pour le maintien de tout le personnel du gouvernement du 21 novembre. Alors Bidault se lève pour dénoncer « Malraux, ce condamné, ce repris de justice [3] ! »

N'ayant évidemment pas balancé pour savoir si le porte-parole du général de Gaulle deviendrait celui de M. Félix Gouin, André Malraux retrouva sa liberté. Son « Moulin de la Galette » roulé sous le bras, il prit le chemin de Boulogne-sur-Seine où il fut d'abord l'hôte, et plus tard le mari de sa belle-sœur Madeleine. Il était à quarante-cinq ans un ministre à la retraite.

---

1. *Antimémoires*, p. 143.
2. *Un autre de Gaulle*, p. 174-175. Dans sa lettre à son successeur, le général de Gaulle avait tracé un tableau idyllique de la situation, assurant que désormais « le train (était) sur les rails » et que, s'il s'en allait, c'était parce que les problèmes les plus graves de la Libération et de la reconstruction étaient résolus...
3. Éd. Michelet, *La Querelle de la fidélité*, p. 80.

29. Croisade dans le métro

Se serait-il résigné, seul en cause? Il a dit qu'il était en art comme on est en religion, et il y a cette *Psychologie de l'art* qui l'attend depuis certain 1er septembre 1939, à Beaulieu-sur-Dordogne. Il tente bien un peu de s'y replonger, mais il y a le « destin historique » de Charles de Gaulle, il y a toute cette constellation autour de lui qui n'est pas encore le parti de Colombey, qui n'est même pas tout à fait celui de Marly (où s'est retiré d'abord le général), car on ne sait pas très bien ce qu'il veut, le « roi en exil ». Il a bien dit ou écrit à quelques amis — Michelet, Rémy Roure, Maurice Schumann — que sa retraite n'aurait qu'un temps et que, dans quelques mois... Mais ceux qui veulent le ramener au pouvoir agissent, ces mois-là, de leur propre chef.

On prête bien des idées et des gestes à Malraux précisément. On lit dans le journal de Claude Mauriac qui ne pêche pas par la méfiance à l'égard de son « héros », en date du 26 février 1946 : « On dit que Malraux aurait de mystérieuses activités. Qui s'étonnera de le voir ajouter un nouveau chapitre à sa biographie...? Ce n'est pas vers la paix que nous allons [1]... »

En fait de « mystérieuses activités » l'auteur de l'*Espoir* participe, dès le lendemain de « l'abdication », à deux types de contacts et de recherches qui font de lui le plus actif peut-être et le plus constant des militants de la restauration, un Cadoudal sans pistolet. Il y a d'abord le « Comité d'études pour le retour du général de Gaulle », où siègent les intellectuels du gaullisme de Raymond Aron à Jacques Soustelle et à Michel Debré, et naturellement Malraux. Et il y a le déjeuner hebdomadaire des « barons », où se retrouvent Gaston Palewski, Christian Fouchet, Jacques Chaban-Delmas, Roger Frey, Foccart, Georges Pompidou, et encore Malraux. Il est de tous les coups,

1. *Un autre de Gaulle*, p. 180.

ancien maquisard et ancien ministre, auteur de *l'Espoir* mais
aussi de *Lunes en papier*...

C'est à cette époque-là que je l'ai pour la première fois rencontré, à la fin de février 1947, à Boulogne. Je rentrais d'un
long séjour en Indochine, et prévenu en ma faveur par son
vieil ami Georges Manue, le visiteur de la Chine du Kuomintang, il m'avait prié de venir, dans la grande villa de Boulogne
où rayonnait « Le Moulin de la Galette », lui parler de
ce qui se passait à Hanoï et à Saigon. C'est lui qui parla.
D'Indochine. Et sous l'angle stratégique, surtout. Il évoqua
la nécessaire réforme agraire, et la priorité à donner aux problèmes du niveau de vie paysan. Mais il suggérait aussi le
regroupement de tout le corps expéditionnaire sur les ports
(Haiphong, Tourane, Cam-Ragn, Saigon, Cap Saint-Jacques)
d'où l'on dirait au Vietminh : « Messieurs, nous tenons ça.
Venez nous chercher, ou négocions... » Thèse que soutenaient
alors, ou allaient bientôt soutenir, Pierre Mendès France et
François Mitterrand. L'homme de 1925 n'était pas complètement oublié.

Mais de Gaulle dans la pénombre l'envoûte de plus en plus.
Écoutons-le un peu plus tard (mars 1946) se confiant à Claude
Mauriac : « J'ai connu un nombre relativement élevé d'hommes d'État mais aucun — et de loin — qui ait sa grandeur...
Il est déplorable que de Gaulle ait cristallisé contre lui toutes
les forces de gauche. Tout cela ne serait peut-être pas arrivé
si je l'avais rencontré plus tôt. La grande faiblesse de ce grand
esprit est là... Je crois être arrivé à lui faire accepter cette idée
que Saint-Just avait, autant que Thiers[1], le sens de la grandeur
française... Cela dit, il importe de ne pas être avec le prolétariat
si le prolétariat se trompe... En cas de guerre trois mille parachutistes soviétiques tomberaient sur Saint-Denis... Mais un
occupant est toujours un occupant... »

Et Claude Mauriac d'ajouter ce commentaire : « Jamais
sans doute il ne fut plus engagé. Jamais il n'accepta les risques
de l'aventure avec autant de calme. La valeur de la cause qu'il
a choisie lui paraît-elle moins importante (comme à Garine)
que le combat qu'elle exige ?... Cela dit, il ne complote pas
et n'en a guère envie. Tant que de Gaulle n'a pas rompu son

---

1. C'est le moins que l'on puisse dire, surtout quand on est Malraux...
Faut-il y faire la part de l'ironie ?

silence, dit-il, il est du devoir des siens — particulièrement de ses anciens ministres — de se taire [1]... »

Le silence, le général de Gaulle va — tant bien que mal — le garder cinq mois, rongeant son frein et se refusant à désavouer l'initiative de René Capitant qui a pris sur lui de créer l' « Union gaulliste ». Le général n'y tient plus. « Devrai-je, lance-t-il à la cantonade, attendre que la France soit morte pour la sauver ? » Au cours de cette période, tant à Marly qu'à Colombey, on voit peu Malraux, qui travaille à son essai sur l'art, et publie son *Esquisse d'une psychologie du cinéma* et ses *Scènes choisies*, où il fait place à deux larges extraits du *Temps du mépris* — comme pour réhabiliter ce livre qu'il affecte de dédaigner, et peut-être aussi pour montrer que si sa stratégie politique a changé, il n'a pas abjuré l'essentiel de ses idées.

Le 4 novembre 1946, dans la grande salle de la Sorbonne où siégeait en séance solennelle l'UNESCO naissante, l'occasion lui était donnée de lancer au monde un message où cet internationaliste mué en nationaliste parlait soudain un langage passionnément européen. C'est un beau discours. Mais combien défensif, et pessimiste dans sa fermeté, s'agissant de l'auteur de *l'Espoir* qui combattait pour des valeurs universelles :

« L'homme est rongé par les masses, comme il l'a été par l'individu. L'individu et les masses posent de la même façon les problèmes là où ils ne sont pas... Il n'appartient peut-être pas à l'individu lui-même, mais il appartient à chacun de nous de faire l'homme avec les moyens qu'il a et le premier, c'est d'essayer de le concevoir.

A l'heure actuelle, que sont les valeurs de l'Occident ? Nous en avons assez vu pour savoir que ce n'est certainement ni le rationalisme ni le progrès. L'optimisme, la foi dans le progrès sont des valeurs américaines et russes plus qu'européennes. La première valeur européenne, c'est la volonté de conscience. La seconde, c'est la volonté de découverte. C'est cette succession des formes que nous avons vues dans la peinture. C'est cette lutte permanente de la psychologie contre la logique que nous avons vue dans le roman et que nous voyons dans les formes de l'esprit. C'est le refus d'accepter comme un dogme

1. *Un autre de Gaulle*, p. 174-177.

une forme imposée, parce que, après tout, il est tout de même arrivé que des navigateurs aient découvert des perroquets, mais il n'est pas encore arrivé que des perroquets aient découvert des navigateurs. [...]

L'art de l'Europe n'est pas un héritage, c'est un système de volonté... Nous ne sommes pas sur un terrain de mort. Nous sommes au point crucial où la volonté européenne doit se souvenir que tout grand héritier ignore ou dilapide les objets de son héritage, et n'hérite vraiment que l'intelligence et la force. L'héritier du christianisme heureux, c'est Pascal. L'héritage de l'Europe, c'est l'humanisme tragique... »

Mais voilà que s'approche l'heure du nouveau choix. L'homme de Colombey a mis au point une stratégie de « 2 décembre sans les moyens du 2 décembre » qui doit le ramener au pouvoir, soit par la voie légale — il compte pour cela sur le référendum constitutionnel qui lui paraît devoir sonner le glas du « régime des partis » — soit par une voie... moins légale.

L'opération se fera en deux fois deux temps. Les deux premiers se situent en 1946. Il s'agit de bloquer l'adoption d'une constitution qui ferait gouverner la France par une « convention » du type de celle de l'an I. Pour l'éviter, le général de Gaulle prend la parole à Bayeux d'abord (juin) puis à Épinal (septembre). La première fois, son plaidoyer pour une république musclée, dotée d'un exécutif puissant (c'est déjà le visage de la Ve République) contribue à faire « capoter » le projet gouvernemental. Mais la seconde fois, il ne peut parvenir à couper la route à ses successeurs. Un projet instituant la « souveraineté parlementaire » est adopté le 13 octobre. Les voies de la stricte légalité sont fermées.

Alors s'amorce la deuxième opération, celle pour laquelle on va voir reparaître Malraux. Cyrus Sulzberger lui rend de nouveau visite le 21 février 1947, à Boulogne. Il le trouve plus nerveux encore que la première fois, allumant une cigarette à l'autre et faisant « toutes sortes de bruits étranges », et n'ayant pas le temps de travailler à son « histoire de l'art » parce que « ce n'est pas une époque pour ça ».

Le visiteur, qui juge Malraux « très proche de De Gaulle », et exerçant « une grande influence » sur le général, cite de lui des propos fort optimistes : la pression de l'opinion publique forcera le président de la République à confier la présidence du Conseil à de Gaulle, qui n'acceptera qu'à condition d'exercer les pleins pouvoirs pendant deux ans. Un référendum pour une constitution nouvelle sera soumis au peuple français : si de Gaulle l'emporte, il « prendra le pouvoir en dictateur ». Malraux ajoute que de Gaulle a plus de chance de prendre le pouvoir que les communistes, parce que la conquête du pouvoir en France par les communistes déclencherait la guerre mondiale et que « la Russie n'est pas prête ».

Pour ces raisons, ou pour d'autres, l'ancien ministre de l'Information n'est pas alors de ceux qui poussent à la création rapide d'un grand parti gaulliste et serait plutôt de ceux, avec Claude Mauriac, (auquel il le dit en tout cas) qui s'efforcent de modérer l'impatience du général. Mais si dans le discours de Bruneval (30 mars 1947), de Gaulle ne proclame pas clairement sa décision de constituer un parti, il assure que « le jour va venir où, rejetant les jeux stériles et réformant le cadre mal bâti où s'égare la nation et se disqualifie l'État, la masse immense des Français se rassemblera sur la France [1] ».

Et huit jours plus tard, c'est le passage du Rubicon. A Strasbourg — pour Malraux la ville symbolique entre toutes — le 7 avril, Charles de Gaulle annonce la fondation du « Rassemblement du peuple français ». Malraux est sur le balcon de l'hôtel de ville aux côtés de Soustelle, derrière le général qui clame : « La République que nous avons fait sortir du tombeau où l'avait d'abord ensevelie le désespoir national... sera l'efficience, la concorde et la liberté ou bien elle ne sera rien qu'impuissance et désillusion en attendant, soit de disparaître de noyautage en noyautage sous une certaine dictature, soit de perdre dans l'anarchie jusqu'à l'indépendance de la France... Il est temps que se forme et s'organise le Rassemblement du peuple français qui, dans le cadre des lois, va promouvoir et faire triompher, par-dessus les différences des opinions, le grand effort de salut commun et la réforme profonde de l'État. Ainsi, demain, dans l'accord des actes et des volontés, la République française construira la France nouvelle [2]. »

« Noyautage », « certaine dictature » : de Gaulle a choisi sa cible. En naissant, le RPF s'affirme pour ce qu'il est, un

1. *Discours et Messages*, tome II, p. 46.
2. *Ibid.*, tome II, p. 54-55.

contre-feu anticommuniste. Malraux qui a accepté la charge
de délégué à la propagande — ce mot, quand on est allé en
janvier 1934 à Berlin ! — ne s'en défend pas. Il a inventé une
formule : « Avant on se définissait par rapport aux communistes. Désormais, on se définira par rapport au RPF », qui
ne fait que présenter cette vérité sous un autre jour. Mais il
ne trouve pas grand-chose à répondre à Claude Mauriac qui
lui objecte alors que ce que le peuple français a de plus vrai
et de plus généreux n'est pas de ce bord-là...

Le climat que crée et entretient de Gaulle, non seulement
à l'usage de ses fidèles, mais dans toutes ses interventions publiques de ces années 1947-1953, c'est celui du désastre planétaire.
La guerre est certaine, inévitable, mathématiquement... La
France est perdue — sauf si le général revient à la barre, et
ne sera-t-il pas trop tard ? C'est le catastrophisme à l'état pur,
au surplus sincère chez de Gaulle. Et aussi chez Malraux. Tous
les entretiens du général avec Claude Mauriac, témoin fidèle
entre tous de l'évolution de sa pensée à la fin des années quarante, sont emplis de ce mélange de mépris actif et de pessimisme massif — auquel Malraux apporte la touche de son
pathos et son frémissement personnel : l'esthétique de l'Apocalypse.

Le voilà donc « compagnon » — c'est ainsi que de Gaulle
a choisi de nommer ses partisans (dans un style vaguement
quarante-huitard) — chargé de la « propagande », porté par
une masse surgie à 20 % de travailleurs et d'employés déçus
ou effrayés par les communistes, et à 80 % du vieux vichysme,
alliance de la bourgeoisie apeurée et du nationalisme, cette
valeur « fermée » qu'il a si souvent et brutalement condamnée.
Il ne s'y sent pas tellement à l'aise, d'abord : six semaines plus
tard, à Bordeaux, où le général est venu parler de l'Union
française devant les électeurs de Philippe Henriot, on le voit
interpeller François Mauriac avec une passion contenue et,
rapporte Claude, « le supplier, lui Mauriac, de rester sur la
gauche du Rassemblement où l'on a tellement besoin de lui.
Quand on pense d'où vient Malraux, et d'où mon père [1]... ».

Quelques instants plus tard, avant d'aller écouter Malraux,
dans le salon de l'hôtel Splendide, tracer pour un ami et moi
un éblouissant parallèle entre Richelieu et Staline qui ne visait

---

1. *Un autre de Gaulle*, p. 284.

qu'à peindre de Gaulle, j'entendais François Mauriac glisser
dans un gémissement de rire et de soie froissée : « Et dire que
me voilà maintenant à la gauche de Malraux! »

Mais qu'était-il lui-même, Malraux, au sein du RPF? Comment voyait-il le mouvement, et son propre rôle? On a souvent
cité sa formule « le RPF, c'est le métro », qui ne tend pas à signi-
fier que cette organisation menait une action souterraine, ni
que son pilotage excluait toute souplesse dans l'orientation,
mais que ses composantes étaient celles des classes moyennes
et du salariat, des employés, des ouvriers, des petits cadres.
C'était peut-être vrai du public des meetings qui se pressait
devant l'estrade d'où les haranguaient Malraux et le général
de Gaulle. Ce n'était pas vrai des cadres du parti qui, à trois
ou quatre personnages près — Vallon, Morandat, Capitant —
étaient par leurs idées, leur comportement, leur style, leurs
clientèles, ceux d'un parti de droite traditionnel enrichi d'un
apport : celui des « chevaliers de la table ronde » du gaullisme
combattant.

On ne saurait dire que, pendant les deux années où il prit
une part active au mouvement — du printemps 1947 à l'été
1949 — André Malraux fut un personnage isolé et incongru au
sein du premier et seul parti auquel il ait jamais appartenu [1].
Le « délégué à la propagande » était directement branché sur le
général de Gaulle qui avait, dès le 14 avril, revendiqué haute-
ment la direction et la responsabilité totale du mouvement, se
mêlant de très près à la marche des affaires, de son bureau de la
rue de Solférino.

Installé au début de 1948 dans un immeuble proche de l'Opéra,
19, boulevard des Capucines, Malraux y était assidu — entouré
d'une équipe importante dont les deux principaux personnages
étaient Christian Fouchet et Diomède Catroux, neveu du général
(qui lui, se retirera bientôt d'un mouvement qu'il trouve beaucoup
trop réactionnaire). Chacun, autour de lui, l'appelait familière-
ment « André », des secrétaires aux notables. Il avait réussi à
créer là un air de fraternité qu'il finit par prendre pour la fraternité elle-même; et peut-être, dans l'appartement du boulevard des Capucines, se crut-il revenu parfois au temps de l'escadrille et de Raymond Maréchal...

1. Son nom figure sur toutes les listes des comités fondateurs et directeurs.

La « propagande » s'exprime d'abord par un bulletin intitulé *l'Étincelle* — titre que l'auteur de *l'Espoir* aurait dû avoir quelque gêne à emprunter au journal de Lénine... Mais bientôt on jugea cet organe un peu léger, en dépit de son titre et on créa un hebdomadaire, *le Rassemblement*, dont la direction fut confiée à trois journalistes venus de *Combat*[1], Albert Ollivier, Jean Chauveau et Pascal Pia. Les deux premiers étaient des gaullistes déclarés, très proches des milieux dirigeants du RPF. Le troisième était, on le sait, un ami de jeunesse de Malraux, doté d'une admirable culture, d'un génie sans égal de la mystification, et d'une rigoureuse absence de sens politique. Tous trois avaient contribué, avec Camus et Aron, à faire de *Combat* le meilleur journal français de l'immédiate après-guerre. Le *Rassemblement* n'en fut pas meilleur pour cela — et reste à coup sûr dans la carrière de ces hommes de talent un souvenir gênant.

Moins décevante pour Malraux — et pour ceux qui attachent du prix à ce qu'il fait et à ce qu'il écrit — fut la revue *Liberté de l'esprit*, que fonda avec lui Claude Mauriac, un an plus tard. Il y publia son *Démon de l'absolu* et des articles de Gaëtan Picon, Max-Pol Fouchet, Francis Ponge... Mais les bons textes que diffusa cette revue qui se voulait ouverte à « toutes les bonnes volontés » (où se situe, où s'arrête la « bonne volonté », concept en forme de poire blette?) ne la sauvèrent pas d'un naufrage précoce : elle sombre trois ans après son lancement. Le RPF, il est vrai, n'était guère plus valide, et Malraux revenu déjà à ses livres.

« Propagande »? Le RPF, ce fut d'abord un grand — ou plutôt un gros — spectacle : André Malraux met en scène Charles de Gaulle. Des comparaisons viennent à l'esprit — Eisenstein et Alexandre Nevski... Mais le grand metteur en scène fait toujours mieux de s'en tenir aux morts. Pour les vivants, il risque de tomber dans le genre triomphe de Pompée ou le style mussolinien.

Trois années durant, Charles de Gaulle fut un immense druide gaulois opposant aux Tartares et aux ilotes du système une haute silhouette éclairée et une grande voie sonorisée par les soins du cinéaste de *l'Espoir*. Musiques, lumières,

---

1. Passé quelque temps plus tôt aux mains d'une équipe de gauche dirigée par Claude Bourdet.

plans d'eau, foules dans la pénombre criant leur attente et leur colère, podiums drapés de tricolore et balcons surplombant les masses houleuses, services d'ordre musclés et slogans sommaires, tout fut fait pour que le grand cérémonial revêtît le caractère sacré, militant et sonore qui permet de mettre les foules en condition et de tirer d'elles le rendement le plus intense. Vers quoi?

Il y a deux niveaux d'interprétation du RPF et du rôle qu'y joua Malraux. Prenons d'abord le plan élevé. Il s'exprime dans un long entretien qu'eurent James Burnham et André Malraux [1] en février 1948. A l'ancien militant trotskyste devenu avec son *Ère des organisateurs*, le prophète de ce qu'on appellera vingt ans plus tard la techno-bureaucratie, l'auteur du *Temps du mépris* donne cette définition du « gaullisme » en 1948 :

« Ce que veut d'abord le gaullisme, c'est rendre à la France une architecture et une efficacité. Nous n'affirmons pas que nous y parviendrons mais nous affirmons de la façon la plus ferme que nos adversaires n'y parviendront pas. N'oubliez pas que le gaullisme n'est pas une théorie comme le marxisme ou même le fascisme, c'est un mouvement de salut public...

Il n'y a pas de démocratie véritable là où existe un parti communiste puissant. (...) Il n'y avait aucune nécessité pour que Staline lançât en 1944 son parti contre le relèvement de la France. Aujourd'hui, une France qui se relève ne peut qu'être entraînée dans l'orbite des Anglo-Saxons, notamment des États-Unis. Il est donc indispensable pour les Russes que la France ne se relève pas... »

D'où la nécessité de museler, par des moyens qui ne peuvent être ceux de la « démocratie véritable », et en vue du « salut public », ce parti qui s'oppose au relèvement de la France.

Sur un ton plus strident, il s'adresse le 5 mars suivant « aux intellectuels » — de gauche, bien sûr — qui en ce temps-là le harcèlent, le dénoncent, le traitent de transfuge quand ce n'est pas de fasciste — et qui, venus nombreux salle Pleyel pour le chahuter et le contredire, ont entendu sinon écouté son apostrophe [2]. Dénonçant les « mystifications » staliniennes

1. Dont les fragments furent publiés dans *le Rassemblement* et dans *Carrefour* (mars 1948).
2. Dont il a fait la postface des *Conquérants* (éd. de poche).

et les procès d'« abjuration » faits à lui et à presque tous ses compagnons des luttes antifascistes de 1933 à 1939, Malraux lançait :

« ... Il n'était pas entendu que les lendemains qui chantent seraient ce long hululement qui monte de la Caspienne à la mer Blanche, et que leur chant serait le chant des bagnards. (...) Nous sommes à cette tribune et nous n'y renions pas l'Espagne. Qu'y monte un jour un stalinien pour défendre Trotsky!... Il fut difficile il y a quelques années de nier que Trotsky ait fait l'Armée rouge : pour que *l'Humanité* soit pleinement efficace, il faut que le lecteur ne puisse pas lire un journal opposé. (...) Il n'y a pas de marges : et c'est pourquoi le désaccord, même partiel, d'un artiste avec le système, le conduit à une abjuration.
Alors se pose notre problème essentiel : comment empêcher les techniques psychologiques de détruire la qualité de l'esprit? (...) A peu près tous, vous êtes, dans le domaine de l'esprit, des libéraux. Pour nous, la garantie de la liberté politique et de la liberté de l'esprit n'est pas dans le libéralisme politique, condamné à mort dès qu'il a les staliniens en face de lui : la garantie de la liberté, c'est la force de l'État au service de tous les citoyens. »

La véhémence du ton lui est naturelle : il y a des gens qui commandent leur petit déjeuner de la voix de Cassandre. Mais cette véhémence s'accroît de la vision catastrophique des choses qui est alors celle du général et la sienne — et aussi du procès qui lui est fait par la plupart de ceux qui sont ou devraient, selon lui, être ses amis.

Quelques jours plus tôt, le 18 février 1948, il avait pris la parole pour la deuxième fois au Vélodrome d'Hiver, et nous étions nombreux qui, ayant manqué le meeting de juillet 1947 où il avait mis au point son extraordinaire morceau d'apocalypse verbale, n'avaient pas voulu manquer cette transe-là. Nous l'avions vu surgissant, savamment hagard sous les projecteurs, Œdipe à l'œil encore ouvert mais au front presque fracassé par l'histoire et prêt quand même à affronter le destin cruel, une main allégoriquement posée sur l'épaule de De Gaulle-Antigone, à moins qu'il ne fût lui l'Antigone du héros... Le chant s'éleva. Il y était question des roseaux qui poussent dans les bassins du parc de Versailles, de Goya et de Sade, des Tartares, de Piero della Francesca et de Tolstoï. On ne savait trop s'il fallait s'abandonner au flot, s'inquiéter du déferlement, admirer...

François Mauriac, menton dans le poing gauche, prenait des notes : « le voici parvenu, ce fils de l'aventure, au même point que (Barrès) le grand bourgeois sédentaire : à l'appel au soldat... C'est contre le formidable Staline qu'il mène sa partie, ce David sans âge. Il se bat contre Staline beaucoup plus qu'il ne se bat pour de Gaulle. Dirai-je le fond de ma pensée : je crois à André Malraux assez de superbe pour qu'il considère Charles de Gaulle comme une carte de son propre jeu... » Et de conclure ainsi cet article intitulé « La vie d'un joueur » : « Il ne se sent vivre que dans ces brefs instants où il lui est donné de jouer à quitte ou double son destin[1]. »

Un tribunal s'assemble alors pour lui. Sous le titre « Interrogation à Malraux », la revue d'Emmanuel Mounier *Esprit* allait publier, en octobre 1948, l'un des plus passionnants dossiers critiques qui aient jamais été consacrés à l'auteur de *la Condition humaine*. Le thème est bien sûr : pourquoi le combattant antifasciste de 1936 est-il engagé dans ce combat, dans ce mouvement que personne (presque personne...) ne qualifie là de fasciste, mais dont les relents offusquent l'odorat, très sensible en l'espèce, de Mounier et de ses amis ?

La parole est certes donnée à des amis de Malraux, à Gaëtan Picon, par exemple, qui fait fermement valoir que l'auteur de *l'Espoir*, ami (mais non otage) des communistes puis fidèle à eux du temps qu'ils étaient pourchassés, n'avait choisi de s'opposer à eux que depuis qu'ils tendaient à l'hégémonie. Roger Stéphane, quant à lui, cite le propos que lui a tenu trois ans plus tôt le chef de la brigade Alsace-Lorraine : « Quand on a écrit ce que j'ai écrit, on ne peut pas être fasciste... »

Mais il y a d'autres regards, plus fouailleurs. On en retiendra deux. Celui d'Albert Béguin, d'abord, pour qui Malraux « ... rallié à une doctrine d'autorité (...) est dans la logique de son pessimisme. Ses adversaires politiques attribuent son choix actuel à une reviviscence de romantisme héroïque et à un appétit de pouvoir. C'est méconnaître à la fois la très réelle grandeur de Malraux et le tragique de son problème

---

1. *Le Figaro*, 19 février 1948 : « Quel bel article a écrit votre père! », disait le lendemain de Gaulle à Claude Mauriac...

personnel. Non pas que le goût romantique de l'aventure lui soit étranger et pas davantage le désir d'agir sur les foules, de régner sur les esprits. Mais Malraux n'est pas un ambitieux vulgaire. Car il est, en un sens, le seul authentique fasciste français. Car, dans ce pays où on appelle fascistes les réactionnaires, les conservateurs, les esprits immobiles, il est à peu près seul à avoir suivi la voie classique qui mène au fascisme : la voie du révolutionnaire, demeuré révolutionnaire, mais qui, par expérience de l'échec ou par propension innée, en vient à désespérer des hommes ».

Emmanuel Mounier est moins cruel. Il intitule son essai : « Malraux ou l'impossible déchéance. » Et il écrit : « Si Malraux, comme il le dit à tout venant, et comme la hauteur de son œuvre nous incline à le croire, reste en lui-même fidèle à toute sa foi passée, on imagine qu'il ne se donne pas aujourd'hui une position commode. S'il pense réellement triompher par la seule dureté de son énergie solitaire, des médiocrités accumulées dans ces rassemblements de déroute que la petite bourgeoisie européenne, à bout d'invention et de vitalité, prend pour des marches héroïques, on ne peut contester qu'il continue de battre les frontières de l'impossible. Mais si cette hypothèse est juste qui sauve Malraux de la déchéance et de la facilité, ne trouverait-il pas dans ce paradoxe de l'action, dans cette ellipse obscure et lyrique de la révolution à la conservation, un aliment à son vieux goût du paroxysme et de l'absurde? L'illusion lyrique a plusieurs visages. A entendre parfois l'inquiétant pathos qui fuse de ses déclarations publiques, on se demande avec angoisse si quelque alliance obscure de ferveur inoccupée et de désespoir invaincu ne s'apprête pas à jeter les forces vives de *l'Espoir* à l'Europe frileuse des conjurés de la peur. »

Commentant dans *Action* ces lignes de Mounier, Pierre Hervé écrivait ceci, qui donne le ton d'époque des porte-parole du PCF, bien changé depuis celui du congrès du MLN :

« On se demande en vérité pourquoi Mounier cherche midi à quatorze heures avec une telle obstination. Qui a jamais dit ou pensé que Malraux est, littéralement parlant, conservateur ou réactionnaire? Il est fasciste. Entendez-vous Mounier? Fasciste! ... Pourquoi omettez-vous l'essentiel? Le fascisme et sa terreur, ses camps de concentration et ses tueurs? »

La peur? C'est vrai qu'elle est alors au centre de tout et que l'on pourrait aisément définir par elle — par celle qui l'inspira comme par celle qu'il inspira — le RPF. Un romau de Graham Greene s'intitule *le Ministère de la peur.* C'est celui qu'exerça cet étrange et banal Rassemblement.

La panique! tel fut le climat de l'époque de cette année 1947-1948 que de Gaulle et Malraux choisirent pour reprendre les accents de juin 1940, face à la grande peur que suscita le communisme — l'Armée rouge aussi bien que le PCF. On ne comprend rien à l'incroyable aventure du RPF si l'on ne tente de se situer dans le climat de l'époque, celui de la rupture entre l'Est et l'Ouest, de la naissance de la guerre froide, du coup de Prague, de la signature du Pacte atlantique, des procès — assassinats dans les démocraties populaires (ceux de Petkov, de Rajk, de Slansky), purges monstrueuses qui visent notamment les anciens combattants d'Espagne.

C'est l'époque où les livres de Koestler, de Kravchenko, et, sur un registre plus haut, plus pur, de Margarete Buber-Neumann donnent sur la justice et le régime concentrationnaire soviétique des indications souvent polémiques, parfois calomnieuses, mais qui évoquent tragiquement celles qu'ont rapportées deux ans plus tôt les rescapés des camps nazis, et alimentent la fièvre anticommuniste du public bien-pensant.

C'est l'époque où, à la Chambre des députés, M. Jacques Duclos accueille M. Robert Schuman, chef du gouvernement, au cri de « Voilà le boche! » et où ses camarades hurlent « Heil Hitler! » quand M. Jules Moch paraît dans l'hémicycle. C'est l'époque où la moitié des intellectuels français traitent de « rats visqueux » ceux qui mettent un tant soit peu en doute les vertus démocratiques et le génie esthétique de Joseph Vissarionovitch, dit Staline. Un temps de guerre de religions. Alors quand paraissait sur l'estrade, là-haut, dans la lumière et la rumeur, l'immense personnage qui clamait : « Les Cosaques ne sont qu'à deux étapes du Tour de France cycliste! », le bon peuple frissonnait...

Alors Malraux se crut vraiment un membre ressuscité du Comité de salut public. Quand il parle de l' « intérêt général » qui doit dans son esprit se substituer à l'idée de lutte de classes, c'est en pensant — et en se référant expressément à Robespierre. Il avait d'ailleurs eu l'idée de lancer des campagnes sous le vocable du salut public, incitant d'abord les citoyens à participer à ce « salut » en achetant des timbres à l'effigie du général — une idée plutôt digne d'un sénateur MRP

formé par le scoutisme. Mais il a d'autres visées, d'autres
visions, qu'il confie volontiers aux journalistes anglo-saxons.

Le 13 janvier 1948, par exemple, il reçoit Cyrus Sulzberger
pour lui dire que les communistes « vont tenter une insurrection en Italie et en France entre le 20 février et le 1er mars
et désorganiser la production par une série de grèves et d'incidents qui durera quatre mois. Ils commenceront par faire
dérailler un grand nombre de trains durant les cinq premiers
jours pour provoquer une pénurie de matières premières et
tenteront également une série d'assassinats politiques ». Malraux précisait à l'usage de son interlocuteur américain que
leurs « troupes de choc » comptaient plus de quatre-vingt
mille hommes organisés mais que le Rassemblement gaulliste possédait lui aussi une armée particulière [1].

Quelques jours plus tard, il s'adresse à plusieurs correspondants britanniques, dont Nora Beloff. Bien qu'elle écrive
ses souvenirs vingt ans après, elle reste frappée par ce qu'il
dit, et le ton sur lequel il le dit, parlant d'une « réorganisation
de la résistance » contre le communisme, d'un « retour au
maquis ». Il avait fait installer un tableau noir et y fit un véritable « Kriegspiel » à coups de flèches et de points d'appui.
« Il semblait au bord de l'hystérie » indique la correspon-
dante de l'*Observer* — un journal peu sympathique au RPF,
il est vrai, mais où l'on est sensible au passé de Malraux [2].

Un passé où les préoccupations anticolonialistes paraissent être rentrées, comme dans la nuit. Alors que le général
Catroux quittait le mouvement pour ne pas s'associer à une
politique strictement impériale — de Gaulle soutient à fond
la guerre d'Indochine, ayant pris parti pour le « jusqu'aubou-
tiste » d'Argenlieu contre le conciliateur Leclerc — on ne
relève aucune objection à ces aberrations chez Malraux. C'est
dans les *Antimémoires*, pas dans *le Rassemblement*, hélas,
que l'on trouve des perspectives évolutives. Le « délégué à
la propagande » ne tente pas même de faire prévaloir les vues
tactiquement modérées qu'il formulait devant moi à la veille
de la création du RPF et met son talent, son nom, sa gloire
au service de la guerre faite au peuple indochinois — reniant
le jeune homme de 1925.

1. *Op. cit.*, p. 262. Ces « informations », Malraux les donna de nouveau
à la tribune du Vel d'Hiv.
2. *I was there*, p. 64-65.

Tragiquement conformiste sur ce point[1], fut-il un isolé sur d'autres? On parle souvent de la coexistence au sein du RPF d'un courant légaliste exprimé par Soustelle, et d'un courant insurrectionnel incarné par Malraux. Arbitrant ce débat, de Gaulle, homme d'autorité mais pas « de coup d'État », laissa finalement les gros l'emporter sur les maigres, et Soustelle se glisser dans les allées du pouvoir parlementaire. Ce n'est pas par hasard que Malraux refusa toujours d'être candidat au Parlement[2]. Mais que Malraux fût plus illégaliste que ses « compagnons », Gaston Palewski le conteste aujourd'hui : « Moi, vous savez, je conseillais au général, dont le frère venait d'être élu président du Conseil municipal de Paris, de s'installer à l'Hôtel de Ville... Ce qui ne se serait pas passé sans quelques remous[3]. »

Ce que l'on peut assurer, en tout cas, c'est qu'André Malraux vit sa participation au RPF comme un « match » contre les communistes, dans le double sens de défi moral et d'affrontement physique. D'aucun de ses « compagnons » il n'a parlé avec autant de chaleur que des chefs de « service d'ordre » très musclé, de Dominique Ponchardier notamment. Un curieux livre rend compte de cet aspect des choses. Intitulé *Croisade à coups de poings*[4] il a été écrit par un de ses anciens gardes du corps, René Serre. Il faut le feuilleter. A la page 135, par exemple, l'auteur nous emmène en 1948 à Marseille où, au cours des assises du RPF, les communistes, puissamment organisés dans les Bouches-du-Rhône, tentent de saboter un meeting :

« Le gaullisme est une école d'énergie! », cria André Malraux. Ces paroles marquèrent le début de la bagarre. Les coups de sifflet et les projectiles qui avaient émaillé les discours des précédents orateurs étaient oubliés. Maintenant, cela bardait... J'empoignai le chef du S.O.[5] communiste et je terminai rapidement ce duel d'homme à homme, de bagarreurs de profession, d'une solide droite... Un second assaillant m'expédia un violent coup de pied au point généralement

---

1. Entre 1948 et 1953.
2. Le général, l'y ayant invité, et s'étant vu opposer un refus catégorique, lui fit parvenir un mot : « Toujours Brutus l'emporte sur César... »
3. Entretien de Gaston Palewski avec l'auteur, 23 novembre 1972.
4. P. 135-136.
5. Service d'ordre...

le plus sensible du corps humain. J'encaissai le coup, le sourire aux lèvres. La coquille du boxeur jouait son rôle. Dérouté et stupéfait, le communiste décida que le plus simple était de détaler, ce qu'il fit, accompagné d'une partie de ma chaussure... » C'est alors que Malraux clame : « Nous avons rendu à ce pays un certain nombre d'idées dont il avait besoin! »

On peut préférer les combats au-dessus de Teruel.

A l'occasion de ces assises marseillaises, en tout cas, l'ancien combattant de l'antifascisme trouva son plus grand triomphe d'orateur. Ce fut le discours type de son époque RPF, celui où Malraux égrena tous les *leitmotive* qui, du Vel d'Hiv à Nancy, ponctuaient ses harangues — à ceci près que la débauche d'esthétisme qui les rendait souvent inaccessibles à un large public est réduite ici au minimum.

Il attaque sur le thème de la propagande « qui n'est ni une technique, ni une astuce », et dont il voudrait « proscrire jusqu'au mot » (que ne le fait-il?).

« Notre propagande, c'est cette affiche jadis dessinée par Rodin, cette République qui hurle son espoir dans le destin de la France sur tous les murs de la ville. Affiche bien inutilement lacérée! Il n'y a pas de meilleures affiches que les affiches lacérées! Il n'y a pas de plus beaux visages que les visages qui portent des blessures! »

Puis vient le couplet anticommuniste :

« Il n'y a pas de démocratie là où quelqu'un triche. Flanquer des coups de pied dans les jeux d'échecs n'est pas une façon particulière de jouer aux échecs. Il n'y a pas de libre jeu avec les staliniens dont l'unique intention est de brouiller les cartes et de faire que le jeu pseudo-démocratique soit orienté en France par l'intérêt exclusif de la Russie ! »

Troisième thème : celui de « contenu idéologique » de la campagne gaulliste :

« Nous avons ensuite et pour la première fois, donné un contenu sérieux à l'idée d'intérêt général : d'une part un arbitrage puissant et d'autre part un amalgame réel dans lequel la nation se reconnaisse... Cette idée d'intérêt général sur laquelle se fondera la France, elle a été rapportée par nous dans un pays qui l'avait oubliée depuis la mort de Hoche et la mort de Saint-Just. »

Enfin le grand morceau incantatoire :

« Ce grand corps de la France qui tâtonne dans l'ombre et que regarde tâtonner le monde si souvent fasciné par lui, il vous est donné de le relever de vos mains périssables... La France est semblable à ces grandes statues de fer enfouies après le passage des conquérants antiques et que soudain, quand passent les cataclysmes, déterre un coup de foudre. Celle-ci a été tragiquement déterrée... »

Sa conclusion? La veille, le général lui avait demandé : « Qu'allez-vous dire? » Et Malraux : « Je vais leur parler de la chevalerie! » Alors le général, dans une moue sceptique : « Essayez, essayez... » Cet essai, voilà ce qu'il fut, dans un hourvari d'acclamations :

« Au nom de vous tous, mes compagnons de la propagande, je veux répéter ce que nous nous sommes efforcés pendant toute cette année de faire comprendre à la France : c'est que l'homme qui va parler est pour nous d'abord l'homme qui, sur le terrible sommeil de ce pays, en maintint l'honneur comme un invincible songe; mais aussi le seul dont depuis des siècles, la France ait pu dire, pendant des années, par-delà les passions misérables que nous entendons gargouiller aujourd'hui : ' Il n'est si pauvre fileuse en France qui n'eût filé pour payer sa rançon [1]! ' »

L'éloquence de Malraux... La lecture des *Oraisons funèbres* des années 60, la connaissance des textes écrits pour Jean Moulin ou Georges Braque peuvent donner l'impression d'un orateur du grand siècle qui aurait rêvé à Lautréamont et travaillé la diction avec Sarah Bernhardt. Mais l'orateur du Rassemblement était tout autre — semblable au moins sur un point à celui du Front populaire. Rien d'écrit. Pas de plan. Quelques phrases d'appui — slogans héroïques ou mots d'auteur — servent de *leitmotive* au discours. Ayant en tête ce bagage, son parallèle entre Goya et le Grand Turc, entre le Marquis de Sade et Maurice Thorez, entre les cathédrales et les abattoirs de Chicago, ou comme ici entre de Gaulle et le roi François, le voilà parti : le chant s'élève, appelle le chant — et dans

---

1. *Le Rassemblement*, 24 avril 1948.

la pénombre, des milliers de visages effarés boivent ce philtre
à tout hasard, drogués.

Qu'un journaliste, arrivé après le début du discours, vienne
trouver l'un des collaborateurs du « gars Dédé » — ainsi
qu'affecte volontiers de l'appeler son entourage — et lui demande ce qu'il a dit en commençant, l'autre lui rit au nez.
Croyez-vous que lui-même le sache ? Il ne le sait plus très
bien, en effet. Il ne l'a jamais très bien su. Il module le chant
du grand défi, qui n'a ni début ni fin : qui n'est autre que lui,
face au destin. Mais parce qu'il est Malraux, que le génie
l'habite parfois, et toujours une fabuleuse aptitude à convoquer, entrechoquer et faire sonner les images et les idées,
il n'est pas impossible de lire certains des textes jaillis de ces
moments de transe. Le magnétiseur est trop grand écrivain
pour qu'une sorte de littérature ne sourde pas de ces séances
d'hypnose.

Mais tout apogée ouvre, par définition, la voie au déclin.
Le RPF, parti en trombe lors des élections municipales d'octobre 1947 (38 % des votants — mais quelle signification
« politique » ont vraiment des élections municipales ?) culmine
— dans le vide — lors de ses assises de Marseille d'avril 1948
et piétine ensuite pendant le reste de l'année. Il obtient certes
36 % des voix lors des élections sénatoriales [1] de l'automne
mais moins de 25 % aux élections cantonales de l'année suivante. Et le recul devient évident en 1951 : aux élections législatives, le test le plus important, il ne recueille guère plus de
21 % des suffrages, et s'offre déjà à la « récupération » du système — qu'opère M. Pinay avec la délicatesse d'un employé
des pompes funèbres découpant le poulet du repas funéraire.

Malraux n'a pas attendu ce reflux pour prendre ses distances. Dès la fin de 1949, on le voit moins à la « propagande »
et la maladie qui le frappe en 1950 l'isole du mouvement.
Il apparaîtra encore dans les grandes occasions aux côtés
du général, mais deux ans d'expériences lui auront appris
qu'il s'est fourvoyé. Pourquoi ? Parce qu'il a vu que ce mouvement qu'il avait voulu (ou rêvé!) « de gauche » soutenu
par ce qui compte en France d'intelligence et de talent, et
résolument détourné de la voie parlementaire, est en fait
une organisation de droite, boudée et plus souvent méprisée

---

1. On appelle alors le Sénat le « Conseil de la République ».

par l'intelligentsia (réelle ou supposée) et récupérée à des fins électorales par les vieux professionnels du conservatisme.

Un mouvement de gauche? Il a cru, en 1947, que les communistes n'étant plus « à gauche mais à l'est », formule d'Édouard Depreux reprise par les orateurs du Rassemblement, ils pourraient lui, de Gaulle et quelques hommes comme Vallon, Morandat, Bridier, Michelet, susciter une gauche ouvriériste, pragmatiste et « révolutionnaire » dans les faits. Il évoquait souvent alors la Révolution française, on l'a vu, et lors du meeting de février 1948 au Vel d'Hiv, il lança : « Nous sommes en 1788! »

Il lui arrivait même de donner à ce sujet des références plus contemporaines. Le 17 mai 1947, il disait à Cyrus Sulzberger «... que le RPF était condamné s'il ne parvenait pas à rallier la gauche » ajoutant : « Nous sommes embarrassés par certains de nos sympathisants de droite, mais nous n'y pouvons rien. » Et c'est alors qu'il avait fait cette étrange déclaration dont on a déjà fait état : que « s'il y avait en France un mouvement trotskyste qui eût quelque chance de succès au lieu de la poignée de discuteurs qui se querellent avec les communistes, il serait trotskyste et non gaulliste[1] ».

Il a beau affecter de mépriser les intellectuels, dauber sur le compte de l'équipe des *Temps modernes* et des « gens du café de Flore », il s'irrite qu'aucun des écrivains vraiment créateurs de la France de l'après-guerre ne l'ait suivi. Ceux qui étaient gaullistes, comme François Mauriac, se sont détournés. Ceux qui étaient dans la gauche officielle se sont voilé la face. Il a essayé pourtant d'attirer les progressistes. Au printemps 1947, Arthur Koestler a amené chez lui un groupe composé de Simone de Beauvoir, Jean-Paul Sartre et Albert Camus qui, assure l'auteur du *Zéro et l'Infini*, « ne s'étaient pas trop fait prier pour rencontrer Malraux[2]... » On commence à discuter. « Le prolétariat... » fait Camus. « Le prolétariat? Qu'est-ce que c'est que ça? coupe Malraux. Je ne peux pas admettre qu'on lance des mots comme ça sans les définir... » Camus s'énerve, s'embrouille dans sa définition, Sartre se fâche. C'est raté — et pour longtemps...

Camus, personnage pourtant inapte à la bassesse, écrira

1. *Op. cit.*, page 256.
2. Entretien d'Arthur Koestler avec l'auteur, le 20 novembre 1972.

un *Homme révolté* dont l'auteur des *Conquérants* est absent...
Il savait pourtant que le manuscrit de *l'Étranger*, le livre qui
a fait sa gloire, avait été envoyé en 1942 chez Gallimard accompagné d'une « carte interzones » de Malraux portant seulement ces mots « Très important ». Et il n'avait pas oublié
sa propre adaptation du *Temps du mépris* jouée par lui et
sa compagnie théâtrale d'Alger en 1936[1]... Quant aux animateurs des *Temps modernes*, leur hostilité envers Malraux ne cessera de croître — jusqu'aux pages venimeuses que lui consacre
Simone de Beauvoir dans *Tout compte fait*[2].

Bien sûr, il publie de bons écrivains dans *Liberté de l'esprit*
— Amrouche, Aron, Fumet, Nimier, Ponge, Rougemont;
Jean Paulhan propose en 1952 un article, refusé (dans une
revue ainsi intitulée, *Liberté de l'esprit...*) parce qu'il remettait en cause certains verdicts de l'époque de la Libération.
Mais après Ollivier et Pia, Malraux voudrait attirer d'autres
amis : à Max-Pol Fouchet, à Gaëtan Picon, il lance : « Venez
avec nous, nous serons au pouvoir demain! » Ce qui n'est
pas l'argument le mieux fait pour les convertir, pas plus qu'il
ne lui aurait paru, à lui, irrésistible... Et *le Rassemblement*
patauge dans la polémique de meeting, tandis que *Liberté
de l'esprit* s'étiole. Quand il pense, André Malraux, à ceux
qui l'entouraient en 1935...

Il est encore là, le « compagnon » Malraux, au Vélodrome
d'Hiver, le 22 février 1952, aux côtés d'un de Gaulle soudain
vieilli par les déboires de son mouvement. Et il est toujours là
le 6 mai 1953, quand Charles de Gaulle, tirant la conclusion des
élections municipales qui ont détaché les électeurs du Rassemblement, décide que le RPF ne participera plus à l'activité des
Assemblées, ni aux élections : « L'effort que je mène depuis la
guerre... n'a pu, jusqu'ici, aboutir. Je le reconnais sans ambages... (mais) il est plus que jamais d'intérêt public que le Rassemblement, dégagé de l'impasse électorale, s'organise et
s'étende dans le pays... Le regroupement... risque, hélas, de se
présenter sous forme d'une grave secousse dans laquelle, une
fois de plus, la loi suprême serait le salut de la patrie et de l'État.
Voici venir la faillite des illusions. Il faut préparer le recours[3]. »

1. Mais quand il reçoit le prix Nobel, Camus déclare : « C'est Malraux
qui aurait dû l'avoir... »
2. Gallimard, 1972.
3. *Discours et Messages*, tome II, p. 581-582.

Libre. André Malraux, écrivain, essayiste, romancier, est rendu à son métier. Écoutons-le parler à Claude Mauriac, qu'il retrouve en janvier puis en novembre 1952, et en octobre 1953. Au cours de la première rencontre, il faut attendre deux heures pour que vienne dans la conversation le nom de De Gaulle (et il n'est pas question du RPF). Le dialogue en vient à mêler les noms de François Mauriac et de Gustave Thibon. « Je me méfie de ce type-là » dit Claude Mauriac. « Duquel ? » fait Malraux, l'air alléché [1]. Lors du deuxième entretien, il n'y a qu'une allusion au général [2].

Dans le dernier tête-à-tête, Charles de Gaulle apparaît, mais dans un développement où il est surtout question du « cafouillage » du RPF, qui « ne fait plus sérieux », et de son vieillissement à lui, de Gaulle. Une confidence curieuse, à ce propos, de l'ex-délégué à la « propagande » : si de Gaulle s'était présenté à la députation, il aurait accepté de se présenter lui aussi. Hypothèse qui, avouons-le, ne l'engageait guère.

Ce qui frappe, dans ces conversations si brillamment rapportées par Claude Mauriac, c'est le climat de vacances, de délivrance, d'évasion vers soi-même [3]. Le frère prêcheur de la « croisade à coups de poings » n'est plus qu'André Malraux, écrivain.

30. Le désert et la source

La traversée du désert : c'est André Malraux qui baptisa ainsi l'époque qu'ouvrit, pour les gaullistes fidèles à leur chef, le constat d'échec dressé le 6 mai 1953 par le général. Cinq années durant, de Gaulle et ceux qui ont refusé d'aller à la soupe impopulaire mais nourrissante du « système », vivent en retraités, séparés et par certains oubliés. Charles de Gaulle y trouve l'occasion d'accélérer la rédaction des *Mémoires de guerre* dont le premier tome paraît en 1954.

1. *Un autre de Gaulle*, p. 356-363. - 2. *Ibid.*, p. 386-389.
3. Il arrivera à Malraux de se dire « délivré » de Charles de Gaulle. Beaucoup plus tard...

André Malraux vit à Boulogne-sur-Seine, dans la grande maison de briques où il a élu domicile en 1946, entre ses Fautrier et le grand piano de Madeleine — qu'il a épousée au mois de mars 1948, à Riquewihr, en hommage à l'Alsace. Les camarades de la « brigade » étaient là, le chanoine Pierre Bockel (bien que le mariage fût civil) et Diener-Ancel en tête. Il semble heureux, avec cette femme douce et belle qui joue si bien Schumann et Stravinsky —, et pour lui, inlassablement, les quelque trente-six notes de musique qu'a écrites Friedrich Nietzsche — les deux fils de Josette, Gauthier et Vincent, et celui de Madeleine et de Roland, Alain, né quelques mois avant le naufrage du *Cap-Arcona*.

En dépit de la très pénible paratyphoïde qui le cloue au lit pour des mois pendant l'été 1950, Malraux garde le contact, on l'a vu, avec le RPF et son état-major. De moins en moins militant, il reste un porte-voix très écouté, une référence (ou un alibi ?) au moins tant que les préoccupations électorales n'obsédèrent pas les « compagnons » du général. Sitôt qu'il fallut racoler les voix de la vieille droite et de l'éternel marais, les harangues tragiques et la silhouette blafarde de l'ancien combattant d'Espagne devinrent plutôt gênantes — et l'on s'efforça de déranger le moins possible l'homme au ton de Cassandre.

Ainsi délesté d'une part de ses responsabilités et de quelques illusions, André Malraux était pour la première fois de sa vie peut-être libre d'écrire à loisir — si l'on excepte les années 1941-1943, le temps de « la Souco » et de Saint-Chamant dont la vacance se payait il est vrai de préoccupations autrement absorbantes. Tout donnait à penser qu'il entrait dans une période d'intense création littéraire et que lui qui avait dû écrire ses grands romans dans le tourbillon de la vie d'éditeur, de militant et de combattant (1937-1939) allait profiter de son relatif isolement, de l'aisance acquise, des extraordinaires expériences vécues de 1939 à 1949 — guerre, résistance, brigade, luttes partisanes aux côtés de De Gaulle — pour faire de *la Lutte avec l'ange*, en partant des *Noyers de l'Altenburg*, sa plus grande œuvre romanesque.

Faut-il croire qu'il ne peut faire œuvre vraiment créatrice que sous l'aiguillon de l'action dangereuse ou frénétique ? Faut-il penser que le poète épique, en lui, ne s'éveille qu'à l'ombre et au bruit des épées ? Que l'aise le condamne à l'essai, la paix au commentaire, et que faute de risquer, d'être défié et talonné, il n'est bon qu'à crayonner superbement en marge de l'œuvre d'un autre ? Curieux cas de créativité dans la contrainte — point unique d'ailleurs. Retz a-t-il écrit autrement ? Et Lawrence, dont les dix dernières années, celles du répit, sont stériles — hormis sa correspondance ? Tel est le « silence de Malraux », fort différent de celui de Rimbaud, mais non moins intrigant. Un mutisme de désengagement ?

Même au plan de l'essai, on ne saurait dire que la sérénité lui apporte l'abondance. La presque totalité des *Voix du silence* est écrite et publiée avant les grandes vacances de 1953-1958 : *le Musée imaginaire* a paru en 1947 chez Skira ; *la Création artistique* en 1948, *la Monnaie de l'absolu* en 1950 ainsi que *Saturne*, l'essai sur Goya ; et la première édition des textes rassemblés sous le titre de *Voix du silence* paraît en 1951, le premier volet du *Musée imaginaire de la sculpture mondiale* (« le statuaire ») en 1952. De la période de traversée du désert ne datent en somme que les deuxième et troisième parties du *Musée imaginaire de la sculpture mondiale* (« des bas-reliefs aux grottes sacrées » — « le monde chrétien ») quelques essais brillants mais brefs, *Du musée* [1] et *le Portrait* [2], et *la Métamorphose des dieux*, péroraison des *Voix du silence*, en 1957. Bilan point négligeable, c'est vrai, sauf si on l'oppose à celui des années 30, à la fertilité multiple dont Malraux donnait alors l'exemple, éditant chez Gallimard le monumental *Tableau de la littérature française*, militant à la Mutualité, bondissant à Berlin, combattant en Espagne, écrivant ses deux plus grands romans...

Ces années-là, de 1953 à 1958, il les passe cloîtré, assiégé par les images innombrables qu'il découpe et assemble, Paul Poiret de la culture universelle, ciseaux et colle en main, ravi, absorbé, fasciné par ce jeu de mains et du divin qui associe activité matérielle et méditation, puzzle où la virtuosité du maquettiste rejoint le génie unificateur et aventureux de l'esthéticien. Fut-il jamais plus heureux que plongé dans ces collages et ces montages inoffensifs et provocants, le « coronel » d'Albacete ?

Contestable, contestée mais fulgurante et noble, il y a donc la grande suite esthétique qui, de psychologie en métamorphose, s'ordonne sous le titre global des *Voix du silence*. Elle ressortit

1. Éd. Estienne, 1955.
2. *Femina illustration*, 1956.

trop peu aux péripéties biographiques du personnage pour qu'on s'y attache longuement. Amorcée en 1935, contrariée par deux départs en campagne — en 1936, en 1939 — reprise entre 1941 et 1944 à Roquebrune, au Cap-d'Ail et à Saint-Chamant —, en même temps que *la Lutte avec l'ange* et l'essai sur Lawrence — mise au point en 1947-1948, puis après la maladie de 1950 et enfin dans le « désert » de 1953, pour s'interrompre mais non s'achever en 1957 avec la *Métamorphose des Dieux*, l'œuvre se fonde sur une hypothèse, celle qui nourrit les propos de Scali dans *l'Espoir* (et donne, plus que l'accomplissement technique de Manuel, son titre au livre) celle qui nourrit le grand débat de l'Altenburg : l'homme existe, en tant que notion cohérente, permanente, universelle.

Malgré Möllberg le négateur, contre l'avis de la majorité des congressistes de l'Altenburg, Berger-Malraux croit que des bisons des Eyzies aux *apsaras* d'Angkor-Vat, de l'angle de Reims aux suppliciés de Goya, un génie, un projet commun existe, des finalités convergent, sans jamais se fixer, se coaguler. Un homme crée l'œuvre — mais l'œuvre se multiplie et prolifère, différente d'elle-même et de son créateur, de métamorphose en métamorphose. Essai bâti contre Spengler et Möllberg, essai sur l'immortalité fluide et la convergence des civilisations, essai sur la métempsychose des sociétés qui tente au niveau de l'art la synthèse que Malraux aura manquée, au plan de la politique, entre l'individu et la fraternité, le pessimisme et l'espoir, la lucidité et la foi en l'histoire créatrice.

Au moment même où il appelait les Français à se rassembler, à coups de poing s'il le fallait, sur cette valeur « suprême » qu'est la nation, André Malraux, rentré dans la villa de Boulogne, assiégé par la multitude des mirages qu'il pique comme des papillons dans les pages de ses essais phosphorescents, écrit que « le musée imaginaire est la suggestion d'un vaste possible projeté par le passé, la révélation de fragments perdus de l'obsédante plénitude humaine, unis dans la communauté de leur présence invaincue... » Et rappelant que « Rome accueillait dans son Panthéon les dieux des vaincus », il cite l'épitaphe chinoise aux héros ennemis : « Dans votre prochaine vie, faites-nous l'honneur de renaître chez nous[1]. » Spécificité là, et ici plénitude. Univers clos ou monde ouvert, nationalisme

---

1. *Les Voix du silence*, p. 629-637.

ou humanisme, le « compagnon » et l'essayiste poursuivent, en ce début des années 50, une coexistence singulière.

Le pénétrant article que Claude-Edmonde Magny écrivait dans *Esprit* [1] à propos du *Musée imaginaire* dénonce, mieux que les indignations des spécialistes en colère contre l'« amateur », les vices de son entreprise, ou plutôt ses contradictions.

« L'inconvénient de la pensée discontinue, qui saute perpétuellement d'une idée à l'autre, c'est qu'il lui arrive d'échapper parfois au contrôle de l'auteur; à force de refuser de présenter à qui que ce soit ses lettres de créance, elle finit par duper même son créateur.

« C'est que les idées de Malraux n'ont pas d'envers; tout comme ses personnages, elles sont pure positivité. Sorties tout armées de son cerveau, telles quelles, elles n'ont pas été chèrement conquises sur l'erreur et la sottise (...). Il manque sans doute à Malraux d'avoir été quelquefois bête dans sa vie, ou d'avoir formé quelque pensée niaise qu'il aurait ensuite péniblement redressée... Faute de cela, ses fulgurations les plus étincelantes nous laissent non convaincus : bien mal acquis, venu par la flûte et qui s'en va par le tambour. On dit communément de lui qu'il ' a des idées '. Il serait plus juste de dire que ce sont ses idées qui l'ont... »

Ce qui est étrange aussi, dans *les Voix du silence*, cette œuvre qui se veut passionnément unifiante et prétend convoquer les innombrables composantes du génie humain en une assemblée sans limite, c'est qu'elle se présente, comme les romans, sous la forme la plus disloquée. Style vertical, uniquement fait de « fortissimi » à répétition, discours fait seulement d'exordes et de péroraisons, de juxtapositions d'aphorismes et de postulats foudroyants, de phosphorescences alternées et constamment aveuglantes, comme le crépitement des feux d'artifice publicitaires de Times Square, à New York, ou comme celui des machines à sous qui, chaque fois que la bille va frapper le panneau, projettent leurs lumières stridentes...

La technique du roman impose ou justifie cette dislocation et ces juxtapositions — sinon une telle tension. Parce que Malraux romancier oppose des personnages qui sont, comme chez Dostoïevski, les lobes de son cerveau s'entrechoquant (Garcia, Scali, Magnin) et les fait vivre de leur débat même

1. Octobre 1948, p. 516-534.

— il observait, à propos de Bernanos, qu'il composait ses scènes avant d'avoir créé ses personnages, et cela peut être dit de lui aussi — cette écriture discontinue et hérissée contribue à la réussite du projet. Mais son essai mené de cette même main guerrière et antithétique, forcenée et diviseuse, épuise autant qu'il éblouit, et contredit, par l'allure du discours, la thèse qu'il prétend faire triompher.

Où retrouver mieux Malraux, pendant ces années-là, qu'en l'homme qui lit, plume en main, l'essai magistral que Gaëtan Picon lui consacre [1] et de marge en marge, jette les coups de griffe et de lumière les plus aigus, les plus éclairants qu'un artiste puisse lancer sur lui-même ? Claude Mauriac l'évoque, travaillant avec Francis Jeanson, son éditeur, au choix des illustrations du livre qui paraît au printemps 1953 [2]. Auto-critique et autodéfense, page à page, corps à corps, thème contre thème, intelligence admirable confrontée à une compré-hension généreuse, dialogue des vivants qui prolonge ceux de Scali et d'Alvear, de Gisors et de Ferral, de Walter et des hôtes de l'Altenburg. Critique créatrice qui fait surgir un Malraux au zénith, de son intelligence de soi et des autres, merveil-leux esthéticien du roman.

Le voilà, au moment où s'évanouit le RPF et, avec lui, la sujétion la moins heureuse d'une vie qui n'a cessé de se cons-truire contre le destin et contre l'acceptation, le voilà dans la plénitude de sa lucidité. Tandis que la voix de Kyo l'isolait, entendue par son oreille, comme font les autres, et non plus par sa gorge, le regard différent du critique et de l'ami associe Malraux aux autres — et à lui-même. Fraternité de l'intel-ligence qui survit à la fraternité perdue de l'action des années 30, et prolonge la tentative unifiante de *la Lutte avec l'ange* et des *Voix du silence*.

C'est une vie curieusement vacante qu'il mène alors. Il a repris la route en 1952, visité une fois de plus la Grèce, revu l'Égypte, et retrouvé surtout le pays dont la culture lui importe, avec celle de l'Inde, entre toutes : l'Iran. C'était là sa quatrième visite : il prend beaucoup de notes pour *la Métamorphose des dieux*, retrouve des amis de vingt ans.

---

1. *Malraux par lui-même*. Gaëtan Picon avait neuf ans plus tôt publié chez Gallimard un premier essai sur Malraux.
2. *Un autre de Gaulle*, p. 373-374.

En janvier 1953, il est pour la troisième fois l'hôte de New York. Cette fois-ci, accompagné de Madeleine, il a été invité à prendre part à un congrès international d'histoire de l'art et de muséologie, organisé à l'occasion de l'inauguration de nouvelles galeries du Metropolitan Museum new-yorkais. Comme on lui demande s'il est d'accord avec une formule de Rebecca West selon laquelle les cathédrales de l'Amérique sont ses gares, il réplique aimablement, résumant son œuvre d'esthéticien et sa satisfaction de congressiste : « Non, ses cathédrales, ce sont ses musées[1]. »

Il met la dernière main au beau *Vermeer*, pour lequel il a obtenu la collaboration de Paul Claudel. Il donne des interviews, beaucoup d'interviews qui tournent toutes autour de thèmes communs, les valeurs que l'Occident doit selon lui défendre — conscience, lucidité, fraternité, nécessité d'une continuité historique. Prenons celle qu'il accorde aux *Nouvelles littéraires* en mai 1952, où il définit ce qu'il appelle ses « deux obsessions » :

« La tare mortelle de beaucoup de milieux intellectuels européens est le masochisme, la démission béate de l'intelligence au bénéfice de la bêtise prise pour la force. (...) Rendons à l'Histoire ce qui est à l'Histoire et à l'homme ce qui est à l'homme. »

C'est le temps aussi où il écrit enfin sur celui de ses héros qui le hante entre tous : Saint-Just. Au beau livre que consacre son ami Albert Ollivier au vrai vainqueur de Fleurus[2] André Malraux donne une de ses préfaces les plus éclatantes, l'une de celles en tout cas qui l'éclairent le mieux : saluant l'avocat de l'« intérêt général », l'archétype de ceux « qui visent la gloire » et « quelques rêves éternels », qui défend-il, sinon le compagnon du RPF fourvoyé dans une aventure dont les motivations ne furent peut-être pas plus médiocres que celles du lieutenant de Robespierre : il avait si souvent comparé le « Rassemblement » à la Iʳᵉ République... Et Mauriac n'avait pas été le seul à voir en lui l'archange d'une nouvelle terreur. « Saint-Just eût accepté la dictature de son ami, pour peu qu'elle prît quelque couleur romaine... » écrit Malraux. Il pense à l'autre. On peut penser à lui.

1. Jannet Flanner, *Men and Monuments*, p. 63.
2. *Saint-Just ou la Force des choses*, Gallimard, 1954.

Il n'est pas séparé de Charles de Gaulle, auquel il rend parfois visite à Colombey ou rue de Solférino. Mais l'« intérêt général » s'incarne quelque temps en un autre personnage qui aurait eu aussi sa place, entre Barère et Robert Lindet au Comité de salut public : Pierre Mendès France, qui pendant sept mois, de juillet 1954 à janvier 1955, propose à la France des solutions audacieuses à des problèmes suffocants. Quelques amis de Malraux ont choisi de faire route avec « P.M.F. » — Christian Fouchet notamment, chargé du dossier, lourd entre tous, des protectorats d'Afrique du Nord.

Le général a concédé que si rien de sérieux ne pouvait être entrepris dans le cadre pourri de ces institutions, l'effort de Mendès France, son ancien ministre de l'Économie (1945) pouvait être suivi d'un regard sans mépris. Pour une fois... L'auteur de *l'Espoir* s'en trouva plus libre pour dire, en plusieurs articles et déclarations, notamment à *l'Express*, l'intérêt qu'il prenait au double combat mené par ce jacobin contre l'enlisement du pays et la guerilla parlementaire. Saluant « le style de l'énergie » qu'il voit se manifester en ce gouvernement, il parle à *l'Express* de notre « gauche », tout en rappelant fermement qu'il n'est « rien d'autre que gaulliste ». Et il ajoute :

« La gauche doit perdre l'habitude de jouer comme perdant si la droite ne pouvait être battue que par les Soviets; comme si elle, la gauche, n'avait été créée et mise au monde que pour défendre ses bons sentiments ou pour représenter une fois de plus la noble tragédie de la chute [1]. »

Et comment Malraux, pour muet qu'il eût accepté d'être à ce sujet au temps du RPF, n'eût-il pas regardé avec estime l'opération d'arrachement de la France au bourbier indochinois, telle que l'accomplit Pierre Mendès France? Il le dit plus clairement que n'y consentit le général lui-même.

Mais à la fin de 1954, l'histoire resurgit pour de bon dans le champ de l'esthéticien : l'Algérie se soulève. On ne saurait dire que la vie d'André Malraux en fût transformée. Rien n'indique qu'il ait été mêlé de près, dès les premières années de la guerre, aux activités de ses amis libéraux, ceux de *l'Express*, par exemple, auxquels le lie notamment sa fille Florence, jeune femme intelligente et très mêlée aux débats de la décolonisa-

---

1. *L'Express*, 25 décembre 1954 et 29 janvier 1955.

tion — ou de ceux de ses amis gaullistes qui ont pris part au débat : Jacques Soustelle est nommé gouverneur général de l'Algérie au début de 1955, entouré à l'origine d'une équipe d'esprit libéral où l'on trouve notamment Germaine Tillon et Vincent Monteil. Quand, vers la fin de l'année 1955, on commence à parler de sévices, de camps de concentration, de tortures, des amis de Malraux font appel à lui, comme à François Mauriac, à Albert Camus, à Jean-Paul Sartre. Face à la torture, voilà revenu l'auteur du *Temps du mépris*, l'ancien militant anticolonialiste d'Indochine. C'est un retour à la source.

Écoutons-le parler d'Algérie, au printemps 1958, avec Jean Daniel, l'un de ceux qui le convient alors à retrouver ses origines :

« Le terrorisme ? C'est l'anecdote. Mais l'anecdote peut être importante. Le terrorisme, c'est l'espoir... Sans espoir, le terrorisme meurt. De lui-même. Ou bien les Américains débarquent, et on fait sauter les ponts, en Corrèze, on déboulonne les rails. Et ça veut dire quelque chose. Ou les Américains ne débarquent pas, et alors, c'est la répression, c'est la population contre nous, c'est ce que Baudelaire appelle ' l'irrémédiable '. Avec l'irrémédiable, pas de terrorisme possible.

Au stade élémentaire, c'est le père ou la mère tué ou humilié. Ou même l'ami. Surtout l'ami... Mais même si l'ami est tué, sans espoir, pas de terrorisme... L'espoir, ce n'est pas la certitude d'une réussite immédiate, pour soi, pour le terrorisme lui-même. J'ai vu des maquisards mourir dans la joie, sachant que tout le maquis allait être écrasé. L'espoir, c'est l'élan historique, c'est l'avenir inéluctable. Manifestement, le FLN n'a pas perdu l'espoir. Je ne crois d'ailleurs pas à la possibilité de faire disparaître chez lui l'espoir. Impossible pour le moment, en tout cas.

En ce moment vous le savez, on ne décolonise pas, on colmate, on réduit avec tout ce qui tombe sous la main, on fait la guerre, parce qu'on n'a rien prévu et on la continue parce que c'est une réponse à la ménagère qui réclame. Et alors faute d'idéologie, on se laisse aller, même aux tortures... Les tortures ça mène loin. Tout le système est en question. Et même, disons le mot, la civilisation. L'état policier est à deux pas. Après c'est la nuit. »

En ce début de 1958, il a repris quelque chose de sa stature morale, de sa situation historique.

Au mois d'avril 1958, *la Question*, le livre dans lequel Henri Alleg (militant communiste engagé dans le combat aux côtés du FLN) dénonce les sévices qu'il a subis, est saisi par décision de l'autorité. Divers groupements de gauche s'efforcent de déclencher une riposte à la mesure de ce geste, fait au moment où les révélations se multiplient sur la liquidation physique par les parachutistes d'un autre militant communiste, Maurice Audin. Plusieurs écrivains célèbres sont invités à formuler une protestation collective. Albert Camus refuse. Mais en dépit de dissensions fondamentales, Malraux accepte de signer, aux côtés de Mauriac, Roger Martin du Gard et Sartre, une « adresse solennelle » à Monsieur le Président de la République (alors René Coty) ainsi rédigée :

Les soussignés :

— protestent contre la saisie de l'ouvrage d'Henri Alleg *la Question* et contre toutes les saisies et atteintes à la liberté d'opinion et d'expression qui l'ont récemment précédée,

— demandent que la lumière soit faite dans des conditions d'impartialité et de publicité absolues, sur les faits rapportés par Henri Alleg,

— somment les pouvoirs publics au nom de la Déclaration des droits de l'homme et du citoyen, de condamner sans équivoque l'usage de la torture, qui déshonore la cause qu'elle prétend servir,

— et appellent tous les Français à se joindre à eux en signant la présente « adresse solennelle » et en l'envoyant à la Ligue des droits de l'homme, 27, rue Jean Dolent, Paris 14e.

André Malraux
Roger Martin du Gard
François Mauriac
Jean-Paul Sartre

L'Express et *l'Humanité*, le 17 avril et *le Monde* le 18 publient ce texte qui suscite une vive émotion. Malraux — qui n'a accepté de figurer ainsi aux côtés de Sartre que lorsque Claude Lanzmann lui a certifié que le philosophe souhaitait expressément son adhésion au texte — a-t-il consulté de Gaulle, avant de se livrer à une intervention aussi solennelle ? Il est difficile aujourd'hui d'en recueillir la preuve. Mais il ne faut pas oublier qu'en ce printemps 1958, le général parlait avec une singulière liberté de la situation en Algérie et des perspectives qui s'y ouvraient. Au surplus, les crimes de la IVe République ne pouvaient, pour lui, être tout à fait ceux de la France...

2

Le pouvoir

31 A la droite du seigneur

La Ve République, pour André Malraux, commence devant un Tintoret, près de cette fenêtre ouverte sur le grand canal vénitien d'où l'on voit à la fois San Marco et San Giorgio. Il ne pense guère à de Gaulle, sans négliger pour autant les chances d'une restauration. Ouvrons les *Antimémoires* :

« On dit qu'il a toujours su qu'il reprendrait le pouvoir. Fut-il assuré qu'il le reprendrait à temps ? Je me trouvais, avant Dien Bien Phu [1], avec quelques amis ... Élisabeth de Miribel [2] me demanda : ' Comment reviendra le général ? — Par un complot de l'armée d'Indochine qui croira se servir de lui, et s'en mordra les doigts. ' Ce ne fut pas par l'armée d'Indochine ; et, quand ma prophétie devint presque juste, je séjournais à Venise, fort assuré qu'il ne se passerait rien.

' Il pêche à la ligne dans la lagune ' disait Bidault, machia-vélique, faisant allusion à la phrase (de Delbecque ?) qu'on m'avait prêtée : on ne va pas au bord du Rubicon pour pêcher à la ligne [3]. »

Mais si, c'était bien l'armée d'Indochine — transportée par l'État, avec ses blessures et ses revanches à prendre, sur les rivages méditerranéens, à quelques encablures de la métropole — qui frappait. Exaspérée de ne pouvoir ligoter le FLN (après le Vietminh) dans l'« irrémédiable », en imputant la responsabilité

---

1. Printemps 1954.
2. Secrétaire du général de Gaulle à Londres, restée très proche des gaullistes.
3. *Antimémoires*, p. 144.

à un régime trop épuisé par les querelles internes (dont celles que lui avaient cherchées de Gaulle et le RPF) pour retrouver en lui l'énergie des décisions draconiennes, cette armée en quête de victoires convoquait le général de Gaulle. Allait-il lui imposer de s' « en mordre les doigts » ?

La IVe République, fourbue, se livre. A Alger, le « Comité de salut public » (ô Saint-Just!) s'est mis en état d'insurrection, mais aux ordres du général Salan que le président du Conseil, Pierre Pflimlin, a nommé son délégué général... De l'extérieur de l'intrigue, là où est d'abord Malraux, on saisit mal en quoi le général de Gaulle incite les conjurés, en quoi il les endigue. Dans les *Antimémoires* est proposé ce résumé ingénieux :

« On retenait, de ce tohu-bohu, qu'un mouvement contradictoire et résolu disposait d'avions et de combattants, contre un gouvernement sans armée ni police. Salan, délégué de Pflimlin, avait crié : ' Vive de Gaulle[1] ! ' et l'on n'attendait plus du général qu'il arrêtât les parachutistes, mais qu'il prévînt la guerre civile — qui allait commencer, comme celle d'Espagne, comme la révolution d'Octobre, avec les cinémas ouverts et les badauds en promenade. Il me convoqua, deux jours après mon retour[2]. »

A ce rendez-vous, va-t-il d'un cœur léger? Que pense-t-il de cette opération si trouble où le rôle du général reste pour le moins ambigu? Malraux doit savoir que le général en a voulu à Gaston Palewski d'avoir refusé quelques mois plus tôt l'ambassade de Rabat : une si bonne dunette d'observation et, éventuellement, de pilotage... Peut-être partage-t-il l'amertume de quelques vieux compagnons qui s'expriment ainsi, en cette fin de mai 1958 : avoir fait tant de réunions, de plans, tant de préparatifs et d'efforts pour provoquer le retour du général au pouvoir — et que celui-ci soit accompli par un commando de colonels pour la plupart antigaullistes...

Bref, le voilà face à de Gaulle. Il faut refaire la France, dit naturellement le général. Mais pas sans les Français : s'ils veulent « se coucher », poursuit-il, « je ne ferai pas la France sans eux ». Le peuple « n'a pas envie des colonels » note de Gaulle. Et il ajoute « en substance », précise le visiteur :

---

1. Le 15 mai, deux jours après le début du mouvement.
2. *Antimémoires*, p. 147.

« Il s'agit donc de refaire l'État, de stabiliser la monnaie, d'en finir avec le colonialisme... L'affaire coloniale... Il faut que je dise à tous ceux qui forment l'Empire : les colonies, c'est fini. Faisons une Communauté... Qu'ils fassent des États, s'ils en sont capables. Et s'ils sont d'accord. Ceux qui ne le sont pas, qu'ils s'en aillent. Nous ne nous y opposerons pas. »

Chose étonnante, étant donné le personnage, le passé de Malraux, étant donné surtout la situation tout entière centrée sur elle, le général ne lui parla pas ce jour-là de la situation *en Algérie*. Le visiteur, avec une circonspection qui ne lui est pas coutumière, se garde donc d'en parler. Mais il dessine un « projet » du de Gaulle de la fin de mai 1958, certes tracé après coup, mais qu'il n'est peut-être pas naïf de situer, pour l'essentiel, ce jour-là :

« Il ne deviendrait pas plus un président des Comités de salut public, qu'il n'était devenu un président des FFI et des FTP. Il reprenait le pouvoir en face d'un grand désordre ? Moins grand que celui de 1944. Ses adversaires croyaient qu'il allait exercer le pouvoir selon ses préférences, et attendre le rétablissement de la France, de la fin du conflit algérien. Je me demandais s'il n'attendait pas, du rétablissement de la France, la fin du conflit. Provisoirement il voulait contrôler lui-même ; et, peut-être, tâter son pouvoir . »

Malraux ne peut se retenir de crayonner une esquisse, celle du personnage à l'heure du retour de l'île d'Elbe :

« ... Peut-être l'Histoire apporte-t-elle son masque avec elle. Le sien s'était nuancé, au cours des années, d'une apparente bienveillance, mais il demeurait grave. Il semblait ne pas exprimer les sentiments profonds, mais se fermer sur eux. Ses expressions étaient celles de la courtoisie ; et quelquefois, de l'humour. Alors l'œil rapetissait et s'allumait à la fois, et le lourd regard était remplacé pour une seconde par l'œil de l'éléphant Babar[1]. »

Que sera-t-il, Malraux, auprès du souverain qui s'avance impassible dans le tohu-bohu ? Qu'il s'y juge à sa place, lui, l'interlocuteur de *l'Express*, qu'il ne se sente pas perdu dans ce mouvement de restauration presque monarchique, tout

1. *Antimémoires*, p. 147-151.

l'indique. Ainsi cette notation de Jacques Debu-Bridel : « La présence de Malraux aux côtés du général de Gaulle était réconfortante pour des gaullistes de gauche. Comment pourrait-on prétendre que nous sommes la droite, me déclare-t-il, alors que je lui faisais part de certaines de mes appréhensions ? Guy Mollet, ce n'est pas la droite, quand même. Nous ne sommes plus le RPF [1]. »

« Une » place, bon. Mais laquelle ? Quand, le 1er juin, le ministère de Gaulle est formé, André Malraux se retrouve « ministre délégué à la présidence du Conseil », chargé d'abord de l'Information, comme en novembre 1945, puis « de l'expansion et du rayonnement de la culture française [2] ». Il est déçu. Dans un de ses *Bloc-notes* de *l'Express*, François Mauriac devait écrire un peu plus tard que Malraux aurait souhaité, en fait, être ministre de l'Intérieur. Fallait-il voir là une plaisante perfidie de l'écrivain contre le confrère avide de pouvoir, ce « commissaire du Peuple » en puissance qu'il voyait percer sous le tribun dès le temps de la guerre d'Espagne, en 1938 ? Pas du tout.

Ce que l'auteur du *Bloc-notes* écrivait-là, il le savait par son fils Claude, auquel Malraux s'était confié à son retour de Venise : il n'y avait que deux hommes vraiment résolus en France et pour couper court à la guerre civile, il faudrait compter aussi sur sa poigne à lui, Malraux, placé à un poste de hautes et lourdes responsabilités [3]. Il n'avait pas parlé du ministère de l'Intérieur, ni de celui de la Guerre. Mais il était clair qu'il ne parlait pas là d'un portefeuille de « transmission », marginal, comme ceux de l'information ou de la culture, de ceux où l'on ne « fait » pas, où l'on fait dire...

Va pour l'information. Il va pouvoir mettre en place des hommes de talent, à la télévision par exemple qu'il a d'abord songé à proposer à Claude Mauriac et qu'il confie à Albert Ollivier. Et puisqu'on ne lui donne que la parole, à lui, Malraux, il va la prendre, et avec éclat. Le 24 juin, il convoque la presse,

---

1. *De Gaulle constestataire* (1971), p. 173. Debu-Bridel est l'un des animateurs de la gauche gaulliste. La confidence de Malraux à propos du RPF est significative. Et sa référence à Guy Mollet inattendue...

2. *Journal officiel* du 27 juillet 1958.

3. Entretien de Claude Mauriac avec l'auteur, mars 1972. En fait Malraux aurait souhaité que le général lui confiât l'Algérie — faute, en 1945, d'avoir pu lui offrir l'Indochine...

et faute de responsabilités précises, il va les assumer toutes pour
une heure, parlant de tout, éclaboussant tout de sa verve admirable.

Ce fut un beau morceau. Depuis les harangues pour l'Espagne, le congrès du MLN et les meetings du RPF, André Malraux
avait acquis un métier qui ne glaçait pas pour autant ses ardeurs.
Hennissement des naseaux en feu, frémissements du visage
comme ceux qui agitent la robe du cheval de sang avant la
course, pâleur historique, et voix de tocsin dans la nuit étoilée
— on était transporté en un lieu où rôdent les fantômes des
grands Conventionnels et celui de leur interprète inspiré, Jules
Michelet.

Ce qu'il dit ? D'abord, que « le général de Gaulle n'est pas
encore Napoléon III » — ce qui, à propos de l'Algérie n'était
pas forcément un hommage : l'idée du « royaume arabe » du
second empereur allait plus loin dans l'audace que celles qui
sont alors prêtées à de Gaulle. Et le voilà lancé :

« La France paralytique veut marcher.

Il ne s'agit pas de donner une forme de plus à sa paralysie.
Elle ne veut pas retrouver ses faiblesses d'hier, mais son espoir.
Et le gouvernement entend lui en donner les moyens dès maintenant, comme l'ont demandé au général de Gaulle ceux qui
l'ont appelé à une tâche indivisible.

[...]

Il y a aujourd'hui des hommes qui souhaitent la République
sans le général, et d'autres qui souhaitent le général de Gaulle
sans la République. Mais la majorité des Français souhaitent
à la fois la République et le général de Gaulle. »

On le harcèle sur l'Algérie ? Ce qui provoque un développement passablement délirant :

« Pour la première fois une révolution en Islam ne se fait
pas contre l'Occident, mais en son nom, et on crie ' Algérie
française ' alors qu'on ne criait pas ' Pakistan anglais '. Je
suis convaincu que lorsqu'on crie ' Algérie française ! ' nous
nous trouvons en face d'un immense mouvement historique,
le plus important sans doute avec la résurrection de la Chine. »

Deux ans et demi plus tard, c'étaient les immenses cortèges
FLN revendiquant l'indépendance. Quatre ans plus tard, l'indépendance elle-même.

Il ne nous quitte pourtant pas avant d'avoir formulé une idée qui lui est chère. Osant aborder le sujet jusqu'alors tabou : la torture, il déclare : « Aucun acte de torture ne s'est produit à ma connaissance, ni à la vôtre, depuis la venue à Alger du général de Gaulle [1]. Il ne doit plus s'en produire désormais. » Et il ajoute : « Au nom du gouvernement j'invite ici les trois écrivains français auxquels le prix Nobel a donné une autorité particulière, et qui ont déjà étudié ces problèmes, à former une commission qui partira pour l'Algérie. Je suis en mesure de les assurer qu'ils seront accrédités auprès de tous par le général de Gaulle. »

L'idée ne manquait pas d'allure : Roger Martin du Gard, François Mauriac et Albert Camus convoqués en tant que témoins de moralité (ou d'immoralité) de la présence française en Algérie... Elle tomba pourtant à plat : Martin du Gard gravement malade [2]; Mauriac sceptique; Camus, soucieux de ne se laisser entraîner dans aucune « campagne » publique aux côtés des partisans du FLN, tous trois se récusèrent. Malraux insista auprès de Camus, voulant faire de lui, à Alger, une sorte d'ambassadeur permanent de la conscience française au nom de De Gaulle. Peine perdue.

Malraux se croit alors une sorte de trait d'union entre de Gaulle et la gauche. Mieux : il se croit la gauche, tout bonnement, le courant de gauche qui, arcbouté au pouvoir, fait de celui-ci le rempart contre le fascisme. Il croit en un de Gaulle intervenu pour sauver la République des « nassériens » de l'état-major d'Alger, et s'étonne que la gauche ne se rassemble pas autour de lui en vue de transformer une fois pour toutes de Gaulle en Marianne. Écoutons-le parler encore à Jean Daniel, à la fin de juin 1958, quelques jours après sa conférence de presse :

« Je suis de votre côté, contre les nassériens [3]. Je ne comprends pas Mendès France et *l'Express*. Qu'est-ce que vous voulez? Expliquez-moi. Je ne comprends pas. Est-ce que vous savez ou non que le régime est menacé? Bon. Les conditions dans lesquelles le système a été abattu mettent le régime en danger.

---

1. La « connaissance » du ministre était insuffisante. La torture ne fut pas abolie, tout au plus limitée pour un temps, par le changement de régime.
2. Il devait mourir moins de deux mois plus tard.
3. Il ne parle pas ici de Ben Bella et de ses compagnons, mais des colonels putschistes d'Alger.

D'accord. Mais les conditions? Qui les a créées? Et puis, maintenant elles sont ce qu'elles sont. Mendès devait être jeté à la
Seine. Nous devions tous y passer. Nous sommes là, essayant
de faire quelque chose. Nous avançons [1]. »

Il a cru aider à sauver la République espagnole en faisant
alliance avec les communistes, ce qui était probablement justifié. Il croit maintenant sauver la démocratie en opposant de
Gaulle aux colonels. Il n'aura pas tout à fait tort. Mais il n'aura
pas fait sortir, à coup d'idées ingénieuses et de phrases nobles,
l'Algérie de la nuit. Il se retrouvera bientôt face à elle, muée en
remords.

Pour l'en distraire? Parce que les contacts avec les journalistes de ce ministre de l'Information font trembler trop de
membres du gouvernement — ou simplement parce qu'à tant
faire que de représenter la France outre-mer, on ne saurait
trouver beaucoup mieux que l'auteur de *l'Espoir?* Bref, de
Gaulle l'expédie aux Antilles et en Guyane arracher des voix
pour le référendum par lequel sera institutionnalisée ou rejetée
la constitution gaullienne rédigée pendant l'été; puis en Iran,
au Japon et surtout en Inde — où le nouveau régime français
est vu comme un succédané du fascisme.

A New Delhi, Nehru l'accueille par cette phrase : « Je suis
content de vous revoir; la dernière fois, c'était après votre
blessure en Espagne, vous sortiez de l'hôpital et je sortais de
prison... » L'habileté, à ce point-là, ça fait peur. Pas à Malraux,
qui admire. Après un temps, le Premier ministre indien se fait
plus ambigu « Ainsi, vous voilà ministre... ». Ce que Malraux
commente allègrement : « La phrase ne signifiait pas du tout :
vous faites partie du gouvernement français. Un peu balza-
cienne, et surtout hindoue, elle signifiait : voilà votre dernière
incarnation [2]... »

Et comme le visiteur le séduit, mais que son titre et son rôle
l'agacent peut-être un peu, Nehru cite, en guise de cadeau
d'adieu, une formule de Gandhi : « La liberté doit être cher-
chée souvent entre les murs des prisons, quelquefois sur l'écha-
faud, jamais dans les Conseils, les tribunaux ni les écoles [3] »
dont Malraux retiendra surtout les premiers mots.

Avant ces escales exotiques, André Malraux avait fait son

1. Interview inédite, 29 juin 1958.
2. *Antimémoires*, p. 198. 3. *Ibid.*, p. 218.

métier d'ancien délégué à la propagande en haranguant la
foule le 14 juillet, le 24 août (anniversaire de la Libération de
Paris) et le 4 septembre, place de l'Hôtel-de-Ville et place de la
République — bonnes occasions de dates, de lieux, pour clamer
la fidélité du général et de ses compagnons au régime républicain et ses propres obsessions, nourries de Rude et de Michelet :
« Ce qu'est pour nous la République, nous ne l'avons jamais
si bien compris que pendant les années d'Occupation. Sur les
socles déserts, la vieille voix alors sans visage disait : On a pu
chasser mes effigies mais nul n'a pu les remplacer... Il n'est au
pouvoir de personne de m'arracher du cœur des Français... Le
souvenir de la République, c'était pour vous alors comme pour
nous aujourd'hui, comme toujours pour la France, le souvenir
de la Convention, la nostalgie de la ruée de tout un peuple vers
son destin historique... La fraternité dans l'effort et dans l'espoir. » Ainsi prend-il lyriquement sa part des triomphes électo-
raux qui légalisent la République gaullienne à l'automne 1958,
régime qu'il a défini d'une négation : « Ce n'est pas la IVe
République, plus le général de Gaulle. » IVe République ou pas,
on entend là des échos du RPF.

Du mois de juin 1958 au mois d'avril 1969, André Malraux
fut membre du gouvernement de la Ve République, non sans
repousser obstinément les offres du général de Gaulle qui l'incite
à être candidat à quelque mandat électoral que ce soit. D'abord
ministre délégué à la présidence du Conseil, il devient en janvier
1959 ministre d'État; et il est chargé six mois plus tard des
« Affaires culturelles » dont il s'occupera (plus ou moins) pendant dix ans. Sa présence au gouvernement, pendant ces onze
années, s'exprime sur deux plans : celui d'un spécialiste, ou
supposé tel, chargé d'animer une certaine action en un certain
domaine; et celui du membre assez exceptionnel, tant par sa
personnalité que du fait de ses relations avec le détenteur du
pouvoir, d'un groupe collectivement responsable d'une certaine politique. Le mot de responsable n'est pas ici de routine —
quand on se souvient de ce qui se passe en Algérie entre 1958
et 1962, jusqu'à la fin de la guerre et à la liquidation de ses
séquelles.

Malraux ministre? On reviendra sur son rôle à la direction
des Affaires culturelles. Au Conseil, il occupait une place que
le général de Gaulle a ainsi décrite dans ses *Mémoires d'espoir* :
« A ma droite, j'ai et j'aurai toujours André Malraux. La pré-

sence à mes côtés de cet ami génial, fervent des hautes destinées, me donne l'impression que, par là, je suis couvert du terre à terre. L'idée que se fait de moi cet incomparable témoin contribue à m'affermir. Je sais que dans le débat, quand le sujet est grave, son fulgurant jugement m'aidera à dissiper les ombres [1]. »

Ce qui ressort pourtant des témoignages de la majorité de ses collègues, c'est que cet homme-événement fut, dans l'ensemble des quelque quatre cents conseils auxquels il prit part, un personnage assez effacé, sinon banal. Les croquis de « dyables » et de « farfelus » qu'il crayonnait inlassablement pour échapper à l'éloquence de MM. Foyer, La Malène ou Marcellin témoignent certes de la survie de l'homme d'invention dans le ministre ennuyé. Mais on s'étonne que l'éclatant personnage qui traverse le siècle en fanfare ait vécu les conseils ministériels de la Ve République comme un notable cuvant ses trop bons déjeuners.

En ces douze années, il n'aura, semble-t-il, ému ou frappé ses collègues qu'en deux occasions : en avril 1961, au moment du « putsch » des généraux d'Alger, quand il proposa, sur le ton de Carnot, de prendre face à eux la tête d'une unité de chars avant de se prononcer pour l'exécution des animateurs du putsch avec la voix de Fouquier-Tinville; en août 1965, quand, rentrant de Pékin, il fit du salon de l'Élysée un extraordinaire théâtre d'ombres chinoises — proposant, de son voyage, une version où le romancier de *la Condition humaine* avait une part presque égale à celle du voyageur.

A part ces deux grands moments, et quelques boutades du type « Je suis le seul ici à n'avoir à proposer aucune définition de la culture », on le vit « peu bavard, elliptique — voire cryptique [2] », ne sortant de sa réserve au front penché et de la contemplation perplexe du doux visage de Mlle Dienesch, secrétaire d'État aux Affaires sociales, que pour approuver sans réserve les thèses péremptoires du général, son voisin.

Laissa-t-il pourtant percer une certaine méfiance à l'encontre de deux des initiatives les plus contestées du général — celle qui concerne Israël à partir du conflit de 1967, et celle relative au Québec? On l'a dit. Deux au moins de ses collègues (MM. Palewski et Peyrefitte) le démentent.

1. *Mémoires d'espoir*, tome I, *Le Renouveau*, p. 285.
2. Entretien de Gaston Palewski avec l'auteur, 22 novembre 1972.

Il arriva certes à l'homme d'exprimer, sur ces deux sujets et sur quelques autres, des réserves. Ainsi laissait-il échapper devant des familiers, à propos de certaines manifestations anti-américaines du général : « Là, il exagère ! » Mais le ministre, lui, fut d'une inlassable fidélité publique.

32. L'Algérie comme remords

« Le problème le plus grave pour tout Français et en particulier pour moi », dit-il en 1960, parlant de l'Algérie au cours d'un voyage en Amérique[1]. « En particulier pour moi ? » Si c'était vrai, cela se serait vu, Malraux étant alors un homme très public. Après la période de 1958 où, ministre de l'Information, Malraux tente pendant six mois et non sans mérite de conforter de Gaulle contre les « ultras » d'Alger et de donner un « ton » républicain et libéral à un régime né sous les auspices de l'extrémisme et dans les conditions les plus troubles, que fait-il, que dit-il qui le montre attaché à ramener la paix en Algérie sur la base des réalités politiques et militaires ? Que fait-il, que dit-il qui contribue à punir ou à endiguer les crimes qui se commettent là au nom de la France ?

« Pour mettre un terme à la guerre d'Algérie, où vaut-il mieux être ? Au café de Flore ou au gouvernement ? », a-t-il dit une fois pour toutes, pensant avoir tout dit. Tout dépend de ce que l'on fait au gouvernement. Pour ce qui est de M. Michel Debré, il eût mieux valu qu'il fût au café de Flore... Pour ce qui est d'André Malraux, le débat reste ouvert. Par sa présence au sein d'un gouvernement qui poursuit pendant quatre ans la guerre, il contribue à cautionner de son nom illustre et de son passé révolutionnaire une politique longtemps oblique et qui, au temps de la tentative de négociation de Melun (1960), redevient carrément conservatrice. Mais la position

---

1. Déclaration au journal *Novedades*, Mexico, 9 avril 1960 ; cité par Janine Mossuz, *op. cit.*, p. 209.

qu'il occupe lui donne aussi l'occasion de rendre des services, très inférieurs à ceux dont les Algériens sont redevables à son ami Edmond Michelet, mais non négligeables, et qu'on évoquera.

Deux années durant, en 1959 et 1960, il consacre une part importante de son temps à des voyages de propagande, en Amérique latine notamment, pour défendre une politique dont il ne tente même plus, comme en 1958, de faire apparaître la face cachée, celle qui tient compte de l'authenticité de la cause adverse et ouvre des perspectives autres que la reconquête. Les propos qu'il tient de Rio de Janeiro à Lima, de Mexico à Buenos Aires, sont d'un conformisme qui va, compte tenu du personnage qu'est Malraux, au-delà des exigences de la solidarité ministérielle. Il ne pouvait pas faire campagne contre de Gaulle, étant au gouvernement, ni dévoiler les aspects positifs encore souterrains de la stratégie conduite par le général? S'il tenait à tout prix à rester ministre, pourquoi diable accepta-t-il de se faire le César Birotteau de cette marchandise! Il avait refusé à de Gaulle d'être député. Ne pouvait-il lui refuser d'être le commis-voyageur de ce que sa politique avait de plus contestable?

Écoutons-le parler aux Mexicains [1] :

« L'envoyé d'un vieux pays de liberté vient dire ici pourquoi et comment chacun de ses gestes, depuis près de deux ans, n'a pas cessé de servir la même cause. L'anticolonialisme passionné du Mexique a trouvé, je pense, dans ce que je suis venu lui dire, à la fois des raisons de réflexion et des raisons d'espoir. » Et aux Urugayens : « Mon pays avance en Algérie avec une plaie atroce au côté, mais il avance comme ont avancé les combattants de la liberté. »

Aux Argentins, il affirme que : « Huit cent mille Français et un million d'Arabes ont choisi la France, face à trente mille fellaghas qui pensent que l'Algérie, c'est le FLN... Abandonner l'Algérie signifierait qu'on laisse assassiner ceux qui nous sont fidèles. La France ne les laissera pas assassiner. » Tandis que les Péruviens sont invités à croire que « seuls trente mille fellaghas croient que l'Algérie est représentée par le FLN qui, privé de toute légitimité, ne connaît pas une vérita-

1. Déclaration au journal *Novedades*, Mexico, 9 avril 1960; cité par J. Mossuz, *op. cit.*, p. 209.

ble audience... » car « Il est faux... qu'il suffise de prendre un fusil pour devenir le maître légitime d'un pays. »

Ces tournées de propagande de l'ancien spécialiste du RPF, scandées de pronostics sur l'épuisement et les divisions du FLN, sur l'influence qu'exerceraient sur lui Pékin et Moscou, semblent tirées des coupures de la presse de droite de l'époque. Elles ne sont pas seulement banales comme celles d'une commission parlementaire. Elles se fondent sur d'étranges postulats socio-historiques. André Malraux — le rameau persan excepté — n'a jamais porté le moindre intérêt à l'islam, qui pour lui n'a « pas de forme » et n'a de force que celle, négative, des opprimés. Tout mouvement en pays arabo-musulman ne peut déboucher selon lui que sur le kemalisme ; or, en Algérie, le kemalisme — laïcisme, modernisme, féminisme — c'est de Gaulle qui, selon lui, le promet. Ainsi... Et le voilà parti sur des nuées qui pour une fois l'aveuglent au lieu de le porter : « Si, en Algérie, l'élan du nationalisme islamique s'arrête, c'est le monde occidental tout entier qui cesse de reculer [1]... »

La vérité est que le problème l'intéresse surtout sur un plan : celui de la survie du régime, et accessoirement sur un autre : celui de son hygiène. Il voit en l'Algérie — dont il ne connaît ni l'histoire, ni la culture, ni le peuple, et dont l'art lui paraît sans mérite particulier — une menace permanente pour de Gaulle et l'occasion pour le système qu'il a cautionné et à l'efficacité duquel il croit, de se salir. Ce qu'il réprouve à tous les titres. Mais on le verra plus actif pour s'opposer avec éclat aux tentatives des factions d'Alger de prendre le pas sur Paris, qu'attentif à limiter les « bavures » que provoque cette guerre atroce. Ce qu'il fera en ce dernier domaine ne peut faire oublier sa longue indifférence aux appels de ceux que la torture empêche de vivre.

De 1959 à 1961, André Malraux, membre du gouvernement de Michel Debré est souvent sollicité par ses anciens amis de gauche, par ceux aux côtés desquels il a signé l'appel du 17 avril 1958, de faire un geste exprimant sa désapprobation de méthodes de guerre dont il a dit qu'elles « déshonorent la cause qu'elles prétendent servir ». En vain. En 1959, précisément, le ministre d'État se trouve confronté à une affaire analogue

---

1. Entretien à Paris avec des journalistes étrangers, le 2 juillet 1958.

à celle qui a suscité la protestation de l'écrivain, un an plus tôt. Un livre rédigé par quatre militants FLN torturés, intitulé : *la Gangrène*, est saisi par le ministre de l'Intérieur de la République gaullienne, comme *la Question* l'avait été par celui de la IVe République. Malraux tente de se débattre, prétend que ces récits de torture sont fabriqués par le parti communiste — sachant très bien qu'à la différence d'Henri Alleg pour qui il a plaidé du temps qu'il n'était pas ministre, des hommes comme Bachir Boumaza et ses compagnons, auteurs de *la Gangrène*, sont fort éloignés des communistes. Interpellé à ce sujet à Mexico, il riposte que pendant la guerre du Mexique, on a aussi torturé — ce qui n'est ni très courtois ni très habile : veut-il se faire passer pour Zapata, ou pour Huerta ? Son dernier argument ne vaut guère mieux. Comme on lui oppose telle déclaration de Sartre, il explose : « Moi, j'étais devant la Gestapo pendant que Sartre, à Paris, faisait jouer ses pièces visées par la censure allemande. »

Mais les sommations s'étendent, se diversifient. Quand on est Malraux, on importe au monde, et le monde vous réclame d'être vous-même. Ainsi, le 23 juin 1960, Graham Greene publie-t-il dans *le Monde* une « Lettre ouverte » à André Malraux qui n'est pas de celles qu'on jette dédaigneusement sans les lire :

« ... Peut-être vous rappellerez-vous que nous nous sommes rencontrés naguère, en tant que membres d'un jury littéraire qui, chaque année, attribuait un prix en souvenir d'une héroïque Française morte au camp de Mauthausen pour la défense des libertés françaises [...].

Nous ne pouvons croire que les victimes de tortures aient reçu un enseignement de leurs tortionnaires et que le nom de Mauthausen ne soit plus synonyme d'horreur pour les Français et de honte pour les Allemands [...].

Ce qui m'a poussé à vous écrire c'est un passage d'un journal anglais. En voici quelques phrases dont la lecture est pénible à ceux d'entre nous qui aiment la France et qui éprouvent un profond respect pour le chef de votre gouvernement.

« *Parmi les accusés se trouve M. Henri Alleg, qui fut expulsé du banc des prévenus par la force, pour avoir accusé de meurtre ceux qui l'avaient arrêté.*

A la fin de 1957, déclara Me Matarasso, quatre intellectuels : M. Sartre, M. Mauriac, M. Martin du Gard et M. Malraux (actuellement ministre de la Culture) demandèrent que toute la lumière fût faite au sujet de la torture, impartialement et avec la plus grande publicité. Il fallait absolument mettre fin aux activités de ceux qui torturèrent Alleg et assassinèrent Audin, ajoutait-il, parce que d'autres êtres continuaient d'être soumis aux mêmes supplices.

A ce moment, le procureur de la République se leva et l'interrompit : ' La défense vient de m'insulter. J'exige que l'avocat de la défense comparaisse devant la cour. '

Vint le tour des accusés de parler. L'un d'eux, critiquant la proposition d'un huis clos, déclara : ' Dans cette même salle de tribunal, j'ai été condamné à mort par une cour de Vichy. A ce moment-là les débats étaient publics. '

Qu'un accusé soit chassé du banc des prévenus, qu'un procureur requière la comparution d'un avocat de la défense devant la cour et qu'un inculpé puisse citer Vichy comme exemple de justice rendue au grand jour, de tels incidents fournissent le sujet d'une tragi-comédie d'un insupportable cynisme. Il est difficile de croire que semblable tribunal puisse exister alors que le chef de la France libre est à la tête du gouvernement et que l'auteur de *la Condition humaine* est l'un de ses ministres... »

Le cercle des Érinyes, autour de lui, se resserre. Au mois de septembre 1960, un imposant groupe d'artistes, d'écrivains, de comédiens, se coalise pour rédiger et signer un texte dénonçant la poursuite de la guerre d'Algérie, les méthodes qui y ont cours et le « droit à l'insoumission » pour les jeunes gens appelés à y prendre part. Les protestataires sont 121, chiffre qui leur servira d'étiquette. Parmi eux, la fille d'André Malraux, Florence, cinéaste. Il en est bouleversé, mais ne bronche pas, même quand le gouvernement dont il est membre décide de proscrire les signataires du « Manifeste des 121 » des scènes officielles et de la radiotélévision. Pour avoir le droit de jouer la tragédie, il faut approuver, au moins par son silence, celle qui se déroule en Algérie...

En novembre 1961, nouvelle épreuve. Les éditions de Minuit, dont le titre et l'activité sont si étroitement liés à la période de la Résistance, publient le terrible témoignage d'un combattant parachutiste, *Saint-Michel et le Dragon*. Nouvelle saisie. L'éditeur, Jérôme Lindon, lui adresse une lettre ouverte indignée et nostalgique. Lui, « défenseur attitré de la culture » au gouvernement, lui qui est « l'un des plus grands écrivains contemporains », il laisse faire cela ?

Oui. Il est ministre d'abord — en un temps, il est vrai où le gouvernement dont il est solidaire, sous l'impulsion du chef de l'État et en dépit du Premier ministre, accomplit enfin les gestes nécessaires et négocie activement avec ces quelques « fellaghas » aventuristes dont le Malraux de Mexico, de Lima et d'ailleurs dénonçait l'isolement et l'ambition sans perspectives.

Au sein de ce gouvernement où il n'est sorti de son triste mutisme que pour prononcer ces harangues fâcheuses, il n'est pourtant pas resté inactif face au développement de la « gangrène » et des tortionnaires. Dans *Tout compte fait*, Simone de Beauvoir l'accuse d'avoir purement et simplement couvert comme ministre, la pratique de la torture en Algérie. Elle est insuffisamment renseignée. A plusieurs reprises, à la demande d'Albert Camus ou de Jean Daniel, et pourvu que ces gestes fussent discrets, il arracha des militants algériens aux camps les plus meurtriers.

Il y a aussi des gestes heureux, des moments d'audace, le soutien sans réserve accordé à Jean-Louis Barrault pour monter les *Paravents* de Jean Genet, pièce « scandaleuse » à propos de la guerre d'Algérie, que les amis de M. Debré auraient sabotée sans la protection alors accordée aux animateurs du Théâtre de France par le ministère des Affaires culturelles.

L'épisode du procès du « réseau Jeanson »[1] reste ambigu. Contre l'avis exprès de son client, Me Vergès, défenseur de Francis Jeanson, fit état devant le tribunal de relations d'amitié entre les deux écrivains qui dataient d'avant le conflit. Depuis son entrée dans le combat, Jeanson s'était refusé à demander quoi que ce soit à Malraux. Le ministre ne protesta pas contre l'emploi fait ainsi de son nom et en tint si peu grief à Francis Jeanson que, recevant sa visite en 1966, il tint à lui dire : « Pendant cette guerre, il y a ceux qui ont parlé et ceux qui ont agi. Inutile de vous dire auxquels allait ma sympathie... »

Et puis il y a les phases flamboyantes de ce combat, celles où Malraux se retrouve en consonance avec le climat des luttes antifascistes, celui de la Résistance au *pronunciamiento* d'Alger. C'est d'abord l'émeute de janvier 1960, dite « des

---

1. Francis Jeanson avait créé un « réseau de soutien » au FLN dont plusieurs membres passèrent en jugement en 1960.

barricades », où, face à un Premier ministre tout près de pactiser avec les rebelles algérois, Malraux se retrouve aux côtés d'un de Gaulle jacobin pour exiger la reddition des mutins ; c'est ensuite le « putsch des généraux » d'avril 1961.

Et là Malraux ne se contente pas de lancer en Conseil des ministres qu'il montera « dans le premier char » contre les insurgés. Il s'invente communard contre les Versaillais d'Alger, s'enferme avec quelques dizaines de volontaires, place Beauvau, au ministère de l'Intérieur (où Roger Frey est trop angoissé pour s'irriter de cette intrusion d'un collègue, et où le directeur de son cabinet, Sanguinetti, fait semblant de rire : « Eh bien ! nous voilà sauvés, grâce à Malraux ! »). Et il recrute des volontaires, comme pour la brigade Alsace-Lorraine, seize ans plus tôt. Pittoresque, mais à tout prendre sympathique : bon souvenir en tout cas pour tous ceux qui étaient (qui étions) cette nuit-là avec lui et ses volontaires, sur lesquels flottait d'autant mieux un parfum d'Espagne d'autrefois qu'il y avait là plus de Lopez et de Ramirez que les jours où la République est assurée du lendemain...

Ce comportement ressuscite en lui le personnage symbolique. C'est tout naturellement que l'année suivante les terroristes de l'OAS [1], défenseurs ultimes de l'Algérie française, le choisissent pour une de leurs cibles. Le 7 février 1962, une bombe au plastic est posée sur le rebord d'une fenêtre du rez-de-chaussée de la maison de Boulogne où il loge depuis quinze ans. C'est une enfant de cinq ans, fille des propriétaires, Delphine Renard, qui est atteinte par l'explosif et perd un œil.

Six semaines plus tard, les accords d'Évian sont signés. C'est aux États-Unis, où il est l'hôte du président Kennedy, qu'André Malraux commente pour la première fois en public le règlement du conflit : « La France a choisi l'autodétermination parce qu'elle a choisi la justice, mais la justice ne consiste pas à abandonner les innocents, ni à trahir les fidèles. Les accords d'Évian étaient des accords difficiles, et votre presse a eu raison de les définir comme ' l'acte héroïque le plus poignant d'une œuvre de longue haleine '. Leur application sera difficile aussi et il y faudra toute son énergie, comme toute celle de nos adversaires d'hier [2]. »

---

1. Organisation armée secrète.
2. Cité par J. Mossuz, *op. cit.*, p. 223.

Il avait dit à ses contradicteurs de gauche que de Gaulle ferait la paix. Mais il avait cessé de le dire depuis si longtemps et paru à tel point résigné à la guerre indéfinie, qu'il se garda de triompher. L'Algérie comme remords survivait à l'Algérie comme angoisse [1].

33. L'art et l'État

Un jour de décembre 1945, le polémiste Henri Jeanson demande à Emmanuel Berl en quoi consistent les fonctions de Malraux, ministre de l'Information ? « Oh, rien de plus simple, fait Berl. Il s'efforce de mettre du désordre dans un ministère qui n'existe pas [2]... » Et voilà qu'on lui confiait un ministère de la Culture, à lui qui, interrogé en 1952 par Frank Elgar (pour *Carrefour*) sur la possibilité d'une direction « saine » de la vie artistique nationale par l'État, avait répondu : « Grands dieux, que l'État en art ne dirige rien !... L'État n'est pas fait pour diriger l'art mais pour le servir !... »

C'est le 24 juillet 1959 qu'André Malraux, « ministre d'État chargé des Affaires culturelles » depuis la constitution du cabinet Debré, six mois plus tôt, était enfin doté de l'organisme administratif qui devait lui permettre de mettre en œuvre une « politique de la culture ». La mission confiée par le général de Gaulle à l'un des plus grands écrivains de ce temps et l'un des très rares personnages ayant le privilège de dialoguer avec lui suscita un vif intérêt et beaucoup d'espoir.

Aux termes du décret de nomination, il s'agissait de « rendre accessibles les œuvres capitales de l'humanité, et d'abord de la

---

1. Elle avait failli lui valoir une fabuleuse promotion, si l'on en croit certains membres de l'entourage du général : au moment où les attentats répétés menaçaient sa vie, le président de la Ve République avait rédigé un décret (dont il nous a été impossible de retrouver la trace) aux termes duquel, en cas de disparition du chef de l'État et du Premier ministre, André Malraux assurerait au moins l'intérim du pouvoir. Une phrase précisait même, dit-on, que « dans ces funestes occurrences », Charles de Gaulle incitait les Français à voter, aux élections qui s'en suivraient, pour André Malraux...

2. *L'Aurore*, 10 octobre 1967.

France, au plus grand nombre possible de Français, assurer la plus vaste audience au patrimoine culturel et favoriser la création des œuvres d'art et de l'esprit qui l'enrichissent. »

Ministre de la Culture, André Malraux sut ne pas s'enfermer dans des définitions trop brillantes et trop contraignantes de la « culture ». Il résuma pourtant son projet en quelques formules naturellement frappantes : « Désormais, la collectivité a reconnu sa mission culturelle. Autant qu'à l'école, les masses ont droit au théâtre, au musée. Il faut faire pour la culture ce que Jules Ferry faisait pour l'instruction. »

Jules Ferry ? M. Malraux pouvait certes l'évoquer sans se couvrir de ridicule. Mais une objection venait aussitôt à l'esprit. Ferry avait fondé son action sur une idéologie, sur un idéal en même temps très large et très précis, qui était fait à la fois de républicanisme et de laïcité. La bataille qu'il livrait avait des objectifs clairs : il fallait convaincre les Français des vertus de la République, de la nécessité d'une école chargée d'en diffuser l'histoire et d'en enseigner la pratique. Il s'agissait de former des citoyens et de donner à la République des républicains. En échange de cette foi austère, que proposait M. Malraux ? Quelle idéologie, quelle ferveur, sinon une sorte d'esthétisme égalitaire et nationaliste ? M. Malraux allait chercher avec fièvre, sans la découvrir, une « voie française de la culture », à mi-chemin du système de marché occidental et de l'étatisme soviétique.

Avec quels moyens ? On lui avait confié là un étrange royaume, le « royaume farfelu ». Que signifiait exactement une politique culturelle qui n'avait droit de regard ni sur le livre, ni sur l'école, ni sur la radio, ni sur la télévision, ni sur les activités socio-éducatives de la jeunesse, ni sur les relations culturelles avec l'étranger ?

Homme de culture, hanté par la catastrophe autant que par la tragédie, et par la mort plus que par l'art de vivre, nourri d'histoire révolutionnaire mais fasciné par la gloire militaire, anti-fasciste déterminé mué en chantre du RPF, contempteur déclaré de la « psychologie » — qui le lui rend bien —, peu perméable aux ruses bureaucratiques et d'autant mieux livré aux jeux des bureaucrates, il a dans l'ensemble pesé dans le sens des libertés et des initiatives novatrices, mais de façon si sporadique ou si imprévisible que l'action la plus salubre a souvent préparé de tristes liquidations. Il a couvert de son autorité les initiatives les plus hardies prises par le « CNAC » en faveur de l'art vivant.

Il a favorisé l'accès — fugitif — aux responsabilités culturelles d'artistes, d'écrivains et d'esthéticiens comme MM. Henri Seyrig, Gaëtan Picon ou Georges Auric. Mais ce fut le plus souvent sous forme de coups d'éclat sans lendemains, de percées audacieuses suivies de brusques retraites. Stratégie de hussard.

Si ardent qu'il fût à déclencher telle ou telle entreprise — maisons de la culture, inventaire national —, voulut-il vraiment se battre pour en assurer l'exécution? Lui qui avait, plus que personne, accès auprès du général de Gaulle, et qu'une vieille amitié liait encore à M. Georges Pompidou, combien de fois a-t-il rompu le combat avant d'avoir vraiment engagé le fer pour soutenir tel ou tel projet, tel ou tel collaborateur?

Ce n'est pas que ce grand virtuose ait travaillé en fantaisiste, dans l'improvisation et le désordre. André Holleaux, qui fut pendant quatre ans son directeur de cabinet et passait chaque jour plus d'une heure en tête à tête avec lui, l'a dépeint « méticuleux, étudiant, épluchant, annotant les dossiers, soupesant les textes, distinguant les notes 'sérieuses' de celles qu'il évacuait avec des annotations telles que ' cocottes ', ' farfelues', ' pour l'humour ' ou ' si le cœur vous en dit...', dressant un jeu de fiches sur de petits cartons verts, roses ou ocre. Un archiviste, en somme », conclut ce conseiller d'État pointilleux[1].

L'auteur de *l'Espoir* résuma néanmoins en des apologues ou des traits pittoresques l'étrangeté de sa situation. C'est à propos de son propre état dans l'État qu'il aimait à raconter l'histoire du chat qui « faisait le chat chez Mallarmé ». A Picasso que l'on avait oublié d'inviter à l'une de ses expositions et qui câblait : « Croyez-vous que je sois mort? », il riposta par la même voie : « Croyez-vous que je sois ministre? »

Bien connaître l'art sassanide et celui des Ming prépare-t-il pour autant à la gestion et à l'animation de la vie culturelle dans la France de la seconde partie du XXe siècle? Parce qu'il a plus de goût pour la peinture de l'Asie ancienne que pour celle de l'Europe contemporaine, pour l'art des musées que pour celui des galeries, pour les plongées dans un lointain passé que pour la prospection du présent, faut-il parler d'une conception plus défensive qu'offensive de l'action culturelle d'un homme tel que Malraux?

---

1. Martine de Courcel, *Malraux, être et dire*, Plon (à paraître en juin 1976).

Il aime la peinture, la sculpture, l'architecture. Il aime aussi la gloire. Et il aime que la peinture, l'architecture ou la sculpture accroissent celle de la France. D'où une politique de grandes expositions, de voyages, d'échanges internationaux et de mots historiques qui l'ont conduit du Caire à Tokyo et ont procuré de longs déplacements à la « Joconde » et à la « Vénus » de Milo, avec toute l'exaltation nationaliste qui traîne avec elle cette politique de prestige.

Certaines des grandes expositions organisées par le ministère des Affaires culturelles, du Siècle d'or espagnol à Tout Ankh Amon, de Picasso à l'art d'Iran, et surtout la plus belle peut-être, consacrée au xvie siècle européen, drainèrent vers le musée des publics considérables et enchantés.

Mais de la part d'un ministre aussi prestigieux et attentif au prestige national, n'aurait-on pu attendre une politique d'achats systématiques de chefs-d'œuvre, notamment de ceux dus à des artistes français vendus jadis à l'étranger? Mises à part quelques belles toiles du xviiie siècle — un Chardin notamment — dont les musées français étaient déjà bien pourvus, c'est plutôt le contraire qui s'est produit : ainsi vit-on la *Falaise* de Claude Monet quitter la France, et surtout les *Grandes Baigneuses* de Cézanne, vendues à la National Gallery de Londres pour quelque 750 millions d'anciens francs. Ceci se passait dans la France gaullienne, si combative en matière de préséances et de position, alors que, dans le même temps, le canton de Bâle se mobilisait et obtenait, par référendum, le déblocage d'un crédit permettant d'éviter la sortie de Suisse de deux toiles de Picasso... Certes, les garanties contre des sorties plus fugitives ont été renforcées, de même que les droits de préemption de l'État sur tout achat d'œuvre importante. Mais la faiblesse des crédits attribués à l'achat de toiles pour les musées nationaux aboutit, « sous Malraux », à une déperdition plutôt qu'à un enrichissement.

De Malraux esthéticien, et plus encore esthéticien au pouvoir, on pourrait dire qu'il est l'homme du connu, du repéré et plus précisément du « photographiable ». A ce titre, entre une douzaine de décisions qui témoigneront en faveur de l'« ère Malraux », retenons-en trois : la mise en train de l'inventaire des monuments et richesses artistiques de la France, le travail accompli sur sept monuments fameux qui ont fait l'objet d'une loi-programme, et la création des « secteurs sauvegardés ». Il faut y ajouter la création du service des fouilles, encore que les crédits alloués à cet organisme soient trop maigres pour en assurer l'efficacité.

Tant en ce qui concerne le dégagement des Invalides que certains travaux de préservation du Marais, ou que le ravalement des façades des plus beaux bâtiments de Paris (opération décidée par M. Pierre Sudreau, haut fonctionnaire de la précédente République, mais menée à bien — à très bien même — sous l'égide de M. Malraux) on rend souvent hommage à ce qui a été accompli au cours de ces dix années. Mais le sort des Halles ? Maine-Montparnasse ? Qui mieux qu'André Malraux aurait pu mettre en garde les services contre les erreurs graves qui ont été commises en ces hauts lieux de Paris ? Si « l'agitation culturelle » était justifiée, c'était à coup sûr en ce domaine où les exigences de la technique et de la rentabilité prochaine prirent le pas sur toutes les autres préoccupations. M. Malraux n'a pas su livrer ces batailles. Le visage de Paris risque d'en porter longtemps les traces.

Si l'on avait demandé à André Malraux, ministre des Affaires culturelles, sur quoi il souhaitait être jugé, il aurait répondu sans doute « sur les maisons de la culture ». Son invention ? Une belle et généreuse idée en tout cas, surgie de souvenirs de voyages en Union soviétique, du Front populaire et de l'Espagne révolutionnaire. La Ve République, les masses, la France, la Révolution, l'art, de Gaulle, les cathédrales, la grandeur, tout cela devait trouver un creuset où se fondre, un creuset qui témoignât de la « prééminence » française : « Pour le prix de 25 kilomètres d'autoroute, disait André Malraux à la Chambre des députés le 27 octobre 1966, la France peut, dans les dix années qui viendront, redevenir, grâce aux maisons de la culture, le premier pays culturel du monde. »

De Caen à Thonon, de Rennes à Firminy, de Saint-Étienne à Ménilmontant, d'Amiens à Reims ces « cathédrales » de subversion s'élevèrent où le peuple était appelé à faire par lui-même quelque chose de neuf.

L'étrangeté de l'entreprise l'aurait peut-être vouée à rester à l'état de rêve ministériel si un homme n'avait pris au mot son ministre, y croyant et y vouant sa vigueur d'impulsion : M. Émile Biasini. Cet ancien administrateur des colonies, robuste comme un trappeur et imaginatif comme peu de fonctionnaires le sont, commença par se donner une doctrine. Dans un document de base intitulé : *Action culturelle, an I,* il en fit un exposé fort entraînant, affirmant que l'objectif était « de transformer en un bien commun un privilège ».

La mise en œuvre d'un tel programme supposait l'accord des collectivités locales, sinon leur encouragement. Sillonnant le pays, sommant les conseils municipaux, éveillant les animateurs, négociant avec les maires, multipliant des promesses (qui chose étrange furent tenues), M. Biasini tissa peu à peu sa toile, alliant l'utilisation de bâtiments et d'animateurs déjà notoires à des fondations plus spécifiques : à Amiens, à Grenoble, se manifestèrent tour à tour une certaine esthétique et un type d'équipe de direction, en vue d'une certaine action culturelle.

En avril 1964, la Maison de la culture de Bourges était solennellement inaugurée par le ministre. L'allocution qu'il prononça ce jour-là, il devait la moduler bien des fois ensuite, sur ce ton incantatoire et fracassé qui semble comme un écho des prophètes sur les ruines de la cité : « La culture, c'est l'ensemble des formes qui ont été plus fortes que la mort... Il faut qu'à tous les jeunes hommes de cette ville soit apporté un contact avec ce qui compte au moins autant que le sexe et le sang, car il y a peut-être une immortalité de la nuit, mais il y a sûrement une immortalité des hommes... Reprendre le sens de notre pays, c'est vouloir être pour tous ce que nous avons pu porter en nous. Il faut que nous puissions rassembler le plus grand nombre d'œuvres pour le plus grand nombre d'hommes. Telle est la tâche que nous essayons d'assumer de nos mains périssables. »

En avril 1968, à Bourges, c'est l'apogée : un congrès des théâtres de province réunit en une semaine 7 500 amateurs, animateurs, orateurs, spectateurs et curieux. La vieille bâtisse de briques adroitement « retapée » et remodelée en vue de ses divers usages — théâtre, concert, exposition, lecture, télévision — crépite de mille propos, contradictions et débats. Le visiteur ou l'usager n'est-il pas placé, dès l'entrée, sous le signe de deux déclarations gravées dans le mur? A gauche ces mots de Malraux : « Il n'y a pas, il n'y aura pas de Maison de la culture sur la base de l'État ni d'ailleurs de la municipalité. La Maison de la culture, c'est vous. Il s'agit de savoir si vous voulez la faire! » Et à droite, ce propos de M. Armand Biancheri, inspecteur de l'enseignement : « A la fois institution et contestation de toute institution, la Maison de la culture porte en elle la contradiction, c'est-à-dire le mouvement et la vie. »

Mais voilà : un mois plus tard, c'est mai 1968, c'est la tornade étudiante, c'est la Maison de la culture transformée pour de bon en forum. On s'indigne, André Malraux est redevenu d'abord le ministre de Georges Pompidou. Tel directeur de Maison de la culture est muté, tel autre remercié. Celui de Bourges est prié d'aller chercher infortune ailleurs. Ayant soufflé dans une trompette on s'étonne qu'elle fasse du bruit; ayant fabriqué un explosif on s'indigne qu'il éclate...

Alors s'ouvre le procès du projet d'André Malraux. Où commence, où s'arrête l'action culturelle? Que le problème ait été posé avec une emphase abusive au mois de mai 1968 ne le rend pas moins permanent. Tout art n'est pas culture et tout ce qu'on appelle culture n'est pas encore de l'art. D'où la fausseté des positions où se trouvèrent placés les animateurs et artistes chargés des fonctions d'entraîneur. Ces «cathédrales» de la culture, quels rites devait-on y célébrer?

A quoi tend tout cela? pouvait demander tel collaborateur de Malraux, tel usager d'une Maison de la culture. Devait-on leur proposer cette réponse du ministre : « Venez avec nous faire ce geste symbolique à l'adresse du monde qui démontrera que la France est redevenue le premier pays culturel du monde. »? Formule inspirée d'un sens impérieux de la compétition nationaliste, qui ne pouvait à coup sûr résumer la finalité de cette entreprise généreuse et désordonnée, marquée à la fois par la puissante imagination d'un homme et les poisons centralisateurs d'un système, et aussi par de multiples contradictions, dont celle-ci, que signalait Jean Vilar, entre « une action désintéressée et une société fondée sur l'intérêt ».

Malraux n'aime guère le théâtre, qui l'a fort mal traité : la représentation de *la Condition humaine*, vers 1954, au théâtre Hébertot, sema la consternation chez la plupart de ses admirateurs. (Quelle idée aussi de faire adapter une œuvre qui s'est voulue et était révolutionnaire par l'un des écrivains les plus patiemment contre-révolutionnaire de son temps, M. Thierry Maulnier?) Bref, on ne pouvait guère s'attendre à ce que son règne fût celui du théâtre. Mais il avait parlé si éloquemment d'Eschyle...

Sur ce point — comme sur quelques autres, qui ne sont pas les plus beaux — la Ve République fait penser au second Empire. Sous Malraux, le théâtre français connut une nouvelle ère Meilhac et Halévy. Certes, aux premiers temps du régime, dotant la Comédie-Française d'un nouvel administrateur général, M. de Boisanger (diplomate que rien, dans son passé, ne paraissait appeler à l'honneur d'ouvrir la voie d'un renouveau théâtral sous l'égide du gaullisme), Malraux tenait d'éloquents propos sur la nécessaire restauration de la tragédie. Quelques mois plus tard, M. de Boisanger était « liquidé » (le mot est vulgaire, mais la chose le fut davantage) et les comédiens-français jouaient le *Fil à la patte*. Dans le même temps s'opérait la lente décadence du TNP, que le ministre responsable n'honora pratiquement jamais de sa présence : l'éclatant TNP de Vilar! Que dire de l'abandon de l'aide à la première pièce? Que dire de la destruction de l'Ambigu, joyau des théâtres de la capitale, transformé en parking? Que dire du désarroi du théâtre parisien?

La plus triste, pourtant, ce fut « l'affaire de l'Odéon ». Le 21 octobre 1959, le vieux théâtre, noblement rebaptisé « Théâtre de France », était inauguré en présence du général de Gaulle. Les directeurs Jean-Louis Barrault et Madeleine Renaud étaient ainsi désignés à l'attention des foules comme les porte-flambeau du théâtre français. Neuf ans plus tard, une décision ministérielle les chassait d'un théâtre qui, entre-temps, avait connu quelques vicissitudes. Pourquoi cette décision? Parce que le créateur de *Numance* avait, au mois de mai 1968, eu un comportement et tenu des propos peu conformes aux devoirs de sa charge. Aux vertus qu'on exige des directeurs de théâtre, aurait pu dire Figaro, combien de ministres (notamment ceux qui l'étaient en ces jours troublés) étaient dignes de rester au gouvernement?

Face à la foule chevelue qui avait envahi l'Odéon à partir du 16 mai, pris dans le vertige où chacun vécut en ces semaines de fièvre, bousculé, épuisé, ivre de mots comme tout le monde, Barrault était monté sur scène et entre deux harangues des porte-parole de la « masse », dénonçant la vanité de ses entreprises antérieures et l'inanité de la politique culturelle du régime, il avait lancé : « Oui, Barrault est mort — mais vous avez devant vous un être vivant. Que faire? » C'était le temps, ne l'oublions pas, où le général de Gaulle allait partir au-delà de Varennes, et où nombre de ministres se cachaient sous les tables. Sitôt que les courages raffermis permirent aux détenteurs du pouvoir de « juger » et de réprimer, Jean-Louis Barrault

apprit que sa déclaration avait été sévèrement jugée par
« le ministre ».

Quelques semaines plus tard, Barrault recevait la lettre
suivante :

« Monsieur   27 août 1968.
Au moment où vont être publiés les nouveaux statuts du
Théâtre de France, je dois vous informer qu'après vos diverses
déclarations, j'estime que vous ne pouvez plus continuer d'assumer la direction de ce théâtre, quelle que soit sa future vocation.
Veuillez agréer, etc.

                                    André Malraux. »

Ce n'est là bien sûr qu'un épisode lugubre — racheté par
d'autres gestes. Mais quand, après dix ans d'activité (ou de
présence) à la tête du ministère, André Malraux se retira pour
suivre de Gaulle, il fallut tenter de dresser un bilan de ce qui
avait été fait sous sa bannière. On fut tenté d'en attribuer les
manques au caractère à la fois incertain et bâtard d'un organisme qui, cessant d'être le secrétariat d'État aux Beaux-Arts
pour devenir le ministère de l'action culturelle, n'a réussi
qu'à se glisser tant bien que mal et par à-coups entre ces deux
colosses de la diffusion culturelle que sont l'Éducation nationale et la Télévision. Convier aujourd'hui les Français à la
culture sans prendre appui, de façon décisive, sur l'instrument
qui leur en ouvre les voies — enfants — ni sur celui qui la leur
dispense quotidiennement — adultes — est aberrant.

On peut juger de mille façons, dont neuf cents sévères, la
manière dont l'instruction est dispensée à nos concitoyens.
On peut juger plus sévèrement encore le contenu de cet enseignement. On peut apprécier de façon très cruelle enfin ce que
leur offre la télévision : mais que dire d'un ministère devenu
celui de l'« action culturelle » qui dispose des archives mais
pas du moindre droit de regard sur les programmes imposés
chaque soir à dix millions de Français?

On relevait bien d'autres étrangetés. Une action culturelle
qui n'avait alors rien à voir avec le livre (le ministre estimant
qu'un écrivain comme lui pouvait en être gêné) ou qui n'était
pour rien dans les relations avec l'étranger, sinon par le biais
des expositions, des voyages ministériels et des inaugurations
de monuments dédiés à Goethe ou à Chopin... Ou qui se détour-

naît du sport avec un dédain exprimé en 1964, devant la presse anglo-saxonne de Paris, par M. Malraux lui-même.

Le vice le plus apparent de l'organisation des Affaires culturelles fut, on le sait, dans son budget. Mettre en parallèle ce que faisaient les républiques antérieures et ce que les services des finances de la Vᵉ République ont consenti à ceux de M. Malraux n'était pas justifié : l'entreprise était de nature différente, l'homme responsable d'une dimension exceptionnelle, sa place dans l'État hors de pair, l'ambition nationale et internationale sans commune mesure avec ce qui était auparavant. On en resta à 0,43 % du budget national : la part attribuée aux Affaires culturelles avait crû moins vite que celle des postes principaux de la loi de finances, dépenses militaires non comprises. C'était là, s'agissant des moyens, faire peu de cas d'une grande ambition qui aurait pu devenir une grande impulsion. N'oublions pas qu'André Malraux avait un accès constant auprès des deux principaux personnages de l'État. Qui aurait pu modifier cet ordre de choses, sinon lui ? Une des plus graves critiques que l'on puisse adresser au Premier ministre des Affaires culturelles de la Vᵉ République a trait à sa timidité en ce domaine. Témoin cette réflexion faite en 1967 par un magistrat de la Cour des comptes à un haut fonctionnaire du ministère des Affaires culturelles : « Ces projets sont bons. Mais pour que nous vous suivions, il faudrait que votre dossier soit plaidé fermement en haut lieu... »

Ces dix ans d'« action culturelle » resteront l'une des aventures les plus ambiguës vécues par André Malraux. Ce ne fut pas une aventure médiocre, pas plus que l'événement qui en aura fait éclater les contradictions : le mouvement de mai 1968. Il n'est pas totalement paradoxal de prétendre que c'est au printemps des barricades que l'entreprise déclenchée au mois de juillet 1959 a porté ses fruits révolutionnaires, opposant André Malraux, « agitateur culturel », à M. Malraux, ministre.

Si l'action d'André Malraux eut ce caractère d'intermittence et de précarité, c'est aussi parce que sa vie fut traversée alors d'épreuves. La mort de ses deux fils, au printemps 1961, une longue maladie en 1965 et la séparation d'avec sa seconde femme, peu après, ne contribuèrent pas à conforter son énergie, son équilibre, sa ténacité.

Gauthier Malraux a un peu plus de vingt et un ans, son frère Vincent à peine dix-huit. Le 23 mai 1961, ils ont quitté de bonne heure l'île de Port-Cros où ils venaient de passer un week-end prolongé, et, retrouvant à Hyères leur voiture rapide, regagnent Paris.

Non loin du lieu, dans l'Yonne, où Albert Camus, dans une voiture qui roulait aussi très vite, s'était tué l'année précédente, les deux jeunes gens capotent. Il est dix-sept heures. Gauthier est tué, semble-t-il, sur le coup. Vincent devait mourir à l'hôpital d'Autun où on l'avait transporté, dans le coma. André Malraux arrive le lendemain matin, puis fait transporter les corps dans l'église de Saint-Germain de Charonne; après un service religieux, célébré à la demande soudaine de l'écrivain par son ami Pierre Bockel, compagnon de la brigade Alsace-Lorraine, les deux garçons furent enterrés dans le cimetière voisin aux côtés de leur mère, Josette.

« Il faut soixante ans pour faire un homme, et après il n'est bon qu'à mourir. » André Malraux, qui a écrit cela, a soixante ans. Il est ministre, et satisfait — sinon heureux — de l'être. Il aime étrangement les honneurs, les motocyclettes qui entourent ses déplacements, les oriflammes, Marseillaises et saluts à la garde, les Conseils où il s'ennuie et les discours, même ceux des autres...

Le visage s'est alourdi, tiré vers le bas. Il avait l'air d'un dominicain hérétique échappé par hasard des flammes du bûcher et hanté encore par l'odeur de roussi. Il ressemble plutôt maintenant à un prieur de Memling ou de Roger Van der Weyden, mélancoliquement tombé en odeur d'athéisme sans renoncer à ses prébendes et devenu protecteur, pour se désennuyer, de philosophes et de fresquistes.

L'œil glauque ne regarde plus une abeille, sur le mur, derrière l'interlocuteur, mais l'ombre d'une abeille au-delà du mur. La mèche ne tombe plus. Elle est tombée, libérant le front couleur de plâtre. Pétrissant la joue droite et la commissure de la lèvre, la main toujours admirable s'affaire à extirper les mots fugaces et capricieux ou à mater l'éloquence en cavale.

Une odeur de soufre, d'encens et de whisky flotte autour de Garine-ministre, et son regard innombrable semble chercher, dans les jardins du Palais-Royal, des *apsaras* déguisées en soldats de l'an II.

Ministre du général de Gaulle, « ami génial », protecteur des arts — les missions s'accumulent, surtout depuis que le malheur l'a frappé et qu'il ne peut plus se supporter chez lui — ni à Boulogne qu'il a quitté après l'attentat de 1962, ni dans la jolie résidence affectée au ministre des Affaires culturelles, à la lisière du parc de Versailles. Il court de Moscou à Washington — où l'accueille le ménage Kennedy, féru de belles-lettres, d'art décoratif et de galanterie française, et fait là, pour plaire à la dame de céans, tout ce qu'un Parisien civilisé, un peu mûr et doté d'une orgueilleuse culture peut accomplir avec grâce, à table et au musée.

A la Maison-Blanche, il eut droit, de la part de John Kennedy, à une évocation biographique qui donne une fière idée de l'activité des services d'information français aux États-Unis : « Nous souhaitons tous participer aux multiples aventures que peut offrir la vie, mais M. Malraux nous bat tous. Nous sommes les descendants de pionniers qui étaient eux-mêmes des hommes d'une grande vitalité. Mais Malraux a dirigé une expédition archéologique au Cambodge, a été en relation avec Tchang Kaï-chek, avec Mao Tsé-toung, a participé à la guerre civile espagnole et à la défense de son pays, a suivi le général de Gaulle, a été en même temps une grande figure dans le domaine créatif. Je pense qu'il nous laisse loin derrière. Aussi sommes-nous très fiers de l'avoir parmi nous. » ... Moyennant quoi, six mois plus tard, Malraux revint aux États-Unis, Mona Lisa dans ses bagages.

Le métier de ministre de la V⁰ République comporte des moments plus austères. A la Chambre, par exemple, il advint à André Malraux, au mois de novembre 1966, de se trouver seul au banc du gouvernement, chargé non seulement de défendre son budget, mais de lire des textes de plusieurs de ses collègues absents : Malraux lisant « du Marcellin » ou « du Triboulet », c'est déjà drôle. Devant sept, puis trois, puis deux députés enfin, c'est cocasse. Quand on a été Saint-Just devant les masses, réciter Pécuchet dans un désert doit être une épreuve.

Il y eut aussi son côté Bossuet. Ne faisons pas mine de croire qu'il prit goût à prononcer les « oraisons funèbres » de quel-

ques grands hommes, pour lesquels il écrivit quelques-uns de
ses plus beaux textes. Quand on éprouve pour la mort l'horreur
sacrée qui possède André Malraux, on n'en parle pas impunément. Braque, Le Corbusier, il ne les a pas salués sans douleur, si oublieux qu'il ait pu être, lui, ministre des Affaires
culturelles, maître des commandes de l'État, du génie créateur
de l'architecte suisse.

Jean Moulin était mort depuis vingt ans, et André Malraux
ne l'avait guère connu qu'en tant que chef du cabinet de Pierre
Cot, ministre de l'Air, en 1936. Mais la grandeur de son rôle,
l'horreur de son supplice, le caractère symbolique du sacrifice
de l' « unificateur », de la Résistance tout contribua à donner
une intensité particulière à l'éloge que prononça l'ancien
maquisard de Dordogne lors du transfert au Panthéon
des cendres de Jean Moulin.

Il fait très froid rue Soufflot. Le général de Gaulle est là,
immense dans l'immense capote de campagne qui l'enveloppe
jusqu'aux pieds, comme au temps de la bataille des Ardennes.
Malraux s'est avancé sur l'esplanade énorme, jusqu'au pupitre
et au micro, d'un pas d'automate épuisé. Il agrippe comme
une bouée les feuillets de son discours. Sa voix torturée flotte
sur le vent de glace comme un noyé ballotté par les vagues :

« ... entre ici, Jean Moulin, avec ton terrible cortège. Avec
ceux qui sont morts dans les caves sans avoir parlé, comme
toi; et même, ce qui est peut-être plus atroce, en ayant parlé;
avec tous les rayés et tous les tondus des camps d'extermination, avec le dernier corps trébuchant des affreuses files de
Nuit et Brouillard, enfin tombé sous les crosses; avec les huit
mille Françaises qui ne sont pas revenues des bagnes, avec la
dernière femme morte à Ravensbrück pour avoir donné asile
à l'un des nôtres! Entre avec le peuple né de l'ombre et disparu
avec elle — nos frères dans l'Ordre de la Nuit...

C'est la marche funèbre des cendres que voici. A côté de
celles de Carnot avec les soldats de l'an II, de celles de Victor
Hugo avec les Misérables, de celles de Jaurès veillées par la
Justice, qu'elles reposent avec leur long cortège d'ombres
défigurées [1]... »

Encore un beau texte, conquis par une vie comme la sienne
— par des vies comme les leurs. Conquis comme la liberté.

1. *Antimémoires*, p. 594.

Autour de nous, de la foule transie monte comme une plainte, couvrant peu à peu l'orchestre, le « Chant des partisans ». Être Malraux, ce soir-là...

Sa vie est aussi, dans ces années 60, celle d'un militant gaulliste, d'un des fidèles du général, de ceux dont on requiert l'assistance dans les moments de crise. Ainsi apparaît-il, un peu hagard parfois, mais aussi courant au feu à la dextre du vieux roi dans les temps de crise. On l'a vu en 1960 aux jours des barricades d'Alger ; en 1961 à l'heure du *pronunciamiento* ; en 1962, quand le régime affronte le « cartel des non » au moment de se transformer en système semi-présidentiel ; en 1965 quand le général choisit de solliciter un second mandat et se voit mis en ballottage ; en 1967 quand la gauche manque l'emporter aux élections législatives ; en 1968 quand un monôme d'étudiants est tout près de renverser le roi-soleil ; en 1969 quand se dissout enfin la République gaullienne.

L'épisode le plus curieux de cette carrière de connétable à éclipses, de féal des « coups durs », se situe à l'automne 1962. Le général, après l'attentat du Petit-Clamart et la fin de la guerre d'Algérie, décide de consolider le régime en demandant par référendum que le président de la République soit élu au suffrage universel. En conseil, Malraux est l'un de ceux qui ont soutenu cette idée avec le plus de détermination. Et le voilà relancé dans une nouvelle entreprise qui, par bien des points, rappelle le RPF, à ceci près que les gaullistes sont maintenant au pouvoir et disposent de moyens financiers illimités, de tout l'appareil de la propagande d'État. Un RPF par vent arrière...

Le 30 octobre, deux jours après que le référendum eut donné au général de Gaulle une majorité qu'il qualifiait lui-même de « médiocre et aléatoire », André Malraux lança, lors d'un meeting au palais de Chaillot, l'Association pour la Ve République que ses fondateurs, pour la plupart anciens des réseaux et nostalgiques de la clandestinité, appellent aussitôt « A$_5$R ». Très joli pour un service secret. Moins bien pour un mouvement de masses. Cette organisation, à laquelle Malraux prétend insuffler son ardeur lyrique, est en fait la résurrection de l'Association pour le soutien au général de Gaulle, créée en 1958 en prévision des coups durs qui pouvaient accompagner la prise du pouvoir. Elle était elle-même issue du RPF qui avait trouvé son ossature, à l'origine, dans les réseaux de la « France libre ».

Le meeting du 30 octobre 1962 fut une soirée de dupes. Une fois de plus, Malraux s'était lancé en franc-tireur, sans avoir assuré ses arrières. Or les prudents, les temporisateurs, le train des équipages du régime — autour de Georges Pompidou, nouveau Premier ministre — mettent le général en garde contre le style aventuriste et chevaleresque. Les Français lui savent gré d'avoir mis un terme à la guerre d'Algérie, ce n'est pas pour qu'il ranime la bataille de France. L'heure est venue du repos du guerrier.

En 1965, quand approche le terme du mandat présidentiel du général de Gaulle et d'une nouvelle candidature, la question est là, que chacun se pose : persévérera-t-il ? Au début de juin, le président de la République réunit à l'Élysée quatre hommes dont il attend le verdict : il leur a dit d'avance qu'il s'y soumettrait. Ce sont les deux Premiers ministres — l'ancien, Michel Debré, et le nouveau, Georges Pompidou ; le président du Conseil constitutionnel, Gaston Palewski, le plus ancien de ses conseillers politiques ; et André Malraux.

Le général, qui va avoir soixante-quinze ans, qui en aurait quatre-vingt-deux à la fin du second septennat, doit-il se représenter ? Deux *oui* savamment modulés, adroitement motivés, qui pourraient à la rigueur être entendus comme des mises en garde : ceux de Gaston Palewski et de Georges Pompidou. Deux *oui* résolus, intrépides, sans nuance, ceux de Michel Debré et d'André Malraux. Répartition des tâches et des idées qui aurait pu inciter le général à prolonger sa réflexion. Mais après tout, cette majorité-là n'était pas, comme celle du pays, médiocre et aléatoire. Elle suffit, semble-t-il, à emporter sa décision, qu'il garda quelque temps par-devers lui.

Ainsi engagé plus avant que jamais, Malraux devait au retour de son voyage en Chine prendre part à la campagne, au meeting au palais des Sports notamment où, après la mise en ballottage du général, tous les compagnons se retrouvèrent soudés au micro, arrachant un à un, contre François Mitterrand, les bulletins de vote du second tour pour le vieux souverain déçu.

34. Le voyage en Chine

La renommée a accrédité sa version. Pendant l'été 1965, André Malraux est dépêché à Pékin par le général de Gaulle en tant que vieux compagnon des révolutionnaires chinois, pour consolider, ennoblir et personnaliser des liens établis l'année précédente entre la France et la Chine, au niveau des États par la reconnaissance de la République populaire. Il revoit le président Mao et, après une série d'entretiens avec les dirigeants chinois, transfigure des rapports officiels entre deux républiques en amitié entre deux grands hommes.

La réalité est différente, sans être médiocre. Un homme malade, écoutant les conseils de ses médecins, et rêvant d'une de ces longues traversées qui l'incitent à écrire, part pour une croisière maritime. Il choisit d'aller à Singapour, ville par trois fois liée à son passé, et sur le *Cambodge*, un nom qui parle à sa mémoire. Au début de juillet, à Singapour, il reçoit une lettre du général de Gaulle — averti du désir de son ami de prolonger le voyage jusqu'à Pékin — lui donnant mission de se rendre en Chine au nom du gouvernement français. Cette lettre est accompagnée d'un message qu'il est chargé de remettre au président de la République Liou Shao-chi [1], tandis que le Quai d'Orsay prépare, avec les autorités chinoises, l'accueil du ministre français des Affaires culturelles. C'est à Hong-Kong, vers le 17 juillet, que le ministre reçoit l'invitation des autorités chinoises. Il part pour Canton le 20 juillet, et de là pour Pékin, porteur du message du général de Gaulle à Liou Shao-chi.

Deux ans plus tard, les *Antimémoires* rendent compte (p. 483-567) de ce voyage, nourri de longs retours en arrière — dont l'un, magnifique, évoque la « Longue Marche ». On ne procédera pas à un « démontage » systématique de ce récit, opération qui serait fastidieuse. Mais on s'efforcera de mettre

1. Un an avant la révolution culturelle de 1966

çà et là en parallèle à l'évocation poétique du romancier les propos et démarches du ministre, et de compléter tant bien que mal les souvenirs d'un mémorialiste dont il est clair que la mémoire est celle d'un « conquérant », avide de reconnaître pour sien ce qui ne lui appartient qu'en vertu du droit de conquête de l'imagination, du rêve et d'une catégorie qui pour lui transcende le débat entre le vrai et le faux et qu'il appelle admirablement « le vécu »...

Le 15 juillet 1965, quand il quitte Singapour pour Pékin, André Malraux ne connaît de la Chine que ce qu'il a retenu de son court passage à Hong Kong en août 1925, puis de son rapide voyage touristique de 1931 en Chine continentale et naturellement ce qu'il en a lu (d'Edgar Snow, surtout). Enfin ce qu'il en a écrit, qui est parfois génial. Il y a aussi sa légende, née de ses propos, ou de ses textes, ou aussi de l'imagination des autres, indépendante de lui mais authentifiée par lui : elle dit qu'il a été l'un des protagonistes des combats révolutionnaires de Canton et de Shanghaï — et maintenant c'est la légende d'un ministre, messager de la République et du général de Gaulle. Et si ce n'était pas une légende ? Et si, à force d'être « vécue », la légende devenait vérité ?

Quand il parle des paysages, des rues, des photos de visages qu'il a si souvent et si bien scrutés pour les décrire, et dont il a fait ce par quoi les hommes d'Occident se font une idée de ce qui fut là-bas, comment sa « mémoire » ne jouerait-elle pas ? Il est clair que quand il dit « reconnaître » Gallen, sur une photo de musée de la révolution de Canton[1], il retrouve un visage contemplé sur cent documents. Et qui pourrait douter que, face à Mao lui-même, il « reconnaisse » ce visage illustre ? Un an plus tôt, la France a bien « reconnu » la République populaire de Chine...

Tous ceux qui ont été témoins de ce voyage et ont, en telle ou telle étape, été mêlés aux démarches d'André Malraux, ont noté qu'il n'avait guère tenté de jouer les anciens combattants et les vieux spécialistes. Comme avec Sneevliet quarante ans plus tôt, il écoutait beaucoup plus qu'il ne parlait, épargnant à ses guides et ses interprètes les « de mon temps » ou les « Mao était là, moi ici... ». Savait-il qu'il ne pourrait tromper la science impeccable des sinologues de l'ambassade de France, celle

1. *Antimémoires*, p. 497.

d'un Guillermaz ou d'un Yacovlevitch? Ce serait lui attribuer des mobiles mesquins.

Au surplus, les *Antimémoires* sont rédigés sur un ton évasif pour ce qui est du passé. Hormis une petite phrase sur « les histoires que j'entendais à Shanghaï avant 1930 » qui témoigne de plus de confusion mémorielle que de volonté de tromperie (à ce niveau...), Malraux n'abuse le lecteur que par une sorte de drapé artistique, de toile de fond historico-romanesque vaguement tendue au fond de la scène, parce que cela va de soi, et que l'attitude du « retour » est plus belle que l'étonnement du touriste. N'est-ce pas son ami Groethuysen qui disait qu'il faudrait ne jamais arriver quelque part que pour la deuxième fois...?

Là où une lecture critique s'impose davantage, c'est pour ce qui touche aux entretiens qu'eut Malraux à Pékin, d'abord avec le maréchal Chen-Yi, alors ministre des Affaires étrangères[1], puis avec le Premier ministre Chou En-lai et enfin avec Mao Tsé-toung — discrètement flanqué du président Liou Shao-chi. Si on oppose à la version de ces entretiens que donnent les *Antimémoires* des comptes rendus tant bien que mal reconstitués par le truchement de témoins, ce n'est pas pour donner une dérisoire leçon d'exactitude à l'écrivain — ni même au ministre. C'est d'abord parce qu'il est passionnant d'observer le remodelage qu'opère, à partir de la vérité (approximative) une haute et illustre imagination; c'est aussi parce qu'il se trouve que l'imagination du plus grand artiste peut être par instants moins riche ou moins savoureuse que la vérité elle-même.

Témoin le premier entretien d'André Malraux à Pékin, celui qu'il eut avec Chen-Yi. De son récit, il ressort que « chez le maréchal, tout est convention » et qu'en lui on n'entend qu'un « disque »[2]. Jugement étrange, parce qu'il se rapporte à un entretien d'un grand intérêt (sur l'intervention chinoise au Vietnam, sur les rapports entre Ayoub Khan[3] et les Américains, sur la Sibérie et l'URSS); mais il n'en relate pas, il est vrai, le plus drôle. Il parle au début d'un échange de « salamalecs ». Ce qui est moins savoureux que leur premier dialogue :

1. Mort en 1971.
2. *Antimémoires*, p. 508-509.
3. Alors chef de l'État pakistanais.

MALRAUX : Je salue le soldat et le poète [1]!

CHEN-YI : Pour le soldat, c'est dépassé. Pour le poète, je n'ai pas le temps...

MALRAUX : C'est comme moi : on ne signe plus que des autographes...

On ne retrouve pas non plus (les *Antimémoires* seraient-ils, en dépit de leur réputation, un hommage rendu à l'art de la litote?) deux curieux échanges de vues, à propos du marxisme et à propos du soulèvement de Canton.

MALRAUX : Moi aussi, j'ai étudié le marxisme...

CHEN-YI : Oui, il y a une tradition socialiste en France, je pense à Saint-Simon... (si ce n'est qu'un « disque », il est drôle...)

CHEN-YI : Canton est un haut lieu de la Révolution...

MALRAUX : J'y ai passé six mois en 1927. J'étais en prison en 1923 avec Hô Chi Minh...

CHEN-YI : Hô Chi Minh était marxiste avant nous! Dès 1919, nous en 1921...

MALRAUX : Il était à Paris en 1946. Il a dit en partant : Mon plus grand regret, c'est de ne pas avoir rencontré Malraux!

Est-ce pour faire mieux ressortir l'extraordinaire éclat de la conversation avec Mao Tsé-toung? Le fait est que pour son entretien avec Chou En-lai, qui eut lieu une semaine plus tard, le 2 août, au palais du Peuple, le visiteur se livre encore dans son livre à une opération de « réduction », parlant à nouveau de « disque ». Il est bien le seul de tous les visiteurs de M. Chou En-lai qui l'ait trouvé ennuyeux... Mais il a avec lui des liens particuliers, et fort étranges. Dans la scène des *Antimémoires* [2] Malraux y fait une brève allusion : « Il sait comme moi qu'aux États-Unis on le tient pour l'original d'un des personnages de *la Condition humaine*. » (Pourquoi aux États-Unis? C'est W. Frohock qui a le plus nettement formulé l'hypothèse. Mais elle n'est pas originale. Nombre de Français ont voulu voir en Kyo un reflet de Chou En-lai.)

Or, bien qu'il le « reconnaisse » lui aussi (« Chou En-lai a peu changé... ») le personnage le déçoit, l'irrite. Attendait-il quelque complicité, quelque reconnaissance de paternité, un « Ecce Homo » de son « modèle »? Il décrit son attitude « amicalement distante », le voit « ni truculent ni jovial, *par-*

_____

1. Chen-Yi improvisait volontiers de petits poèmes. Il en avait publié, étant jeune.

2. P. 521.

faitement distingué ». Et « réservé comme un chat », un « chat studieux » avec des « sourcils épais pointus vers les tempes, comme ceux des personnages du théâtre chinois [1] ». Il ne l'aime pas. Aimerait-il Kyo devenu ministre ?

Le récit de la conversation dans les *Antimémoires* est insipide. Voilà ce que c'est que n'être pas Kyo : le poète se venge en faisant de vous un M. de Norpois marxiste. Ce que l'on en sait par ailleurs est plus intéressant. L'exorde, d'abord :

MALRAUX : J'ai vu votre nom écrit sur les parois des grottes de Yenan [2]...

CHOU : Vous avez aussi une connaissance du marxisme...

Et puis il est question de projets culturels (une histoire de la « Longue Marche » que viendrait filmer Abel Gance, en deux versions, une exposition à Paris d'art chinois [3] « comme celle que Taïwan présente aux États-Unis ». — « Mais ce sont des objets volés! » coupe Chou En-lai, mécontent...) Et l'on parle d'Indochine, ce qui permet à Malraux de lancer l'idée la plus abracadabrante qui soit jamais sortie d'un cerveau de romancier, celle d'un nouveau partage du Vietnam selon une ligne Nord-Sud, le long de la Cordillère annamitique — les montagnes aux communistes, les ports aux autres... A quoi M. Chou En-lai ne peut opposer que son ahurissement de chat assez distingué pour murmurer simplement : « Je ne suis pas au courant d'un tel projet. »

Pour ce qui est de la rencontre avec Mao Tsé-toung, les choses se compliquent. Quatre versions en existent : celle dont dispose le Quai d'Orsay, celle du ministère des Affaires étrangères chinois [4], celle que Malraux a donnée, en rentrant, au Conseil des ministres, le 18 août 1965, dotée de quelques trouvailles originales, et celle des *Antimémoires*, la plus décorative. C'est par elle qu'on débutera, sans crainte de déception ultérieure. Là encore, la vérité vaut bien son poids d'artifice.

On connaît le beau récit de la visite au grand homme, la lettre remise au président Liou déjà fantomatique pour donner le temps à Mao de surgir en pleine lumière, les propos de

1. P. 517-521.
2. D'après les *Antimémoires*, il y est allé après cet entretien.
3. Qui devait s'ouvrir enfin en mai 1973.
4. Sténographie saisie par les « gardes rouges » en 1967, pendant la révolution culturelle, transmise à Taipeh, et publiée notamment par *Mondes asiatiques*, au printemps 1975.

Malraux sur Yenan, « musée de l'invisible » et sur les maquisards de toutes les révolutions, les flèches de Mao contre Staline, ses indications sur le rôle des ouvriers « plus nombreux qu'on ne le croit » dans la « Longue Marche », l'évocation de la misère paysanne à cette époque par l'ancien leader du Hou-Nan... Et puis Malraux :

« — Vous êtes en train de refonder la Grande Chine... avec le côté militaire que lui reprochent les touristes.
— Oui, répondit-il sereinement...
— Vous espérez que votre agriculture... va rattraper le machinisme ?
— Il faudra du temps, des dizaines d'années... Vous avez montré votre indépendance à l'égard des Américains...
— Nous sommes indépendants, mais nous sommes leurs alliés.
— No-o-s alliés ! les vôtres et les nôtres (sur le ton : ils sont jolis !). »

Malraux aborde hardiment le problème de l'opposition. Est-elle encore puissante ?

« — Il y a toujours les bourgeois-nationaux, les intellectuels, etc. Il commence à y avoir les enfants des uns et des autres...
— Pourquoi les intellectuels ?
— Leur pensée est antimarxiste. A la Libération, nous les avons accueillis même quand ils avaient été liés au Kuomintang, parce que nous avions trop peu d'intellectuels marxistes. Leur influence est loin d'avoir disparu. Surtout chez les jeunes...»

L'ambassadeur de France Lucien Paye, qui accompagne Malraux, intervient : « La jeunesse vous est profondément acquise, Monsieur le Président... » Et Mao : « On peut voir les choses de cette façon... Vous avez vu un aspect... Un autre a dû vous échapper... La jeunesse doit faire ses preuves... »
Ils parlent de la France, et au président chinois qui met en accusation les partis communistes européens, « devenus des partis sociaux-démocrates d'un type nouveau », le visiteur affirme qu'« individuellement, la plupart des communistes voudraient s'embrasser avec vous sur une joue, et avec les Russes sur l'autre. » Ce qui a le don de mettre Mao Tsé-toung et ses compagnons en joie. « Le révisionnisme soviétique est

une apostasie » fait le leader chinois, « il va vers la restauration du capitalisme... » André Malraux le conteste à coups d'arguments assez brillants, non sans admettre qu'il s'agit, de Staline à Brejnev, d'une métamorphose aussi radicale que de Lénine à Staline. « En somme, fait Mao, vous pensez qu'ils ne sont pas révisionnistes parce qu'ils ne sont même plus communistes ! »

Avant de prendre congé, Malraux prédit la restauration de « la Chine des grands empires ». Et Mao :

« — Je ne sais pas ; mais je sais que si nos méthodes sont les bonnes — si nous ne tolérons aucune déviation — la Chine se refera d'elle-même... Mais dans ce combat-ci, nous sommes seuls.

— Ce n'est pas la première fois...

— Je suis seul avec les masses. En attendant.

Surprenant accent, dans lequel il y a de l'amertume, de l'ironie peut-être, et d'abord de la fierté. [...]

Nous approchons pas à pas du perron. Je le regarde (il regarde devant lui). Extraordinaire puissance de l'allusion ! Je sais qu'il va de nouveau intervenir. Sur la jeunesse ? Sur l'armée ? Aucun homme n'aura si puissamment secoué l'histoire depuis Lénine. La Longue Marche le peint mieux que tel trait personnel, et sa décision sera brutale et acharnée. Il hésite encore, et il y a quelque chose d'épique dans cette hésitation...

... Je ne vois plus que sa silhouette massive d'empereur de bronze... Un avion brillant passe... Avec le geste millénaire de la main en visière, le Vieux de la Montagne le regarde s'éloigner, en protégeant ses yeux du soleil. »

Bon, dirait Malraux. Inutile d'ironiser sur ces prédictions en pointillé (« Je sais qu'il va de nouveau intervenir... ») rédigées après l'événement [1]. Le dessin est beau, « à peine plus beau que ce qui fut dit », et qu'entendirent — à peine orné — les ministres réunis autour du général de Gaulle dix jours plus tard. L'illustre collègue avait choisi d'être brillant.

Ayant défini d'abord sa « mission » — échange d'informations au niveau le plus élevé, évaluation de ce que la France représente pour les maîtres de la Chine, tentative de sondage de ce qu'ils

1. La rencontre a lieu en août 1965. La « révolution culturelle » est déclenchée en mai 1966. Les *Antimémoires* publiés en septembre 1967.

attendent du reste du monde, Malraux entreprit de tracer
le portrait de Mao, de faire le récit de sa carrière, de définir
son pouvoir et celui du Parti. Et il évoqua ses trois entretiens,
qu'il résuma ainsi : Chen-Yi, l'essai du disque ; Chou En-lai,
le disque ; Mao, l'histoire.

Son récit de l'entretien avec le leader de la révolution chinoise différa assez peu de celui que proposent les *Antimémoires*,
à ceci près qu'il n'y entremêla pas le récit de la guerre civile,
et les réflexions de Mao à son sujet — qui sont assez largement
empruntées aux livres d'Edgar Snow. Il raconta à ses collègues qu'il avait entamé la conversation par un « Rome remplace
Sparte » qui, s'il fut dit, dut laisser Mao perplexe. Il suggéra
aussi que le vieux chef et son entourage lui faisaient moins
penser aux premiers bolcheviks qu'à la cour de Louis-
Philippe...

Il mit l'accent sur la crainte du « révisionnisme », sur l'idée
de progrès matériels, sur l'aspect très « chinois » et indépendant de la pensée de son hôte ; enfin sur sa sérénité. Il fit observer
aussi que Liou Shao-chi avait été, à diverses reprises pendant
la conversation, consulté par Mao Tsé-toung — notation qui
disparaît naturellement de la version des *Antimémoires*, posté-
rieure à la chute de Liou.

Mais ce qui fut dit réellement ? Pour autant qu'on en puisse
recouper les échos, l'entretien fut un peu moins épique, un peu
plus terre à terre. Lorsqu'un fonctionnaire de l'Ambassade
de France à Pékin lui présenta le lendemain la sténographie officielle du « Département », qui ne devient pièce
d'archives diplomatiques qu'après approbation du principal
intéressé, Malraux dit simplement : « Je compléterai. » Il
compléta. On peut regretter qu'il n'ait pas publié le texte,
plus nu, mais aussi savoureux, de ce qui fut échangé ce 3 août
1965. Essayons, à partir des documents français et chinois[1],
d'en rétablir la substance.

Mao : Vous êtes allé à Yenan ?

Malraux : Oui, j'ai vu les grottes. On comprend pourquoi
vous avez gagné la guerre. Elles disent le courage et l'austérité.

Mao : Ce sont les maquisards qui gagnent les guerres...

Malraux : Moi aussi, j'ai commandé un maquis...

1. Qui signalent, par une intervention, la présence de Chen-Yi, non
celle de Liou Shao-chi.

Mao : Le peuple français a su renverser la royauté!

Malraux : Puis les soldats de l'an II sont devenus ceux de Napoléon... Comment avez-vous fait pour insuffler tant de courage aux vôtres?

Mao : Nous étions égaux entre nous, et nous donnions la terre aux paysans.

Malraux : La réforme agraire ?

Mao : ... Et ce qui est plus important encore, la pratique démocratique.

Malraux : Ainsi avez-vous gagné les campagnes. Mais Tchang Kai-chek tenait les villes.

Mao : Nous, nous avons misé sur le peuple chinois, sur la majorité.

Malraux : En 1934, Gorki m'a dit que vous ne pourriez pas prendre les villes...

Mao : Gorki ne connaissait rien à la Chine...

Malraux : Vous avez pourtant connu des défaites.

Mao : Oui, nous avons dû abandonner la Chine du Sud. Mais nous avons transformé ces défaites en victoires...

Malraux : « La Longue Marche »! C'est une épopée fameuse... Mais que pensez-vous du destin du monde?

Mao : Pour la Chine, le problème se résume à ceci : socialisme ou révisionnisme. Il y a dans notre société de fortes tendances qui poussent vers la seconde voie...

Malraux : Comment les combattre?

Mao : En détruisant la corruption.

Malraux : Votre objectif est bien de recréer une Chine chinoise, totalement?

Mao : Oui, et ce sera long. Il y a le révisionnisme, les bourgeois, les écrivains...

Malraux : Pourquoi les écrivains?

Mao : Nous les avons hérités du Kuomintang. Nous n'en avions guère avec nous!

Malraux : En URSS, croyez-vous vraiment qu'ils veulent revenir au capitalisme?

Mao : La pagaille qu'ils font régner y conduit. Kossyguine est pire que Khrouchtchev!

Malraux : Sur le terrain industriel, vous avez gagné la partie. Mais sur le terrain agricole?

Mao : Nulle part nous n'avons gagné. Il y a tant de contradictions...

Malraux : Dans le plan, donnez-vous la priorité à l'agriculture ? Et prévoyez-vous de réformer les communes populaires ?

Mao : Des réformes techniques, pas structurelles.

Dans l'ensemble, le texte chinois, plus fourni, donne davantage de place aux interventions de Malraux. Le président Mao fournit une indication historique intéressante : « Si nous n'avions pas été attaqués par Tchang Kaï-chek, jamais nous ne l'aurions attaqué. »

On n'a pas repris ici les passages rapportés plus haut sur les communistes français, sur les « alliés » de la France et de la Chine, sur l'attitude de la jeunesse chinoise (y compris l'intervention de Lucien Paye), qui furent des moments importants de l'entretien. En somme, dépouillé des « embellissements pathétiques » du romancier, et des retours en arrière historiques (mis ou non dans la bouche de Mao — qui avait porté ces jugements devant Edgar Snow, Agnès Smedley ou Anna-Louise Strong) c'est une épure d'ingénieur comparée à une toile baroque. On peut préférer l'épure.

Sur le décalage entre la version des *Antimémoires* et ce qu'ont pu recueillir de l'entretien les témoins professionnels, Malraux s'est d'ailleurs expliqué dans une interview avec Henry Tanner, correspondant du *New York Times* à Paris, en octobre 1968. Il faut lui donner la parole : « J'allais voir Mao pour des raisons d'État. Il y avait donc notre délégation... Ce qui s'est passé est que nous étions seuls au moment le plus personnel, le plus humain... Il avait voulu reprendre sur le passé... alors il a laissé partir tous les officiels... et comme il marche comme... un empereur de bronze... les jambes raides... il y avait un espace et j'étais avec sa traductrice et avec lui... Dans la conversation il ne parle pas chinois, il parle en dialecte hounanais, la traductrice peut traduire aussi bien le hounanais que le mandarin ; alors quand il ne voulait être compris que de moi et pas de l'interprète français, il parlait hounanais... »

Malraux ajoute : « Quand on étudiera la sténographie des ministères des Affaires étrangères français et chinois, on s'apercevra que (mon texte) est excessivement près de la sténographie... Naturellement, il y a toujours la mise en œuvre. » (A cette époque, une admiratrice lui parlant avec dévotion de son livre, lui disait : « Le seul ennui, Maître, c'est que Mao Tsé-toung

parle un peu comme Malraux... » Et lui : « Vous préféreriez qu'il parle comme Bettencourt[1] ? »)
Faut-il préférer le laconique vieillard expert en réformes agraires à l'« empereur de bronze » face au soleil couchant ? Quand l'histoire propose tour à tour le brouillon, le rapport et le poème, de quoi se plaindraient les historiens ?

Ce beau voyage, il n'en reste guère. Pour Malraux tout au moins — hormis une gloire qui parvint jusqu'aux oreilles de M. Nixon, l'homme du monde le plus inapte à déchiffrer tout seul une ligne de Malraux, et quatre-vingt-cinq pages des *Antimémoires*. Les dirigeants de Pékin les ont peu goûtées, ces pages, ce qui explique en partie le silence fait depuis lors sur ce voyage, alors qu'on parle si volontiers en Chine de ceux de MM. Couve de Murville, Bettencourt ou Chaban-Delmas.

Déjà, les maîtres de la pensée officielle chinoise jugeaient assez sévèrement *les Conquérants* et *la Condition humaine*, épopée du défi métaphysique, hymne à la mort aussi éloigné que possible de l'attitude chinoise (tant confucéenne que marxiste) et description d'une révolution qui aurait été faite par des étrangers. Peut-être les dirigeants de Pékin n'appréciaient-ils pas non plus que Malraux laissât courir la légende de sa participation à telle ou telle phase de leur révolution.

Cette Chine où il a situé ses romans, urbaine, cosmopolite, métaphysicienne, pathétique, quêteuse d'aide étrangère, où les révolutionnaires autochtones sont tous des terroristes, quelle image plus déconcertante Malraux pouvait-il suggérer aux dirigeants chinois qui ont voulu leur révolution rurale, intensément chinoise, optimiste, mue par « les masses » ? Mais quoi de plus injuste que cette incompréhension, quand on pense aux innombrables non-Chinois qui auront appris dans Malraux à respecter la Chine et sa révolution ?

C'est pourquoi il faut citer ce mot d'un diplomate chinois à qui je demandais en 1972 comment, en fin de compte, était jugé Malraux dans son pays. Il rit un peu, de ce rire qui signifie que le sujet est délicat. Puis : « Pour nous, c'est un ami de la Chine. Il était de notre côté dans les moments les plus difficiles... »

1. Ministre qui avait fait un voyage en Chine quelques mois plus tôt.

Cet André Malraux qui n'a été proche des Soviétiques qu'autant qu'ils étaient assiégés et menacés par le fascisme et n'a découvert et « épousé » la nation française que terrassée et pantelante, ce n'est pas quand le pouvoir du général vacille qu'il va s'en détacher. On l'a vu s'afficher et s'affirmer surtout à l'heure des « putsch » et du *pronunciamiento*, à l'heure aussi où, en 1965, le général s'interroge sur l'emprise de la vieillesse et ses facultés à gouverner.

Mai 1968. Trois semaines de mouvements d'étudiants et de grèves mettent le régime à l'agonie. Faisant alterner face aux jeunes gens et aux ouvriers les vieux réflexes répressifs de l'appareil policier et les tactiques temporisatrices du professeur Pompidou, la Ve République s'enlise et, aux derniers jours de mai, voit son fondateur s'éclipser pour atterrir en hélicoptère chez ses prétoriens, sur le sol étranger, émigré furtivement hors de lui-même autant que hors du pays. Fausse sortie plus efficace pourtant que celle de 1946 et qui mobilise les effrois en guise de courages. Entre le 29 mai à midi et le 30 à 18 heures, — comme dans ces rêves intemporels et historiques où le dormeur croit côtoyer tour à tour Alexandre, la Pompadour et Bismarck — la France vit deux ou trois fausses révolutions. Cuba ? La Commune ? 48 ? C'est déjà la Restauration.

De tout le personnel éperdu, infidèle ou obstiné qui grouille quelques jours durant sur ce qui paraît être déjà la dépouille de la Ve République, seuls restent debout le Premier ministre et le préfet de police. Quant à André Malraux, il est trop avide d'événements, trop passionné d'aventures révolutionnaires pour ne pas retrouver sur la rive gauche parisienne de mai 1968 quelque chose du Madrid ou du Tolède d'août 1936 — Stukas et Franco en moins. Plutôt que de se cacher ou de dresser les listes ministérielles des successeurs du général, il analyse ce qui se passe.

Six mois plus tard, Henry Tanner, correspondant à Paris du *New York Times*, lui demande s'il n'estime pas qu'il s'est trouvé alors « du mauvais côté des barricades ». Il répond :

« J'ai écrit il y a trente ans un livre qui s'appelle *l'Espoir*... Il commence par la révolution informe que j'appelle « l'illusion lyrique » et devient la mise en œuvre — principalement par le parti communiste mais pas seulement par lui — de la révolution. Pour moi, l'illusion lyrique est dans la révolution quelque chose qui doit être surmonté... Mai n'était pas autre chose qu'une immense illusion lyrique, le problème était de savoir ce qui en sortait. L'imagination au pouvoir, ça ne veut rien dire. Ce n'est pas l'imagination qui prend le pouvoir, ce sont des forces organisées. La politique n'est pas ce qu'on désire, c'est ce qu'on fait. L'important n'est pas de crier ' Vive la liberté ', c'est de faire que les libertés soient réalisées par l'État. Mai n'était qu'une matière première... Ce que les jeunes attendaient de nous, avant tout, c'était un espoir, au fond des malaises qu'ils ressentent plus que nous encore, et qui est au fond de nature religieuse, parce que nous sommes dans une situation sans précédent de rupture entre l'homme et le cosmos, entre l'homme et le monde... »

Le sursis pour le général est obtenu le 30 juin. Se réjouit-il réellement, lui, Malraux, de l'élection de cette Chambre introuvable qui accentue encore le style Restauration du néo-gaullisme d'après les barricades ? Ces semaines-là lui donne-ront encore l'occasion d'exprimer, étrangement, son sens de la fidélité. Quand Georges Pompidou est éliminé par le vieux démiurge irrité de se voir sauvé par cette créature d'argile, Malraux prend part, comme tous les membres du gouvernement, au dîner d'adieu donné le 10 juillet par le vainqueur disgracié. Il se lève, verre en main, et lance : « Monsieur le député du Cantal, je bois à votre destin [1] ! » Il suffira à Pompidou d'y ajouter « national », six mois plus tard, pour déclencher le grand schisme qui contribuera à jeter de Gaulle à bas. D'avoir été l'instrument inconscient d'un début de parricide n'empêche pas André Malraux de tenter, au printemps de 1969, d'en conjurer les effets.

Fut-il de ceux (avec Couve de Murville, Michelet, Schumann) qui tentèrent de dissuader le général d'affronter les risques du référendum ? C'est peu probable. Il approuva probablement le « quitte ou double » tenté alors par de Gaulle, pour sortir d'une situation humiliante de sursitaire sauvé par les siens au nom du conservatisme, et pour se retrouver épuré, affermi,

1. Pierre Viansson-Ponté, *Histoire de la République gaullienne*, p. 578.

recouronné par le plébiscite. Quand son ami Georges Pompidou, de Rome puis de Genève, s'affirme prêt à assumer la succession, c'est-à-dire à donner à de Gaulle une alternative musclée, Malraux s'aperçoit vite du danger que cette opération fait courir au général engagé dans son pari. Il tente de convaincre « le cher Georges » de s'effacer, de faire connaître son intention de n'être en aucune façon l'héritier des dépouilles royales. Peine perdue. « M. le député du Cantal » a vu se dessiner son destin national. Il n'y renoncera pas.

Ces démarches privées, André Malraux leur donna la forme la plus publique et la plus solennelle le 23 avril 1969, au palais des Sports : « Il n'y a pas d'après-gaullisme contre le général de Gaulle... On peut fonder un après-gaullisme sur la victoire du gaullisme. On ne pourrait en fonder aucun sur sa défaite! » Commentaire de Pompidou : « Il fallait être Malraux pour tirer un droit fil entre le 18 juin 1940 et ce référendum... Partir de la Résistance et arriver à la réforme régionale : même le génie de Malraux n'y suffisait pas [1]! » On ajoutera qu'il fallait être Pompidou pour tirer un droit fil entre le 18 juin et sa propre histoire...

André Malraux a depuis lors, dans une interview accordée à *l'Express* en 1972, assuré que le général de Gaulle s'était, en 1969, politiquement « suicidé ». Qu'il avait « voulu » sa défaite, son supplice des mains du peuple français. Pour avoir vécu certains des épisodes de l'agonie politique du général — il le vit trois fois pendant les derniers jours, du 20 au 27 avril, puis le 11 décembre 1969 à Colombey —, Malraux est certes bien placé pour en parler. Il n'est pas pleinement convaincant, toutefois. Certaines confidences du vieux chef à d'autres, à Michelet, à Schumann, la tentation qu'il eut de reporter le référendum montrent un homme prêt au « quitte ou double », jouant gros jeu et disposé au pire — mais non *résolu* au pire qui, pensait-il avec Claudel, « n'est pas toujours sûr ».

La retraite du général de Gaulle, c'est la sienne. Être « ministre-du-général », ce n'est pas être ministre de n'importe qui. Cela n'a même aucun rapport, quand on est Malraux. Évoquant un jour la question devant nous, à propos d'un livre où il était dit que pour ne pas lui faire de la peine, M. Pompidou,

---

1. *Le Duel de Gaulle-Pompidou*, Philippe Alexandre, Grasset, 1970.

au moment de former le premier ministère de son septennat, s'était contenté de ne rien lui proposer, il éclata d'une sorte de rire :

   « *Vous me voyez restant avec ' eux ' après le départ du général ? C'est comme si, à la fin d'une guerre d'Espagne qu'on aurait gagnée, Negrin m'avait demandé de devenir colonel de la Guardia civil*[1] *!* »

Il y a la fidélité, la qualité esthétique du retrait, le jugement qu'il porte sur Pompidou au niveau des principes de la « chevalerie » gaullienne, la fatigue enfin et l'épuisement du « projet culturel » depuis mai 1968. Bref, Malraux revient à son privé, non sans se donner encore quelques gestes à accomplir.

Après l'âge de l'aventure, celui de la fraternité et celui du pouvoir, commence pour lui aussi le temps de la mémoire.

---

1. Entretien d'André Malraux avec l'auteur, 29 janvier 1973.

3

La mémoire

35. Le vrai, le faux, le "vécu"

« Quels livres valent la peine d'être écrits, hormis les mémoires » dit Garine (en 1928). En février 1945, à Roger Stéphane qui lui demande s'il tient un journal, Malraux répond : « Tout ça c'est bon pour les gens qui aiment à contempler leur passé [1] ». En juin 1965, c'est pour « contempler son passé », pour le ressusciter et peut-être pour le « mettre en œuvre » qu'il est parti pour l'Asie, sur le *Cambodge*, vers la source de ses aventures de jeunesse, un cahier d'écolier sous le bras.

Il devait dire trois ans plus tard à Henry Tanner qu'il ne « savait » pas en partant qu'il écrirait « ce » livre (il parle des *Antimémoires*) et surtout qu'il « pourrait » l'écrire. Il l'a commencé à bord du *Cambodge* — la première page porte en exergue « au large de la Crète ». Il aime écrire en mer. Il a deux semaines devant lui. Quand il arrive à Singapour, il a noirci son cahier. Il lui faudra encore deux ans, exactement, pour mettre au point cette évocation de son passé (mais, comme il le dit alors à Emmanuel d'Astier, « Si je compte les mouches et les moustiques qui tournent autour de la lampe, cela fait beaucoup plus... »). Il a réussi à écrire à nouveau, lui qui depuis sept ans et plus ne rédigeait plus que des discours. C'est pour lui une victoire. Il s'est cru frappé d'impotence littéraire. Il l'a surmontée.

S'il a intitulé ce livre *Antimémoires*, c'est pour bien marquer qu'il ne s'agit pas d'une relation de sa vie — ni Chateaubriand, ni Rousseau, ni *Si le grain ne meurt* de Gide, ni *les Mots* de

---

1. *Fin d'une jeunesse*, p. 51.

Sartre. Il s'en explique bien avec Emmanuel d'Astier au moment de la sortie du livre :

« L'homme ne se construit pas chronologiquement : les moments de la vie ne s'additionnent pas les uns aux autres dans une accumulation ordonnée. Les biographies qui vont de l'âge de cinq ans à l'âge de cinquante ans sont de fausses confessions. Ce sont les expériences qui situent l'homme. Je crois que l'on peut retrouver une vie à travers ses expériences, et non pas énoncer l'expérience comme le couronnement du récit...

Les *Antimémoires* refusent la biographie, avec préméditation. Ils ne se fondent pas sur un journal ou sur des notes. En partant des éléments décisifs de mon expérience, je retrouve un personnage, et des fragments d'histoire. Je raconte les faits et décris le personnage comme s'il ne s'agissait pas de moi. De temps à autre, des épisodes me reviennent en mémoire : je les rajoute simplement [1]. »

Il le dit, il l'écrit : « Que m'importe ce qui n'importe qu'à moi! ». A quoi bon évoquer ce « misérable petit tas de secrets » qu'est une vie d'homme? Toujours à d'Astier, il dit :

« C'est mon vrai livre... Je pense à Proust. *Du côté de chez Swann* a rendu impossible une nouvelle tentative qui eût ressemblé à celle de Chateaubriand. Proust est un anti-Chateaubriand. Chateaubriand est un anti-Rousseau. J'aimerais être un anti-Proust et situer l'œuvre de Proust à sa date historique. »

A un autre interlocuteur, il précisera le rapprochement avec l'auteur de *A la recherche du temps perdu :* l'idée de la fatalité du temps. A ceci près que pour Marcel Proust il s'agit d'une fatalité bénéfique, le temps offrant à l'écrivain le matériau dont il fait l'œuvre, qui seule demeure. Pour Malraux, cette fatalité est maléfique, le temps détruisant les accomplissements de l'action et jusqu'aux conquêtes de la conscience délitée par la vieillesse et par la mort.

Les *Antimémoires* sont loin d'être son chef-d'œuvre mais ils sont l'œuvre de Malraux par excellence, celle où s'accomplit la fusion-confusion du vrai et de l'imaginaire, de l'expérience et du rêve, de la matière première vécue et de l'art qui la trans-

1. *L'Événement*, septembre 1967.

forme. Ni dans *les Conquérants*, ni dans *l'Espoir*, ni dans *les Noyers de l'Altenburg*, ni dans cet énorme roman de la création artistique que sont *les Voix du silence*, il n'a mieux joué ce jeu des masques et des choses, de la mémoire et de cette sur-mémoire qu'est l'imagination, si arbitrairement et diaboliquement enchevêtré les données de l'histoire à celles de la poésie romanesque. Avec tant d'audace que plus personne après cela ne peut plus lui dire : mais ceci n'est pas vrai! Vrai, faux? La Chine, l'Espagne, la Résistance? On revient à la phrase du Clappique de *la Condition humaine* (qui ne fait pas pour rien irruption dans les *Antimémoires*, parce qu'il est l'anti-histoire) « Ce n'était ni vrai ni faux, mais vécu... »

Pour mieux brouiller les pistes, Malraux a pris soin en outre de placer en tête du livre ce petit « texte bouddhique », qui clôt la bouche aux faiseurs de comptes : « L'éléphant est le plus sage de tous les animaux, le seul qui se souvienne de ses vies antérieures; aussi se tient-il longtemps tranquille, médi-tant à leur sujet. » Ses vies antérieures... Allez donc savoir, avec tous ces avatars.

Autre notice liminaire, et non moins subtilement évasive : « Ce livre forme la première partie des *Antimémoires*, qui comprendront vraisemblablement quatre tomes, et seront publiés intégralement après la mort de l'auteur. (...) Les pas-sages de ce volume dont on a différé la publication sont d'ordre historique. » Ce qui signifie que rien d'autre ne l'est? Ou que l'on ne livre ici que la pellicule de l'histoire? Ou que les « choses sérieuses » n'adviennent et ne sont dites qu'au-delà de la mort?

André Malraux nous confiait à ce sujet, le 29 janvier 1973, qu'il envisageait de se raviser à ce propos, et que d'autres fragments des *Antimémoires* — ceux, par exemple, auxquels il travaillait alors et qui évoqueraient son expérience la plus récente « aux portes de la mort », son séjour de décembre 1972 à la Salpêtrière — pourraient être publiés de son vivant. « *Mais il y a tous ceux qui m'ont fait confiance — John Kennedy par exemple — que je ne saurais trahir...* »

(Mais on a vu depuis lors que de *Lazare* à *Hôtes de pas-sage*, Malraux savait élargir le propos des *Antimémoires* aux dimensions du *Miroir des limbes*, annonçant que ces deux derniers livres feront partie d'une seconde partie des *Antimémoires*, intitulée *la Corde et les Souris*).

Chose curieuse, ce livre qui traverse l'histoire du siècle comme une épée les entrailles du taureau, et qui suscita des échos innombrables dans la presse européenne et américaine, fut pratiquement ignoré par les « politiques ». Le mot « anti-mémoires » fut-il pris au pied de la lettre, comme antiréalité ? A force de jouer par la bande au jeu de la vérité simulée, André Malraux, tout baigné d'histoire que soit son livre — de la Résistance à la « Longue Marche » et des dialogues avec de Gaulle aux évocations des déportés — a détourné de son livre les historiens de ce temps, qui ne s'en sont guère préoccupés. Il avait mis l'accent sur Proust, plus que sur Michelet ou sur Retz. On l'a suivi. C'est dommage.

Quand on pense qu'il a pu passer pour un grand expert des affaires de Chine après avoir écrit deux romans parfaitement romanesques sur le Kuomintang, et que proposant là des évocations très convaincantes — au second degré — de grands hommes d'État et d'événements majeurs de notre temps, il est considéré sous l'angle seul où est jugé l'inventeur de M. de Charlus ou celui de la Sanseverina, on est en droit de s'interroger sur les tribulations, en littérature, du concept de vérité.

Il est curieux que les historiens n'aient pas relevé à quel point cette technique du récit, venant d'un romancier entreprenant de faire surgir un monde à travers ses propres expériences, rendait hommage aux disciplines de l'histoire, non certes dans le respect du fait, qui ne sert ici que de point de repère, mais dans le rapport entre l'individu et l'événement. « Anti »-mémoires parce que la chronologie est récusée ? Non. Parce que l'individu n'est pas central, n'est pas le lieu de convocation du processus historique, et que c'est l'événement, beaucoup plus, qui le convoque, lui, à la vie. Autour de Chateaubriand, ou de Retz, ou même de Lawrence, l'action est ordonnée et l'histoire construite. Le « je » de Malraux n'est pas celui du protagoniste cornélien, pivot et ordonnateur de l'action. Il est celui du « confident » privilégié de Néron ou de Thésée. Il est dans l'Histoire, par vocation. Mais s'il lui arrive de la fausser, il se garde de se substituer à elle — qui a le dernier mot. Pourquoi alors exiger de lui l'exactitude du greffier ? Vrai, faux ? Pour être en droit de juger, il faudrait qu'on veuille nous faire accroire. Est-ce le cas ? Oui et non. Essayez de mettre en doute l'absolue véracité des propos tenus devant lui par Mao Tsé-toung ou Nehru et rapportés pour tels par l'auteur des

Antimémoires, il se rebiffe et vous renvoie aux archives chinoises, indiennes ou françaises. Mais demandez-lui de préciser telle phrase de la bataille qui se termine pour lui et les siens au fond d'un piège à chars. Il se récrie : « *Mais tout cela est du roman... C'est repris des* Noyers de l'Altenburg, *qui ne sont qu'une œuvre d'imagination* [1]... » Dans *les Noyers*, pourtant, la scène de la fosse succède de peu à celle du camp, évocation évidemment autobiographique d'une foule de détenus. Alors, où découvrir le document, et où le rêve ?

Autre trait. Dans le chapitre additionnel l'un des deux interlocuteurs (il est difficile, comme dans *les Chênes qu'on abat*, de distinguer quand c'est lui, ou l'autre — de Gaulle dans un cas, Méry dans le second — qui parle), assure que les biographes d'Hô Chi Minh ont mis l'accent sur les difficultés de Hanoï avec la France et les États-Unis, mais non sur celles avec la Chine et l'URSS. Ayant écrit moi-même une biographie du leader vietnamien qui traite sans fard de ce type de problèmes, je le lui fis valoir. Il répondit par ce mot : « Mais c'est Méry qui parle! » Ce qui clôt évidemment le bec aux interpellateurs...

Il est vrai que ce livre essentiel est par bien des points un livre manqué, que ses meilleures pages sont extraites des *Noyers de l'Altenburg*, que le génie créateur dont déborde *l'Espoir* ne s'y retrouve plus, qu'il y manque ce qui en eût fait la grandeur et l'unité — la présence réelle du mythe unificateur de l'histoire, à quoi se substitue une rhétorique souvent creuse.

Livre-gigogne, livre-piège, livre-miroir-aux-alouettes et miroir de l'auteur, et s'il n'en fallait lire qu'un de Malraux, pour le connaître, c'est celui-là qu'il faudrait lire, parce que, au bout du compte, rusant pathétiquement sur tout, il dit tout. Tout ce qui va jusqu'à la seconde mort du père.

---

1. Entretien d'André Malraux avec l'auteur, 29 janvier 1973.

36 La mort du père

Le 10 novembre 1970, vers neuf heures, un peu après avoir communiqué la nouvelle au président de la République, un peu avant de la rendre publique, la famille de Charles de Gaulle fait prévenir André Malraux : le général est mort la veille au soir à Colombey, foudroyé.

Malraux ne l'a pas revu depuis cette journée du 11 décembre 1969 où un entretien de quarante minutes les avait réunis, qui fait la matière originelle du livre intitulé *les Chênes qu'on abat*. Quelques jours après le tête-à-tête de Colombey, le général lui avait encore manifesté son attachement, son affection même, à l'occasion de la mort de Louise de Vilmorin dont André Malraux partageait depuis trois ans l'existence. Un mot très bref, exceptionnel pourtant de la part du vieil homme — étant donné la situation : « Dans votre peine, je pense à vous. Fidèlement, Charles de Gaulle. »

Le lendemain ont lieu les doubles obsèques du général de Gaulle; celles qu'il a voulues à Colombey, pour sa famille, les villageois, ses compagnons et les gens du peuple de France et d'ailleurs; celles qu'on a voulues pour lui à Notre-Dame, devant M. Pompidou et une trentaine de chefs d'État venus de tous les horizons.

Dans l'église trapue du village où la tête pâle de Charles de Gaulle planait chaque dimanche sur les fidèles d'un air formidable et distrait, la famille, les paroissiens et quelque deux cent cinquante membres survivants de l'ordre de la Libération sont assemblés. Malraux n'est pas là. Peu avant l'heure de l'office, on entend un brutal crissement de pneus sur la place. On se retourne, croyant voir déboucher le cortège. Surgissant de la voiture qui vient de le conduire à « la Boisserie » pour une brève visite à Mme de Gaulle, André Malraux est là, fantôme à la démarche incertaine, mèche en bataille sur le front dévasté; il s'engouffre dans la petite nef et paraît se jeter en avant comme pour une charge. Il s'avance dans l'allée centrale, comme un prophète aveugle et s'en vient buter sur le tréteau posé devant l'autel pour recevoir le cercueil. Il paraît figé par la stupeur, face au grand Christ de plâtre qui surplombe le chœur. Il faut se serrer pour lui faire une place et on le voit là, voûté, absent, au moment où se rouvrent les portes de l'église pour laisser passer le cercueil porté par douze jeunes gens de la commune.

A-t-il aimé cette simplicité si soigneusement concertée, marquée du sceau de la triple communauté familiale, historique et villageoise, par l'enracinement et la tradition? Les avait-il rêvées ainsi, les funérailles de Charles de Gaulle, lui, l'inventeur des cérémonies du RPF, qui a voulu des fanfares pour mettre en terre Georges Braque et avait assemblé des foules pour saluer la dépouille de Jean Moulin?

« C'étaient les obsèques d'un chevalier, disait-il à Jean Mauriac. Il y avait seulement la famille, l'ordre, la paroisse. Mais il aurait fallu que la dépouille du général ne soit pas dans un cercueil, mais déposée, comme celle d'un chevalier, sur des rondins de bois [1]... »

Dans la relation qu'il fit de cette journée, il y a un beau trait. La foule est là qui se presse pour gagner le cimetière. Une vieille paysanne veut passer. Mais un fusilier-marin du service d'ordre a reçu consigne de bloquer cette issue-là et fait barrage, son fusil devant lui. La vieille se débat et lance: « Il a dit tout le monde, tout le monde! » Malraux s'interpose. Le marin pivote sans un mot et semble, en la laissant passer, présenter les armes au peuple de France tandis que la bonne femme claudique vers le cercueil [2].

Voilà André Malraux privé de l'homme qui a le plus fortement occupé et orienté sa vie depuis quinze ans — plus qu'aucun autre auparavant. Si différents, le Saint-Cyrien gigantesque entré dans l'histoire par le refus et l'autodidacte aventureux, pourfendeur de la société bourgeoise, promu ministre par son ami...

Malraux se croyait-il vraiment l'ami de Charles de Gaulle? Lorsque parurent les *Mémoires d'espoir*, en 1970, et qu'il put lire le somptueux paragraphe qui lui est consacré « A ma droite

---

1. *L'Express*, 13 novembre 1972.
2. Préface aux *Chênes qu'on abat*, p. 13.

j'ai et j'aurai toujours André Malraux... ami génial... », il en fut si bouleversé qu'il courut d'un trait chez son ami Manès Sperber, pour le lui lire à haute voix. Si exceptionnels qu'aient pu être les témoignages d'amitié, de confiance, d'estime, à lui prodigués par le général, il restait persuadé qu'il n'était là que comme une sorte de spécimen de la classe intellectuelle, de monument historique, de garant aussi d'un certain populisme, que de Gaulle le tenait pour un amateur pittoresque et admirait beaucoup plus en tant qu'écrivains Montherlant et Mauriac [1].

Hormis ces quelques lignes des *Mémoires* et la place où il le situa — de Gaulle avait un sens trop grand de l'État et de son propre rôle pour associer à ses charges, au sein même du gouvernement, un personnage qu'il aurait jugé flatteur, mais futile — on sait mal ce que le fondateur de la Ve République pensait de l'auteur de *l'Espoir*. Leurs dialogues, tels qu'ils sont transcrits dans les *Antimémoires*, décrivent peu la nature de leurs relations — et plus mal encore celui dont est fait cet essai sur l'approche de la mort que Malraux a intitulé *les Chênes qu'on abat*, publié en 1971, en avance sur le tome II des *Antimémoires* dont il doit être un simple chapitre.

Titre éloquent : ce pluriel en dit long. Il s'agit certes d'une citation de Hugo. Mais dans ce poème pour la mort de Théophile Gautier, d'autres formules se prêtaient aussi bien à l'hommage pour la disparition d'un grand homme, ne serait-ce que le second hémistiche du même alexandrin : « ... pour le bûcher d'Hercule ». Malraux a tenu à ce pluriel qui l'associe de plainpied au destin du souverain foudroyé. Et le dialogue qu'il « rapporte » est noué de telle façon qu'il est souvent impossible de savoir qui parle — comme, parfois, entre Garcia et Scali dans *l'Espoir*, Dietrich et Walter dans *les Noyers*. Ainsi joue la sur-mémoire de Malraux.

Et peut-être ce petit livre donne-t-il la clé du rapport de Gaulle-Malraux, couple pour un pas de deux historique où l'un donne l'impulsion et l'autre l'envol. Mais qui peut dire sur une scène, sur une piste, où commence et où finit le geste de l'un et de l'autre ? Ces chênes accotés dans la même forêt, bruissant du même murmure formidable, mais dont l'un est

---

1. En 1943, pourtant, le général de Gaulle confiait à Maurice Schumann que *la Condition humaine* était pour lui le plus beau roman contemporain.

tout en racines et l'autre tout en feuillage, voilà résumée une histoire de quinze ans. Et il y a le « qu'on abat ». Anathème jeté sur les hommes à la cognée, dont le plus notoire est à l'Élysée, et qu'on ne revoit plus...

Pourquoi ironiser sur la nature de cette « interview » (ce qu'a fait l'auteur qui, proposant de définir ainsi son livre, ajoute « comme *la Condition humaine* est un reportage... »). Présent lui aussi ce jour-là à « la Boisserie », M. Geoffroy de Courcel signale sans acrimonie que le tête-à-tête dura quarante minutes environ. Et qui n'a remarqué que le départ des visiteurs ayant eu lieu vers 15 heures, l'évocation de l'hôte contemplant les étoiles en les quittant, fût-ce un jour brumeux de décembre, relève de l'imagination poétique ? Il y a des gens qui voient des étoiles à midi : ce sont ceux-là qui, un 18 juin 1940, croient en quelque chose.

Ce qu'un bon critique américain, Murray Kempton, dit ainsi : « Lire de Gaulle et Malraux, même ici, quand tout leur a échappé, permet de comprendre le pouvoir qu'aura toujours sur nous l'imagination : tous deux sont tellement plus merveilleux que qui que ce soit de réel... »

Qui est allé chercher là le compte rendu sténographique d'une conversation entre un ancien chef de l'État et son ancien ministre ? Ce qui est décrit ici, c'est la nature d'un lien, et un certain angle de vue, qu'ont en commun deux hommes entrés dans leur crépuscule, fascinés par l'Histoire, hantés par les limites de l'action et obsédés par la mort, deux hommes qui sont passés du « que faire ? » qui avait occupé leurs existences à un « pour quoi faire ? » qu'exprime ailleurs Malraux quand il parle de « ma vie sanglante et vaine ». Quand le général dit — ou quand Malraux dit que le général lui a dit : « Mon seul rival international, c'est Tintin », il donne une idée de ce dont l'Histoire est faite pour eux : des songes dont Chateaubriand faisait la matière première du gouvernement des Français.

Ils sont là devant le paysage déserté des champs Catalauniques, et un flux de siècles les bouscule lentement vers la mort et cet horizon raboté leur dit ce qu'ils laisseront. Ce qu'ils échangent est par moment d'une vacuité solennelle qui étonne. Mais ils l'échangent et c'est peut-être ce qu'exprime d'abord ce livre, pour André Malraux dont l'angoisse depuis quarante ans est celle de l'impossible communication avec les autres (la voix de Kyo et le disque qui la lui rend « autre ») et qui est là, vers sa fin, avec l'homme de l'Histoire et qui parle avec lui.

Il y a ce lien des mots actuels et des gestes passés. Il y a cette énorme et durable complicité entre deux personnages venus de deux univers culturels antinomiques — celui qui est né dans la nation et pour la nation, qui est né dans l'ordre et pour l'ordre, qui est né dans l'Église et qui ne conçoit pas d'en être écarté — et l'autre, le marginal, le cosmopolite, l'orateur de meeting et le faiseur d'escadrilles de zinc et de bouts de bois, l'homme du désordre.

Vient la guerre, et le général découvre les limites de l'ordre; vient la guerre, et le poète prend conscience des vices du désordre. La rencontre se fait à la frontière tracée par l'un entre l'institution nationale et la nation vraie; par l'autre entre la fraternité informe et la nation réelle — celle qui n'est pas faite d'idées, mais d'hommes, pas de mots mais de souffrances quotidiennes, d'humiliations, de manques, de frustration. « J'ai épousé la France », ce mot gaullien et même gaulliste à l'usage du père-fondateur est un peu plus ronflant qu'il ne faudrait. Et c'est moins la France peut-être que Malraux a épousée alors, que les Français dans la France, ce pays devenu prolétaire — humilié, aliéné et exploité.

On ne cherche pas à voir un Malraux fidèle à lui-même malgré lui-même, passant tout naturellement du combat pour la classe des prolétaires à celui pour la nation prolétarisée. Il a lui-même assumé et proclamé la mutation, disant par exemple à Julien Besançon :

« Pendant la guerre, je me suis trouvé en face d'une part du prolétariat, de l'autre de la France. J'ai épousé la France. D'autres ont épousé le prolétariat, généralement en espérant qu'ils auraient une maîtresse. Et nous aussi... Oui, j'ai subordonné la France à la justice sociale. A l'heure actuelle, je subordonne la justice sociale à la nation, parce que je pense que si l'on se s'appuie pas sur la nation on ne fera pas de justice sociale, on fera des discours [1]... »

La mutation est faite avant la rencontre avec de Gaulle, on l'a vu. Elle est faite dès la période du maquis, dès la formation de la brigade Alsace-Lorraine. En 1942 encore, Malraux parle de se battre aux côtés de l'Armée rouge. En 1943, il est en

---

1. *Europe n° 1*, 4 mars 1967.

contact avec des réseaux liés aux Anglo-Saxons, rejoint un maquis d'obédience strictement gaulliste, puis forme une unité dont les thèmes mobilisateurs sont d'abord ceux de la reconquête du sol national; et quand il fait sa « rentrée » politique, au congrès du MLN, c'est pour faire barrage à une politique communiste, au nom de l'indépendance nationale. Ce n'est que six mois plus tard qu'il découvre de Gaulle, mais tout l'oriente déjà vers celui qui a fait le chemin inverse et rompu l'allégeance de classe afin de refonder la nation sur ceux pour qui la guerre et l'Occupation ont été, à des titres divers, une insulte personnelle et une frustration intolérable.

Entre le général de Gaulle et Malraux il y aura eu en fait trois points de convergence : la France que l'un découvre et que l'autre porte en lui; la décolonisation, familière à l'écrivain, révélée au général; et le fait qu'ils sont tous deux des intellectuels. Mot qui en l'occurrence peut définir des hommes dont certaines idées guident l'action, qui affichent leur goût pour le style et ont de l'histoire des conceptions voisines. Des hommes qui peuvent avoir la même lecture de certains livres — sinon d'Apollinaire, de la Chartreuse et de Dostoïevski, au moins des *Mémoires d'outre-tombe*, de *Guerre et Paix* et du *Déclin de l'Occident*.

La mort du général, Malraux la date bien du 9 novembre 1970. Beaucoup d'autres l'avaient située lors de sa retraite, le 27 avril 1969. Il restait un de ceux qui n'avaient pas tout à fait renoncé à l'idée du recours. Si la nation, si l'État étaient en question... Ils ne le furent pas, du printemps 1969 à l'automne 1970. Le général écrivit donc, entre deux voyages, préparant cette visite en Chine qui resta en suspens et dont Malraux, curieusement, ne s'occupa point. L'auteur de *l'Espoir* fut-il choqué, déçu, indigné de voir Charles de Gaulle mettre sa main dans celle de Francisco Franco? Il s'est gardé de commenter publiquement cette visite [1]. Voyageant en Méditerranée quelques mois plus tard, il se refusa à débarquer à Cadix,

---

1. Le 29 janvier 1973, André Malraux nous en disait ceci : « *Le général n'était plus au pouvoir. Il n'y allait plus au nom de la France. Il avait été touché par la lettre que Franco lui avait écrite au moment de son départ en 1969. Et il voulait connaître l'Espagne. Mais s'il avait fait ce voyage en tant que chef de l'État, je n'aurais pas pu rester au gouvernement. Je serais parti, sans faire d'éclat...* »

faisant valoir qu'il avait eu là trop d'amis tués au nom de la résistance au franquisme pour pouvoir mettre le pied sur le sol espagnol tant que ce régime y ferait la loi.

Considérons encore cette chose entre eux, qui est essentielle : la confusion, plus concertée chez le général, plus insidieuse chez l'écrivain, entre la réalité, matière première de l'analyse politique, et sa représentation, matière première de l'art politique. De Gaulle, parce qu'il ne veut — et ne peut — agir qu'à une certaine altitude, prend les faits tels qu'ils sont, mais les rend tels qu'il les veut, réaliste, certes, mais de l'imaginaire.

Ainsi Malraux, parfaitement capable de démonter le mécanisme d'un événement politique, mais plus avide de le recomposer à son gré — et déployant alors les ressources d'une imagination du geste et du propos sans rivale. Lui aussi réaliste de l'imaginaire, qui a défini l'aventure comme le réalisme de la féerie —, mais aurait pu donner cette définition à toute action.

À mi-distance du songe poétique qui interprète la vie et du fait qui fonde l'action, ces deux « rêveurs de jour » ont fait route commune. La mort a choisi de les distinguer.

37. Le survivant

Il reste à André Malraux six ans à vivre.

La disparition de Charles de Gaulle aurait pu faire de lui un simple survivant, un de ces personnages « désintéressés » dont l'existence n'a plus de signification. « Voici fini le temps de cet homme, et le mien » devait-il dire un an plus tard devant un écran de télévision. Il lui reste pourtant quelques gestes à accomplir. Au surplus, *la Métamorphose des dieux* et les *Antimémoires* restent des livres inachevés auxquels il travaille, dans la grande maison des Vilmorin, à Verrières-le-Buisson, entre son Braque, ses Fautrier, son Poliakov, ses chats dans le salon bleu de la femme d'esprit disparue dont il veut rester proche.

À *la Métamorphose des dieux*, il a déjà donné une première suite, *l'Irréel*. Sur *Antimémoires*, il va ajouter deux ou trois tomes, après *Lazare* et les *Hôtes de passage*. Quand parurent *les Chênes qu'on abat*, il les présenta comme un chapitre du tome II. Pourquoi pas? Quand les catégories sont à ce point confondues dans une immense représentation imaginaire du réel, tout est dans tout. Et l'important est que s'accomplisse le vœu de Garcia : « Transformer en conscience une expérience aussi large que possible. » En conscience ou en art?

Son expérience, son champ d'expérience peut encore s'élargir. L'Amérique latine qu'il n'avait effleurée que pour aller penser aux Sassanides chez les Mayas et raconter aux Brésiliens que le général Challe se battait pour l'émancipation de l'Algérie, il s'en mêla à la façon des intellectuels de la rive gauche, fabricants de manifestes dont il s'est tant moqué, en signant aux côtés de Sartre et de Mauriac une demande de libération de Régis Debray interné en Bolivie. Geste généreux parce qu'il a assez prouvé qu'il savait risquer sa vie quand c'était nécessaire, mais pas toujours sa réputation quand c'était faire comme les autres.

Un journaliste de la télévision l'interroge à ce sujet. Pourquoi s'être associé à cette démarche? « Parce que le monde occidental actuel est plein de gens qui passent leur temps à tenir des discours et qui n'en tirent jamais les conséquences. Debray, lui, a essayé de tirer de son mieux les conséquences de ce qu'il pensait. Debray a été dans l'ordre, disons de la responsabilité. Bravo! — Si vous aviez eu son âge, auriez-vous fait la même chose? — Je l'ai fait. »

Et puis il y eut le Bangladesh. Encore un peuple d'Asie colonisé (par d'autres Asiatiques, cette fois) qui se soulève et subit apparemment le sort des ouvriers de Shanghai appelés à combattre par Kyo et les siens. L'Occident se tait, perplexe. Les oppresseurs pakistanais mettent de si bon soldats au service de la stratégie américaine, et sont de si bons acheteurs des armes françaises! André Malraux n'est plus ministre. Il peut affirmer ce qui lui semble, à lui, la vérité la plus grande et l'injustice la plus criante. Il a fait savoir qu'il est prêt à partir pour le Bengale oriental, aux côtés des insurgés du Bangladesh.

Mais quand le 17 décembre 1971, est publiée dans *le Figaro* une lettre d'André Malraux au président Nixon, c'est le jour même où le Pakistan reconnaît sa défaite et accepte l'émancipation du Bangladesh. Étrange apostrophe qui vient trop tard, comme s'il était entré dans la Résistance le jour où de Gaulle défilait dans Paris. Étrange texte d'ailleurs, de la part d'un homme qui met en cause la stratégie américaine indirectement responsable de la situation au Bengale, alors qu'il regarde sans piper mot les mêmes Américains massacrer depuis des années le peuple vietnamien auquel le lient pourtant des obligations anciennes.

Aux premiers jours de 1972, il s'est résigné à ne pas mourir au Bengale. Je lui demande si M. Nixon a laissé sans réponse la lettre de décembre. « *Que non, que non!* » fait-il dans un murmure sentencieux, qui cache mal de grandes nouvelles. Trois semaines plus tard, le voilà invité à Washington, où, après avoir été reçu par John Kennedy, il va affronter Richard Nixon. S'est-il interrogé sur le problème que pose à l'ami des révolutionnaires vietnamiens le fait d'être l'hôte du chef d'État qui écrase impunément sous les bombes les fils de ses anciens compagnons? Après tout, de Gaulle est bien allé voir Franco. Au surplus, Malraux nous répondrait que s'il s'agit d'arrêter la guerre du Vietnam, on a plus de chances d'y contribuer en allant à la Maison-Blanche qu'en écrivant un article dans *le Nouvel Observateur*.

C'est « l'expert » des questions chinoises que Richard Nixon avait invité à venir le voir, au moment de partir pour Pékin. « Il veut rencontrer quelqu'un qui connaît Mao, dit Malraux en s'envolant d'Orly. On n'est pas des masses... »

« Qu'avez-vous dit au président Nixon? » lui demandait Philippe Labro, à son retour, pour *le Journal du dimanche* du 20 février 1972.

« Je lui ai dit qu'il n'allait pas rencontrer des révolutionnaires. Mais que ce n'est pas parce que les Chinois ne sont plus des révolutionnaires qu'ils sont devenus des néo-capitalistes. Pour Mao Tsé-toung, la révolution c'est une bataille gagnée. Il est comme Staline à la fin de sa vie : il est obsédé par l'accroissement du niveau de vie en Chine. Ça, c'est sérieux. Je lui ai dit que son dialogue avec Mao, s'il y a dialogue, porterait sur ceci : « Dans quelle mesure pouvez-vous contribuer à faire monter le niveau de vie des Chinois? »

Transporté d'urgence à la Salpêtrière, en novembre 1972 et donné pour mourant, il resurgit trois semaines plus tard, pétulant, remuant mille projets, accueillant cent visiteurs, écrivant avec intrépidité pour les *Antimémoires* ses souvenirs de cette « maison des morts » qu'est un grand hôpital parisien, partant enfin pour le Bangladesh en avril, visitant la grande rétrospective que lui a consacrée la Fondation Maeght en juillet 1973, à Saint-Paul-de-Vence. Cette vie si riche en métamorphoses ne devait pas comporter moins de résurrections. Aussi choisit-il d'intituler *Lazare* l'évocation qu'il publie, en 1974, du mal qui avait failli, quelques mois plus tôt, l'emporter.

Résurrection? Le mot n'est pas trop fort pour évoquer, après la terrible alerte de santé de 1972 et ce livre manqué qu'il a publié en 1974, *la Tête d'obsidienne*, les 80 pages éblouissantes qu'il consacre au mythe d'Alexandre le Macédonien dans *Hôtes de passage*, en octobre 1975.

Sur les tribulations de la vérité, la recherche ou plutôt le tâtonnement archéologique et les pouvoirs de l'imagination, le fonctionnement même des services culturels d'un État comme la France, il y a là une sorte d'épopée bouffe, de farce magique baignée de sagesse et d'humour, qui sera peut-être à Malraux ce que *Falstaff* est à Verdi : le triomphe du divertissement créateur sur la vieillesse.

L'année 1975 ne s'acheva pas sans que l'auteur de *l'Espoir* ait pu, contre les dernières exécutions de jeunes révolutionnaires commandées par Franco agonisant, rappeler les droits imprescriptibles de la justice. Lui si longtemps muet sur l'Espagne, il faisait enfin entendre la voix des combattants de la sierra de Teruel — survivant à celle du vainqueur provisoire.

En 1976, il aura encore le temps de publier un grand essai, *l'Intemporel*, de compléter le second tome des *Antimémoires* auquel il va donner pour titre *la Corde et les souris*. Il annonce encore un essai littéraire, *l'Homme précaire*, et publie une éclatante postface à un livre collectif qui lui est consacré : *Malraux être et dire*.

Il reçoit toujours, affable, disert encore. Mais le 15 novembre atteint d'une congestion pulmonaire, il est conduit à l'hôpital de Créteil. Sa fille Florence le voit, le croit guéri. Mais le 22, il est frappé d'une embolie. Il lutte quelques heures encore contre la mort et s'éteint le 23 novembre 1976. Il vient d'avoir 75 ans.

38. Garine en gloire

Il a voulu pénétrer, si possible par effraction, dans l'Histoire. Il l'a fait. Il a voulu la gloire. Il l'a conquise. Il a souhaité le pouvoir. Il en a reçu le reflet, qu'il a savouré, avec les honneurs et aussi la fortune et la respectabilité mondaine. Il a refusé bien sûr d'être académicien, et chacun sait que si le prix Nobel de littérature lui a été refusé, c'est parce qu'il fut longtemps ministre du général de Gaulle, membre d'un gouvernement tenu pour semi-fasciste par quelques professeurs puritains du jury de Stockolm. Depuis Victor Hugo, quel écrivain français aura ainsi mobilisé, incité, régenté, orienté l'art et les formes, la vie de la collectivité, la couleur de ses villes, les chances d'être un homme et un artiste dans son propre pays ?

Écrivain sans postérité, solitaire comme un loup — un loup éloquent — peu mêlé à la diplomatie ou au commerce des lettres depuis 1939, d'influence indéfinissable bien qu'elle excède évidemment celle qu'il aura exercée bien malgré lui sur Camus, Sartre et le courant de l'existentialisme tragique des années 40-50, dédaigneux des modes et des recherches stylistiques ou formelles, et jouant volontiers le rôle de l'homme du fait égaré en littérature, de l'homme « sérieux » en proie à la vaine malice des faiseurs de phrases, il est pour beaucoup, comme pour Mauriac « le plus grand écrivain français vivant et à coup sûr le plus singulier [1] ». Mais lui-même s'est toujours interrogé sur sa grandeur d'écrivain.

Avec une modestie qui frise l'humilité, il soumet ses textes à des lecteurs amis, étonnés d'être pris pour arbitres. Et ce n'est pas par comédie qu'il a souvent, dans des conversations, placé Bernanos et Montherlant au-dessus de lui en ce domaine, se jugeant forcé, emprunté, malhabile, enviant la superbe aisance de l'auteur de *la Petite Infante de Castille*, écrivain par la grâce de Dieu. Ses livres les plus travaillés du point de vue formel — *la Voie royale*, *le Temps du mépris*, *les Noyers de l'Altenburg*, c'est tout juste s'il ne les renie pas (et il l'a fait définitivement

---

1. *Le Dernier Bloc-notes*, p. 235.

de *Royaume farfelu*). Ce qu'il préfère, c'est le moins élaboré et là où il s'exprime de jet, *l'Espoir* et les *Antimémoires*, là où il livre ce qui est pour lui l'essentiel, là où l'expérience arme et fonde l'expression, là où l'écriture n'est ou ne veut être que le reflet de l'action accomplie.

Toujours, il aura voulu être celui qui, non seulement « ne parle pas pour ne rien faire », comme disait de Gaulle, mais tâche de « faire » avant de parler et met non seulement ses gestes en accord avec ses mots, mais ses mots dans le prolongement de ses gestes. Il n'a pas prétendu instaurer une prééminence de l'écrivain qui agit sur celui qui reste dans sa chambre et place Mallarmé au-dessus de Péguy. Mais celui qui situe très haut les valeurs d'action se condamne à agir ou à sombrer. Combattant de la guerre d'Espagne, maquisard d'Urval, fondateur de la brigade Alsace-Lorraine, il a agi.

L'action, ces actions-là, pour quoi faire ? En Espagne, il a contribué deux fois à protéger Madrid, de Medellin à Guadalajara ; en Périgord, il a aidé avec quelques centaines d'hommes à retarder la progression vers le nord de la division *Das Reich* et sauvé ainsi des milliers de vies anglaises et américaines en Normandie ; à la tête de la brigade, il a été de ceux qui ont épargné à Strasbourg une intolérable reconquête par les nazis à la fin de décembre 1944.

Bien ou mal, il a joué un rôle décisif dans l'échec de la tentative communiste de s'assurer le contrôle de l'ensemble de la Résistance au début de 1945 ; il a contribué à durcir l'attitude du pouvoir face aux « putschistes » algérois et à couvrir sur sa gauche le général de Gaulle pris entre deux feux au temps de la négociation qui conduisit à l'indépendance de l'Algérie. Ses actes ne relèvent pas tous du théâtre d'ombres ou de l'épreuve de virilité qui obsède Hemingway ou Montherlant.

« Grand écrivain dont la grandeur concerne d'abord la vie qu'il a vécue », écrit Mauriac. Tout de même, face à une œuvre aussi achevée que *la Condition humaine*, ce qu'il a fait prouve surtout que l'homme peut aller plus loin que lui-même s'il est en quête de ce qui le dépasse et uni à ce qui l'entoure. La grande aventure de sa vie, ça n'a pas été le survol de telle ruine du Yémen, de telle ville espagnole, la prise de telle crête vosgienne — mais le passage de la frontière entre le culte de la différence et la découverte de la fraternité. C'est ce qui fait de la préface du *Temps du mépris* son texte clé, son témoignage central. Là Perken et Garine, les aventuriers, les séparés, les missionnaires de l'absurde, se resituent dans une communauté pour donner un type d'homme qui fut le Malraux d'Espagne, de la Résistance et de la « brigade », le militant totalement lucide, celui dont l'expérience élargie à la collectivité s'accomplit immédiatement en conscience.

Que le communisme ait été le foyer ou le lieu de cet immense mûrissement ne doit être ni surestimé, ni sous-estimé. Il serait mesquin et faux de présenter le compagnonnage entre l'auteur du *Temps du mépris* et les communistes comme un jeu passager, un « motif artistique manié avec puissance et éclat, mais sans sincérité » comme le suggère, pour en repousser l'idée, Gaëtan Picon, ou encore comme une méprise, une erreur de maturité et la preuve de la faiblesse du sens politique d'André Malraux. On ne se bat pas dix années durant dans un camp sans mesurer les vertus et les vices de ses voisins de créneau. Mais vertus et vices ne restent pas inertes, s'enflent les uns et décroissent les autres, en fonction des situations historiques.

Tel camarade de la bataille de Teruel tenant tête aux assaillants fascistes à coup d'obstination et de sens de l'organisation n'emporte pas le même jugement politique et ne commande pas la même réaction tactique que le ministre communiste de 1945 prétendant monopoliser au service d'une idéologie et d'une stratégie planétaire les sacrifices de ses militants. Il est frappant de constater à quel point Malraux a ajusté son attitude à l'égard du PCF à la radicale mutation historique qui transforma les sacrifiés de l'antifascisme en consommateurs de pouvoir.

Bien peu d'idéologie, en tout cela. L'un des vieux amis de Malraux, Marcel Brandin, a tiré en riant cet anagramme de son nom « A LU MARX ». C'est drôle, par antiphrase. Non que l'auteur de *l'Espoir* n'ait pas lu, comme ses amis, le *Manifeste communiste, le 18-Brumaire de Louis-Napoléon*, et quelques tranches du *Capital*. Mais le moins que l'on puisse dire est qu'il n'en resta pas marqué. Et tant d'heures passées avec Bernard Groethuysen et Alix Guillain à entendre — ou combattre — la bonne parole, n'ont pas empêché qu'André Malraux soit le personnage le plus parfaitement antimarxiste de son temps, le plus imperméable à ce type de dogme, le plus impropre à cette sorte de raisonnement dialectique, le moins prêt à admettre que l'histoire est celle des « masses » et de leurs moyens de production et que la lutte décisive se déroule entre classes plutôt qu'entre nations, idéologies et cultures. N'est-il pas l'homme qui a écrit : « L'homme est rongé par les masses comme il l'a été par l'individu ? »

A Gaëtan Picon qui suggère, dans son *Malraux par lui-même*, qu'il a « rompu avec la conception marxiste de la lutte des classes », il riposte dans une brève note marginale qu'il ne l'avait jamais considérée qu'« en tant que clé de l'histoire »· Et, précise-t-il, « Je ne l'avais jamais acceptée comme telle [1]. » En tant que clé de l'histoire ? Où voit-on rien de tel dans Malraux ? Ni dans *la Condition humaine* ni dans *l'Espoir* en tout cas, où la notion de classe n'intervient aucunement, où les très rares prolétaires qu'on aperçoit sont soit des terroristes soit des anarchistes. Révolutions faites par des intellectuels sans patrie, sans enracinement ni environnement social, étrangers à toute « classe », sans « niveau de vie » (sauf les mercenaires de l'escadrille *España*, seuls personnages inscrits dans une vie économique, et les seuls qui soient plus ou moins dénoncés par l'auteur). Et quel essai historique de Malraux, fût-ce sa période d'alliance avec les communistes (fût-ce même la préface du *Temps du mépris*) fait appel à d'autre moteur de l'histoire que l'héroïsme individuel ou communautaire face à l'injustice politique, beaucoup plus que sociale ou économique ? Ce qui n'empêche, comme l'a rappelé Claude Roy, que le Malraux de *la Condition humaine* et de *l'Espoir* ait fait plus de communistes que le leader du RPF et le ministre du général n'en a défait...

De l'Indochine à l'Espagne et à la France de 1945, André Malraux n'a certes pas manqué de plaider pour des réformes agraires et des nationalisations du crédit qui montrent en lui autre chose qu'un condottiere de la révolte et témoignent de son intelligence sociale. Mais il n'y a rien là qui implique la moindre touche de marxisme, et quand le maréchal Chen-Yi à Pékin évoque Saint-Simon devant lui qui parle de Marx, il est aussi bien inspiré qu'il le serait en évoquant Fourier, Kropotkine ou Georges Sorel.

On a cité sa repartie à Roger Stéphane lui demandant s'il était marxiste : « Comme Pascal était catholique : il est mort à temps... » Et il ajoutait « philosophiquement, je ne suis pas

1. *Malraux par lui-même*, p. 94.

du tout marxiste ». Proposition dont on peut se demander si elle s'accorde avec la précédente — ce qui est courant chez Malraux. Peut-être pourrait-on tenter une synthèse en suggérant que Malraux est presque aussi pascalien que Pascal était catholique, et aussi éloigné du marxisme que Pascal de la religion des jésuites. Mais il faut surtout le voir nietzschéen, d'un nietzschéisme hanté par Dostoïevski et le problème du mal.

Nietzsche c'est autant et plus que Marx, le refus de la voie de l'éthique, de l'esthétique chrétienne. Mais Dostoïevski, et surtout les *Karamazov*, ce « cinquième Évangile », y ramènent d'autant plus puissamment que l'inventeur d'Aliocha et du prince Muichkine est le témoin et l'interprète de ce christianisme des nestoriens, découvert pendant son exil sibérien, qui est celui de la faiblesse, de la vulnérabilité de Dieu.

Une certaine intelligence de Dostoïevski va-t-elle sans un minimum d'ouverture à ce que le christianisme a de plus mystérieux, de plus étrange, l'idée de la provisoire défaite de Dieu, de la puissance du diable ? A Bernanos qui lui demandait en 1945 quel était l'événement capital de notre temps, Malraux répondait « le retour de Satan » — à Bernanos qui a dit qu'être chrétien, ce n'est pas croire en Dieu, ce qui est facile, mais croire au diable. Dans la bouche de Malraux, ce Satan-là était-il seulement le misérable tortionnaire d'Auschwitz et d'Oradour ?

André Malraux, né dans la religion catholique, vite détaché de toute foi — en dépit, suggère Clara, de quelques moments d'adolescence mystique — devenu très anticlérical vers le début des années 30 (du genre « bouffeur de curés », dit André Chamson, huguenot peu suspect de cléricalisme) exprime sans retenue dans *la Condition humaine*, sa soif de transcendance et ses hantises pascaliennes. Lui qui a tracé avec celui de Guernico le portrait d'un chrétien qu'on dirait vu de l'intérieur, qui a chargé ses *Noyers de l'Altenburg* d'une sorte d'attente spirituelle dans un climat de charité néo-chrétienne, dont les essais sur l'art sont un hommage à l'art collectif, spirituel et humaniste du christianisme gothique, est-il un de ces vagabonds, de ces rôdeurs de Dieu dont Rimbaud serait l'archétype ? Emmanuel Berl, son ami de longue date, dit : « Ce que nous avons de commun avec Malraux, c'est le refus du refus de Dieu[1]... »

---

1. Entretien d'Emmanuel Berl avec l'auteur, 3 août 1972.

Sa position officielle est celle qu'il a souvent formulée : « Je suis un agnostique avide de transcendance, qui n'a pas reçu de révélation. » Le 25 août 1948, il écrivait à son ami Pierre Bockel, l'un des aumôniers de la brigade Alsace-Lorraine : « Nous mettons l'accent sur notre défense de la part éternelle de l'homme, que nous la concevions ou non comme liée à la révélation. » Laissons au prêtre et à l'ami la responsabilité de l'interprétation religieuse qu'il donne de ces mots [1]. Mais treize ans plus tard, à l'heure du projet d'expédition au Bangladesh, il écrivait au même ami que « pour des raisons obscures », ils mourraient « ensemble » et que son amitié l'aiderait à « mourir noblement [2] ». Ce qui va loin : mais on peut imaginer Romain Rolland ou l'intraitable Martin du Gard écrivant cela à un prêtre ou à un pasteur sans trahir leur athéisme fondamental.

Il y a encore d'autres signes. Cette réponse de Malraux à Pierre Bockel lui proposant de l'accompagner à Jérusalem : « Je peux aller à La Mecque, à Benarès. Mais à Jérusalem, non. Il faudrait aller à Gethsemani — et là, tomber à genoux... » Et le prêtre de commenter : s'il refuse d'aller à Gethsemani, n'est-ce pas parce qu'il y est déjà ? et de citer Pascal : « Tu ne me chercherais pas si tu ne m'avais déjà trouvé. » Il y a encore cette formule, dite par André Malraux à l'aumônier : « Je suis agnostique. Il faut bien que je sois quelque chose, car n'oubliez pas que je suis très intelligent... Mais vous savez mieux que moi que nul n'échappe à Dieu [3]... »

Il y a enfin ses rapports, à ce sujet, avec de Gaulle. On ne lut pas sans surprise le passage des *Chênes qu'on abat* où il met dans la bouche du général des mots qui peuvent faire douter de la foi religieuse de son interlocuteur. Il s'était pourtant dit assuré — y compris devant l'auteur — des tranquilles convictions chrétiennes de Charles de Gaulle. Mais il y a ce trait, fort ambigu, que rapporte encore Pierre Bockel. Prenant un jour ce prêtre par le bras, le général lui dit : « Vous qui connaissez bien Malraux, vous devriez le convertir : ça m'arrangerait... » (il ne dit pas « du côté de ma femme », mais c'était sous-

---

1. *La Croix*, 25 novembre 1972.
2. Entretien de Pierre Bockel avec l'auteur, 19 novembre 1972.
3. Entretien de Pierre Bockel avec l'auteur, 19 novembre 1972.

entendu. Un mot qu'on attribuerait mieux à Talleyrand qu'à Philippe II).

Et puis faut-il tenir pour rien que des écrivains français modernes, ceux qu'il admire entre tous, c'est le Claudel du *Soulier de satin*, et dans sa génération, Georges Bernanos, auquel il se crut lié par un lien profond au-delà de la mort? Il y a là de curieuses convergences.

Marginal, corsaire, compagnon de route du christianisme? Fasciné en tout cas par la métaphysique chrétienne et aussi par la sainteté, par les personnages de Bernard de Clairvaux, le faiseur de croisades, le prodigieux prédicateur de Vézelay qui l'a hanté si longtemps, et de saint François, le tendre vagabond de Toscane. Au terme de cette vie tumultueuse, affolée d'ambitions sonores, il entrevoit ainsi, au-delà de la fraternité, ce qu'il appelle parfois la charité, et parfois la douceur.

« *Mais si vous voulez à tout prix me traiter comme Dostoïevski et connaître ' mon ' saint*, nous dit-il un jour [1], *alors il est clair que c'est saint Jean... Le poète, l'irrationaliste? Non, l'homme à qui nous devons le Christ, sans lequel la figure de Jésus ne pourrait être déchiffrée, l'homme par qui nous savons que ' Dieu est amour '. On en fait maintenant des papillotes, mais en ce temps-là, c'était plutôt nouveau...! Vous savez que, capturé dans le Lot à la fin de juillet 1944, c'est saint Jean que j'ai voulu lire et que j'ai demandé à la Supérieure du couvent où nous faisions halte pour la nuit. Eh bien, ça n'a pas marché! Je n'étais pas Dostoïevski... Je n'ai rien reçu là, au-delà de la lecture d'un beau texte. Ce que j'espérais ne s'est pas produit — bien que je m'attendisse à être fusillé d'un instant à l'autre!* »

Retenons aussi cette remarque de Maurice Clavel à propos des émissions intitulées « la Légende du siècle » [2] : que Malraux, plus clairement qu'aucun autre, a tenté de prouver que « toute

---

1. Entretien d'André Malraux avec l'auteur, 29 janvier 1973.
2. *Le Nouvel Observateur*, 11 décembre 1972. Chrétienne, ou judéo-chrétienne? Au dogme du mal et à la charité pour les opprimés, ne fallait-il pas que se surajoute l'espérance juive pour que l'esprit révolutionnaire prenne, au XIXe siècle, sa plénitude? Pas plus que Clavel, Malraux ne saurait être repris là-dessus. Le texte qu'il consacrait en 1960 à l'Alliance israélite universelle, pour le centenaire de cette institution, le montre profondément lié aux épreuves et aux aspirations juives.

révolution est chrétienne. Ou, plus précisément, (qu') il n'y a eu de révolutions, au vrai sens du mot, que depuis le christianisme, et sans doute par lui, même lorsqu'elles furent antichrétiennes, le christianisme ayant apporté aux hommes, peut-être à son insu, le sentiment très aigu de l'injustice sociale, à la faveur du dogme du mal. »

« Je suis en art comme on est en religion. » La formule est fameuse et décrit un Malraux possible. Mais quand Roger Stéphane lui propose en complément de la sienne la formule de Gide « Il n'est pas de problème dont l'œuvre d'art ne soit la suffisante solution », il le rabroue (et l'oncle Gide avec lui) « ... L'art ne résout rien, il transcende seulement. » Dit en 1945. Un quart de siècle plus tard, André Malraux parlerait-il ainsi? Il y a, à travers *les Voix du silence*, et plus encore *la Métamorphose des dieux*, une lente et forte montée de la vocation et des puissances de l'art, de sa fonction de liberté et de continuité, de manifestation de l'universalité de l'homme et de sa capacité à triompher du destin dans une sorte de transparence universelle.

Le premier Malraux constate le destin et, pour se jouer de lui, en tire la ricanante caricature : le « farfelu », génie amorphe, papillon obèse, flottant et inapte, fleurant la mort et le marécage; le second Malraux lui oppose l'histoire, chaîne des volontés humaines, défi à l'irrémédiable — mais toute maculée elle-même des scories du destin, lourde de non-sens et de fatalités. Le troisième Malraux découvre que « la rectification souveraine du monde est le privilège de l'art. L'art n'est pas l'expression, mais le Chant de l'Histoire... Le destin a cédé... [1] » Ainsi l'art est-t-il l'« anti-destin ». A moins qu'un quatrième Malraux n'assigne plutôt cette fonction à la biologie...

Sur sa route, en guerre contre l'absurdité désespérante de la condition des hommes, contre l'incommunicabilité qui les fait étrangers à eux-mêmes et irréductiblement différents, Malraux a rencontré la fraternité. Elle prit d'autres formes, on l'a vu, que celle des meetings antifascistes et des combats d'Espagne. Elle fut parfois la recherche d'une pensée ou d'une forme, la rencontre d'un maître mort ou d'un ami vivant, de Rembrandt, de Michelet ou de Groethuysen, de Drieu ou de Dostoïevski, du Goya de la Maison du sourd ou du Braque

---

1. Gaëtan Picon, *Malraux par lui-même*, p. 113-114.

de Varengeville, un long travail d'équipe avec Gide pour établir le *Tableau de la littérature française*, la recherche collective des pièces d'une exposition d'art persan, la découverte d'un auteur étranger jusqu'alors inconnu dans ce pays, présenté et mis en lumière par un texte éclatant : ainsi Wiliam Faulkner ou D.H. Lawrence.

La fraternité, ce fut surtout celle du combattant et du militant, des bombardements d'aérodromes espagnols, des maquis de Corrèze et des neiges en Alsace. Il s'est prouvé à lui-même que l'homme peut se dépasser : il se le prouve encore à travers les autres. Et à travers eux il découvre que l'homme n'est ni seul ni tout à fait absurde, que si l'action est dénonciation du néant, l'action ensemble est dénonciation de la solitude. Le cyanure offert par Katow, le parachute donné par lui-même en Espagne à Raymond Maréchal, et son frère Roland, arrêté par la Gestapo, lui transmettant sa tâche et ses responsabilités dans son réseau, c'est une chaîne de volontés et de sacrifices qui témoigne de « l'honneur d'être homme ».

L'action, pourtant, ne lui donne jamais ce qu'il prétend en attendre. Il aura exigé d'elle, non seulement d'être un divertissement supérieur, puis une dénonciation de l'absurde et du néant, puis un refus de la mort, mais encore une harmonie, une réconciliation avec soi-même. Il en aura mesuré les limites. Moins du fait de sa relative inaptitude à agir (il reste toujours du farfelu en lui) mais surtout parce que l'action divise autant qu'elle harmonise, qu'elle est trop manichéenne (le mot est de lui) pour ne pas risquer de confronter conscience et expérience. Il a recherché l'extrême conscience à la pointe de l'expérience. Il ne l'y a pas trouvée. Là est son échec.

Comment ne pas voir pourtant que le Malraux baignant dans l'action diviseuse et dévorante est plus créateur que l'auteur de *la Métamorphose des dieux*, « entré en art comme en religion » et immergé dans la douce paix du monastère qu'est pour lui le musée ? Le Malraux furieux, en quête d'un absolu à travers une action qui ne peut le lui donner, chasseur de lui-même (et au-delà), capture ses chefs-d'œuvre. Le Malraux apaisé par les « Voix du silence » de l'art baigne dans une sérénité de nécropole. Sa recherche de l'immortalité, au-delà de la transcendance, le conduit à l'homme de pierre, à un univers de statues.

L'artiste n'est pas son sujet, mais le héros. Il est tout de même curieux qu'en cinq ou six grands romans peuplés de quelques-uns des personnages les plus intelligents et les plus cultivés de la littérature contemporaine, André Malraux n'ait jamais tenté de dresser une figure de grand peintre, de grand sculpteur, de grand poète, lui qui a été l'ami de Braque aussi bien que de Valéry. On n'y voit jamais que des ethnologues et des esthéticiens, des marchands de tableaux et des archéologues, des professeurs, des essayistes et des compositeurs de musique de films — et qui tous, quand il les prend pour cible, ont délaissé leur art ou leur recherche pour l'action, ou la renonciation.

Ses essais le font se mesurer à Goya et à Mantegna, à Michel-Ange et à Rembrandt. Ainsi participe-t-il à une métamorphose créatrice. Mais quand il crée lui-même, ce n'est jamais un de ces artistes en quête ou en possession de cette transcendance que l'art porte en lui — ce sont toujours des marginaux de l'art en quête d'héroïsme, des irréguliers de la recherche en quête d'aventures, des intellectuels perdus en quête de fraternité. Ce qu'ont fait Thomas Mann avec le héros de *la Mort à Venise* ou Marcel Proust avec Elstir, l'évocation du grand artiste face aux problèmes de la création artistique, Malraux ne l'a pas tenté. Ses héros — sauf quelques discoureurs de l'Altenburg qui, tel Möllberg, sont des anti-héros — sont tous en proie à l'action et en quête d'héroïsme — certains même de victoire.

La grandeur de Perken vient de la défaite. Pas celle de Garine. Et celle de Garcia ou de Manuel vient au contraire de leur espoir en la victoire — quoi qu'ils fassent pour l'obtenir. Puis avec Vincent Berger ressuscite le thème de l'inéluctable défaite : mais c'est à travers un personnage de *chaman*, d'homme dont « les pouvoirs » mystérieux n'ont que faire, peut-être, du pouvoir. Une autre dimension apparaît de l'aventurier, que l'échec de l'entreprise ne plaque plus contre son propre néant. Lawrence — parce qu'il est lié à une histoire, une double histoire, celle de son pays, celle de ses alliés — est autre chose que Mayrena, et depuis Garine, Malraux a connu d'autres expériences que la mort du héros ne voue pas à l'absurde. Car moins que l'art peut-être, mais mieux que l'aventure en tout cas, la lutte fraternelle comporte sa plénitude et sa continuité.

Un combat contre l'irrémédiable défié par l'héroïsme, nié par la fraternité, transcendé par l'art? On ne proposera pas, au terme de l'enquête, « une » définition de l'existence d'André Malraux (« ma vie sanglante et vaine ») qui n'en a pas fini avec les défis et les métamorphoses. La demandera-t-on à son meilleur interprète, Gaëtan Picon ? « L'œuvre nous révèle moins ce qu'est son auteur que ce qu'il dissimule et ce qu'il conquiert : ce qu'il veut être. De l'angoisse à l'exaltation en passant par le courage, il s'agit toujours pour Malraux d'échapper à lui-même, d'échanger une subjectivité contre quelque chose d'extérieur et d'objectif. Passion de l'histoire, de l'événement, de l'acte, des idées, des problèmes, des styles artistiques, des grandes cultures : autant de formes d'une même passion de l'impersonnel. Ce solitaire d'instinct et de fatalité a besoin d'être entouré et soutenu, aime tout ce qui le relie aux autres : parler, paraître, agir, penser; se défie de ce qui le clôt en lui-même : sentir... On ne saurait trop prendre garde à la préférence passionnée qu'il voue aux arts plastiques : peut-être est-ce, entre autres choses, parce que les toiles et les statues sont au point de rencontre des regards, et les livres au point où se séparent les rêveries ? L'impatience de l'événement, le dégoût des périodes étales, l'appel aux grandes circonstances, cette tendance à soumettre toute chose à un éclairage qui l'amplifie ou à un rythme qui l'accélère : encore un recours contre soi-même, un besoin d'être distrait de soi. Plutôt qu'une vocation de l'instinct, plutôt que l'expression d'une personnalité indivisible et irrésistible, l'héroïsme est, ici, réponse, volonté[1]. »

Il y a un point pourtant où la volonté d'héroïsme vient se briser : la mort, avec son poids d'irrémédiable, qui « transforme la vie en destin ». Sartre définit Malraux (comme Heidegger) « un être-pour-la-mort ». A quoi Malraux riposte : « Et si, au lieu de dire *pour*, on disait *contre* ? Ce n'est la même chose qu'en apparence... »

Cabrant sa volonté contre la mort, il trouve deux voies. L'immortalité de l'homme de pierre et les métamorphoses de l'art toujours recommencé ne sauraient apaiser ses exigences, parce que la part du donné est plus forte ici que la part du conquis. Reste la construction d'une existence organisée en représentation pour un double défi à la mort. Les *Antimémoires* dressent, *contre* une vie, un formidable arc-boutant de volonté

1. Gaëtan Picon, *Malraux par lui-même*, p. 117.

créatrice et d'imagination poétique : « anti » comme dans anticlinal. Ainsi cette vie déjà créée comme une tragédie, bâtie comme un rempart, modulée comme un défi, trouve-t-elle dans cette mise en œuvre, qu'il poursuit, un écho indéfini.

Malraux n'a pas agi pour trouver dans l'action la source d'une inspiration. Il a écrit parce que l'action, fût-elle fraternelle et collective, ne lui donnait ni la réponse à une certaine exigence d'absolu, ni l'accomplissement que cherchent les conquérants. Sa vie n'est pas un prétexte, c'est une fin. Son œuvre est compensatoire.

Vie construite comme une œuvre, œuvre pantelante comme une vie sont les deux formes d'une intense organisation de soi, comme volonté d'abord et ensuite comme représentation.

Ce dont sa mort a privé le monde, c'est de cette part d'aventure, de féerie, de songes qu'il aura incarnée avec une sorte de naïveté épique, et sans laquelle l'histoire des hommes risque de n'être qu'un prosaïque défilé de piétons, la silencieuse déglutition des ordinateurs, le temps des bureaux implacables. Une flamme de folie s'est éteinte avec lui, de cette folie sans laquelle il n'est ni Octobre ni Mai, ni Commune parisienne ni « chemises rouges ». On la regrettera. Cette flamme brillait fort, plus qu'elle ne réchauffait. Malraux restera une grande lueur un peu froide. Il lui aura manqué toujours on ne sait quelle bonhomie fraternelle, quel abandon sans apprêt qui fera à jamais Michelet ou Vallès plus proches de nous.

S'il ne s'agit que de « *laisser une cicatrice sur la carte du monde* », le rêve de Vincent Berger, héros des *Noyers de l'Altenburg* qui avait lu le *Mémorial de Sainte-Hélène*, on a fait mieux — ne serait-ce, parmi ses proches, que de Gaulle et Picasso. Mais Malraux s'est aussi donné pour tâche de « *transformer en conscience la plus large expérience possible* », et de « *révéler aux hommes la grandeur qu'ils ignorent en eux* ». Cet humanisme emporté, péremptoire et rassembleur, qui peut dire qu'il ne l'a pas, un jour ou l'autre, concerné ? Qui d'entre nous, si mal qu'il ait saisi ses chances, n'a pas rêvé, quelque jour, d'accomplir les rêves de cet agitateur des mots et des formes ?

Nous l'avons aimé, détesté, suivi, condamné, admiré selon qu'il était l'auteur des *Conquérants* ou le héraut du RPF, le combattant de *l'Espoir*, le ministre chassant Barrault de l'Odéon ou celui qui évoquait l'ombre de Jean Moulin d'une voix fracassée. Il nous importait, non comme un maître mais comme un tentateur.

Il nous importait parce que tous les « cinémas », tous les tours d'illusionniste et tous les coups de bluff ne peuvent faire qu'il n'ait été, quelques fois dans sa vie, celui par qui les mots prennent leur poids et leur sens parce que le discoureur s'offre aux coups, parce qu'il est le témoin qui accepte de se faire égorger.

Choix bibliographique

Boisdeffre (Pierre de), *André Malraux* (classiques du XXe siècle), Paris, 1957.

Brincourt (André), *André Malraux ou le Temps du silence*, Table ronde, Paris, 1966.

Brombert (Victor), *The Intellectual Hero* (Studies in the French Novel, 1880-1955), Yale University Press, 1961.

Broué (Pierre) et Temime (Émile), *La Révolution et la Guerre d'Espagne*, Éditions de Minuit, Paris, 1961.

Caute (David), *Le Communisme et les Intellectuels français*, Gallimard, Paris, 1967.

Cisneros (Ignacio Hidalgo de), *Virage sur l'aile*, Éditeurs français réunis, Paris, 1965.

Cookridge (E.H.), *Mettez l'Europe à feu*, Fayard, Paris, 1968.

De Gaulle (Charles), *Mémoires d'espoir*, Plon, Paris, 1970.

Delaprée (Louis), *Mort en Espagne*, Éditions Tisné, Paris, 1937.

Delperrie de Bayac (Jacques), *Les Brigades internationales*, Fayard, Paris, 1968.

Domenach (Jean-Marie), *Le Retour du tragique*, Seuil, Paris, 1967.

Dorenlot (Françoise), *Malraux ou l'Unité de pensée*, Gallimard, Paris, 1970.

Ehrenbourg (Ilya), *Vus par un écrivain d'URSS* : Gide, Malraux, Mauriac, Duhamel, etc., Gallimard, Paris, 1934.
Memoirs, World Publishers, Cleveland, 1960.

Fitch (Brian T.), *Le Sentiment d'étrangeté*, Minard, Paris, 1964

Flanner (Jannet), *Men and Monuments*, Harper and Row, New York, 1957.

Frank (Nino), *Mémoire brisée*, Calmann-Lévy, Paris, 1967.

Frohock (W.M.), *André Malraux and the Tragic Imagination*, Stanford University Press, San Francisco, 1952-1967.

Gabory (Georges), *Souvenirs sur André Malraux* in *Mélanges Malraux Miscellany*, n° II, printemps 1970.

Gaillard (Pol), *Malraux*, Bordas, Paris, 1970.

Galante (Pierre), *Malraux*, Presses de la Cité, Paris-Match, Paris, 1971.

Gide (André), *Journal* (1889-1939), Gallimard, Paris, 1939.

Green (Julien), *Journal*, Plon, Paris, de juillet 1938 à mai 1972, 9 tomes.

Grenier (Jean), *Essai sur l'esprit d'orthodoxie*, Gallimard, Paris, 1938.

Hoffmann (Joseph), *L'Humanisme de Malraux*, Klincksieck, Paris, 1963.

Koestler (Arthur), *Hiéroglyphes*, Calmann-Lévy, Paris, 1955.

Koltzov (Mikhail), *Diario de la guerra d'Espana*, Ruedo Iberico, Paris, juillet 1963.

Langlois (Walter), *L'Aventure indochinoise d'André Malraux*, Mercure de France, Paris, 1967.

Malraux (Clara), *Portrait de Grisélidis*, Éditions Colbert, Paris, 1945.
   Le Bruit de nos pas : 1. *Apprendre à vivre*, Grasset, Paris, 1963.
                2. *Nos vingt ans*, Grasset, Paris, 1966.
                3. *Les Combats et les Jeux*, Grasset, Paris, 1969.
                4. *La Saison violente*, Grasset, Paris, 1973.

Mauriac (Claude), *Malraux ou le Mal du héros*, Grasset, Paris, 1946.
   Un autre de Gaulle, Hachette, Paris, 1970.

Mauriac (François), *Journal*, Grasset, Paris, 1937.
   Mémoires politiques, Grasset, Paris, 1967.
   Le Bloc-notes, Flammarion, Paris, 1961.
   Le Nouveau Bloc-notes, Flammarion, Paris, 1970.

Mauriac (Jean), *La Mort du général*, Grasset, Paris, 1972.

Mounier (Emmanuel), *L'Espoir des désespérés*, Seuil, Paris, 1953.

Mossuz (Janine), *Malraux et le Gaullisme*, Armand Colin, Paris, 1970.

Naville (Pierre), *Trotsky vivant*, Lettres nouvelles, Coll. Dossiers, Paris, 1962.

Nenni (Pietro), *La Guerre d'Espagne*, Maspero, Cahiers libres, Paris, 1959.

Nizan (Paul), *Intellectuel communiste*, Maspero, Paris, 1968.

Payne (Robert), *André Malraux*, Buchet-Chastel, Paris, 1973.

Picon (Gaëtan), *André Malraux*, Gallimard, Paris, 1945.
   Malraux par lui-même, Seuil, Paris, 1953.

Roy (Claude), *Descriptions critiques*, V, Gallimard, Paris, 1960.

Sachs (Maurice), *Au temps du bœuf sur le toit*, NRC, Paris (s.d.)
  Le Sabbat, Gallimard, Paris, 1960.
Saint-Clair (Monique), *Galerie privée*, Gallimard, Paris, 1947.
  Les Cahiers de la Petite Dame, in Cahiers André Gide, Gallimard,
  Paris, 1973.
Segnaire (Julien), *La Rançon*, Gallimard, Paris, 1955.
Serge (Victor), *Mémoires d'un révolutionnaire*, Seuil, Paris, 1951.
Simon (Pierre-Henri), *L'Homme en procès*, La Bâconnière, Lausanne,
  1949.
Southworth (Herbert), *Le Mythe de la croisade de Franco*, Ruedo
  Iberico, Paris, 1963.
Stéphane (Roger), *Chaque homme est lié au monde*, Sagittaire,
  Paris, 1946.
  Portrait de l'aventurier, Sagittaire, Paris, 1950.
  Fin d'une jeunesse, Table ronde, Paris, 1954.
Sulzberger (Cyrus L.), *Dans le tourbillon de l'histoire*, Albin Michel,
  Paris, 1971.
Thomas (Hugh), *La Guerre d'Espagne*, Robert Laffont, Paris, 1961.
Vandegans (André), *La Jeunesse littéraire d'André Malraux*, essai
  sur l'inspiration farfelue, J.-J. Pauvert, Paris, 1964.
Viollis (Andrée), *Indochine S.O.S.* préface d'André Malraux, Galli-
  mard, Paris, 1935.

NUMÉROS SPÉCIAUX DE REVUES ET JOURNAUX

Esprit, « Interrogation à Malraux », nº 10, octobre 1948.
Le Monde, « A propos des *Antimémoires* », 27 septembre 1967.
Magazine littéraire, nº 11, 1967.
L'Alsace française, « La brigade d'Alsace-Lorraine » nº 1, octobre
  1948.
Yale French Studies, « Passion and the Intellect », nº 18, 1957,
  New Haven, USA.
Mélanges Malraux Miscellany (depuis 1969), Université du Ken-
  tucky, Lexington, USA, édité par W.G. Langlois.
Revue des lettres modernes, 1. « du Farfelu aux *Antimémoires* », 1972;
  2. « Influences », 1975, édités par W.G. Langlois.

Index des
principaux noms cités*

* On s'en est tenu aux contemporains. Les noms de Clara Malraux et des proches parents d'André Malraux sont trop souvent cités pour relever de cet index.

Table

1. La différence

2. La fraternité

3. Les métamorphoses

IMPRIMERIE HÉRISSEY A ÉVREUX (12-81)
D.L. 1ᵉʳ TR. 1976. Nᵒ 3737-3 (28692).